Anton Ochsenkühn

iPhone iOS 12 Handbuch

amac
BUCH VERLAG

Anton Ochsenkühn

iPhone iOS 12 Handbuch

ISBN 978-3-95431-063-0

Hergestellt in Deutschland

Trotz sorgfältigen Lektorats schleichen sich manchmal Fehler ein. Autoren und Verlag sind Ihnen dankbar für Anregungen und Hinweise!

amac-buch Verlag
Erlenweg 6
D-86573 Obergriesbach
E-Mail: info@amac-buch.de
http://www.amac-buch.de
Telefon +49(0) 82 51/82 71 37
Telefax +49(0) 82 51/82 71 38

Inhalt

Kapitel 5 – Kommunikation via Internet 133

Kapitel 6 – Im Internet mit Safari unterwegs 195

Kapitel 7 – Die Stores 217

Vorwort

Der September ist der Monat, in dem Apple seine neuen iPhone-Modelle vorstellt. Die iPhones vom September 2018 – die iPhone-X-Modelle – glänzen durch noch mehr Power. Die iPhones Xs bzw. Xs Max beeindrucken durch ein fantastisches OLED- Display, und im iPhone XR ist ein extrem hochwertiges LCD-Display verbaut

Alle Modelle des Jahres 2018 haben eine Glasrückseite und können daher per Induktion geladen werden. Kabellose Ladestationen snd bereits von vielen Herstellern verfügbar. Apple orientiert sich hier an dem Standard Qi zur induktiven Energieübertragung. Aber natürlich lassen sich die neuen Modelle ganz bequem wie bisher auch über das Lightning-Kabel mit Energie versorgen.

Mit den neuen iPhone-Modellen unterstützt Apple zudem Dual-SIM, also die Verwendung zweier Mobilfunkanschlüsse in einem Gerät. Dabei wird die herkömmliche Nano-SIM-Karte durch eine eSIM-Karte ergänzt. Zur Drucklegung des Buches ist diese Funktion jedoch noch nicht verfügbar und soll von Apple mit einem iOS-Update nachgeliefert werden (Stand Oktober 2018).

Apple verbaut mit dem A12-Chip einen sehr leistungsfähigen Prozessor. Durch ihn haben die iPhone-Modelle stets genügend Kraft, um alle Aufgaben im Handumdrehen zu bewältigen. Das ist auch nötig, denn mittlerweile werden Kameras mit 12 bzw. 7 Megapixel verbaut. Sie liefern gewaltige Datenmengen, die verarbeitet werden wollen. Videoaufnahmen können nunmehr in einer fantastischen 4k-Qualität und mit bis zu 60 Bildern pro Sekunde aufgezeichnet werden.

Kurz und gut: Mit den aktuellen iPhone-Modellen hat Apple erneut sensationelle Smartphones auf den Markt gebracht.

Die Software eines iPhones ist wohl ebenso wichtig wie die Hardware, wenn nicht sogar wichtiger. Die neue Betriebssystemversion iOS 12 ist auf den neuen iPhone-Modellen von 2018 vorinstalliert. Sie kann aber auch auf den Vorgängergeräten zum Einsatz kommen! Die Kombination aus Hard- und Software ist einfach perfekt aufeinander abgestimmt. Deshalb bekommen Sie als Apple-Kunde beim Kauf eines iPhones schlichtweg das Beste, was aktuell an Smartphones auf dem internationalen Markt verfügbar ist.

Wenn Sie ein iPhone neu gekauft haben und sich schnell zurechtfinden möchten, dann ist dieses Buch für Sie optimal. Besitzen Sie bereits ein iPhone und haben das iOS aktualisiert, dann sind Sie hier ebenfalls richtig.

In diesem Buch beschreibe ich, wie einfach viele Dinge mit einem iPhone von der Hand gehen. Ich zeige Ihnen Tipps und Tricks, sodass Sie bereits nach kurzer Zeit alle Funktionen bedienen können, die das Gerät Ihnen zur Verfügung stellt.

Es gibt unendlich viel zu entdecken. Deshalb möchte ich Sie nicht länger aufhalten und wünsche Ihnen viel Freude bei Ihrer Entdeckungsreise.

Anton Ochsenkühn, im Oktober 2018

Kapitel 1 Erster Kontakt

Sie wollen auf ein neues iPhone-Modell umziehen? Sie wollen von einem Android-Smartphone zum iPhone wechseln? Sie haben bisher noch kein Smartphone gehabt und wollen nun das iPhone nutzen? Sie wollen nur auf das neueste Betriebssystem updaten? Wenn Sie eine dieser Fragen mit „Ja“ beantworten können, dann sind Sie in diesem Kapitel genau richtig. Hier erfahren Neueinsteiger, wie sie das iPhone einrichten können, und „alte Hasen“ lernen, wie sie ihre Daten und Einstellungen auf das neue iPhone übertragen.

Das erste Mal ein iPhone

Wenn Sie zuvor noch nie ein iPhone besessen haben, dann werden Ihnen die folgenden Seiten beim erstmaligen Einrichten des Geräts behilflich sein. Es gibt einige Einstellungen, die beim ersten Einschalten des iPhone konfiguriert werden müssen.

> **!** Bevor Sie das iPhone zum ersten Mal einschalten, müssen Sie die SIM-Karte Ihres Mobilfunk-Anbieters in das Gerät einlegen. Ansonsten kann das iPhone nicht aktiviert werden.

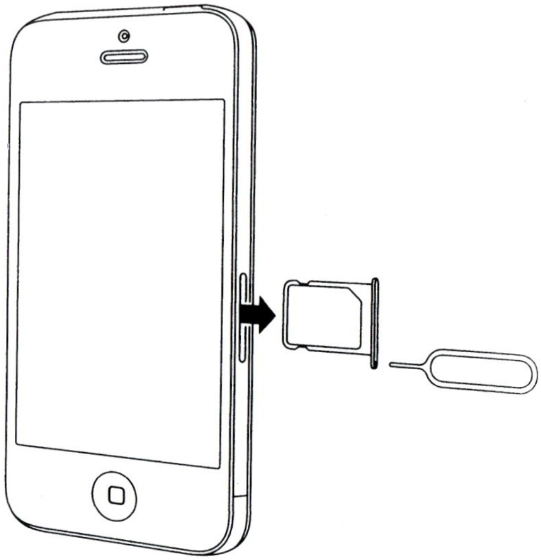

Die SIM-Karte legen Sie auf der rechten Seite des iPhone ein. (Foto: Apple)

Schalten Sie dann das iPhone ein, indem Sie ca. drei Sekunden lang die Seitentaste (auf der rechten Seite des iPhone bzw. an der oberen Kante beim iPhone SE) des iPhone drücken. Das iPhone startet nun und der Einrichtungs-Assistent führt Sie Schritt für Schritt durch die Konfigurationen. Als Erstes werden Sie nach der Landessprache und anschließend nach dem Land gefragt.

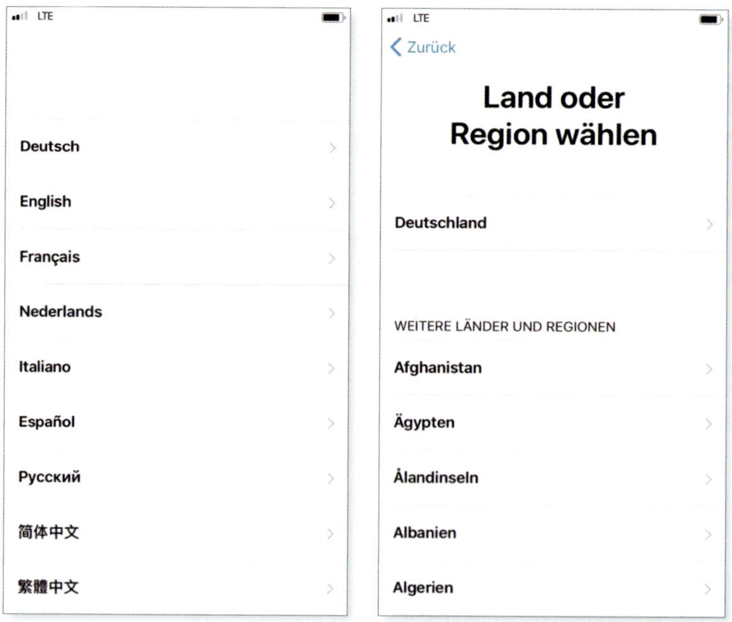

Zuerst müssen Sie die Sprache (Sprache, Region, Netzwerkeinstellungen, etc.) einstellen.

Beim nächsten Schritt werden Sie gefragt, ob Sie die Einstellungen für das iPhone von einem anderen Gerät übernehmen wollen, z. B. von Ihrem iPad. Dazu legen Sie das zweite Gerät neben das iPhone. Auf dem zweiten Gerät werden Sie dann anschließend gefragt, ob die Einstellungen auf das iPhone übertragen werden sollen.

Wichtige Einstellungen können von einem zweiten Gerät übernommen werden.

Wenn Sie auf *Weiter* tippen, müssen Sie anschließend die beiden Geräte koppeln. Dies geschieht entweder mithilfe der Kamera oder durch die Eingabe einer Zahlenkombination (*Manuell konfigurieren*). Jetzt geben Sie noch den Entsperrcode des zweiten Geräts auf dem iPhone ein, und die Datenübertragung beginnt. Der gleiche Code ist nun auch für das Entsperren des iPhones eingerichtet. Als Nächstes wird dann Touch ID bwz. Face ID eingerichtet (siehe Kapitel 2 ab Seite 38).

Wenn Sie kein zweites Apple-Gerät besitzen, dann müssen Sie beim *Schnelleinstieg* auf *Manuell einrichten* tippen. Danach werden Sie nach einem WLAN gefragt. In der Liste erscheinen alle aktuell erreichbaren WLANs. Falls kein WLAN verfügbar ist, können Sie auch die Option *Mobiles Netzwerk verwenden* ganz unten nutzen. Das WLAN bzw. mobile Netzwerk wird zur Aktivierung des iPhone benötigt.

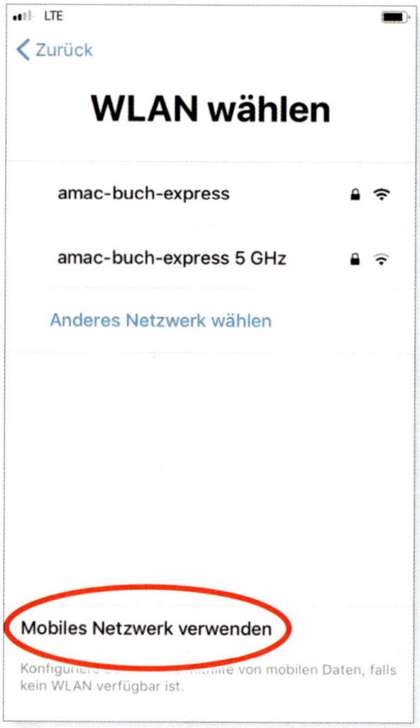

Über WLAN oder ein mobiles Netzwerk wird das iPhone aktiviert.

Nach der Auswahl eines WLAN werden Sie über den Datenschutz inmiert. Der nächste Arbeitsschritt dreht sich dann um *Touch ID*, den Fingerabdrucksensor des iPhone. Wenn Sie Ihre Fingerabdrücke zum Entsperren des iPhone verwenden wollen, dann tippen Sie auf *Fortfahren*. Anschließend wird der Fingerabdruck gescannt. Touch ID kann aber auch zu einem späteren Zeitpunkt eingerichtet werden, und zwar bei *Einstellungen –> Touch ID & Code* (iPhone X-Modell: diese Modelle verfügen über Face ID und stellen keinen Fingerabdrucksensor mehr zur Verfügung!). Wie das genau funktioniert, können Sie in Kapitel 2 ab Seite 38 nachlesen.

Ein weiterer sicherheitsrelevanter Punkt kommt nach Touch ID, nämlich der Code zum Entsperren des iPhone. Standardmäßig wird ein sechsstelliger Code verlangt, wenn Sie aber auf *Codeoptionen* tippen, können Sie auf einen vierstelligen oder sogar alphanumerischen Code wechseln. Der Code kann natürlich zu einem späteren Zeitpunkt wieder geändert werden. Dazu müssen Sie zu *Einstellungen –> Touch ID & Code* (bzw. *Face ID & Code*) wechseln. In Kapitel 2 ab Seite 38 ist beschrieben, wie Sie den Code ändern können.

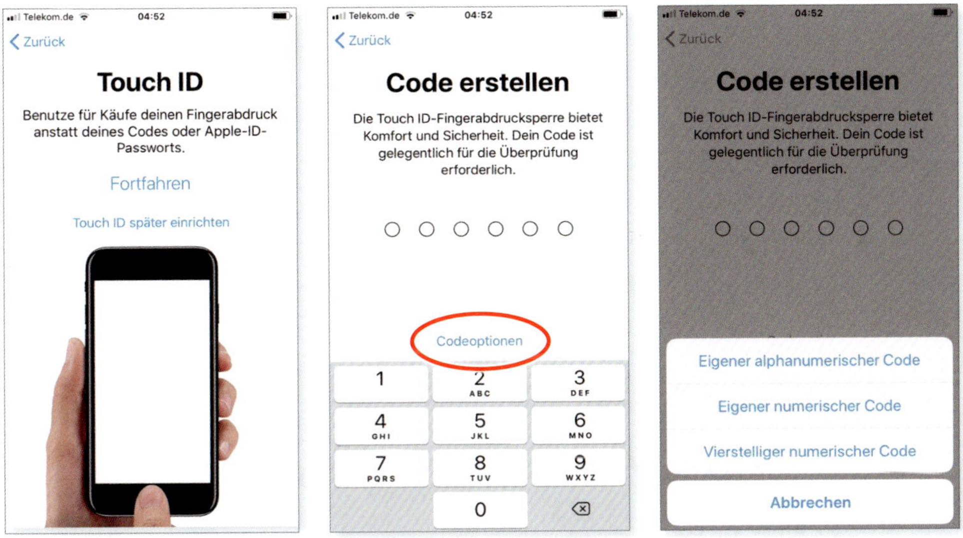

Mit „Touch ID" lässt sich das iPhone per Fingerabdruck entsperren. Zusätzlich gibt es noch einen Code zum Entsperren. Bei den iPhone X-Modellen hingegen kommt die Gesichtserkennung via Face ID zum Einsatz. Ein Code ist aber trotzdem notwendig.

Der nächste Schritt betrifft die Apps und deren Einstellungen, die auf das neue iPhone übernommen werden sollen. Wie man die Daten von einem anderen iPhone oder einem Android-Smartphone überträgt, erfahren Sie weiter hinten in diesem Kapitel. Wenn Sie ein Neueinsteiger sind und dies Ihr erstes iPhone ist, dann wählen Sie *Als neues iPhone konfigurieren*.

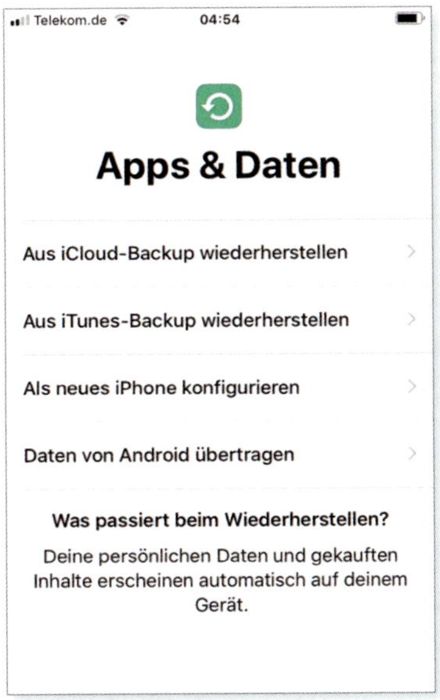

Welche Daten bzw. Einstellungen sollen übernommen werden?

Danach werden Sie nach einer *Apple-ID* gefragt. Die Apple-ID wird zum Einkaufen in diversen Stores gebraucht, aber auch für iCloud verwendet. Wenn Sie noch keine Apple-ID besitzen oder Sie keine Angaben machen wollen, dann tippen Sie auf den Text *Passwort vergessen oder noch keine Apple-ID?*.

Anschließend können Sie entweder eine neue Apple-ID beantragen oder den gesamten Vorgang überspringen. Tippen Sie dazu auf *Später in „Einstellungen" konfigurieren*. Auch eine Apple-ID kann zu einem späteren Zeitpunkt eingerichtet werden.

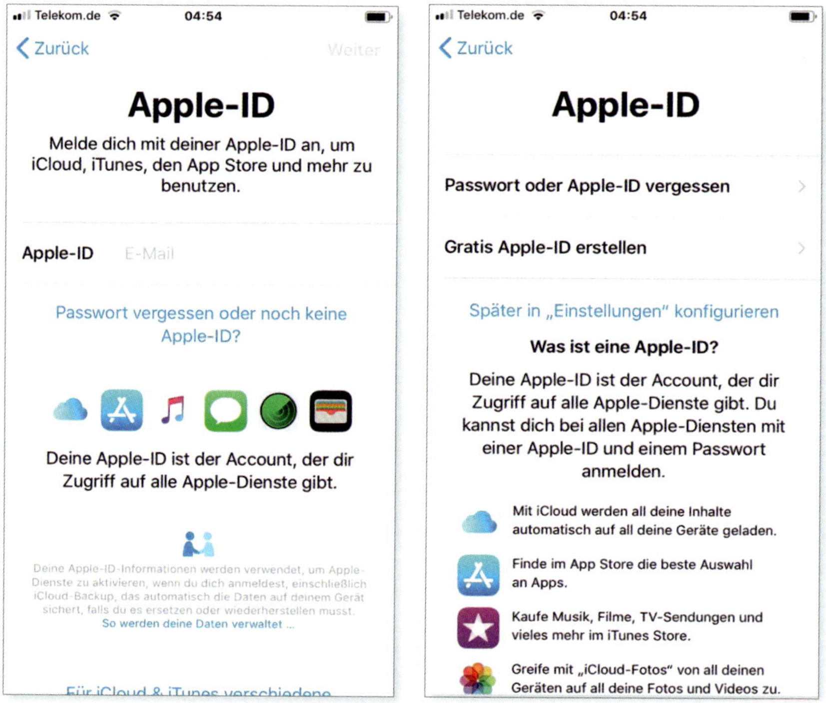

Die „Apple-ID" benötigen Sie zum Einkaufen und für die iCloud.

Um die Sicherheit Ihrer Apple-ID zu erhöhen, stellte Apple in der Vergangenheit die Zweistufige Bestätigung zur Verfügung. Dadurch wurde die Nutzung der Apple-ID auf fremden Geräten sehr effektiv verhindert. Die Zweistufige Bestätigung wurde weiterentwickelt und durch die *Zwei-Faktor-Authentifizierung (2FA)* abgelöst. Falls Sie in der Vergangenheit also die alte Methode verwendet haben, werden Sie nach der Angabe Ihrer Apple-ID gefragt, ob Sie die Zwei-Faktor-Authentifizierung aktivieren wollen. Sie können diesen Schritt auch überspringen und zu einem späteren Zeitpunkt unter *Einstellungen –> Ihr Name (Apple-ID, iCloud, iTunes & App Store) –> Passwort & Sicherheit* diese Funktion aktivieren (siehe Seite Kapitel 10 ab Seite 345).

Als Nächstes müssen Sie die Nutzungsbedingungen akzeptieren. Jetzt werden Sie noch gefragt, ob Sie Updates für das iOS automatisch aktualisieren wollen und somit immer auf den neuesten Stand bleiben. Falls Sie das nicht wollen, tippen Sie auf *Updates manuell installieren*.

Anschließend können Sie Ihr iPhone für iMessage und FaceTime registrieren oder dies auch zu einem späteren Zeitpunkt machen.

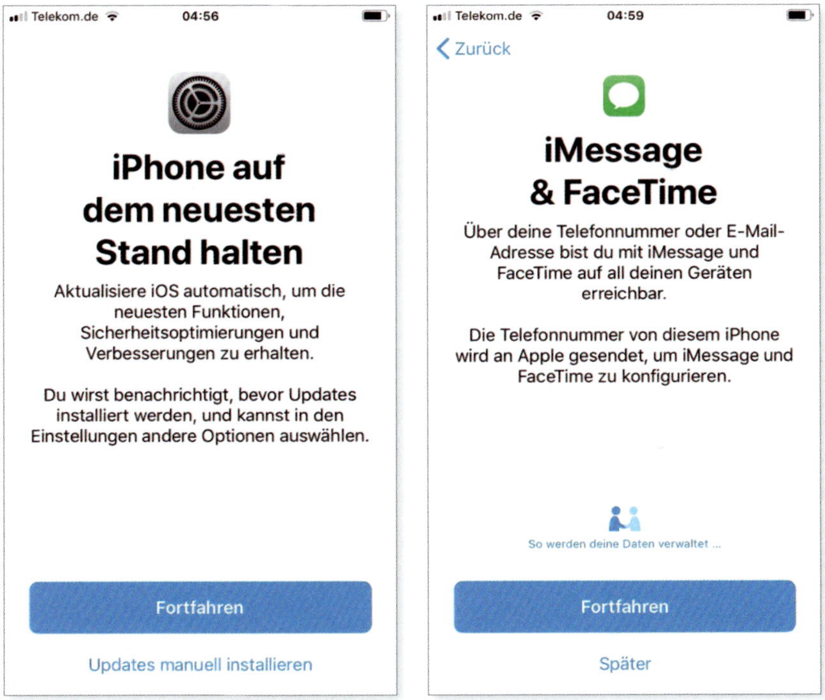

Entscheiden Sie über automatische Systemupdates und iMessage und FaceTime.

Danach müssen Sie entscheiden, ob die *Ortungsdienste* eingeschaltet werden sollen. Die Ortungsdienste werden gebraucht, um Ihren aktuellen Standort zu ermitteln. So werden dann z. B. beim Fotografieren die GPS-Daten mit dem Bild gespeichert und Sie können dann genau sehen, an welchem Ort das Bild entstanden ist. Außerdem benötigen einige Apps die Ortungsdienste zur Standortbestimmung, z. B. Karten. Sie können diesen Punkt auch überspringen und die Ortungsdienste zu einem späteren Zeitpunkt bei *Einstellungen –> Datenschutz* einschalten bzw. dort auch wieder ausschalten.

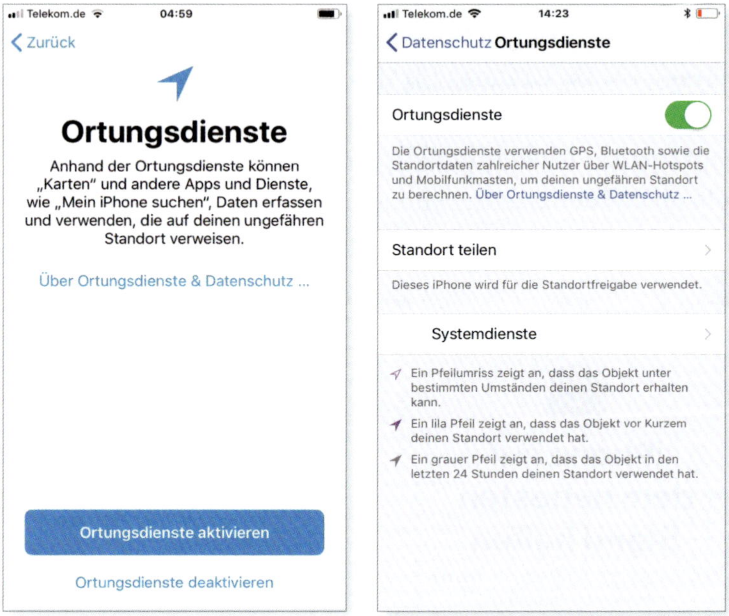

Die „Ortungsdienste“ werden zur Standortbestimmung benötigt und können jederzeit wieder deaktiviert werden.

Nun haben Sie es fast geschafft! Jetzt komt das Aktivieren von Siri, dem Sprachassistenten. Wie fast alle Funktionen kann auch Siri später in den *Einstellungen* konfiguriert werden. Sie können also auch diesen Punkt überspringen, wenn Sie wollen.

Soll „Siri“ Sie bei der Bedienung des iPhones unterstützen?

Im nächsten Schritt müssen Sie entscheiden, ob die Nutzung des iPhones mit Hilfe der Funktion Bildschirmzeit dokumentiert werden soll. Näheres zu diesem Thema können Sie in Kapitel 2 ab Seite 66 erfahren.

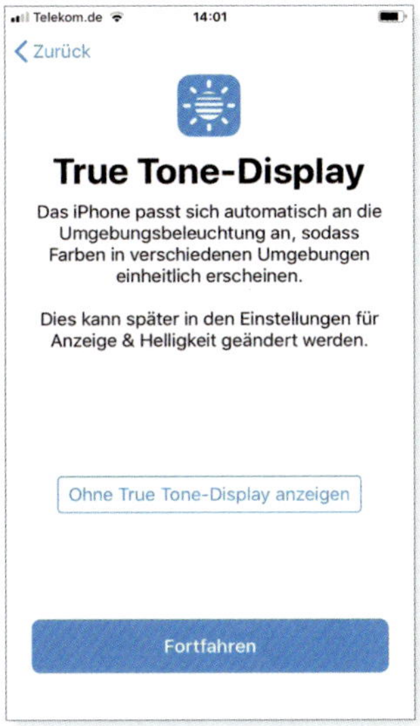

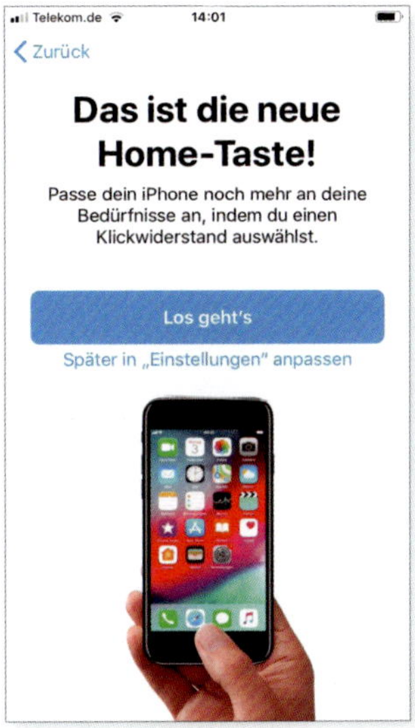

Legen Sie noch weitere Einstellungen für „Bildschirmzeit", „True Tone-Display" und die „Home-Taste" fest.

Im nächsten Schritt werden Sie noch gefragt, ob das iPhone Nutzungsdaten zu Apple übertragen darf, um bei der Weiterentwicklung des iPhone behilflich zu sein. Haben Sie ein iPhone 8/8 Plus bzw. ein X-Modell folgt noch der Hinweis auf das *True Tone-Display* (siehe Seite 46). Bei den iPhone-Modellen 7 und 8 können Sie danach noch den Klickwiderstand der Home-Taste einstellen. Auch diese Einstellung kann später vorgenommen werden.

Bei Modellen 6 oder neuer kann als nächstes noch der *Anzeigezoom* konfiguriert werden (ab Seite 44). Haben Sie diese Frage beantwortet, ist das iPhone fertig konfiguriert, und mit *Los geht's* erreichen Sie den Home-Bildschirm.

Geschafft! Das iPhone ist konfiguriert.

> **!** Wenn Sie während des Einrichtens einige Punkte übersprungen haben, z. B. Siri, Touch ID bzw. Face ID oder die Apple-ID, werden Sie in der App Einstellungen daran erinnert, die Konfiguration abzuschließen. Wenn Sie auf diese Option tippen, werden die entsprechenden Assistenten gestartet und Sie können Siri oder Touch ID ganz bequem einrichten.

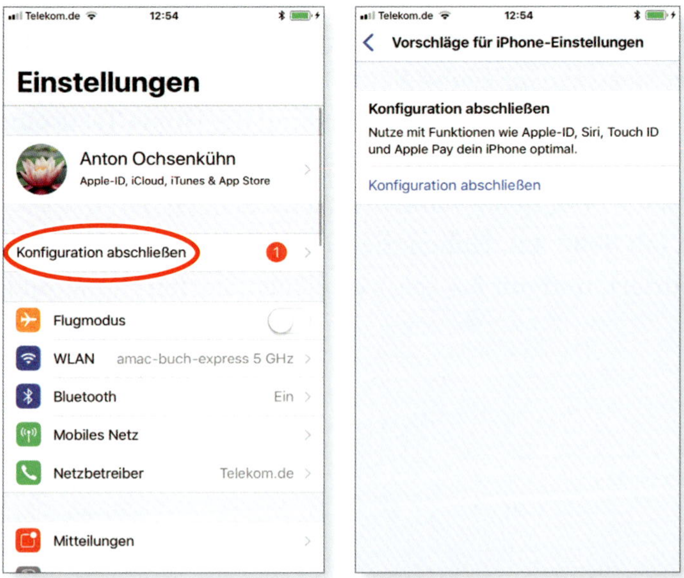

Elemente, die während des Einrichtens übersprungen wurden, können nachträglich ganz leicht konfiguriert werden.

Von iPhone zu iPhone

Wenn Sie als Besitzer eines alten iPhone zu einem aktuellen Modell wechseln wollen, dann müssen Sie natürlich das neue iPhone nicht manuell konfigurieren. Sie können mit allen Apps und Einstellungen vom alten iPhone auf das neue umziehen. Dazu können Sie zwei Methoden verwenden. Sie sollten jedoch stets darauf achten, dass das neue iPhone mindestens die gleiche iOS-Version hat, wie Ihr bisheriges Gerät. Sie finden die Versionsnummer unter *Einstellungen –> Allgemein –> Infos –> Version*.

Umzug via iCloud

Die Voraussetzung für einen Umzug via iCloud ist natürlich ein vorhandenes iCloud-Konto. Falls Sie noch keines besitzen, können Sie sich eines kostenlos unter icloud.com besorgen. Der erste Schritt besteht darin, ein Backup via iCloud von Ihrem alten iPhone zu machen. Dazu öffnen Sie auf dem alten iPhone *Einstellungen –> Ihr Name (Apple-ID, iCloud, iTunes & App Store) –> iCloud –> iCloud-Backup*. Schalten Sie *iCloud-Backup* ein, und tippen Sie dann auf *Backup jetzt erstellen*. Je nach Menge der Apps bzw. Daten kann es mehrere Minuten dauern, bis das Backup fertig ist.

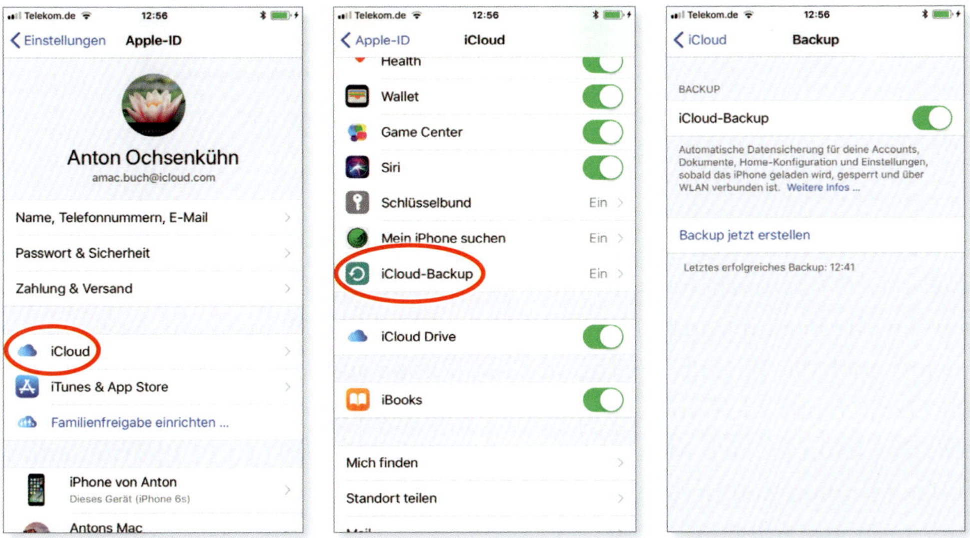

Zuerst müssen Sie auf dem alten iPhone ein iCloud-Backup erstellen.

Nun schalten Sie das neue iPhone ein und lassen den Einrichtungs-Assistenten durchlaufen (siehe vorherigen Abschnitt). Nach der Angabe des Entsperrcodes beim Einrichten (siehe weiter vorn) haben Sie dann die Möglichkeit, das neue iPhone aus einem iCloud-Backup wiederherzustellen.

> **!** Falls Sie Ihr iPhone bereits eingerichtet haben und den Einrichtungs-Assistenten benötigen, müssen Sie unter **Einstellungen –> Allgemein –> Zurücksetzen** die Option **Alle Inhalte & Einstellungen löschen** auswählen. Dadurch wird das iPhone in den Auslieferungszustand zurückversetzt und der Einrichtungs-Assistent automatisch gestartet.

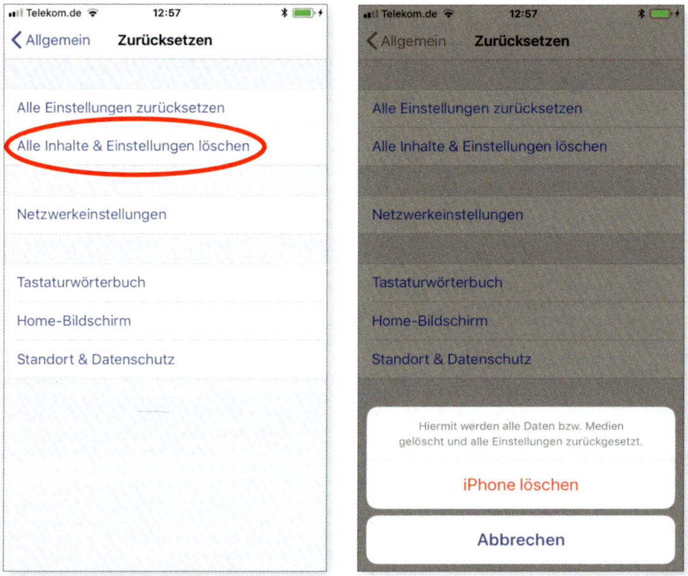

Damit Sie den Einrichtungs-Assistenten aufrufen können, müssen Sie den Inhalt des iPhone komplett löschen.

Tippen Sie beim Einrichtungs-Assistent also auf die Option *Aus iCloud-Backup wiederherstellen*, und geben Sie anschließend Ihre Apple-ID ein. Nach kurzer Zeit werden alle Backups angezeigt, die auf der iCloud verfügbar sind. Nun müssen Sie nur noch das Backup von Ihrem alten iPhone auswählen, und schon beginnt das Gerät damit, die Einstellungen und Apps herunterzuladen und zu installieren. Das kann je nach Menge der Apps und der Qualität Ihrer Internetleitung einige Minuten Zeit in Anspruch nehmen. Daher sollten Sie Ihr iPhone an das Ladegerät anschließen.

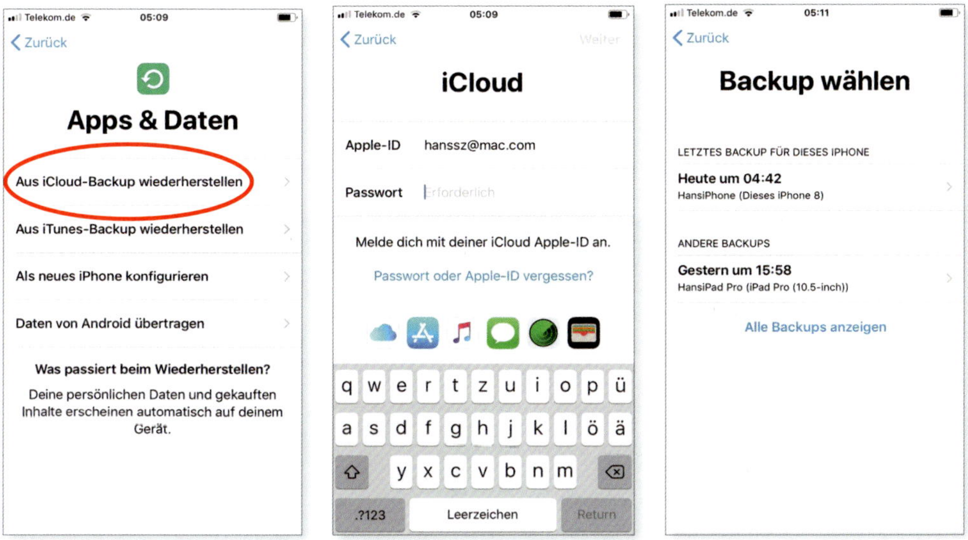

Im Einrichtungs-Assistenten können Sie das neue iPhone mit einem iCloud-Backup wiederherstellen.

!

Bitte beachten Sie, dass bei einem iCloud-Backup aus Sicherheitsgründen keinerlei Passwörter mitgesichert werden. Sie müssen also nach der Wiederherstellung alle Passwörter für Ihre E-Mail-Postfächer oder Internetseiten erneut eintippen. Einen Teil davon können Sie wiederherstellen, wenn Sie mit dem **iCloud-Schlüsselbund** arbeiten. Dieser kann Zugangsdaten zu Internetseiten und Kreditkarteninformationen speichern und zwischen Ihren iCloud-Geräten synchronisieren.

Wenn Sie einen iCloud-Schlüsselbund eingerichtet haben, können Sie diesen zum Wiederherstellen von Zugangsdaten verwenden.

Sobald der Home-Bildschirm wieder angezeigt wird, beginnt das iPhone im Hintergrund die Apps aus dem App Store herunterzuladen. Sie können dies an den Bezeichnungen *Warten* und *Laden* unterhalb der Apps erkennen. Außerdem sind die Apps dunkelgrau markiert.

Die Apps müssen noch heruntergeladen werden.

Umzug via iTunes

Der zweite Weg, um die Daten vom alten iPhone auf das neue zu bekommen, führt zum Programm *iTunes* am Mac oder Windows-Rechner. Auch mit iTunes können Backups von iOS-Geräten gemacht werden. Aber anstatt die Daten bei iCloud zu speichern, werden diese lokal auf Ihrem Rechner abgelegt. Für diese Methode benötigen Sie also keinen iCloud-Zugang.

Der Weg über iTunes hat noch einen weiteren Vorteil: Sie können die Passwörter des iPhones für die E-Mail-Postfächer mitsichern und dann wiederherstellen lassen. Eine erneute Eingabe der Passwörter auf dem neuen iPhone wird dadurch überflüssig.

Zunächst müssen Sie ein iTunes-Backup von Ihrem alten iPhone machen. Dazu öffnen Sie iTunes auf Ihrem Computer und wechseln dort zur Anzeige des iPhone. Je nach Konfiguration des iPhone erscheint es automatisch in iTunes (WLAN-Synchronisation) oder Sie müssen es per USB-Kabel an den Rechner anschließen.

In den iPhone-Optionen in iTunes finden Sie dann bei *Übersicht* den Bereich *Backups*. Dort wählen Sie die Option *Dieser Computer* und zusätzlich *Lokales Backup verschlüsseln* aus. Damit werden die Passwörter für die E-Mail-Postfächer mitgesichert. Klicken Sie dann auf die Schaltfläche *Backup jetzt erstellen*. Anschließend müssen Sie noch ein Passwort für die Verschlüsselung des Backups definieren.

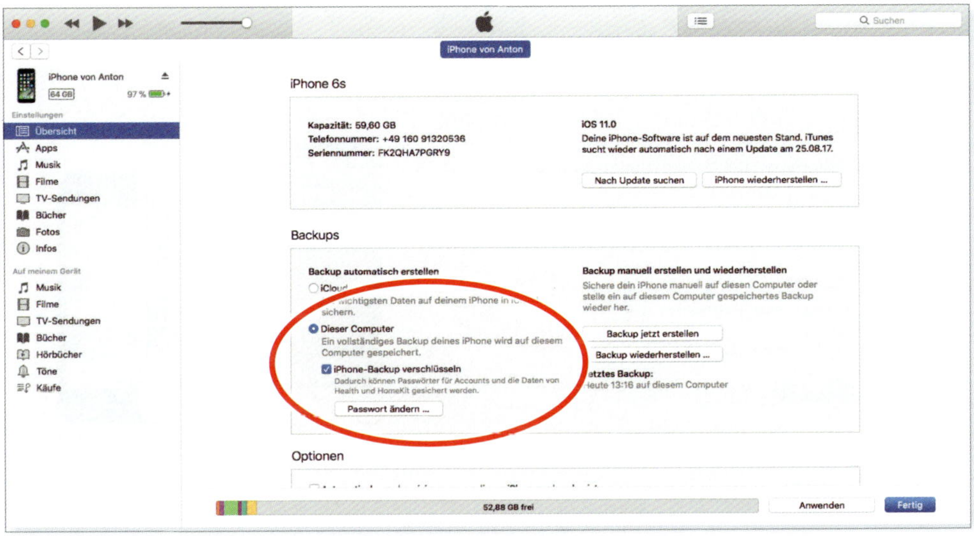

Das Backup für das alte iPhone wird mit iTunes am Rechner erstellt.

Wenn das Backup vom alten iPhone fertiggestellt ist, starten Sie auf dem neuen iPhone den Einrichtungs-Assistenten (siehe den vorigen Abschnitt) und führen ihn bis zum Punkt *Apps & Daten* aus. Dort wählen Sie dann die Option *Aus iTunes-Backup wiederherstellen* aus und schließen das iPhone per USB-Kabel an den Rechner an. In iTunes sollte nun automatisch eine Seite erscheinen, auf der Sie das Backup auswählen können, mit dem das iPhone bestückt werden soll.

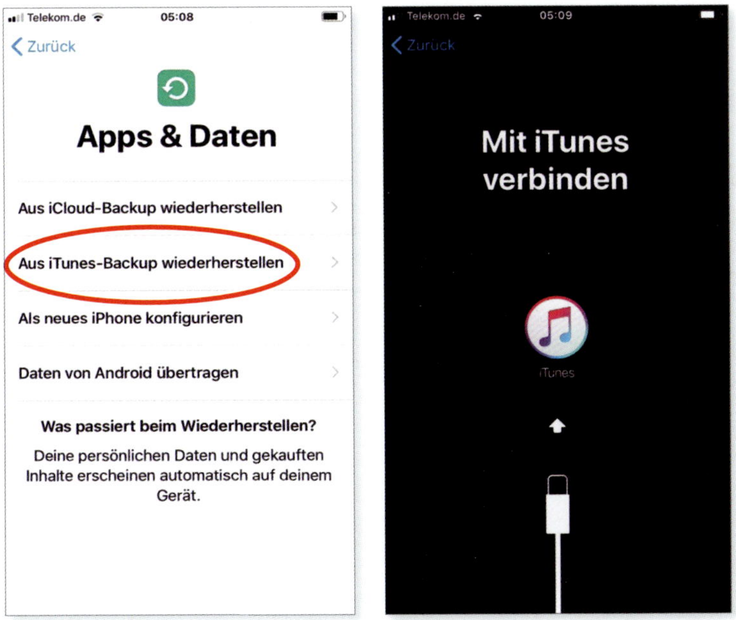

Das iPhone wird mit dem Backup von iTunes wiederhergestellt, …

... das in iTunes ausgewählt werden muss.

Je nach Größe des Backups bzw. je nach Anzahl der Apps, die installiert werden müssen, kann es wieder einige Zeit dauern, bis das Backup aufgespielt ist. Nach einem automatischen Neustart des iPhone sehen Sie den Home-Bildschirm. Sie können das neue iPhone nun benutzen.

> **!** In iTunes gibt es auch noch eine andere Möglichkeit, ein Backup aufzuspielen: Wenn das neue iPhone bereits fertig eingerichtet ist, können Sie in iTunes auf die Schaltfläche **Backup wiederherstellen** klicken. Damit lässt sich ein Backup sofort aufspielen, ohne den Einrichtungs-Assistenten auf dem iPhone starten zu müssen.

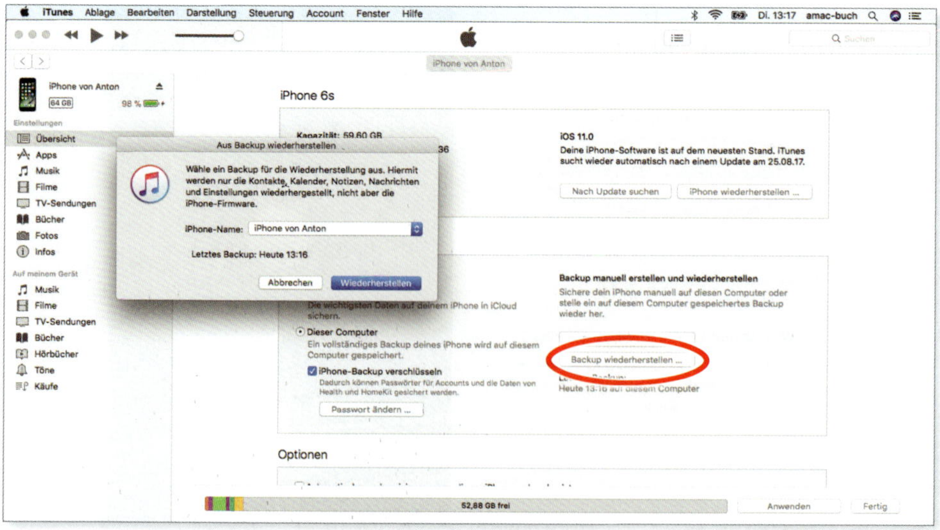

Das Backup kann auch ohne Einrichtungs-Assistent auf das iPhone übertragen werden.

Datenübernahme von einem beliebigen Telefon

Der Transport der Telefondaten (Kontakte, E-Mail etc.) von iPhone zu iPhone ist sehr komfortabel gelöst. Wie sieht es aber aus, wenn Sie Ihre Kontakte von einem älteren Mobiltelefon, das kein mobiles Internet hat, auf das iPhone übertragen wollen? Nun, das wird etwas schwieriger!

Grundsätzlich kann das iPhone die Kontaktdaten importieren, die auf der SIM-Karte gespeichert sind (*Einstellungen –> Kontakte –> SIM-Kontakte importieren*).

> ! **Achtung:** Oft können hierbei nur maximal 250 Kontaktdaten übertragen werden. Gegebenenfalls muss der Vorgang mehrmals wiederholt werden.

Dabei ergibt sich nur ein Problem: Das iPhone verwendet eine Nano-SIM-Karte, und die älteren Mobiltelefone besitzen meistens eine Mini-SIM-Karte, die viel größer ist. Sie können also die SIM-Karte Ihres alten Telefons nicht in das iPhone stecken, da sie zu groß ist. Deshalb sollten Sie sich eine sogenannte Triple-SIM-Karte besorgen. Diese stecken Sie in der regulären Größe zunächst in Ihr altes Telefon. Die Kontaktdaten sollten nun an diese SIM-Karte gesendet werden. Anschließend können Sie die Triple-SIM-Karte durch Ausstanzen auf die Nano-Größe bringen und so die Daten ins iPhone übernehmen.

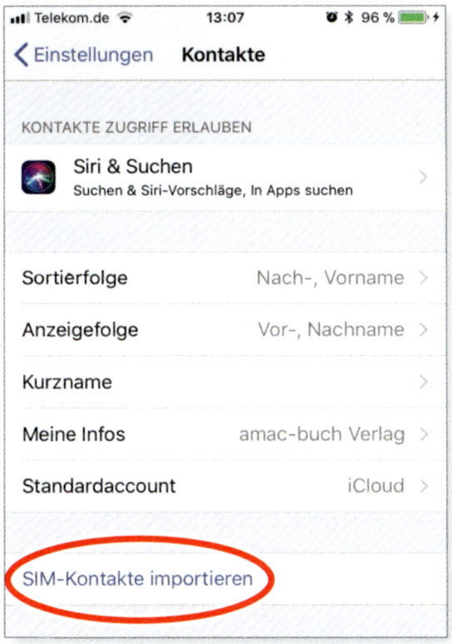

Kontakte, die auf der SIM-Karte gespeichert sind, können grundsätzlich importiert werden.

Es gibt aber einige andere Möglichkeiten, um Ihre alten Kontaktdaten auf das iPhone zu übertragen:

1. Sie nehmen Kontakt mit Ihrem Mobilfunk-Anbieter auf bzw. gehen in eine der Verkaufsstellen und fragen dort, ob die Mitarbeiter die Daten vom alten Telefon auf das iPhone übertragen könnten. Die Mobilfunk-Anbieter haben sehr oft Spezialprogramme, mit deren Hilfe die Übertragung eine Sache von wenigen Minuten ist.
2. Forschen Sie beim Hersteller des Telefons nach, ob er eine Software anbietet, um die Kontaktdaten vom alten Telefon auszulesen und als Datei im Format *vCard* (Dateiendung .vcf) auf dem Computer zu speichern. Diese Dateien können Sie im Programm *Kontakte* auf dem Mac oder in *Outlook* unter Windows importieren und dann anschließend über iTunes oder iCloud mit dem iPhone synchronisieren.
3. Wenn Sie die Kontakte als vCard-Datei haben (siehe Punkt 2), können Sie sie ebenso als Anhang auch per E-Mail an Ihr iPhone schicken. Dort müssen Sie den Anhang nur antippen und die Kontakte werden automatisch auf das iPhone übertragen.

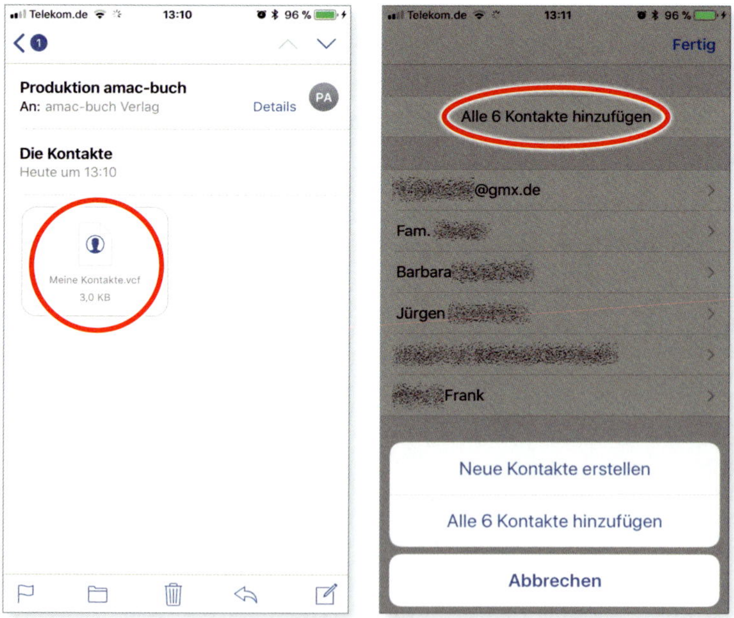

Die Kontaktdaten, die per E-Mail gekommen sind (links), müssen Sie nur antippen, um sie zu importieren (rechts).

Daten von Android übertragen

Falls Sie bisher im Besitz eines Android-Smartphones waren und nun zu einem iPhone wechseln, können Sie die Daten des Android-Telefons auf Ihr neues iPhone übernehmen. Apple stellt dafür eine kostenlose App für Android-Telefone zur Verfügung. Diese hat den Namen *Auf iOS übertragen*. Wenn Sie nach diesem Begriff im Google Play Store suchen, werden Sie sehr schnell fündig.

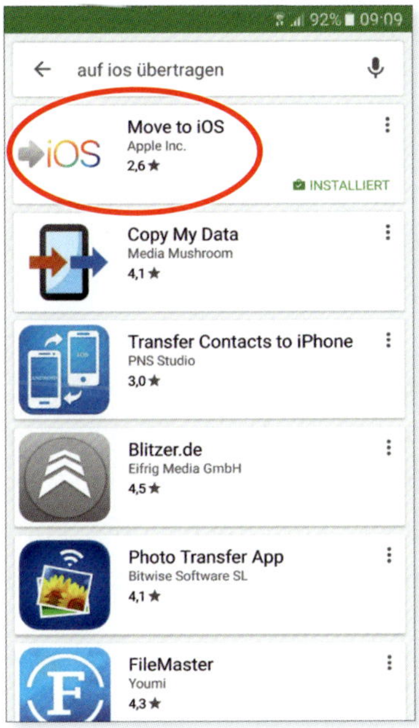

Mit einer speziellen App für Android-Geräte können Sie die Daten und Einstellungen auf ein iPhone übertragen.

> ! Voraussetzung für die Übertragung der Daten von Android zu iOS ist, dass sich die beiden Geräte im gleichen WLAN-Netzwerk befinden.

Um die Übertragung zu starten, müssen Sie auf dem iPhone zuerst die Funktion *Daten von Android übertragen* auswählen und danach auf *Fortfahren* tippen, genauso wie auf dem Android-Gerät, wenn Sie die App gestartet haben.

Wenn auf beiden Geräten die Funktionen gestartet sind, erhalten Sie auf dem iPhone einen Zifferncode angezeigt, den Sie dann auf dem Android-Gerät eingeben müssen. Auf diese Weise werden die beiden Telefone gekoppelt und wird verhindert, dass eine andere Person die Daten während der Übertragung abfängt.

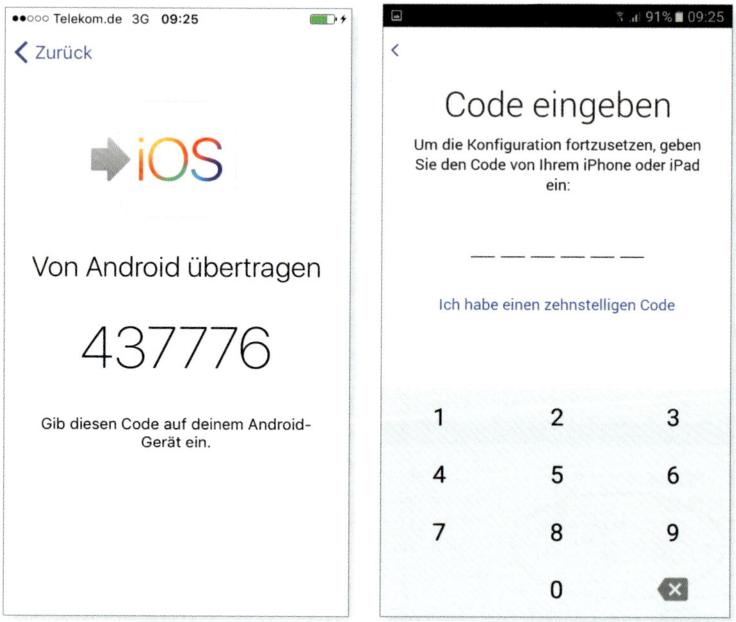

Das Android-Telefon und das iPhone müssen gekoppelt werden.

Nach kurzer Zeit haben sich die beiden Geräte verbunden, und Sie müssen dann auf dem Android-Gerät auswählen, welche Daten übernommen werden sollen. Ist dies geschehen, kann die Übertragung beginnen. Je nach Datenmenge dauert das Überspielen einige Minuten. Ist der Vorgang beendet, können Sie das iPhone weiter einrichten und auf dem Android-Gerät die App beenden.

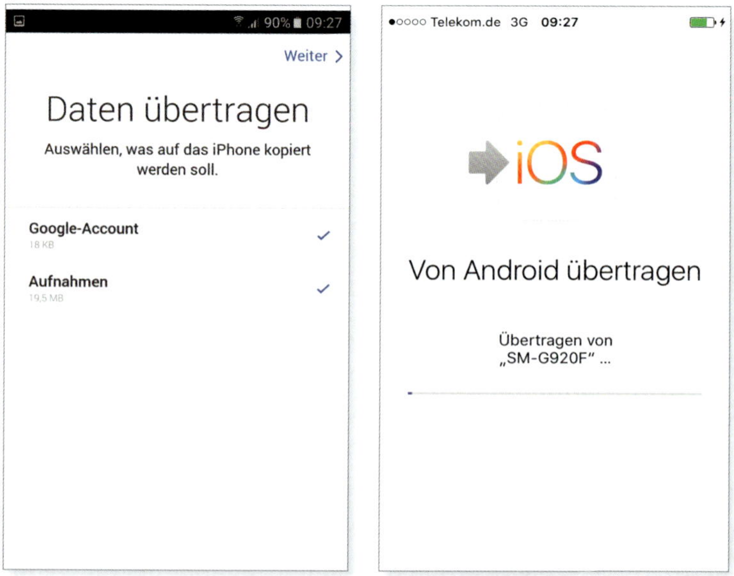

Nach dem Auswählen der Daten (links) kann die Übertragung beginnen (rechts).

Haben Sie das iPhone fertig eingerichtet, können Sie noch entscheiden, ob die Apps, die Sie auf dem Android-Gerät hatten, nun auch auf dem iPhone installiert werden sollen. Alle kostenlosen Apps, die es auch für iOS gibt, werden dabei automatisch installiert. Und da beim Überspielen keine Passwörter übertragen werden, sollten Sie unbedingt noch das Passwort für Ihr Google-Konto in den *Einstellungen* bei *Passwörter & Accounts* eingeben. Erst dann können Sie die E-Mails von dem Konto abrufen und Kontakte, Kalender und Notizen mit Ihrem Google-Konto synchronisieren.

Auf dem iPhone können die gleichen Apps wie auf dem Android-Gerät installiert werden (links), sofern sie auch für iOS verfügbar sind. Außerdem müssen Sie noch das Passwort für Ihr Google-Konto angeben (rechts), damit E-Mails, Kalender, Kontakte und Notizen synchronisiert werden.

Kapitel 2 Einstellungen

Bevor Sie das iPhone für Ihre alltäglichen Aufgaben nutzen, sollten Sie sich ein bisschen Zeit nehmen und das Gerät nach Ihren eigenen Bedürfnissen konfigurieren. Dazu gehört nicht nur das Einstellen des Klingeltons, sondern auch das Auswählen des Hintergrunds, das Konfigurieren von 3D Touch oder das Einrichten der Touch ID bzw. Face ID. Dieses Kapitel hilft Ihnen, Ihr iPhone richtig einzustellen und es dadurch noch effektiver zu nutzen.

> **!** Übrigens: Die Modelle iPhone 7/8 bzw. 7 Plus, 8 Plus und die X-Reihe sind wasserdicht. Sie sollten damit nicht unbedingt eine Runde Schwimmen gehen, aber etwas Regen hält das Gerät locker aus. Die vorherigen Modelle waren nicht wasserdicht, was Apple mit dem Vorhandensein des Klinkensteckers für die Kopfhörer begründet hat. Die neueren Modelle (ab Version 7) verfügen nur noch über einen Lightning-Anschluß an der Unterseite. Dort können entweder die Kopfhörer oder das Ladekabel angebracht werden. Aber dafür haben diese Modelle mehrere Lautsprecher für satten Stereosound.

Die Tasten

Damit Sie das iPhone effektiv bedienen können, ist es wichtig, die Funktionen der Tasten zu kennen. Wir sehen uns also zuerst die Tasten am Gehäuse des iPhone an. Das iPhone hat insgesamt fünf – die iPhone X-Modelle nur vier – Tasten mit unterschiedlichen Funktionen:

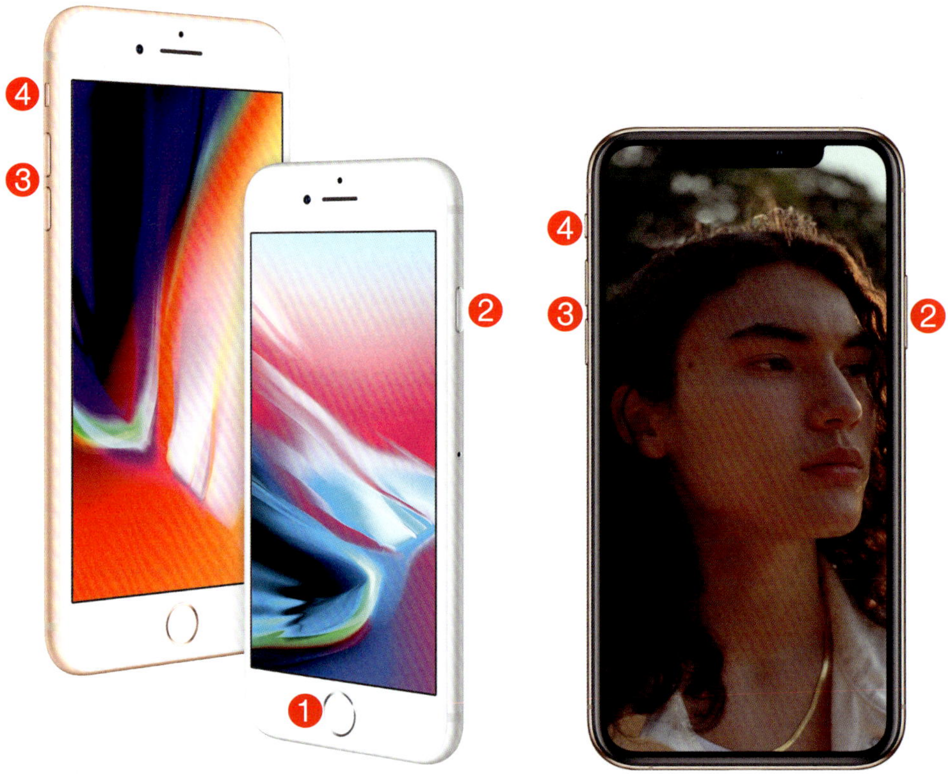

Die verschiedenen Tasten des iPhone 7/8 (links) und iPhone Xs (rechts). (Fotos: Apple)

❶ Eine der wichtigsten Tasten ist die *Home-Taste* (nicht bei der X-Reihe). Sie enthält nicht nur den Sensor für die Touch ID zum Entsperren per Fingerabdruck, sondern wird zum Aufwecken des iPhone und zum Aufrufen des Home-Bildschirms verwendet. Jedes Mal, wenn Sie diese Taste drücken, verlassen Sie die aktuelle App und gelangen zum Home-Bildschirm zurück. Ein zweifaches Drücken hintereinander öffnet die Multitaskingleiste zum Wechseln der App bzw. zum Beenden einer App. Ein zweifaches leichtes Tippen (ab iPhone 6 und neuer) auf die Home-Taste verschiebt den ganzen Home-Bildschirm nach unten, damit Sie die Apps leichter mit einer Hand erreichen können (*Einhandmodus*). Sie sehen, die Taste hat es wirklich in sich.

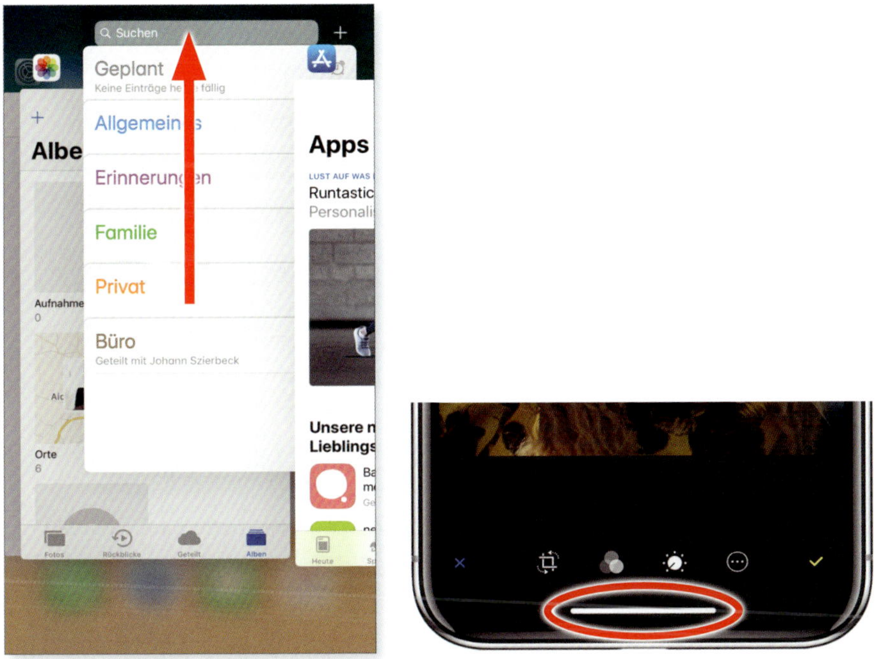

Doppeltes Antippen der Home-Taste zeigt alle geöffneten Apps nebeneinander an (links). Bei den iPhone X-Modellen ziehen Sie die Linie von unten in die Bildschirmmitte und halten diese ein wenig fest (rechts). Oder wischen Sie auf der weißen Linie nach links oder rechts, um zu anderen Apps zu gelangen. Die Linie am unteren Rand bei den X-Modellen ist in allen Apps verfügbar und bringt Sie – ähnlich der Home-Taste – wieder zum Home-Bildschirm zurück.

Sie können so rasch zu einer anderen App wechseln. Es werden jeweils drei Apps gezeigt. Durch Wischen nach links oder rechts kommen alle anderen zum Vorschein. Ziehen Sie eine App nach oben, um sie komplett zu beenden. Die App kann hernach wieder gestartet werden. Mit etwas Übung können Sie mit drei Fingern gleichzeitig drei Apps gemeinsam beenden.

Die Modelle 7/8 bzw. 7 Plus/8 Plus verfügen über keine mechanische Home-Taste mehr. Hier kann der Klickwiderstand per Software eingestellt werden.

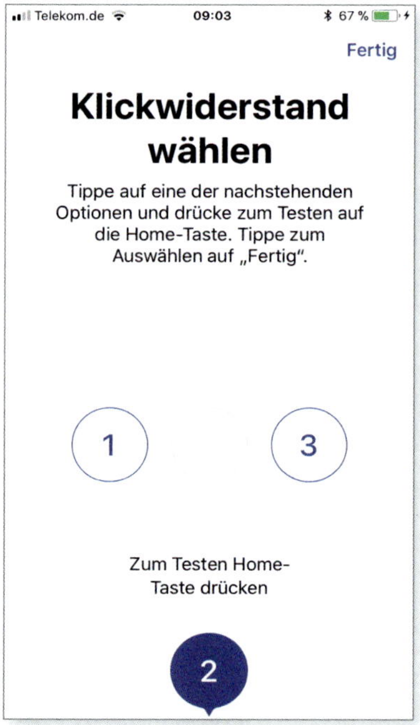

Ab dem 7er Modell kann die Vibrationsrückmeldung der Home-Taste per „Einstellungen –> Allgemein –> Home-Taste" eingestellt werden.

❷ Die zweite wichtige Taste ist die *Seitentaste*. Diese Taste haben Sie bereits in Kapitel 1 kennengelernt. Damit wird das iPhone ein- und ausgeschaltet sowie in den Stand-by-Modus versetzt und auch wieder aufgeweckt. Je nach iPhone-Modell ist diese Taste entweder oben (iPhone SE) oder rechts (ab iPhone 6/6s) am Gehäuse. Alternativ können Sie ein iPhone auch via *Einstellungen –> Allgemein –> Ausschalten* herunterfahren. Wenn Sie ein iPhone X-Modell haben wird durch Drücken der Seitentaste Siri aktiv. Wollen Sie das iPhone hingegen ausschalten, dann müssen Sie noch zusätzlich die *Taste Lauter* gedrückt halten.

❸ Die Tasten *Lauter* und *Leiser* befinden sich auf der linken Seite. Sie regeln natürlich die Lautstärke (Klingelton, Musik, sonstige Töne) des iPhone. Allerdings werden sie auch beim Fotografieren verwendet und ersetzen in der App *Kamera* die Funktion des Auslösers. Mithilfe dieser beiden Tasten können Sie beim Fotografieren ganz bequem nur eine Hand verwenden.

❹ Die Taste *Stummschalten* deaktiviert die Tonausgabe bzw. aktiviert den Vibrationsalarm. Ist die Taste unten, ist das iPhone stummgeschaltet. Sie können dies auch an einer kleinen roten Fläche in der Taste erkennen.

Code, Touch ID und Face ID

Das Erste, was Sie bei Ihrem iPhone einstellen sollten, ist der Code und die Touch ID bzw. Face ID. Beides kann bereits bei der Installation des Systems konfiguriert werden (siehe Kapitel 1 ab Seite 14). Falls Sie dies noch nicht gemacht haben, sollten Sie es unbedingt nachholen. Mit dem Code können Sie Ihr iPhone automatisch sperren, sobald es in den Ruhezustand geht. Außerdem wird der Code für einige Sicherheitsfunktionen des iPhone verwendet. Sollte Ihr iPhone einmal gestohlen werden oder verloren gehen, kann der Dieb bzw. Finder es nur mit dem richtigen Code entsperren und nutzen.

Zusätzlich zum Code kann auch Touch ID/Face ID zum Entsperren verwendet werden. Die iPhone-Modelle ab iPhone 5s besitzen im Home-Button einen Fingerabdrucksensor. Ist Touch ID eingerichtet, reicht es aus, mit dem Finger auf den Home-Button zu tippen, um das iPhone zu entsperren. Möchten Sie das iPhone entsperren, ohne den Button zu drücken, sollten Sie die Funktion *Zum Öffnen Finger auflegen* aktivieren (*Einstellungen –> Allgemein –> Bedienungshilfen –> Home-Taste*).

Außerdem kann die Touch ID auch zum Einkaufen im iTunes-, App- und iBooks-Store verwendet werden. Der Code und die Touch ID können in den *Einstellungen* bei *Touch ID & Code* konfiguriert werden. Bei den iPhone X-Modellen übernimmt die Gesichtserkennung (Face ID) die Funktionen, die in den Vorgängermodellen der Fingerabdrucksensor inne hatte. Über die TrueDepth Kamera für Gesichtserkennung oben mittig in den X-Modellen, wird Ihr Gesicht dreidimensional vermessen und dient so zur Identifizierung.

> **!** Falls Sie beim Einrichten des iPhone bereits einen Code vergeben haben, müssen Sie diesen nun hier eingeben, um die Funktionen zu öffnen bzw. die Einstellungen zu ändern.

Haben Sie beim Einrichten des iPhone weder einen Code noch Touch ID/ Face ID eingerichtet, gelangen Sie sofort zu den *Einstellungen*. Zuerst wollen wir einen Code konfigurieren.

Code einrichten

Tippen Sie zuerst auf *Code aktivieren*. Standardmäßig können Sie einen sechsstelligen numerischen Code angeben. Wenn Sie allerdings auf *Codeoptionen* tippen, können Sie die Art auch auf einen alphanumerischen, einen eigenen oder einen vierstelligen numerischen Code ändern.

> ! Beachten Sie bitte: Je länger und komplizierter (alphanumerisch) der Code ist, desto schwerer haben es Diebe, ein geschütztes iPhone zu entsperren.

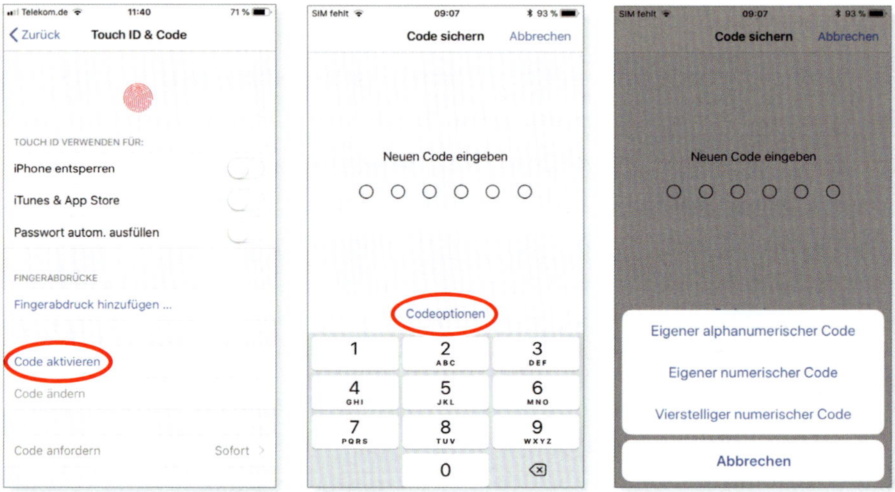

So richten Sie den Code für das Entsperren ein.

Haben Sie sich für eine Code-Art entschieden, müssen Sie den Code zweimal nacheinander eintippen. Der Code ist nun aktiv und kann zum Entsperren des iPhone verwendet werden.

> ! Wollen Sie den Code zu einem späteren Zeitpunkt ändern, dann rufen Sie wieder die Einstellungen auf und wählen die Funktion **Code ändern**. Danach müssen Sie zuerst den alten und anschließend den neuen Code eintippen.

Touch ID

Touch ID ist eine weitere Sicherheitsfunktion von iOS, um das iPhone zu entsperren oder Einkäufe in den Stores durchzuführen. Falls Sie beim Einrichten des iPhone Touch ID nicht eingerichtet haben oder einen zweiten Fingerabdruck verwenden wollen, müssen Sie die *Einstellungen* und dort *Touch ID & Code* öffnen.

Dort finden Sie dann die Option *Fingerabdruck hinzufügen* ❶. Jetzt müssen Sie nur noch die Anweisungen auf dem Display befolgen.

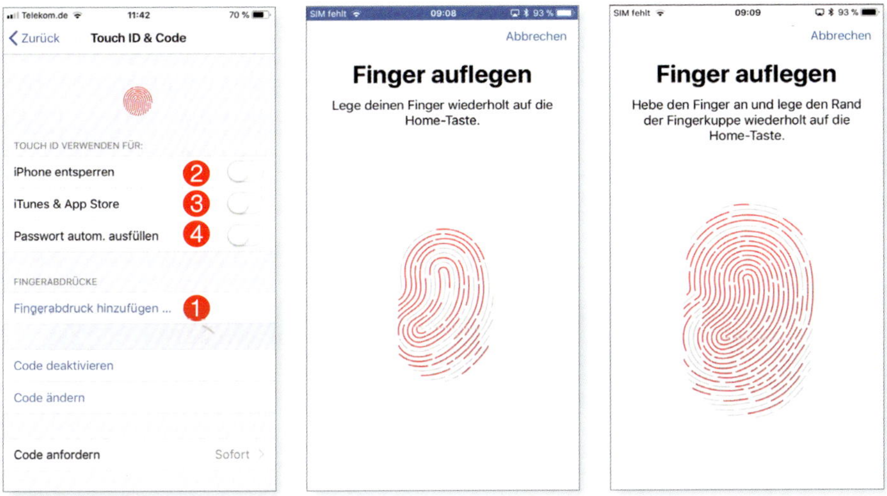

Eine Schritt-für-Schritt-Anleitung führt Sie durch das Hinzufügen eines Fingerabdrucks.

Nach erfolgreichem Abschluss lassen Sie noch weitere Fingerabdrücke (maximal fünf) hinzufügen, die Sie zur Unterscheidung auch benennen können. Als Nächstes müssen Sie nun entscheiden, wofür Touch ID verwendet werden soll. Sobald Sie einen Fingerabdruck hinzugefügt haben, ist standardmäßig die Option *iPhone entsperren* ❷ für Touch ID aktiviert. Jetzt können Sie noch zusätzlich *iTunes & App Store* ❸ einschalten, damit Sie per Fingerabdruck in den Stores einkaufen können und *Passwort autom. ausfüllen* ❹ um Passwörter auf Internetseiten automatisch einfügen zu lassen. Die Fingerabdrücke kann man wieder löschen: Tippen Sie dazu auf einen Fingerabdruck und wählen anschließend *Fingerabdruck löschen*.

Face ID

Damit die Gesichtserkennung tadellos funktioniert, hat Apple bei allen iPhone X-Modellen eine Menge Technik eingebaut.

Alle technischen Elemente für die Gesichtserkennung sind auf der Vorderseite des iPhones oben mittig eingebaut.

Zunächst einmal ist dort ein Punktprojektor untergebracht. Dieser sendet über 30.000 unsichtbare Punkte auf Ihr Gesicht und erzeugt damit eine unverwechselbare Darstellung. Über die Infrarotkamera werden die Punkte ausgelesen und an den Bionic Chip im Inneren weitergeleitet. Dort findet dann ein Abgleich mit den gespeicherten Gesichtsdaten statt. Ist das Ergebnis positiv, wird das iPhone entsperrt und steht damit zur Verfügung. Ist der Vergleich fehlgeschlagen, bleibt das iPhone gesperrt. Damit das auch nachts funktionert ist oben mittig noch ein Infrarotbeleuchter eingebaut. Selbst Sonnenbrillen oder Hüte bzw. ein Bart bei Männern vermindert die Erkennungsquote nicht.

Über das Schlossicon sehen Sie, ob der Entsperrvorgang erfolgreich war.

Übrigens: Im Sperrzustand sind standardmässig die Funktionen *Taschenlampe* und *Kamera* im Zugriff.

War das Entsperren erfolgreich, können Sie durch Ziehen der weißen Linie nach oben den Home-Bildschirm zum Vorschein bringen. Wie schon bei der Touch ID beschrieben, können Sie nun Ihr Gesichtsdaten (*Einstellungen –> Face ID & Code*) einlesen, um diese nachher zum Entsperrenen des iPhones zu verwenden.

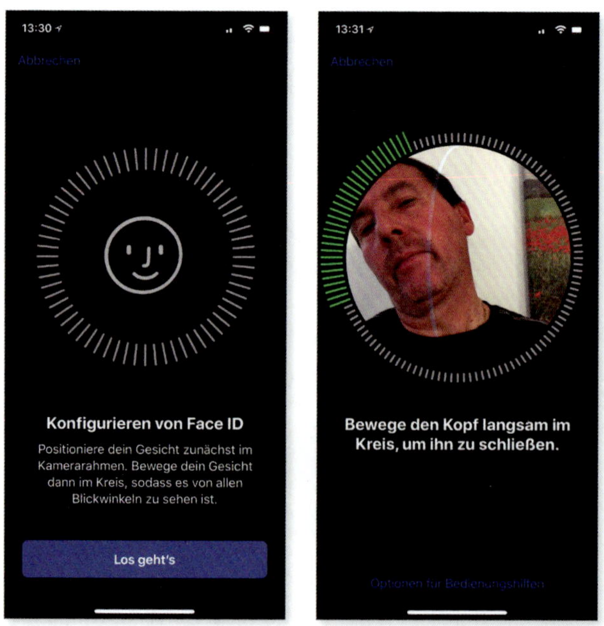

Folgen Sie der Anleitung auf dem Display, um Ihr Daten zuverlässig einlesen zu können.

> **!** Ihr Gesichterkennungsdaten werden genauso wie die Fingerabrucksinformationen bei Touch ID ausschließlich auf einem Chip innerhalb des iPhones gespeichert und werden nicht via Internet oder auf andere Weise weitergegeben.

War das Einlesen der Daten erfolgreich, sollten Sie oberhalb noch die Funktion *iPhone entsperren* aktivieren. Zudem können Sie ab sofort Ihre Einkäufe im *iTunes & App Store* über die Face ID bestätigen. Und zu guter letzt kann das Ausfüllen von Daten in Safari ebenfalls durch Face ID bestätigt werden.

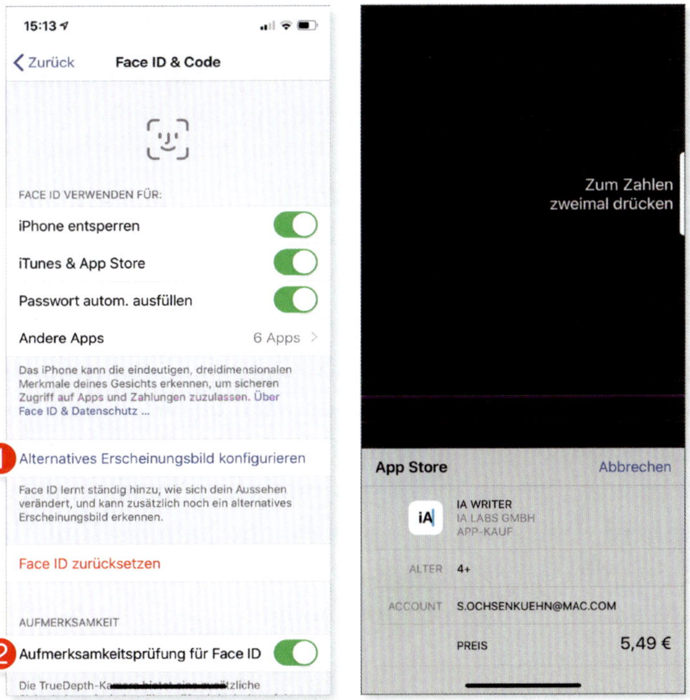

Über „Alternatives Erscheinungsbild konfigurieren" können seit iOS 12 zwei Gesichter eingelesen werden, die das iPhone entsperren können ❶. Ist die Aufmerksamkeitsprüfung ❷ für Face ID aktiv, müssen Ihre Augen zum Entsperren geöffnet sein (links.) Bezahlt wird nach doppelten Betätigen der Seitentaste über die Face ID.

Code anfordern

Eine Sache, die Sie unbedingt wissen und einstellen müssen, ist der Zeitpunkt, zu dem das iPhone automatisch gesperrt wird und ab dem Sie zum Entsperren den Code oder Touch ID brauchen. Dafür gibt es nämlich eine Einstellung mit dem Namen *Code anfordern*. Sie befindet sich ebenfalls in den *Einstellungen* bei *Touch ID & Code*.

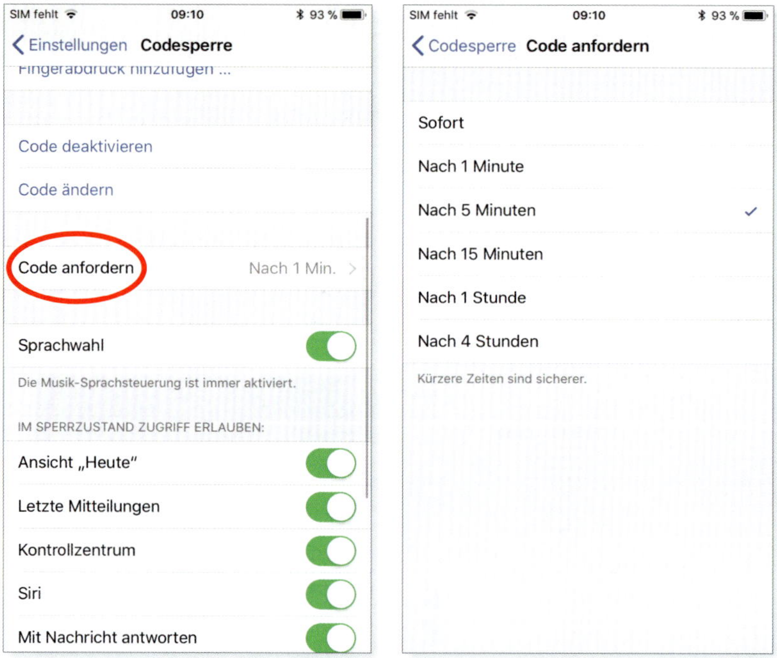

Nach welchem Zeitraum muss der Code eingegeben werden?

Dort stellen Sie nun den Zeitraum ein, nach dessen Ablauf die Eingabe des Codes zum Entsperren des iPhone benötigt wird. Wenn Sie z. B. *5 Minuten* einstellen, bedeutet das: Wenn Sie das iPhone durch Drücken der Seitentaste in den Ruhezustand versetzen, können Sie es innerhalb von fünf Minuten wieder aufwecken, ohne den Code eintippen zu müssen. Wird das iPhone nach den fünf Minuten aufgeweckt, wird der Code benötigt.

> !
> Falls Sie Touch ID bzw. Face ID zum Entsperren des iPhone verwenden, wird die Funktion **Code anfordern** auf **Sofort** gestellt und kann auch nicht geändert werden.

Darüber hinaus wird der Code nach jedem Neustart des iPhones angefragt. Zusätzlich benötigen Sie den Code, sofern Sie mehr als fünfmal via Touch ID bzw. Face ID das iPhone nicht entsperren konnten oder mehr als 48 h verstrichen sind, seit der letzten erfolgreichen Entsperrung.

Automatische Sperre

Wenn Sie das iPhone manuell über die Seitentaste in den Ruhezustand versetzen, muss das nicht bedeuten, dass es auch gesperrt wird. Wenn Sie nur mit einem Code arbeiten, hängt es von der Einstellung *Code anfordern* ab, ab welchem Zeitpunkt die Sperre aktiv wird (siehe den vorigen Abschnitt).

Es gibt aber noch eine andere Funktion, die nicht nur das iPhone automatisch in den Ruhezustand versetzt, sondern es auch noch zusätzlich sperrt. Unter *Einstellungen –> Anzeige & Helligkeit –> Automatische Sperre* können Sie den Zeitraum festlegen, nach dem das iPhone in den Ruhezustand geht und gesperrt wird.

> **!** Falls Sie weder einen Code noch Touch ID/Face ID aktiviert haben, wird mit der automatischen Sperre nur der Ruhezustand aktiviert. Das iPhone kann dann ohne Codeeingabe oder Fingerabdruck wieder aufgeweckt werden. Nur nach einem Neustart ist die Codeeingabe dann zwingend erforderlich.

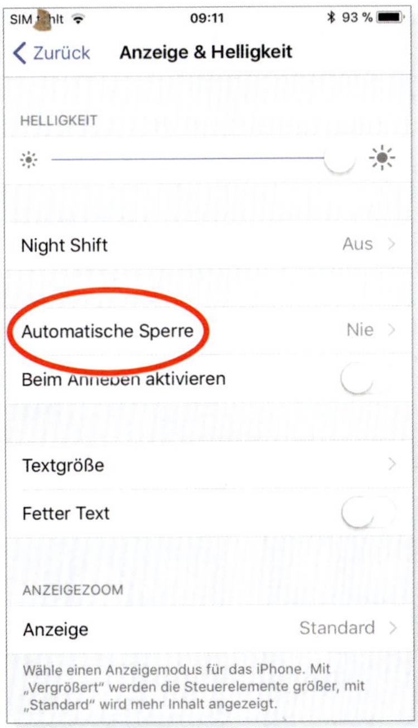

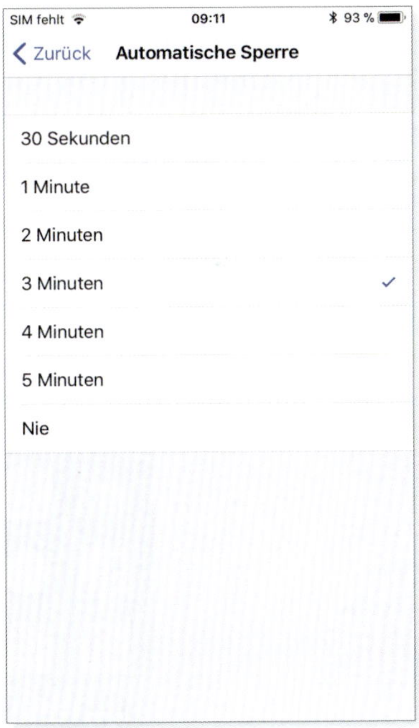

Die „Automatische Sperre" versetzt das iPhone in den Ruhezustand und sperrt es dabei.

Darstellung der Oberfläche

Ein wichtiger Punkt bei der Nutzung des iPhone ist das Aussehen der Oberfläche. Wenn Sie damit nicht zufrieden sind, kann der Gebrauch des iPhone zur Qual werden, was Sie sicher nicht möchten. Das Aussehen umfasst nämlich nicht nur die Auswahl des Hintergrundbildes, sondern auch die Helligkeit und die Anzeigegröße von Symbolen und Text.

Anzeigezoom

Die neueren Modelle (ab iPhone 6, aber nicht die iPhone X-Modelle) besitzen ein größeres Display, das zwar mehr Platz auf dem Home-Bildschirm zur Verfügung stellt, aber auch die App-Symbole bzw. die App-Umgebung dementsprechend kleiner anzeigt. Deswegen gibt es eine Einstellung, um die Anzeige etwas zu vergrößern. Dabei wird nicht nur der Home-Bildschirm größer dargestellt, sondern auch z. B. die App-Umgebung von *Nachrichten* oder *Mail*.

Um die Anzeigegröße zu ändern, müssen Sie *Einstellungen –> Anzeige & Helligkeit* öffnen und anschließend bei *Anzeigezoom* auf *Anzeige* tippen. Dort können Sie dann im oberen Bereich zwischen *Standard* und *Vergrößert* wählen. Der untere Bereich zeigt Ihnen eine Vorschau der jeweiligen Anzeigestufen.

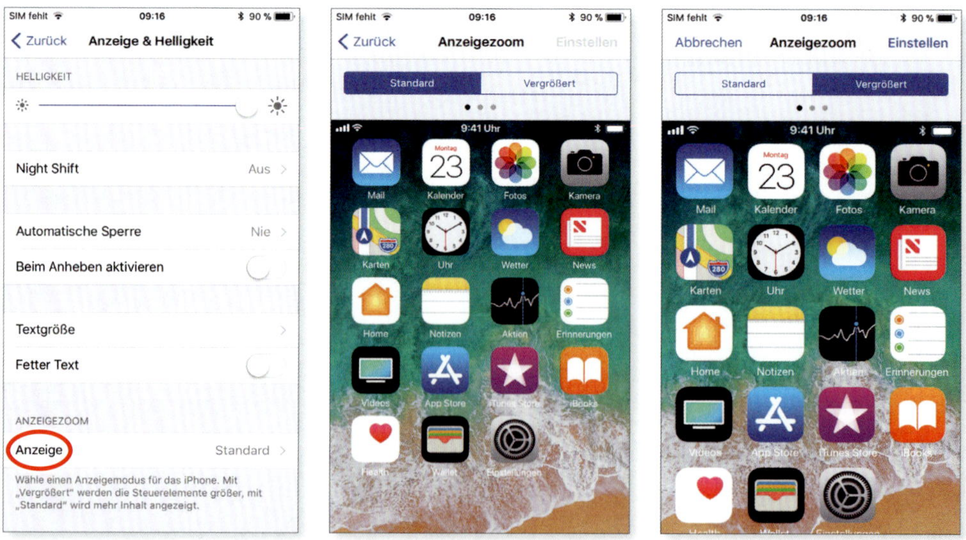

Die Darstellung der Symbole und Bedienelemente kann auf dem iPhone 6/6s und neuer vergrößert werden.

Textgröße

Zusätzlich zum Anzeigezoom können Sie auf jedem iPhone auch die Größe von Text einstellen. Allerdings betrifft das nicht alle Texte in allen Apps, sondern nur diejenigen Apps, die eine dynamische Textgröße unterstützen, z. B. *Mail* oder *Notizen*. Besonders bei Apps von anderen Herstellern kann das Ändern der Textgröße manchmal keine Auswirkung haben.

Öffnen Sie *Einstellungen –> Anzeige & Helligkeit*, und tippen Sie anschließend auf die Option *Textgröße*. Dort finden Sie dann einen Schieberegler, mit dem Sie die Textgröße anpassen können.

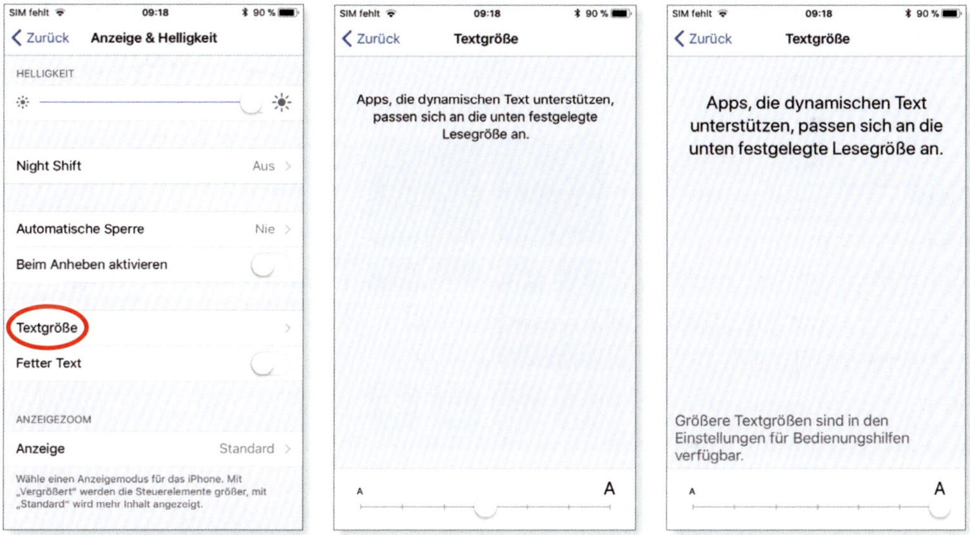

Die Größe von Texten können Sie an Ihre Bedürfnisse anpassen.

> **!** Falls Sie noch größeren Text haben wollen, müssen Sie zu **Einstellungen –> Allgemein –>Bedienungshilfen –> Größerer Text** wechseln. Dort gibt es einen weiteren Schieberegler, mit dem Sie den Text noch größer machen können, wenn Sie die Option **Größerer dynamischer Text** einschalten.

Helligkeit

Die Helligkeit des Displays beeinflusst besonders stark die Anzeige der Apps. Wenn Sie z. B. bei Dunkelheit die Helligkeit auf voller Stärke haben, werden Sie sehr schnell müde Augen bekommen, da das Auge ständig zwischen dem sehr hellen Licht des Displays und der dunklen Umgebung hin- und herwechselt. Ein abgedunkeltes Display ist in solchen Fällen besser.

Die Helligkeit des Displays kann unter *Einstellungen –> Anzeige & Helligkeit* justiert werden. Dort befindet sich ein Schieberegler zum Ändern der Helligkeit. Außerdem gibt es unter *Einstellungen –> Allgemein –> Bedienungshilfen –> Display-Anpassungen* dort auch noch die Funktion *Auto-Helligkeit*, die die Helligkeit des Displays automatisch an das Umgebungslicht anpasst. Bei einer düsteren Umgebung wird damit das Display automatisch abgedunkelt.

> **!** Einen schnellen Zugriff auf die Display-Helligkeit haben Sie im **Kontrollzentrum**. Dort gibt es einen eigenen Schieberegler für die Helligkeit.

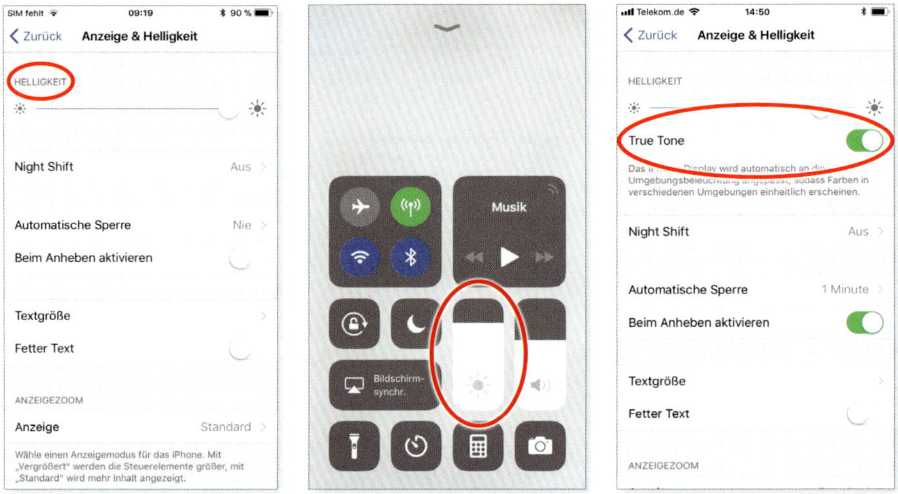

Die Helligkeit des Displays können Sie sowohl in den „Einstellungen“ (links) als auch im Kontrollzentrum ändern (Mitte). Beim iPhone 8/8 Plus und den X-Modellen gibt es darüber hinaus die Funktion „True Tone“. Damit wird das Umgebungslicht gemessen und die Displayfarbe darauf hin angepasst (rechts).

Night Shift

Night Shift ist eine Funktion, die das Betrachten des Displays bei dunkler Umgebung noch weiter erleichtert. Bei aktivierter Night Shift-Funktion wird das Display nicht einfach abgedunkelt, sondern auch farblich angepasst. Auch das trägt dazu bei, dass Ihre Augen beim Lesen in dunkler Umgebung länger fit bleiben.

Night Shift aktivieren Sie unter *Einstellungen –> Anzeige & Helligkeit*. Dort schalten Sie die Option *Geplant* ❶ ein und geben anschließend an, von wann bis wann ❷ Night Shift automatisch eingeschaltet sein soll. Ganz unten haben Sie noch einen Schieberegler für die *Farbtemperatur* ❸, mit der Night Shift arbeiten soll. Wollen Sie die Display-Anzeige wärmer, also mit mehr Gelb und weniger Blau haben, schieben Sie den Regler nach rechts. Die kältere Farbtemperatur erhöht den Blau- und reduziert den Gelb-Anteil der Anzeige.

> !
>
> Night Shift kann jederzeit auch manuell direkt im Kontrollzentrum ein- und ausgeschaltet werden. Drücken Sie mit dem Finger etwas stärker auf die Helligkeits-Funktion, um die erweiterten Einstellungen zu öffnen. Dort finden Sie dann den Schalter für Night Shift. Nach dem Einschalten bleibt es so lange aktiv, bis Sie es entweder manuell ausschalten oder die Ausschaltzeit erreicht ist.

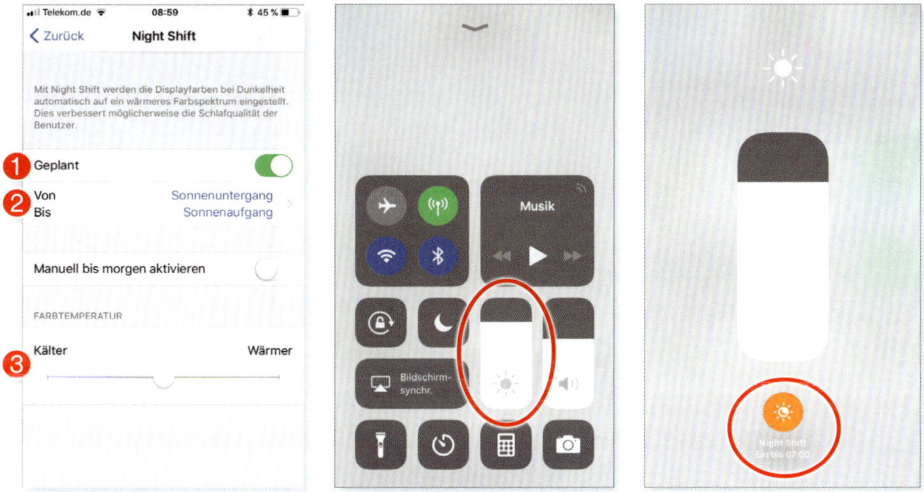

Mit „Night Shift" werden die Farben des Displays bei dunkler Umgebung in einen wärmeren oder kälteren Farbtonbereich verschoben.

Hintergrund

Ein geeigneter Hintergrund des Home- und Sperrbildschirms macht die Nutzung des iPhone ebenfalls angenehmer. Wenn Sie einen Hintergrund gewählt haben, der die App-Symbole fast verschwinden lässt, wird das Auffinden einer App am Home-Bildschirm erschwert. Deswegen sollten Sie vor allem für den Home-Bildschirm einen Hintergrund wählen, der die Apps nicht „überstrahlt".

Den Hintergrund für den Home- und Sperrbildschirm ändern Sie unter *Einstellungen –> Hintergrundbild*. Tippen Sie dort auf *Neuen Hintergrund wählen*, und wählen Sie anschließend ein neues Hintergrundbild aus den mitgelieferten Hintergründen oder aus Ihrem Fotoalbum.

> **!** Beachten Sie bei der Auswahl des Hintergrunds bitte, dass „dynamische" Hintergründe und Live Photos die Akkulaufzeit des iPhone verkürzen können. Beide Bildarten enthalten Animationen, die etwas mehr Akkustrom benötigen als einfache Standbilder.

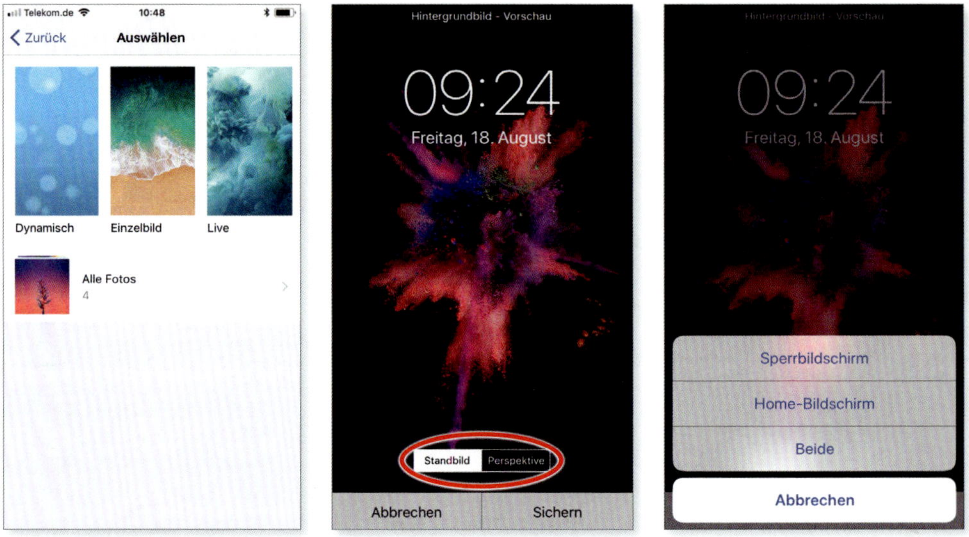

Die Hintergründe für den Home- und den Sperrbildschirm können individuell eingestellt werden.

Wenn Sie ein passendes Bild gefunden haben, müssen Sie noch entscheiden, ob es als *Standbild* oder als *Perspektive* angezeigt werden soll. Die Option *Perspektive* ändern den Betrachtungswinkel auf das Bild, sobald Sie das iPhone kippen oder stürzen. Man hat dann den Eindruck, dass die Apps auf dem Home-Bildschirm über dem Bild „schweben". Die Perspektiv-Option verringert allerdings die Akkulaufzeit. Sobald Sie auf *Sichern* tippen, müssen Sie noch entscheiden, für welchen Bildschirm das Bild verwendet werden soll.

> **!** Ist **Einstellungen –> Allgemein –> Bedienungshilfen –> Bewegung reduzieren** aktiv, dann werden Sie die dynamischen Hintergründe erst gar nicht zu Gesicht bekommen.

3D Touch

Nicht alle iPhones verfügen über die Funktion *3D Touch*, sondern erst ab iPhone 6s oder neuer (mit Ausnahme der XR-Modelle). 3D Touch erkennt, mit welcher Stärke Sie den Finger auf das Display drücken, und kann dadurch ein Kontextmenü mit speziellen Funktionen einblenden. Diese Funktion ist mit einem Rechtsklick der Computermaus zu vergleichen, der ja auch ein Kontextmenü öffnet. 3D Touch ist grundsätzlich eingeschaltet, kann aber jederzeit deaktiviert oder auch justiert werden. Dazu müssen Sie *Einstellungen –> Allgemein –> Bedienungshilfen –> 3D Touch* öffnen.

Sie finden dort einen Schalter zum Ein- und Ausschalten der Funktion ❶ und einen Schieberegler ❷, um die Empfindlichkeit von 3D Touch einzustellen. Etwas weiter unten können Sie die Empfindlichkeit auf einem Foto ❸ ausprobieren.

Die Einstellungen für 3D Touch.

Wie funktioniert 3D Touch? Wenn Sie z. B. im Home-Bildschirm etwas stärker auf die App *Mail* drücken, wird ein Kontextmenü geöffnet, in dem Sie einen schnellen Zugriff auf die wichtigsten Funktionen erhalten. Ein stärkeres Drücken auf die App *Einstellungen* ermöglicht Ihnen einen schnellen Zugriff auf die

WLAN- oder *Bluetooth*-Einstellungen. Je nach App erhalten Sie durch 3D Touch Zugriff auf die unterschiedlichsten Funktionen.

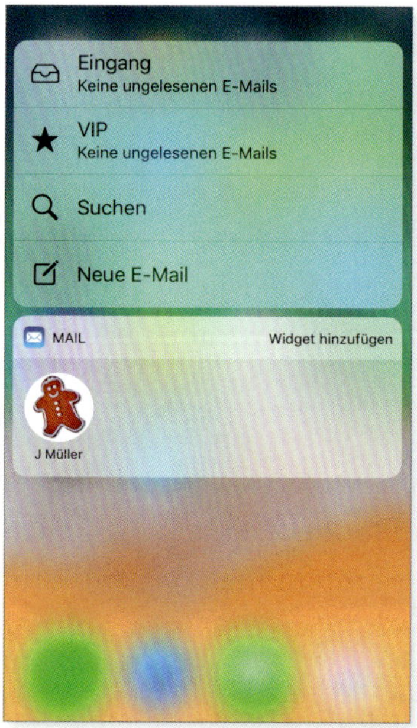

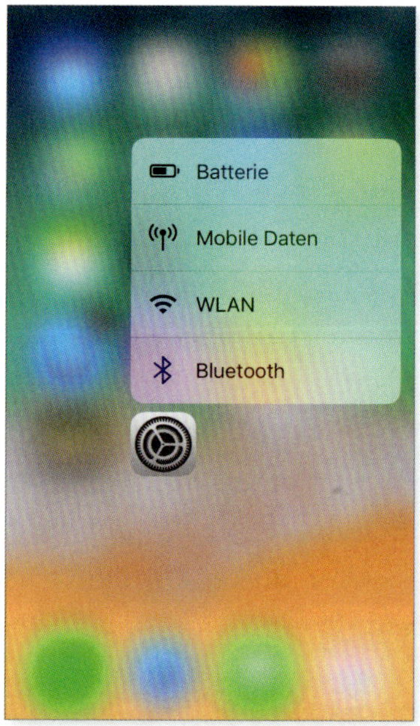

Durch 3D Touch kann bei vielen Apps ein Kontextmenü geöffnet werden, um einen schnellen Zugriff auf die wichtigsten Funktionen zu erhalten.

3D Touch lässt sich sogar im Sperrbildschirm nutzen, um z. B. das Kontextmenü einer Mitteilung zu öffnen, und darauf zu reagieren.

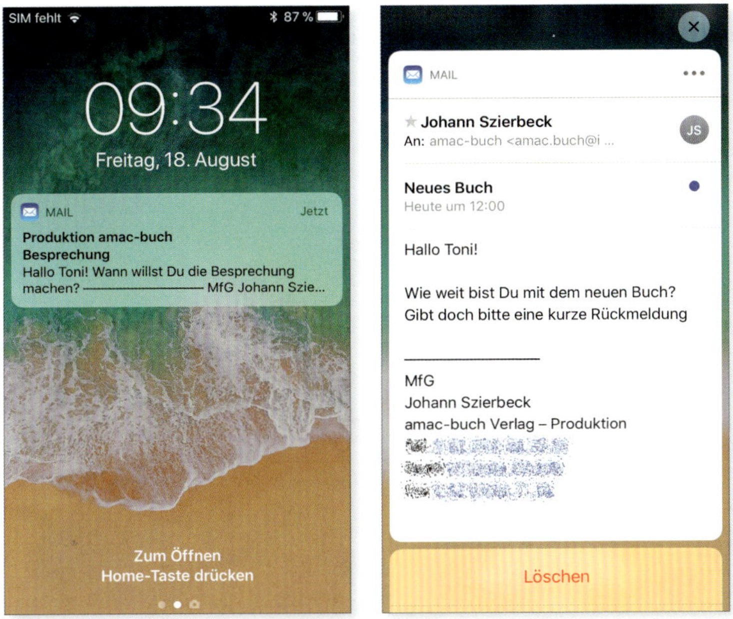

Wenn eine Mitteilung im Sperrbildschirm erscheint (links), kann man via 3D Touch darauf reagieren.

Klingel- und Nachrichtentöne

Da das iPhone in erster Linie ein Mobiltelefon ist, können Sie es natürlich auch den Klingelton anpassen. Der Standard-Klingelton ist zwar ganz nett, aber meistens will man doch etwas anderes haben, das mehr dem eigenen Geschmack entspricht.

Das iPhone verwendet aber neben dem Klingelton für das Telefon auch noch andere Töne, um Sie z. B. über eine neue SMS bzw. iMessage zu informieren. Sogar der Empfang einer neuen E-Mail wird mit einem speziellen Ton signalisiert.

Alle diese Töne (Klingel- und Nachrichtentöne) sowie Vibrationssignale können Sie individuell anpassen bzw. ändern. Dazu müssen Sie die *Einstellungen* öffnen und dort auf *Töne* ❶ (*Töne & Haptik* beim iPhone 7/7 Plus oder neuer) tippen.

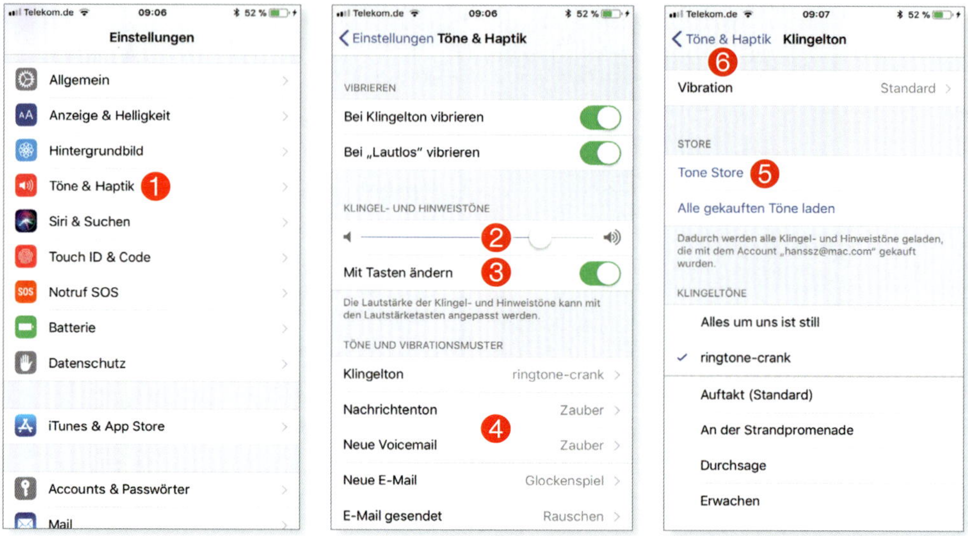

Die Einstellungen für die Klingel- und Nachrichtentöne. Am unteren Ende der Liste finden Sie übrigens „Ton beim Sperren“. Beim iPhone 7/7 Plus können Sie noch die „Systemhaptik“ aktivieren.

Im Bereich *Klingel- und Hinweistöne* können Sie die Lautstärke ❷ der Töne anpassen und zusätzlich noch festlegen, ob die Tasten *Lauter* und *Leiser* am iPhone-Gehäuse für das Ändern der Klingelton-Lautstärke verwendet werden sollen ❸.

> **!** Wenn Sie die Option **Mit Tasten ändern** ausschalten, wird mit den Tasten die Lautstärke für die Musikwiedergabe geändert. Wollen Sie dann die Klingeltöne lauter oder leiser machen, müssen Sie sich zu den Einstellungen bemühen.

Weiter unten finden Sie die Toneinstellungen für die verschiedenen iPhone-Funktionen ❹. Wenn Sie z. B. auf *Klingelton* tippen, wird eine Liste mit allen verfügbaren Tönen angezeigt, aus der Sie nur noch einen aussuchen müssen. Falls Ihnen keiner dieser Klingeltöne gefällt, können Sie auch über den iTunes Store ❺ andere Klingeltöne erwerben. Mit dem Pfeil links oben ❻ können Sie die Liste wieder verlassen. Den kompletten Vorgang können Sie anschließend für die anderen Funktionen wiederholen und z. B. einen speziellen Ton für den Nachrichtenempfang auswählen. Neben dem normalen Klingelton für Anrufe können Sie auch jeder Person, die in Ihren Kontakten gespeichert ist, einen individuellen Klingelton zuweisen. Somit können Sie bereits am Klingeln erkennen, welche Person anruft.

Öffnen Sie die App *Kontakte*, und wählen die Person aus, deren Klingelton bzw. Vibrationssignale Sie ändern wollen. Tippen Sie anschließend rechts oben auf

Bearbeiten, und scrollen Sie danach etwas weiter nach unten zu *Klingelton* bzw. *Nachrichtenton*. Wenn Sie nun die entsprechende Option antippen, können Sie einen individuellen Klingel- bzw. Nachrichtenton festlegen.

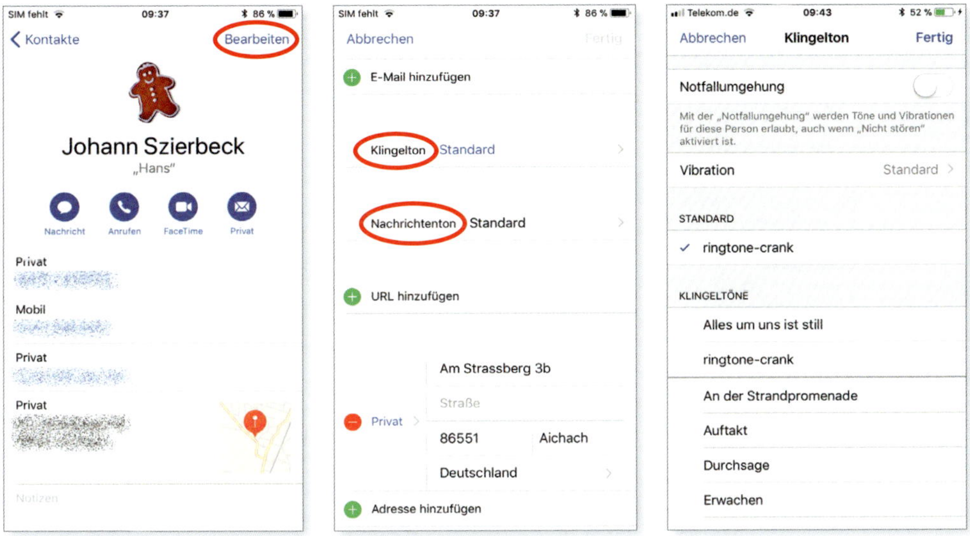

Jeder einzelne Kontakt kann mit eigenen Klingel- und Nachrichtentönen und einem individuelles Vibrationsmuster versehen werden. Weiterhin kann diese Telefonnummer der Notfallumgehung zugeordnet werden, so dass diese Telefonnummer während „Nicht stören" aktiv ist, dennoch durchklingeln darf.

Wenn Sie Vibrationen nutzen möchten, dann sollten Sie darauf achten, dass diese Funktion aktiviert ist.

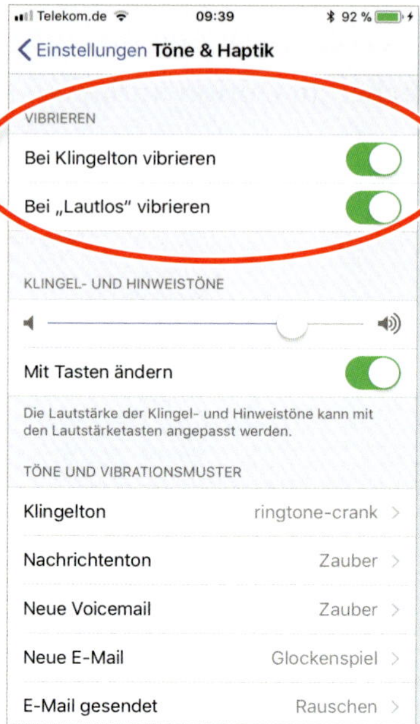

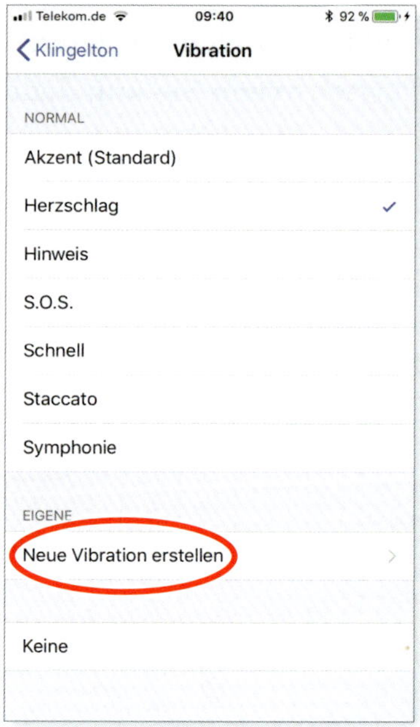

„Bei Klingelton“ und „Lautlos“ vibrieren sollte aktiv sein (links). Wählen Sie aus einer Fülle von Signalen aus, oder erstellen Sie neue eigene Vibrationsmuster (rechts).

Nicht stören

Vielleicht kenn Sie ja folgende Situation: Es ist 23 Uhr und Sie liegen im Bett und sind gerade kurz vor dem Einschlafen, als plötzlich ein lauter Ton vom iPhone Sie wieder wachrüttelt. Was ist passiert? Sie haben eine neue E-Mail erhalten! Und weil Sie vergessen haben, das iPhone stummzuschalten oder leiser zu machen, werden Sie durch den Nachrichtenton aufgeschreckt.

Solche Situationen lassen sich vermeiden, wenn Sie die Funktion *Nicht stören* einschalten. Dies ist eine spezielle Funktion, die automatisch innerhalb eines bestimmten Zeitraums alle Anrufe und Nachrichten stummschaltet. Somit werden Sie nachts nicht aus dem Schlaf gerissen oder während einer Besprechung mit Anrufen belästigt.

> ! Anrufe, die eingehen, während **Nicht stören** aktiviert ist, werden auf dem Sperrbildschirm und in der Nachrichtenzentrale angezeigt.

Die Funktion *Nicht stören* finden Sie in den *Einstellungen*. Dort können Sie im oberen Bereich bei *Nicht stören* ❶ die Funktion außerhalb des Zeitplans ein- und ausschalten. Die aktivierte Funktion wird durch ein spezielles Zeichen in der Symbolleiste angezeigt.

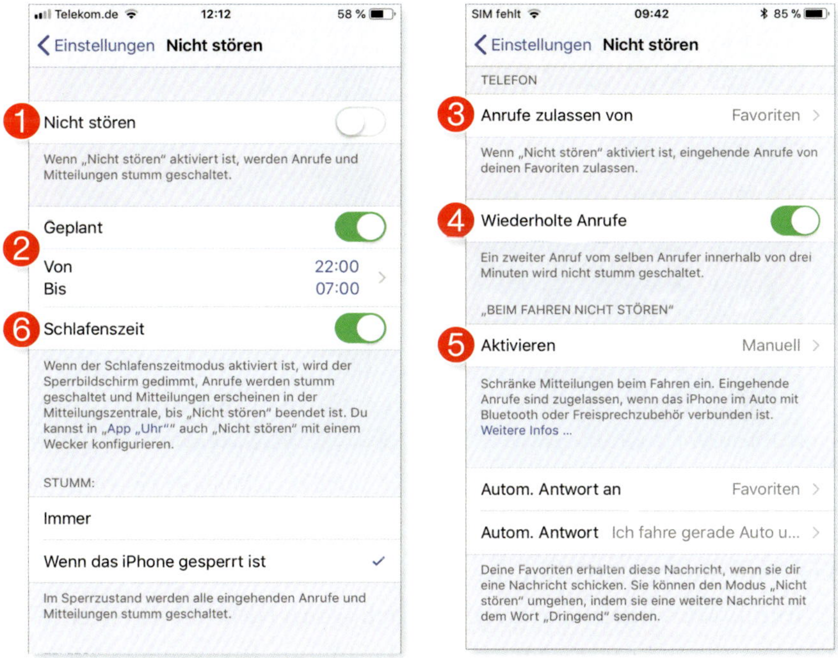

Die Einstellungen für die Funktion „Nicht stören".

> **!** **Nicht stören** kann auch im **Kontrollzentrum** manuell ein- und ausgeschaltet werden.

Bei der Option *Geplant* ❷ lässt sich der Zeitplan einstellen, nach dem die Funktion automatisch aktiviert und wieder deaktiviert werden soll. Haben Sie im Kalender einen mehrstündigen Termin eingetragen, so schlägt Ihnen iOS beim Start des Termin zudem vor, *Nicht stören* für die Länge des Termins zu aktivieren. Seit iOS 12 lässt sich die Nicht-stören-Funktion automatisch nach einer Stunde oder auch ortsabhängig deaktivieren. Wenn Sie das *Kontrollzentrum* öffnen und dort etwas länger auf das *Nicht-stören-Symbol* tippen, können Sie das Zeitintervall und die Ortsabhängigkeit einschalten.

„Nicht stören" kann über das „Kontrollzentrum" auch ortsabhängig deaktiviert werden.

In den *Einstellungen* können Sie zusätzlich noch festlegen, dass bestimmte Anrufer immer durchgelassen werden, auch wenn *Nicht stören* eingeschaltet ist. Dazu müssen Sie bei *Anrufe zulassen* ❸ definieren, für welchen Personenkreis Sie immer erreichbar sind.

Besonders hartnäckige Anrufer können *Nicht stören* allerdings umgehen, wenn sie innerhalb von drei Minuten mehrmals anrufen. Wollen Sie auch solche Anrufer abblocken, dann sollten Sie die Option *Wiederholte Anrufe* ❹ ausschalten.

Seit iOS 11 gibt es auch die Möglichkeit, die Funktion *Beim Fahren nicht stören* während des Autofahrens automatisch zu aktivieren. Damit soll verhindert werden, dass Sie durch Anrufe oder Nachrichten während der Autofahrt abgelenkt werden. Wenn Sie auf die Option *Aktivieren* im Bereich *Beim Fahren nicht stören* ❺ tippen, können Sie die Funktion auf *Automatisch* umstellen. Das iPhone erkennt automatisch, wenn Sie sich mit dem Auto fortbewegen und aktiviert dementsprechend die Funktion *Nicht stören*.

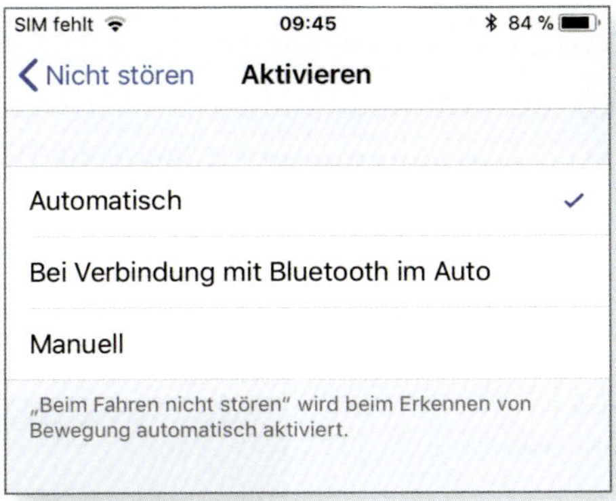

„Nicht stören" kann während der Autofahrt automatisch aktiviert werden.

Seit iOS 12 gibt es noch zusätzlich die Option *Schlafenszeit* ❻. Damit wird zusätzlich der Sperrbildschirm beim Eintreffen einer Nachricht bzw. Mail gedimmt und es werden keine Mitteilungen angezeigt. Die Mitteilungen landen dann automatisch in der Mitteilungszentrale und können eingesehen werden, sobald *Nicht stören* deaktiviert wurde.

Am Ende der Einstellungen geben Sie bei *Autom. Antwort an* und bei *Autom. Antwort* noch die Texte ein, die automatisch verschickt werden, wenn jemand versucht Sie zu erreichen, solange *Nicht stören* eingeschaltet ist.

WLAN Raffinessen

WLAN-Passwort von anderem Gerät übernehmen

Wenn Sie sich mit Ihrem iPhone in ein neues WLAN einloggen wollen, benötigen Sie meistens ein Passwort, das Sie manuell eintippen müssen. Seit iOS 11 können Sie allerdings ein WLAN-Passwort von einem anderen Gerät automatisch übernehmen. Dazu bedarf es einiger Voraussetzungen.

Das zweite Gerät muss ein iPhone, iPad oder Mac sein, das mit dem WLAN verbunden ist, in das Sie sich einloggen wollen. Außerdem müssen Ihre Kontaktdaten auf dem zweiten Gerät in der App *Kontakte* hinterlegt sein. Das zweite iPhone/iPad muss übrigens mindestens mit iOS 11 arbeiten und der Mac mit mindestens macOS High Sierra.

Wenn diese Voraussetzungen erfüllt sind, dann wählen Sie unter *Einstellungen –> WLAN* das Netzwerk aus, mit dem Sie sich verbinden wollen. Nun werden Sie aufgefordert, das Passwort einzugeben. Legen Sie das zweite Gerät in die Nähe Ihres iPhones. Auf dem zweiten Gerät erscheint nun eine Anfrage nach dem WLAN-Passwort. Wird die Anfrage bestätigt, überträgt das zweite Gerät automatisch das Passwort auf Ihr iPhone. Fertig!

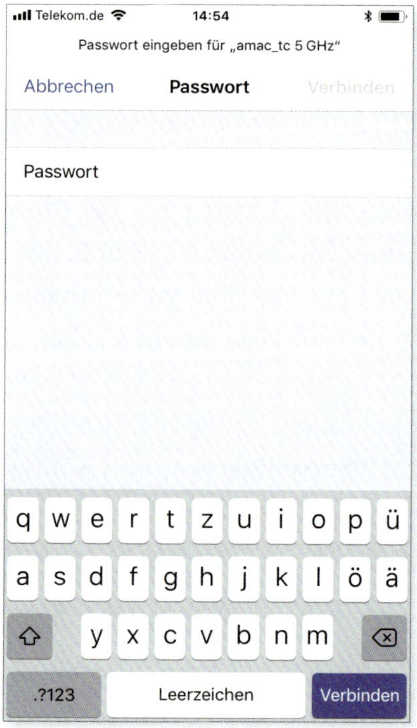

Das Passwort für ein WLAN lässt sich mithilfe eines zweiten Geräts auf Ihr iPhone übertragen.

Automatisch verbinden

Seit iOS 11 wurde das Handling von WLAN-Netzwerken verbessert. Normalerweise verbindet sich das iPhone automatisch mit WLAN-Netzwerken, die Sie in der Vergangenheit einmal benutzt haben, sobald sie in Reichweite sind. Besonders in der Stadt ist das manchmal ein Problem, wenn man Dutzende von populären WLANs streift. Aus diesem Grund können Sie das automatische Verbinden mit WLAN-Netzwerken blockieren.

Unter *Einstellungen –> WLAN* tippen Sie auf das blaue Info-Symbol, um die Eigenschaften des aktuellen WLANs zu öffnen. Dort finden Sie dann die Option *Autom. verbinden*, die Sie nun ausschalten müssen.

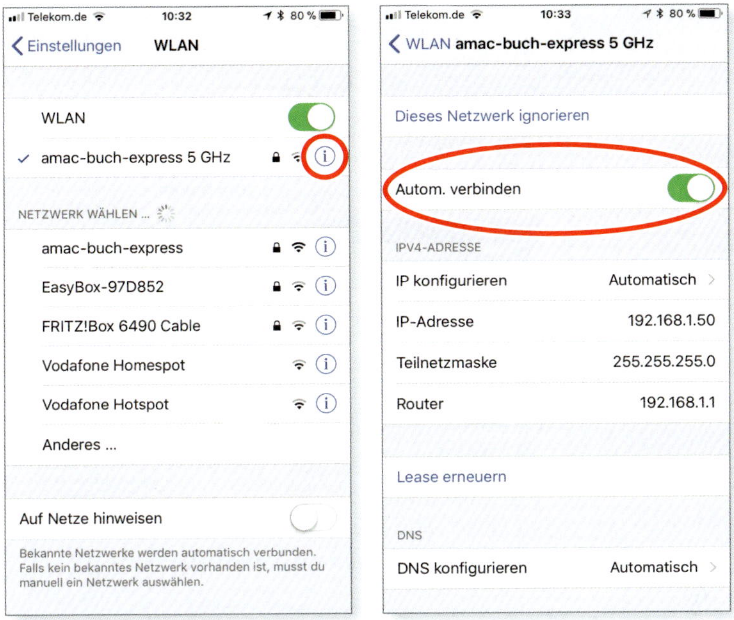

Der automatische Verbindungsaufbau zu einem WLAN kann ausgeschaltet werden.

Hotspot für iPad und Mac

Das iPhone bietet noch einen besonderen Service für Apple-Geräte, die über kein eigenes mobiles Netzwerk verfügen. Dazu zählen die iPad-Modelle mit WLAN und alle Mac-Computer. Normalerweise müssen sich diese Geräte in einem WLAN befinden, um z. B. iMessages senden und empfangen zu können. Wenn Sie unterwegs sind und kein WLAN zur Verfügung haben, dann sieht es bei diesen Geräten schlecht aus.

Persönlicher Hotspot

Ihr iPhone kann als WLAN-Hotspot fungieren, um die Nutzung des mobilen Internets für die anderen Geräte freizugeben. Öffnen Sie *Einstellungen –> Persönlicher Hotspot*, und aktivieren Sie die Funktion. Ab sofort wird das iPhone als WLAN-Router verwendet. Sie können sich nun mit den anderen Geräten via WLAN beim iPhone anmelden (Passwort nicht vergessen!) und das mobile Internet nutzen. Sobald ein anderes Gerät auf dem iPhone angemeldet ist, wird dieser Umstand durch einen blauen Balken am oberen Displayrand angezeigt.

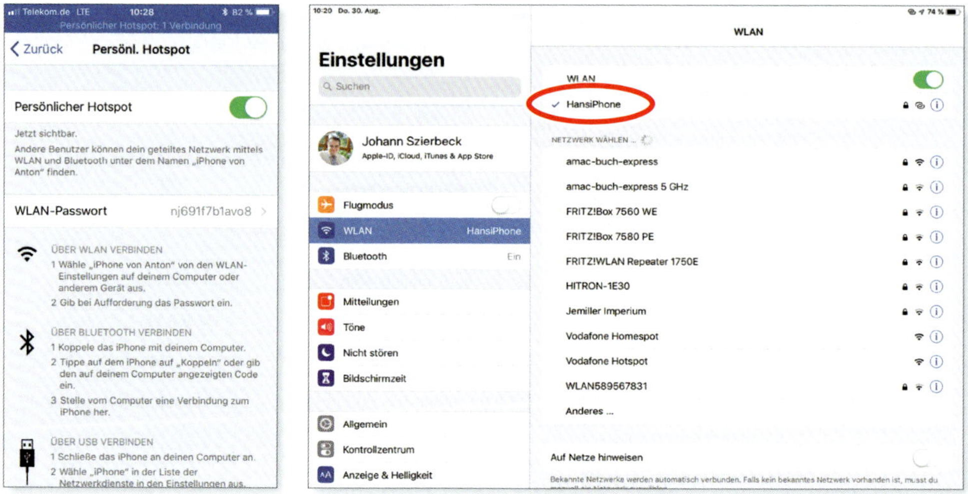

Ist der persönliche Hotspot aktiviert (links), kann z. B. das iPad den Internetzugang des iPhone per WLAN nutzen (rechts).

Haben Sie auf Ihrem iPad oder Mac die gleiche Apple-ID wie auf dem iPhone und zusätzlich WLAN und Bluetooth aktiv, dann meldet sich das iPhone meist von selbst – auch ohne die Aktivierung des Persönlichen Hotspots.

Über den sogenannten „Instant Hotspot" meldet sich das iPhone im Regelfall automatisch am Mac bzw. am iPad.

Das Kontrollzentrum

Das Kontrollzentrum wurde schon mehrfach erwähnt. Es ist eine zentrale Schnittstelle, die einen schnellen Zugriff auf einige der am häufigsten verwendeten Funktionen und Einstellungen bietet. Um z. B. Bluetooth ein- bzw. auszuschalten, müssen Sie sich nicht zu der App *Einstellungen* begeben, sondern können dies sehr schnell und bequem über das Kontrollzentrum tun.

Das Kontrollzentrum kann eingeblendet werden, wenn Sie mit dem Finger vom unteren Bildschirmrand nach oben streichen. Wichtig dabei ist, dass Sie mit dem Streichen außerhalb des Displays beginnen. Bei den iPhone X-Modellen verhält es sich anders: Dort ziehen Sie vom rechten oberen Bildschirmeck den Finger in den Bildschirm hinein.

> ! Sie können den Zugriff auf das Kontrollzentrum innerhalb einer App auch beschränken. Dazu müssen Sie unter **Einstellungen –> Kontrollzentrum** die Option **Zugriff von Apps aus** ausschalten. Damit haben Sie nur über den Home-Bildschirm Zugriff auf das Kontrollzentrum.

Kontrollzentrum anpassen

Welche Funktionen das Kontrollzentrum enthält, lässt sich seit iOS 11 einstellen. Das bedeutet, Sie können weitere Funktionen in das Kontrollzentrum aufnehmen bzw. auch vorhandene entfernen. Wenn Sie *Einstellungen –> Kontrollzentrum* öffnen, finden Sie dort die Option *Steuerelemente anpassen*. Dort sehen Sie dann alle Funktionen aufgelistet, die im Kontrollzentrum angesteuert werden können. Mit dem grünen Plussymbol ❶ können Sie weitere Elemente hinzufügen, während mit dem roten Minussymbol ❷ das jeweilige Element aus dem Kontrollzentrum entfernt wird. Sie können sogar die Reihenfolge der Elemente ändern, wenn Sie sie an den drei Strichen ❸ auf der rechten Seite fassen und verschieben.

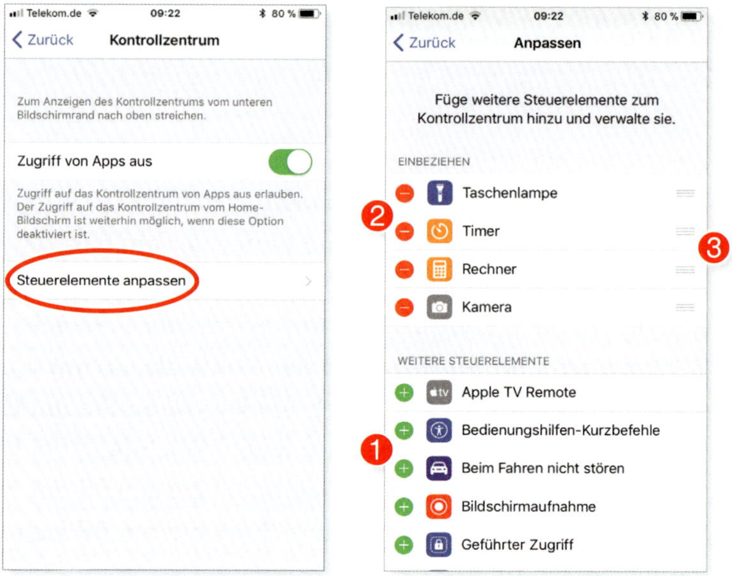

Das Kontrollzentrum kann angepasst werden.

Wenn alle Funktionen eingeblendet sind, dann sieht das Kontrollzentrum wie folgt aus:

Das Kontrollzentrum mit allen Funktionen.

❶ *Flugmodus* ein- oder ausschalten: Bei eingeschaltetem Flugmodus wird jegliche Kommunikation via WLAN, Bluetooth und Mobilfunk unterbunden.

❷ *Mobile Daten* ein- und ausschalten. Wenn die Funktion ausgeschaltet ist, können Sie nur noch über WLAN auf das Internet zugreifen.

❸ *WLAN* Verbindungen ein- bzw. ausschalten. Möchten Sie WLAN komplettedeaktivieren, dann tun Sie das über die App *Einstellungen*.

❹ *Bluetooth*-Verbindungen ein bzw. ausschalten. Auch hier gilt: Soll Bluetooth komplett deaktiviert werden, so ist hierfür *Einstellungen –> Bluetooth* anzusteuern. Ansonsten gilt das Deaktivieren genauso wie bei WLAN nur bis zum nächsten Tag.

! Wenn Sie etwas länger auf einer der vier Funktionen drücken, öffnen Sie die erweiterten Einstellungen, wo Sie auch die Funktionen für **AirDrop** und **Persönlicher Hotspot** finden.

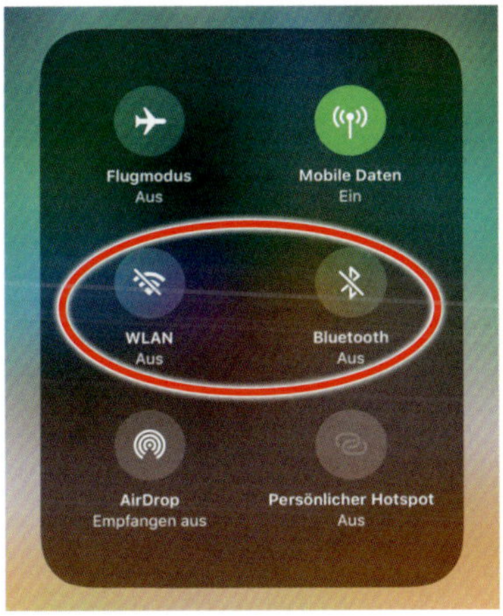

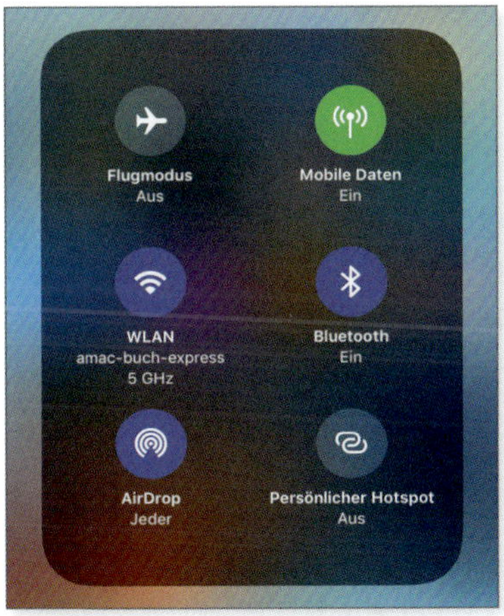

Sind „Bluetooth" bzw. „WLAN" über die App „Einstellungen" deaktiviert worden, dann sehen Sie es an den entsprechenden Icons im Kontrollzentrum (links). Im Kontrollzentrum finden Sie auch „AirDrop" und „Persönlicher Hotspot" (rechts).

❺ *Musiksteuerung*

❻ *Rotationssperre:* Wenn Sie die Rotationssperre aktivieren, wird die Darstellung des iPhones fixiert. Wenn Sie es vom Hoch- ins Querformat drehen, wird das Display nicht neu ausgerichtet.

❼ *Night Shift* manuell ein- und ausschalten

❽ Die *AirPlay*-Funktionen für die Display-Synchronisation ein- und ausschalten bzw. das Ausgabegerät auswählen (siehe Kapitel 10 ab Seite 348)

❾ Die *Display-Helligkeit* steuern und *Night Shift* und *True Tone* ein- und ausschalten

❿ *Lautstärkeregler*

⓫ *Taschenlampe*
⓬ Den *Timer* öffnen
⓭ Den *Taschenrecher* öffnen
⓮ Die *Kamera* öffnen
⓯ *Home Kit Steuerung* öffnen.
⓰ Die Steuerung für das *Apple TV* öffnen. Damit lässt sich ein verbundenes Apple TV steuern.
⓱ Die *Bedienungshilfen-Kurzbefehle* öffnen
⓲ *Nicht stören* während der Autofahrt ein- und ausschalten
⓳ *Bildschirmaufnahme* erstellen
⓴ Die Funktion *Geführter Zugriff* öffnen
㉑ Hiermit wird die Funktion *Hören* aktiviert, wobei das iPhone als externes Mikrofon dient und die Töne und Geräusche auf angeschlossenen AirPods überträgt. Das iPhone dient damit im Zusammenhang mit AirPods als Hörgerät.
㉒ *Zoom-Funktion* der *Bedienungshilfen* öffnen
㉓ Die *Notizen* öffnen
㉔ Damit wir die *Kamera* geöffnet, um sofort *QR-Codes* einzulesen.
㉕ Die App *Sprachmemos* öffnen
㉖ Die *Stoppuhr* öffnen
㉗ *Stromsparmodus* aktivieren
㉘ Die *Schriftgröße* ändern
㉙ Die App *Wallet* öffnen
㉚ Den *Wecker* öffnen

Erweiterte Funktionen

Viele der Elemente im Kontrollzentrum haben erweiterte Funktionen, die man auf den ersten Blick nicht sieht. Um an die erweiterten Funktionen zu gelangen, müssen Sie nur etwas länger auf ein Symbol drücken. Dadurch wird ein kleines Fenster geöffnet, in dem Sie dann noch zusätzliche Einstellungen zur jeweiligen Funktion vornehmen können. Wenn Sie z. B. etwas länger auf das Notiz-Symbol drücken, können Sie sofort eine neue Notiz anlegen. Oder drücken Sie mal etwas länger auf die Musiksteuerung: Dann können Sie den aktuellen Musiktitel lauter und leiser machen und die Audioausgabe auf ein AirPlay-fähiges Gerät auslagern.

Das Kontrollzentrum stellt für viele der Funktionen ein erweitertes Einstellungsmenü zur Verfügung, z. B. für AirPlay, Timer und Musiksteuerung (von links).

> **!** Um das Kontrollzentrum wieder zu schließen, brauchen Sie nur die Home-Taste am iPhone ein Mal drücken. An einem X-Modelle ziehen Sie die Linie vom unteren Bildschirmrand nach oben.

Querformat

Bei einigen Apps bekommen Sie durch das Drehen des iPhones ins Querformat Zusatzfunktionen, die es im Hochformat erst gar nicht gibt:

- *Rechner:* Der simple Taschenrechner wird im Querformat mit vielen neuen Funktionen dargestellt.
- *Nachrichten:* Drehen Sie das iPhone, um handschriftliche Notizen erstellen zu können.

Daneben erscheinen unter anderem folgende Apps bei den iPhone-Plus-Modelle in einem zweispaltigen Design:

- Notizen
- Mail
- Einstellungen
- Nachrichten
- Sprachmemo
- Erinnerungen
- Kalender
- Homescreen: Ordner mit mehr als neun Apps
- Karten
- Kontakte

> ! Die mehrspaltige Funktionalität bei den Plus-Modellen gibt es nicht, wenn der Anzeigezoom **Vergrößert** eingestellt ist (**Einstellungen –> Anzeige & Helligkeit –> Anzeigezoom**).

Bildschirmzeit

Die Nutzung von mobilen Endgeräten, wie Smartphone und Tablet, kann zu einer Sucht werden. Man nimmt oft unbewusst das Smartphone in die Hand und sieht nach, ob es eine neue Nachricht oder eine neue E-Mail gibt. Man weiß eigentlich gar nicht, wie oft das Gerät in der Hand hat bzw. wie lange man es am Tag nutzt. Damit Sie etwas mehr Kontrolle über die Nutzung des Geräts haben, hat Apple mit iOS 12 die *Bildschirmzeit* eingeführt.

Mit dieser neuen Funktion erhalten Sie eine Statistik darüber, wie oft Sie das iPhone am Tag genutzt haben, und wie lange Sie die jeweiligen Apps verwendet haben. Zusätzlich zu der Statistik können Sie sich selbst eine Beschränkungsdauer der jeweiligen Apps auferlegen. Wenn Sie also das Gefühl haben zu oft und zu lange WhatsApp oder Twitter zu nutzen, dann beschränken Sie die Nutzung einfach.

Die Funktion *Bildschirmzeit* ist ein Bestandteil der *Einstellungen*. Dort sehen Sie zuerst die aktuelle Nutzungsdauer für den heutigen Tag ❶. Etwas weiter unten können Sie die Aufzeichnung der Bildschirmzeit auch ausschalten ❷. Um eine detaillierte Statistik zu erhalten, tippen Sie oben auf den Gerätenamen bzw. auf *Alle Geräte* ❸ wenn Sie die Bildschirmzeit auch auf anderen Geräten nutzen und mit iCloud synchronisiert haben.

> ! Wenn Sie die Statistiken und Einstellungen für die Bildschirmzeit mit anderen Geräten synchronisieren wollen, dann aktivieren Sie **Geräteübergreifen teilen** ❿. Damit werden alle Geräte, die unter Ihrer Apple-ID bei iCloud registriert sind, in der Statistik erfasst.

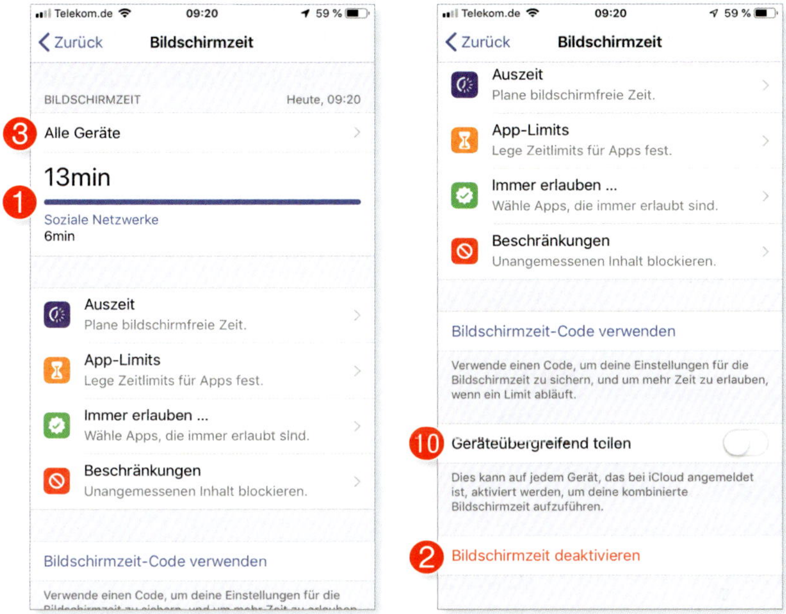

Die „Bildschirmzeit" ist ein Bestandteil der „Einstellungen"

In der detaillierten Statistik können Sie die Nutzungsdauer für den heutigen Tag oder der letzten 7 Tage anzeigen lassen ❹. Rechts oben bei *Geräte* ❺ können Sie die Bildschirmzeit von einem Ihrer verwendetet Geräte (iPhone, iPad) anzeigen lassen. Im Bereich *Meist verwendet* ❻ sind die Apps aufgelistet, mit denen Sie am meisten Zeit verbracht haben. Wenn Sie eine der Apps antippen, können Sie die genaue Statistik dafür einsehen und dann auch ein Limit für die Nutzung festsetzen ❼.

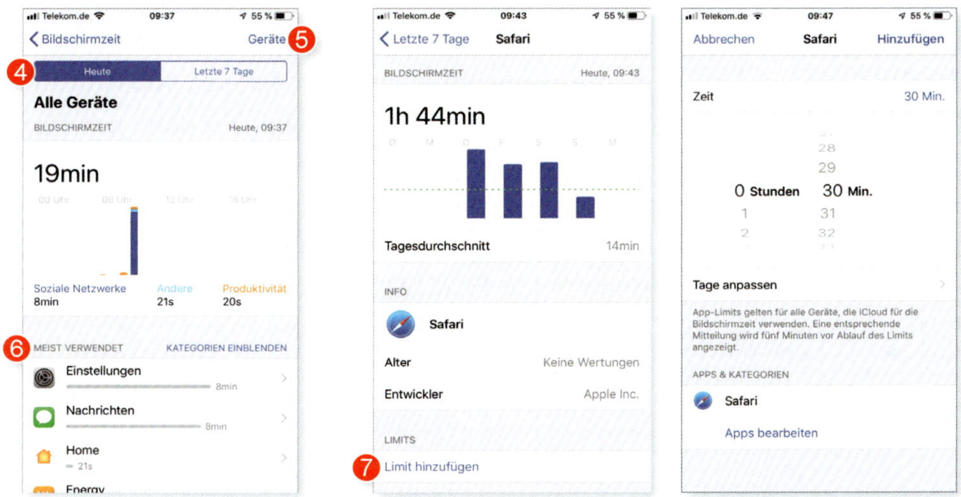

Die Nutzungsdauer für eine App kann beschränkt werden.

Wenn Sie wissen wollen, wie oft am Tag Sie das iPhone in die Hand nehmen, dann müssen Sie in der Geräteübersicht nur etwas weiter nach unten scrollen. Dort finden Sie dann den Bereich *Aktivierungen* ❽. Dieser Bereich enthält die Statistik darüber, wie oft Sie das iPhone am Tag in die Hand genommen haben bzw. entsperrt haben. Direkt darunter ❾ können Sie auch ablesen, von welchen Apps Sie die meisten Mitteilungen erhalten haben.

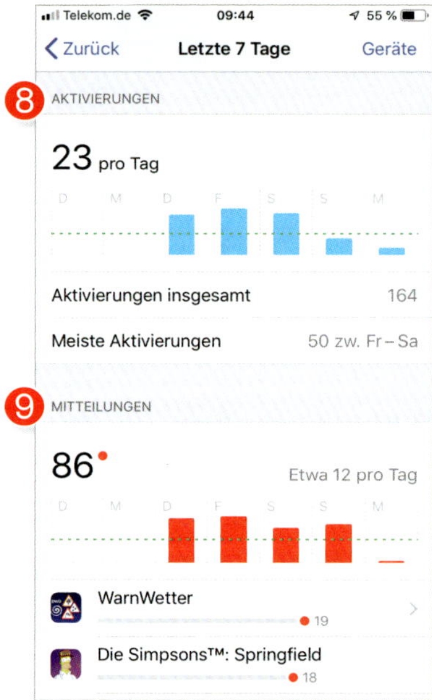

Wie oft haben Sie das iPhone pro Tag in die Hand genommen? Die Statistik verrät es Ihnen.

Bildschirmfreie Zeit planen

Um die Nutzung des iPhone zu beschränken, können Sie eine bildschirmfreie Zeit festlegen. Während des definierten Zeitraums können Sie dann nur die von Ihnen zugelassenen Apps nutzen. Wenn Sie *Einstellungen –> Bildschirmzeit* öffnen und auf *Auszeit* tippen, dann können Sie die bildschirmfreie Zeit aktivieren und direkt im Anschluss den Zeitraum dafür festlegen. Wenn die Auszeit aktiviert ist, dann werden auf dem Home-Bildschirm alle Apps, die nicht genutzt werden dürfen, abgedunkelt und mit einer Sanduhr versehen.

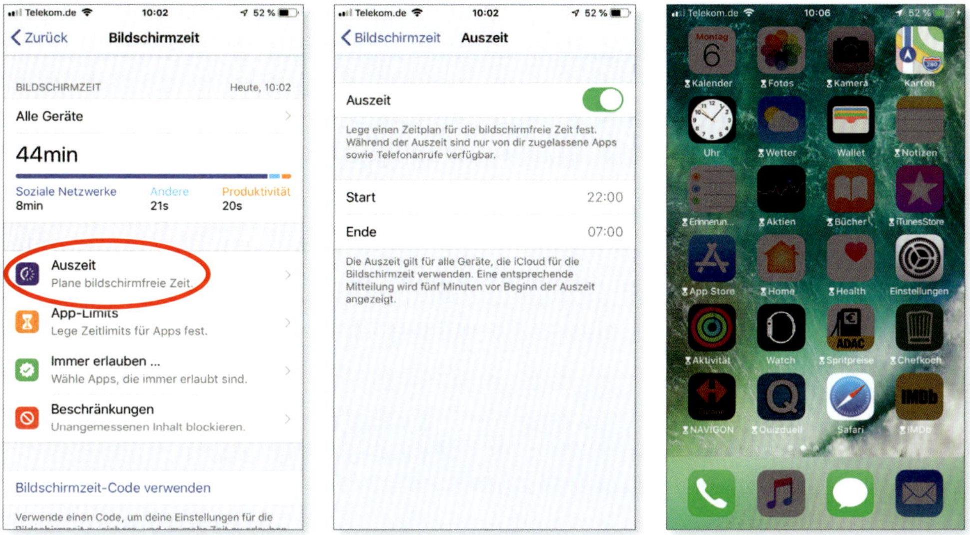

Mit „Auszeit" können Sie die Nutzung der Apps auf eine Tageszeit beschränken.

Welche App während der Auszeit verwendet werden dürfen, können Sie bei *Immer erlauben* festlegen. Fügen Sie dort einfach die Apps hinzu, die während der Auszeit erlaubt sind.

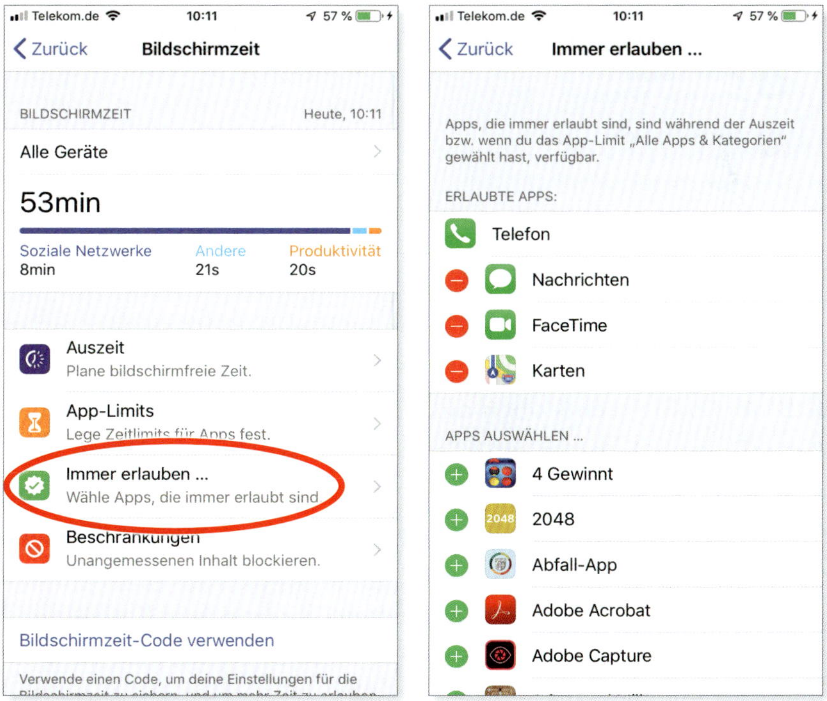

Legen Sie fest, welche Apps genutzt werden dürfen.

App-Limits

Um noch mehr Kontrolle über die Nutzung des iPhones zu haben, können Sie für jede einzelne App eine Nutzungsdauer festlegen. Wenn Sie also das Gefühl haben zu viel Zeit mit Twitter zu verwenden, dann legen Sie sich ein Limit fest. Unter *Einstellungen –> Bildschirmzeit –> App-Limits* ❶ können Sie für die unterschiedlichen App-Kategorien eine Nutzungsdauer einrichten. Tippen Sie dafür auf *Limit hinzufügen* ❷ und wählen die entsprechende Kategorie aus, wie z. B. *Soziale Netzwerke*.

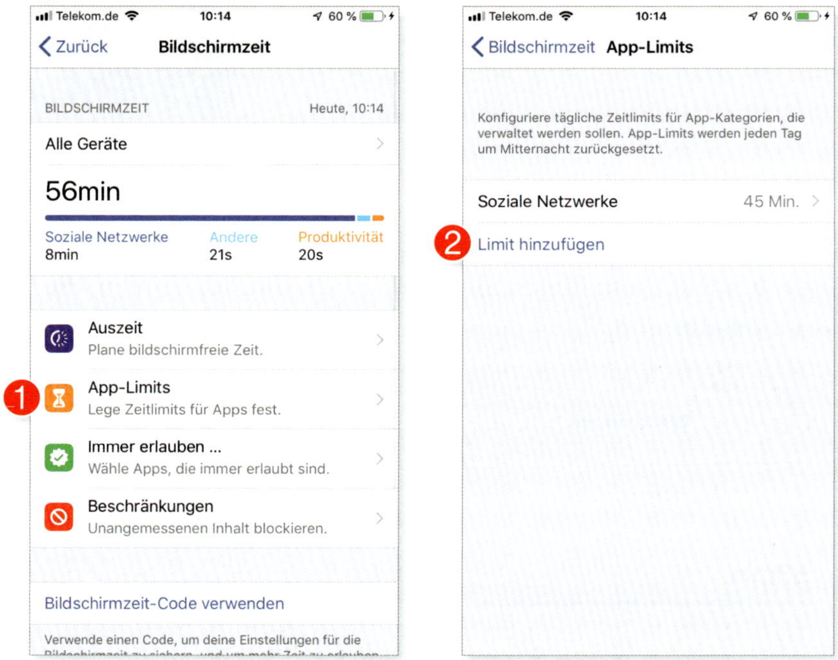

Legen Sie eine Nutzungsdauer für die verschiednen Apps fest.

Danach tippen Sie rechts oben auf *Hinzufügen* ❸ und bestimmen die Nutzungsdauer. Diese gilt immer pro Tag für jeden Wochentag. Wenn Sie z. B. für das Wochenende eine andere Nutzungsdauer benötigen, dann tippen Sie auf *Tage anpassen* ❹. Dort lassen Sie dann für jeden Wochentag individuelle Zeitspannen festlegen.

Diese Arbeitsschritte wiederholen Sie dann für jede App-Kategorie, die eine Nutzungsdauer haben soll. Um ein Limit zu löschen, öffnen Sie es über die Liste und tippen anschließend auf *Limit löschen* ❺.

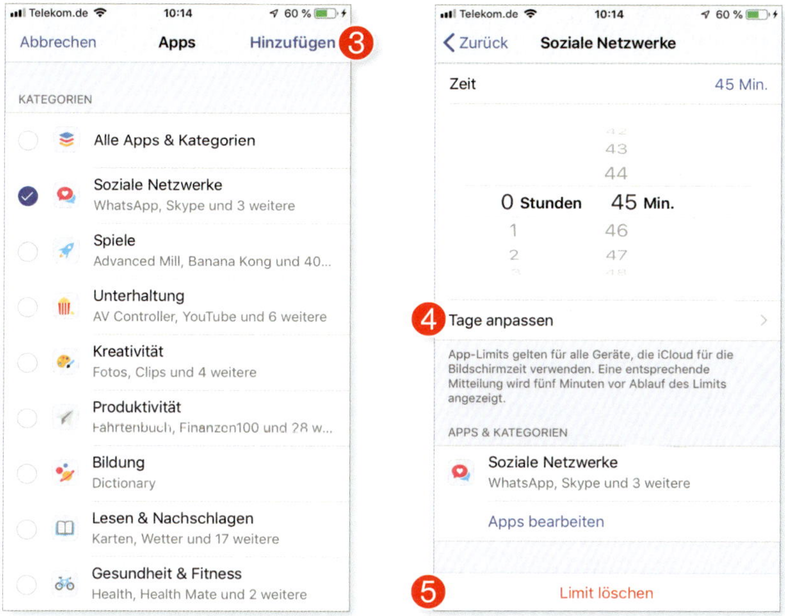

Wie lange sollen die Apps einer Kategorie pro Tag nutzbar sein?

Ist das App-Limit erreicht, erhalten Sie diese Information (links). Sie können das Limit ignorieren, für heute außer Kraft setzen oder sich in 15 Minuten erneut erinnern lassen. Wenn Sie auf den Home-Bildschirm zurückkehren (rechts) erkennen Sie an den kleinen Sanduhren, welche Apps vom Limit betroffen sind.

Beschränkungen und Sperrcode als Kindersicherung

Neben der Auszeit und den App-Limits gibt es noch eine dritte Möglichkeit die Nutzung des iPhones einzuschränken, die *Beschränkungen*. Diese können dann auch als Kindersicherung herangezogen werden, wenn Sie verhindern wollen, dass Ihre Kinder bestimmte Dinge auf dem iPhone nutzen oder ungefragt Apps aus dem App Store laden.

Bevor Sie die Beschränkungen aktivieren, sollten Sie einen Sperrcode für die Änderung der Einstellungen definieren. Denn ohne Sperrcode könnten Ihre Kinder ganz einfach die Beschränkungen wieder aufheben. Unter *Einstellungen –> Bildschirmzeit* müssen Sie dafür die Funktion *Bildschirmzeit-Code verwenden* **A** aktivieren. Dort geben Sie dann einen vierstelligen Code ein, der das Verändern der Einstellungen für die Bildschirmzeit verhindert. Jedes Mal, wenn Sie oder jemand anderes eine Einstellung bei der Bildschirmzeit vornehmen will, muss dann zuerst der vierstellige Code angegeben werden.

Haben Sie einen Sperrcode definiert, öffnen Sie *Einstellungen –> Bildschirmzeit –> Beschränkungen* **B**. Dort aktivieren Sie dann die Funktion **C** und wählen anschließend aus, welche Dinge erlaubt oder verboten sein sollen. Unter *Käufe im iTunes & App Store* **D** können Sie den Einkauf in den Stores sperren. Außerdem lässt sich unter *Inhaltsbeschränkungen* **E** die Altersfreigabe für Filme, Musik, Apps, Bücher und dergleichen einstellen.

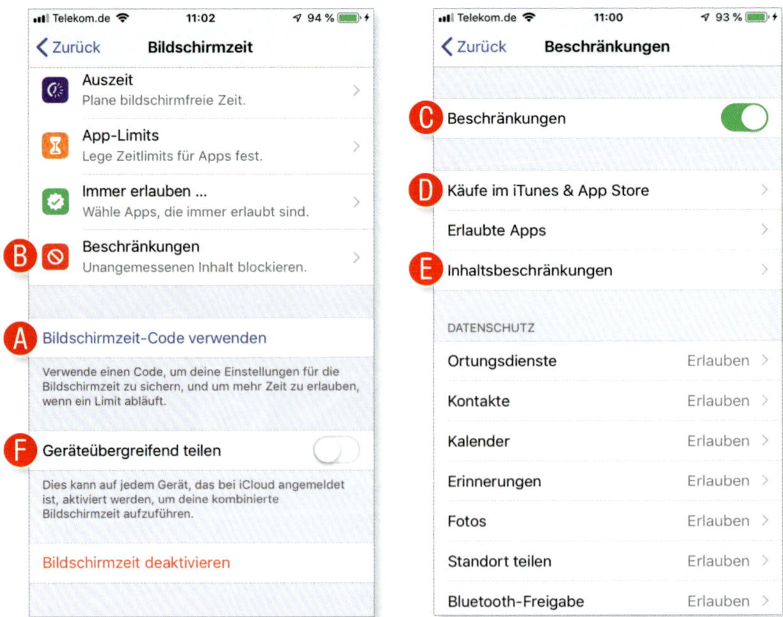

Stellen Sie ein, welche Dienste auf dem iPhone genutzt werden dürfen.

Und sofern Sie auch ein iPad nutzen, könnten Sie *Gerätebergreifend teilen* **F** zusätzlich aktivieren, um die Bildschirmzeit-Daten via iCloud auf das andere Gerät zu übertragen.

Und noch etwas ist möglich: Über die *Familienfreigabe* können Sie die *Bildschirmzeit* z. B. Ihrer Kinder aus der Ferne einrichten und nachjustieren (*Einstellungen –> Ihr Name (Apple-ID, iCloud, iTunes & App Store) –> Familienfreigabe –> Bildschirmzeit*).

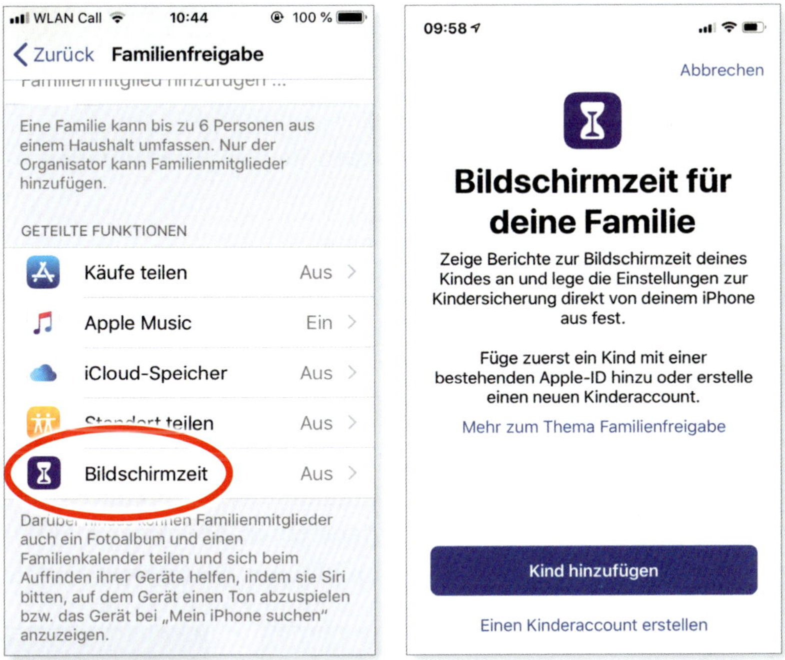

Über die „Familienfreigabe" kann die „Bildschirmzeit" ebenfalls konfiguriert werden.

Über *Kind hinzufügen* können Sie nach Eingabe einer Apple-ID und des dazugehörigen Kennwortes diesen Account und dessen Bildschirmzeit definieren. Natürlich können Sie hier zudem einen neuen Account (*Einen Kinderaccount erstellen*) anlegen.

Bedienungshilfen

Das iPhone hat neben dem Kontrollzentrum noch weitere Gadgets, die Ihnen bei der Bedienung des Geräts helfen können. In den *Bedienungshilfen* finden sich Funktionen, die nicht nur für Personen mit Handicap nützlich sind. Eine davon haben Sie ja bereits kennengelernt, den 3D Touch. In diesem Abschnitt lernen Sie noch weitere Hilfen kennen, die Ihnen die Nutzung des iPhone erleichtern können.

> **!** Die Funktionen der Bedienungshilfen finden Sie unter **Einstellungen -> Allgemein -> Bedienungshilfen**.

Lupe

Eine Funktion, die es erst seit iOS 10 gibt, ist die *Lupe*. Damit wird die Kamera des iPhone als Vergrößerungsglas zweckentfremdet. Bei aktivierter Funktion können Sie durch ein dreifaches kurzes Drücken der Home-Taste die Lupe einschalten (iPhone X-Modell: dreifaches Drücken der Seitentaste). Dadurch wird automatisch die Kamera mit einem voreingestellten Zoomfaktor aktiviert. Und Sie können das iPhone z. B. zum Lesen von kleinen Texten verwenden.

Die „Lupe“ ist hilfreich, um Text mit kleiner Schriftgröße zu lesen.

Die aktivierte Lupe bietet noch einige Einstellungen, mit denen Sie das Lesen an Ihre eigenen Bedürfnisse anpassen können:

1. Das ist der Schieberegler, mit dem Sie die Zoomstufe regulieren können.
2. Die große Taste friert das aktuelle Bild ein, es macht also ein Standbild. Durch ein erneutes Drücken wird das Standbild wieder ausgeschaltet und Sie können das iPhone auf einen anderen Teil des Textes bewegen.
3. Falls Sie mehr Licht benötigen, dann drücken Sie diese Taste. Damit wird der Blitz als Taschenlampe aktiviert, um somit die Umgebung auszuleuchten.
4. Mit dem Schloss können Sie den Autofokus fixieren. Der Autofokus wird bei der geringsten Bewegung des iPhone immer wieder neu justiert, was bei längerer Verwendung der Lupe sehr nervig ist. Aus diesem Grund lässt er sich fixieren.
5. Diese Taste wechselt zu den Filtereinstellungen der Lupe, die Sie im Screenshot rechts daneben sehen.
6. Falls Ihnen die normale Darstellung zu wenig Farbkontrast bietet, können Sie auf eine andere Farbkombination umschalten, z. B. auf *Gelb/Blau* oder *Weiss/Blau*.
7. Diese Taste wechselt die Farben des Farbkontrastes.
8. Hiermit wird die Helligkeit reguliert.
9. Dieser Regler steuert den Kontrast.

> ! Um die Lupe wieder zu verlassen, reicht es, die **Home-Taste** des iPhone nur einmal zu drücken bzw. am iPhone X-Modell die weiße untere Linie nach oben schieben..

> ! Auch die Darstellung des iPhone-Bildschirms kann übrigens mittels der Zoom-Funktion vergrößert werden (**Einstellungen –> Allgemein –> Bedienungshilfen –> Zoom**).

Display-Anpassungen

Eine weitere Bedienungshilfe, die nützlich sein kann – besonders für Personen mit Sehschwäche –, sind die *Display-Anpassungen*. Dort können Sie nicht nur die komplette Darstellung der *Farben umkehren* ❶, sondern auch einen *Farbfilter* ❷ aktivieren. Bei *Farben umkehren* können Sie auch eine „intelligente" Umkehrung aktivieren. Mit dieser Funktion wird die Umkehrung nicht automatisch bei Bildern oder Videos angewendet.

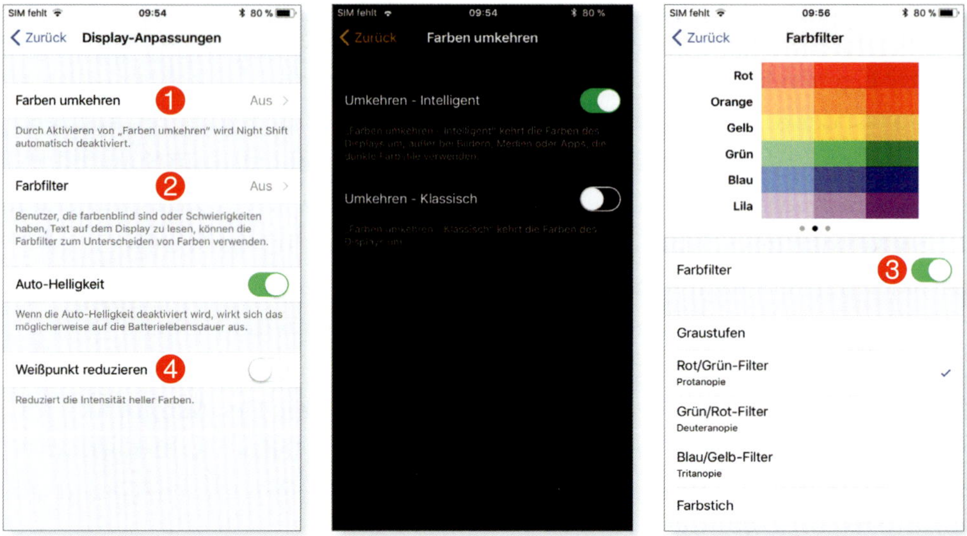

Personen, die Probleme mit dem Farbensehen haben, können die Darstellung ändern.

Wenn der *Farbfilter* ❸ eingeschaltet ist, kann man z. B. eine Rot/Grün-Sehschwäche mit dem entsprechenden Filter ausgleichen. Die Farben Rot bzw. Grün werden dann durch andere Farben ersetzt.

Als letzte Einstellung können Sie noch die Intensität von hellen Farben verändern, wenn Sie die Option *Weißpunkt reduzieren* ❹ einschalten. Wenn Sie dann den eingeblendeten Regler nach rechts verschieben, wird die Intensität reduziert. In den Bedienungshilfen finden sich noch zwei interessante Anpassungsmöglichkeiten: *Kontrast erhöhen* und *Transparenz reduzieren*.

Links ist das Dock transparent und rechts daneben nicht mehr.

Sprachausgabe

Die *Sprachausgabe* ist ebenfalls eine sehr nützliche Bedienungshilfe. Damit können Sie Texte vorlesen lassen. Dabei ist es egal, ob es ein E-Mail-Text oder eine Textpassage aus einem E-Book ist.

Um die Sprachausgabe zu nutzen, reicht es, die Option *Auswahl sprechen* einzuschalten. Wenn Sie anschließend z. B. einen Text in einem E-Book markieren, können Sie im Kontextmenü die Funktion *Sprechen* auswählen. Damit wird der markierte Text vorgelesen.

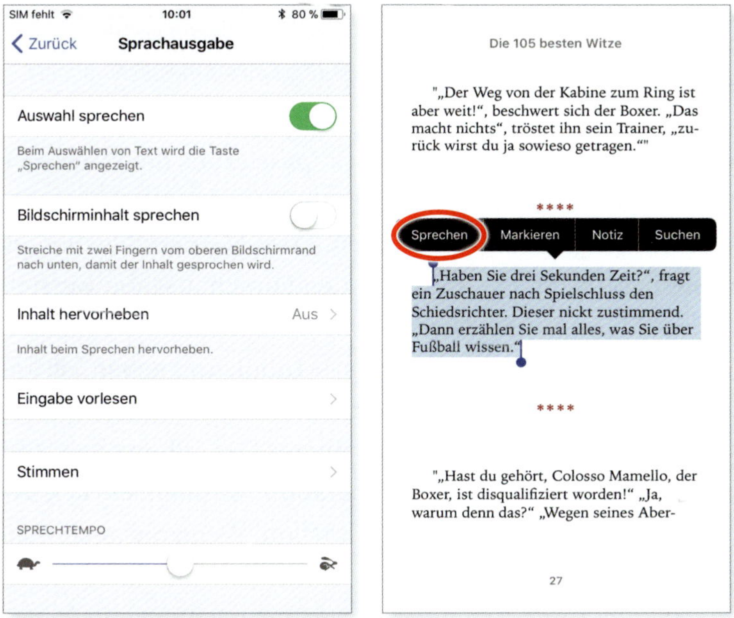

Markierte Textpassagen können vorgelesen werden. Aktivieren Sie zusätzlich „Bildschirminhalt sprechen", um das gesamte Display für die Sprachausgabe nutzen zu können.

Während des Vorlesens können Sie auch noch zusätzlich die jeweiligen Wörter bzw. Sätze hervorheben lassen. Dazu müssen Sie die Option *Inhalt hervorheben* einschalten und anschließend bestimmen, was hervorgehoben und wie es hervorgehoben werden soll.

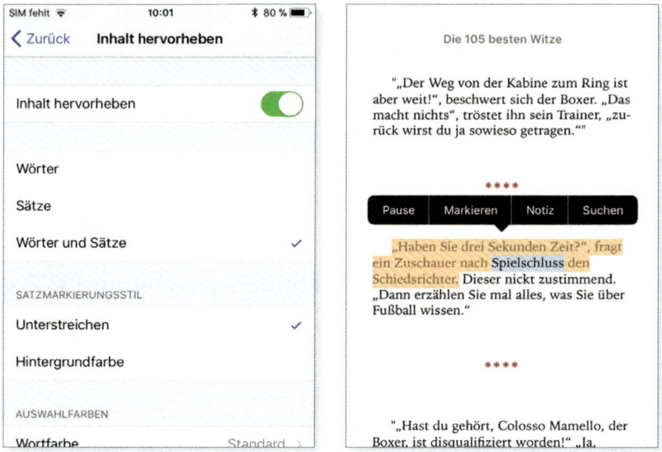

Der gesprochene Text wird nun während des Vorlesens markiert.

Da das iPhone nun mal kein Mensch ist, passiert es des Öfteren, dass einige Wörter falsch ausgesprochen werden – besonders dann, wenn im Text Fremdwörter aus anderen Sprachen vorkommen. Dem können Sie aber entgegenwirken, indem Sie bei *Aussprache* am Ende der Sprachausgabe-Einstellungen die problematischen Wörter hinterlegen.

Tippen Sie dort rechts oben auf das Plussymbol, und geben Sie anschließend das Wort im Feld *Text* ein. Im Feld *Ersetzung* direkt darunter lässt sich mit dem Mikrofonsymbol die Aussprache aufzeichnen. Das iPhone greift für die Aussprache auf die Datenbank von „Pronunciation Manual“ zurück und trägt die phonetischen Zeichen dafür ein. Das war's schon! Wenn Sie noch weitere Wörter hinzufügen wollen, wiederholen Sie den Vorgang.

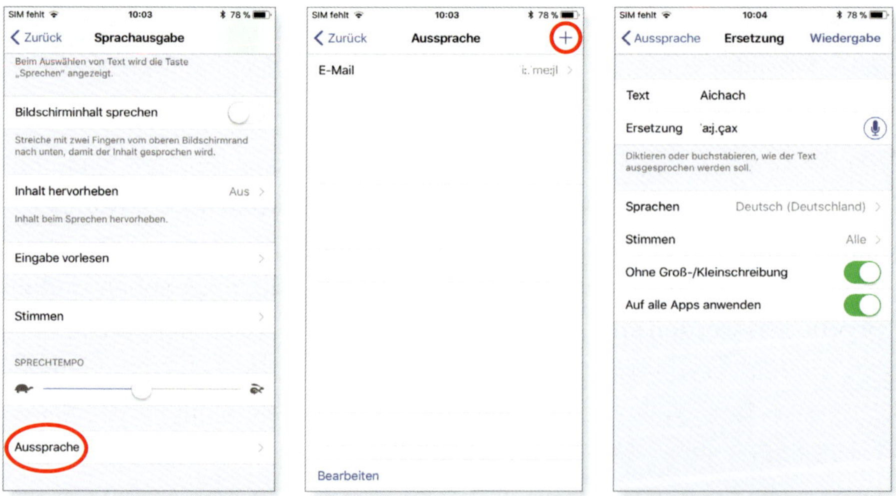

Die Aussprache von schwierigen Wörtern kann justiert werden.

Fetter Text

Wenn Ihnen die Schrift auf dem iPhone zu dünn ist, dann aktivieren Sie die Bedienungshilfe *Fetter Text*. Nach einem Neustart des iPhone wird dann die Schrift auf dem Display etwas dicker dargestellt.

Tastenformen

Eine wirklich hilfreiche Funktion ist *Tastenformen*. Manchmal ist es sehr schwer zu erkennen, was auf dem Display eine Taste ist oder nur einfacher Text. Bei aktivierter Funktion werden die Tasten unterstrichen und können somit viel leichter identifiziert werden.

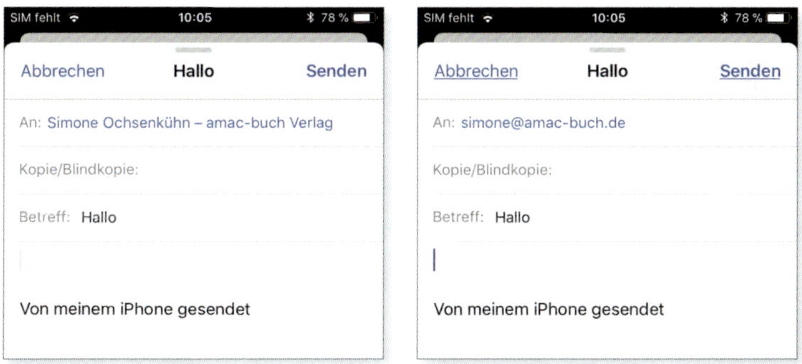

Das linke Bild zeigt die Tasten „Abbrechen" und „Senden" in normaler Darstellung, während im rechten Bild die Tasten besser zu erkennen sind, nachdem „Tastenformen" aktiviert wurde.

Bewegung reduzieren

Diese Funktion in den Bedienungshilfen kann die Akkuleistung Ihres iPhone erhöhen. Damit wird der Parallaxeffekt des Hintergrunds bzw. der App-Symbole ausgeschaltet. Wenn Sie das iPhone kippen oder neigen, wird normalerweise die Perspektive des Hintergrunds auf dem Home-Bildschirm verändert. Somit entsteht eine optische Täuschung, die die App-Symbole über dem Hintergrund „schweben" lässt. Diese Funktion benötigt allerdings etwas mehr Akkuleistung. Falls Sie also Ihren Akku schonen wollen, aktivieren Sie die Funktion *Bewegung reduzieren*. Ist sie aktiv, können Sie darunter noch definieren, ob die Nachrichteneffekte auch weiterhin animiert werden sollen.

Ein/Aus-Beschriftungen

Wenn Sie diese Funktion aktivieren, werden bei den diversen Schaltern zusätzliche Symbole als Kennzeichnung für den Ein- und Aus-Zustand eingeblendet. Für „eingeschaltet“ wird ein senkrechter Strich und für „ausgeschaltet“ ein Kreis eingeblendet.

AssistiveTouch

Eine der besten Bedienungshilfen ist der *AssistiveTouch*. Dadurch können Sie viele Funktionen (z. B. das Öffnen des Kontrollzentrums oder die Rotationssperre) mit einem Fingertipp erreichen, ohne sich mühsam durch irgendwelche Menüs oder Einstellungen zu quälen.

Wenn Sie den *AssistiveTouch* einschalten, erhalten Sie auf dem Display ein zusätzliches Symbol in Form eines runden Buttons, der übrigens frei positioniert werden kann. Wenn Sie ihn antippen, wird ein Menü geöffnet, das einige Standardfunktionen enthält. Ein einfaches Antippen führt die jeweilige Funktion aus, z. B. das Öffnen des Kontrollzentrums.

Das Menü von „AssistiveTouch“ bietet schnellen Zugriff auf einige Standardfunktionen.

Das Beste an der Funktion ist aber, dass Sie zusätzliche Funktionen zum Menü hinzufügen bzw. auch nicht benötigte entfernen können. In den *Bedienungshilfen* bei *AssistiveTouch* können Sie das *Hauptmenü anpassen*. Tippen Sie rechts unten auf das Plussymbol ❶, um eine zusätzliche Funktion hinzuzufügen, bzw. auf das Minussymbol ❷, um etwas zu entfernen.

Sie können aber auch die vorhandenen Elemente austauschen. Dafür müssen Sie auf eines der Symbole ❸ tippen. Dadurch wird eine Liste geöffnet, in der Sie dann eine andere Funktion auswählen können.

> **!** In der Funktion **Gerät** sind bereits viele Funktionen enthalten, wie z. B. **Lauter**, **Leiser**, **Ton aus** oder das Multitaskingmenü. Es ist also ratsam, diese Funktion zu AssistiveTouch hinzuzufügen. Dadurch ersparen Sie sich das Hinzufügen der einzelnen Funktionen.

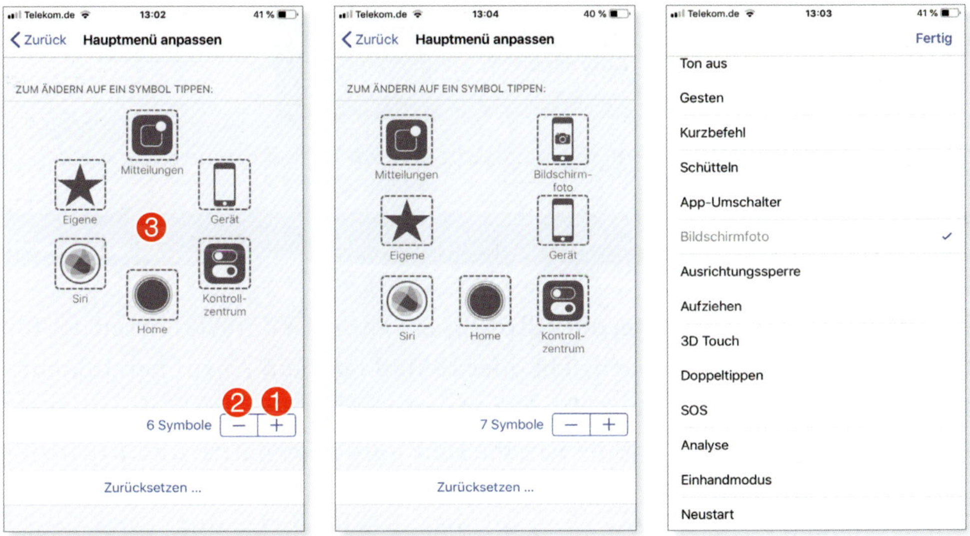

Das Menü für „AssistiveTouch" können Sie Ihren eigenen Bedürfnissen entsprechend anpassen und erweitern.

> **!** AssistiveTouch kann minimal eine Funktion und maximal acht Funktionen enthalten. Um **AssistiveTouch** schnell aufzurufen, sollten Sie die **Bedienungshilfen –> Kurzbefehl** aufrufen. Damit können Sie durch **Dreifachtippen** auf die **Home-Taste** die Funktion ein- bzw. ausschalten. Bei den X-Modellen ist die Seitentaste dreimal anzutippen. Zudem kann zusätzlich die Deckkraft des Assistive-Touch-Buttons zwischen 15 % und 100 % eingestellt werden. Und wenn Sie möchten, können Sie ja die Home-Taste (**Home**) an einem X-Modell über **AssistiveTouch** zur Verfügung stellen :-)

Zum Widerrufen schütteln

Ihnen ist wahrscheinlich bekannt, dass man in fast allen Computerprogrammen (z. B. in Word) den letzten Arbeitsschritt rückgängig machen kann. Das iPhone besitzt auch eine solche Funktion. Damit sie auch funktioniert, muss *Zum Widerrufen schütteln* eingeschaltet sein. Wenn Sie nun den letzten Arbeitsschritt, z. B. die Texteingabe bei einer E-Mail, widerrufen wollen, müssen Sie Ihr iPhone nur etwas schütteln. Eine Sicherheitsabfrage gewährleistet, dass Sie nicht unabsichtlich etwas rückgängig machen.

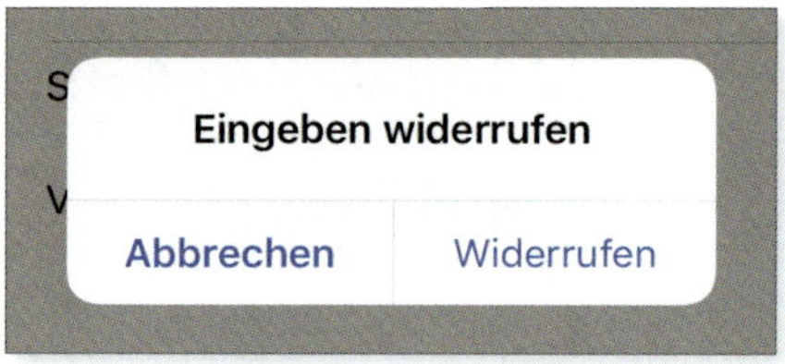

Durch einfaches Schütteln kann der letzte Arbeitsschritt rückgängig gemacht werden.

LED-Blitz bei Hinweisen

Die nächste Bedienungshilfe, die hilfreich sein kann, ist das Aktivieren des Blitzes, wenn z. B. eine neue Nachricht oder E-Mail oder ein Anruf hereinkommt. Auf diese Weise werden Sie nicht nur akustisch, sondern auch visuell darauf aufmerksam gemacht. Der Blitz ist eine sehr gute Alternative und Ergänzung zum Vibrationsalarm. Natürlich sollten Sie dann darauf achten, Ihr iPhone immer mit dem Display nach unten abzulegen, da sich der Blitz auf der Rückseite befindet.

Einhandmodus (ab iPhone 6/6s)

Damit Sie die größeren Displays beim iPhone 6/6s und 7/8 sowie den dazugehörigen Plus-Modellen bequem bedienen können, sollten Sie den *Einhandmodus* aktivieren. Durch *Doppeltippen* der *Home-Taste* werden die Icons nach unten geschoben und so sind obere Bildschirmfunktionen bequem mit dem Daumen erreichbar. Bein iPhone X-Modellen ziehen Sie die Linie am unteren Displayrand einfach nach unten.

Tastatur

Wenn Sie das iPhone in die Hand nehmen, fragen Sie sich vielleicht, wie Sie etwas eintippen können, da das Gerät offensichtlich keine Tastatur besitzt. Das iPhone verwendet eine Bildschirmtastatur, die bei Bedarf eingeblendet wird. Dabei bietet die Tastatur einige zusätzliche Funktionen, um Ihnen die Texteingabe so leicht wie möglich zu machen.

Die Tasten

Die Tastatur wird automatisch eingeblendet, sobald eine Texteingabe erforderlich ist. Sie kann sowohl im Hochformat als auch im Querformat genutzt werden. Allerdings hat das Querformat den Vorteil, dass man die Tastatur vorübergehend ausblenden kann, um den vollständigen Bildschirm zu sehen. Ansonsten unterscheiden sich die beiden Tastaturen nicht.

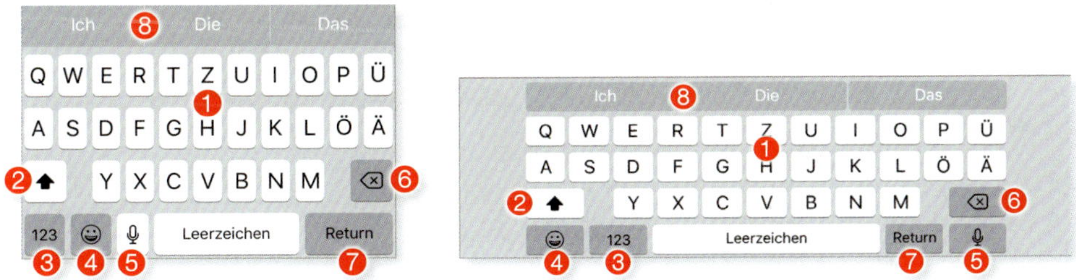

Die Bildschirmtastatur im Hoch- und Querformat.

Die Tastatur hat einige spezielle Tasten:

❶ Das ist der Hauptbereich der Tastatur, der die Buchstaben, Ziffern und Sonderzeichen für die Eingabe enthält.

❷ Das ist die *Shift*-Taste zum Umschalten auf die Großbuchstaben.

❸ Um die Ziffern und Sonderzeichen zu erreichen, wird diese Taste gebraucht. Damit werden im Hauptbereich der Tastatur andere Zeichen eingeblendet. Wenn Sie z. B. die Ziffern eingeblendet haben, können Sie die Sonderzeichen durch die Taste Ⓐ erreichen. Die Buchstaben erreichen Sie wieder, wenn Sie die Taste Ⓑ antippen.

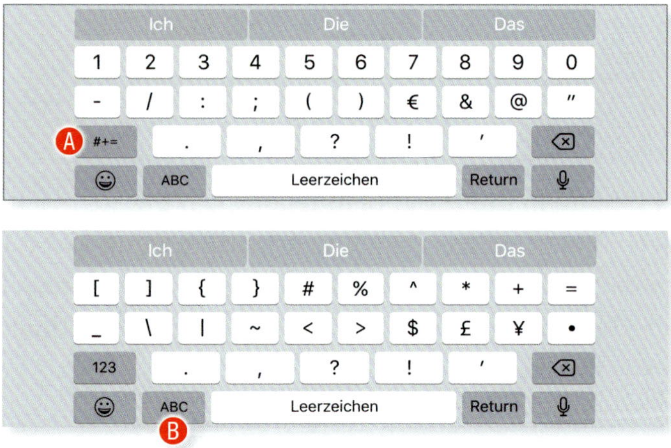

Die Ziffern (oben) und die Sonderzeichen (unten).

❹ Mit dieser Taste lassen sich die Emojis einblenden. In der Emoji-Tastatur können Sie im unteren Bereich Ⓒ zwischen den verschiedenen Kategorien wechseln. Zur normalen Tastatur zurück kommen Sie mit der Taste Ⓓ.

Die Emoji-Tastatur.

Wenn Sie im Hochformat die Emoji-Taste etwas länger drücken, öffnet sich ein Kontextmenü, in dem Sie auf eine Ein-Finger-Tastatur Ⓔ für Links- und Rechtshänder umschalten können. Somit lässt sich dann die Tastatur nur mit dem Daumen bedienen.

Das iPhone verfügt auch über eine Ein-Finger-Tastatur.

❺ Das Mikrofon wird zum Diktieren verwendet. Damit müssen Sie den Text nicht mehr tippen, sondern können ihn ganz einfach diktieren. Der gesprochene Text wird automatisch in bearbeitbaren Text umgewandelt. Voraussetzung dafür ist, dass Sie unter *Einstellungen –> Allgemein –> Tastatur* die Diktierfunktion aktiviert haben und dass eine Internetverbindung per WLAN oder Mobilfunk besteht.

Bei den X-Modellen sieht die Tastatur anders aus, enthält aber die gleichen Funktionen.

❻ Mit dieser Taste wird der Text links vom Cursor gelöscht. Die Taste heißt auch Backspace-Taste. Wenn Sie die Taste etwas länger drücken, wird nicht buchstaben- sondern wortweise nach links gelöscht.

❼ Die *Return*-Taste dürfte jedem bekannt sein: Mit ihr wird eine Zeilenschaltung eingefügt („Neue Zeile").

❽ In diesem Bereich werden die Korrektur- und Textvorschläge für die Eingabe anzeigt. Mit dieser Funktion werden wir uns gleich anschließend beschäftigen.

> **!** Wenn Sie im Querformat die Tastatur ausblenden wollen, verschieben Sie den Display einfach nach unten. Die Tastatur wird dadurch ausgeblendet. Zum Einblenden müssen Sie nur mit dem Finger in den Eingabebereich tippen.

Wenn man im Querformat das Display nach unten verschiebt, wird die Tastatur ausgeblendet.

> **!** Wenn Sie aus einem anderen Tastaturlayout nur ein Zeichen – z. B. das @-Zeichen – benötigen, dann können Sie das zeitsparender so durchführen: Sie tippen auf die Taste 123 und halten diese nun gedrückt. Ziehen Sie nun den Finger zum gewünschten Zeichen, und heben Sie jetzt erst den Finger vom Display. Sogleich wird das Zeichen erscheinen und Sie sind wieder im vorherigen Tastarlayout.

Sollten Ihnen die akustischen Rückmeldungen während des Eintippens nicht gefallen, dann können Sie sie unter *Einstellungen –> Töne –> Tastaturanschläge* deaktivieren.

Korrektur- und Textvorschläge

Um sich die Texteingabe auf dem iPhone zu erleichtern, können Sie die Leiste mit den Korrektur- und Textvorschlägen verwenden. Die graue Leiste oberhalb der Tastatur zeigt während der Eingabe drei Vorschläge an. Dabei handelt es sich nicht nur um Korrekturvorschläge, sondern auch um Wortvorschläge. Anhand der Eingabe der ersten paar Buchstaben eines Wortes kann das System eine Vermutung über das benötigte Wort anstellen. Wenn Sie z. B. nur die Buchstaben „Fran“ eintippen, weil Sie „Frankfurt“ haben wollen, wird in der Leiste bereits das vollständige Wort angezeigt. Sie müssen es nur noch antippen ❶, um es zu vervollständigen. Es ist also meistens nicht nötig, das ganze Wort manuell einzugeben. Auf diese Weise können Sie die Texteingabe erheblich beschleunigen.

Die Leiste zeigt auch Korrekturvorschläge an, wenn Sie sich z. B. vertippt haben. In der Mitte wird das möglicherweise korrekte Wort in Blau angezeigt ❷. Die blaue Kennzeichnung bedeutet, dass Sie nur die Leertaste drücken müssen, um das falsche Wort durch das korrekte zu ersetzen.

Die Korrekturleiste zeigt Vorschläge und Rechtschreibkorrekturen an.

Um eine automatische Korrektur zu verhindern, können Sie den linken Bereich ❸ antippen. Damit wird das Wort so übernommen, wie Sie es eingetippt haben.

Die automatischen Vorschläge und Korrekturen können auch etwas nervig sein, besonders, wenn bei der Korrektur ein richtiges Wort durch ein falsches ersetzt wird. Aus diesem Grund lassen sich die Funktionen der Leiste auch ausschalten. Dazu müssen Sie die *Einstellungen* öffnen und dort *Allgemein –> Tastatur* aufrufen. Dort lassen sich die Funktionen der Korrekturleiste einzeln abschalten, z. B. die *Rechtschreibprüfung* oder die *Auto-Korrektur*. Sogar die *Vorschläge* können ausgeschaltet werden.

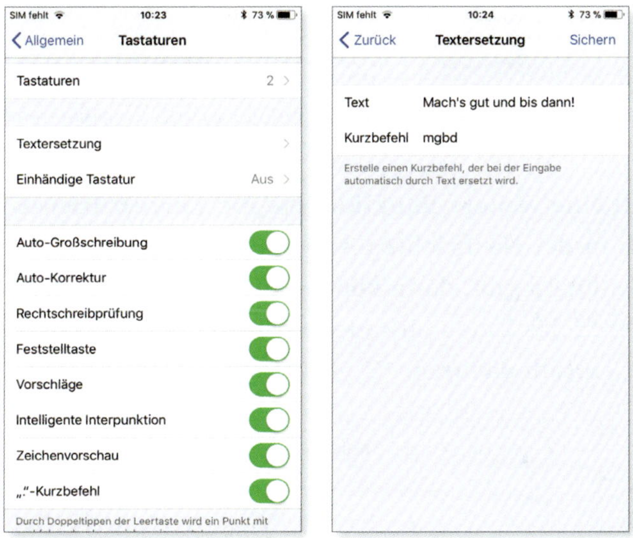

Die automatischen Korrekturfunktionen bei der Texteingabe können einzeln ein- und ausgeschaltet werden (links). Da Sie wohl ebenso wie ich, häufig Floskeln verwenden, können Sie diese im Bereich „Textersetzung" definieren (rechts).

> **!** Die Tastatureinstellungen können Sie sehr schnell über das Emoji-Symbol erreichen. Halten Sie das Symbol etwas länger gedrückt, um das Kontextmenü zu öffnen. Dort finden Sie dann den Eintrag **Tastatureinstellungen**.

Über das Emoji-Symbol erreicht man sehr schnell die Tastatureinstellungen.

Die automatische Korrektur erkennt auch die Sprache für die Vorschläge. Wenn Sie also einen Text eintippen, der englische Wörter enthält, dann wird in der Korrekturleiste nicht nur ein deutscher Vorschlag angezeigt, sondern zudem ein englischer.

Die Korrekturleiste zeigt auch fremdsprachige Vorschläge an.

Es gibt noch eine weitere Funktion, die die Korrekturleiste zu bieten hat. Wenn Sie z. B. in der Nachrichten-App ein Wort eintippen und es dafür ein entsprechendes Emoji gibt, dann können Sie das getippte Wort über die Korrekturleiste durch das Emoji austauschen lassen. Der manuelle Wechsel zur Emoji-Tastatur entfällt dadurch.

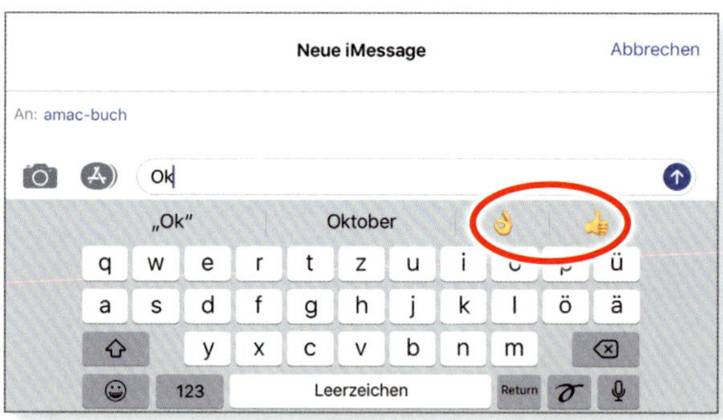

Bilder sagen oft mehr als tausend Worte.

> **!** Was aber bedeutet im Bereich **Textersetzung** die Option **„."-Kurzbefehl**? Nun, ganz einfach: Nach einem Satz kommt normalerweise ein Punkt. Ist diese Funktion eingeschaltet, dann können Sie den Satzpunkt auch dadurch erzeugen, dass Sie zweimal hintereinander das Leerzeichen eingeben. Dadurch wird zuerst der Punkt gesetzt und dann direkt dahinter eben ein Leerschritt, bevor es mit dem nächsten Satz weitergeht.

Mehrfache Zeichenbelegung (Zeichenvorschau)

Neben der speziellen Tastatur mit den Sonderzeichen gibt es noch zusätzliche Sonderzeichen, besonders Akzentzeichen, die Sie über die Tastatur eingeben können. Für viele Buchstaben gibt es Akzentzeichen, die auf den ersten Blick auf der iPhone-Tastatur nicht sichtbar sind. Wenn Sie z. B. den Buchstaben „U" mit einem Zirkumflex benötigen (Û), werden Sie diesen Buchstaben nicht auf der Tastatur sehen. Erst wenn Sie das U etwas länger gedrückt halten, klappt ein Kontextmenü auf, in dem alle Variationen des Buchstabens aufgelistet sind. Sie müssen nun nur noch den gewünschten Buchstaben auswählen.

Das Kontextmenü gibt es aber nicht nur für die Buchstaben. Wenn Sie z. B. das Pfundsymbol (£) benötigen, müssen Sie das Eurosymbol etwas länger antippen. Im Kontextmenü finden Sie dann die anderen Währungssymbole. Das Prozentzeichen enthält das Promillezeichen; oder öffnen Sie mal das Anführungszeichen: Dort finden Sie alle anderen Variationen von An- und Abführungen.

Über das Kontextmenü erreichen Sie die anderen Variationen des jeweiligen Zeichens.

Andere und fremdsprachige Tastaturen

Wenn Sie nicht nur mit deutschem Text arbeiten, sondern auch zwischendrin eine englische oder französische Tastatur benötigen, ist das am iPhone kein Problem. Sie können nämlich noch zusätzliche Tastaturlayouts für Fremdsprachen einblenden. Außerdem ist es seit iOS 9 möglich, beliebige Tastaturlayouts von anderen Herstellern zu installieren. Der App Store bietet eine ganze Fülle von zusätzlichen Tastaturen.

Für zusätzliche Tastaturen müssen Sie *Einstellungen –> Allgemein –> Tastatur –> Tastaturen* öffnen. Dort sehen Sie im oberen Bereich ❶ die bereits aktivierten Tastaturlayouts. Wenn Sie auf *Tastatur hinzufügen* ❷ tippen, können Sie noch weitere Tastaturlayouts verwenden, eben auch die von anderen Herstellern ❸, die Sie zuvor im App Store erworben haben. Die fremdsprachigen Tastaturen finden Sie im unteren Bereich ❹.

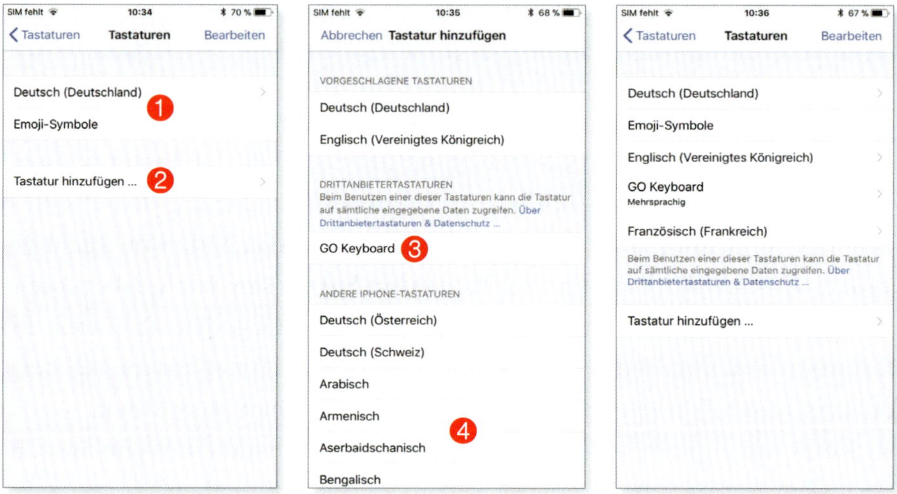

Für die Texteingabe können noch zusätzliche Tastaturlayouts verwendet werden.

Wie erreicht man nun die anderen Tastaturen bei der Texteingabe? Sobald Sie eine zusätzliche Tastatur verwenden, wird bei der Texteingabe das Symbol einer Weltkugel eingeblendet ❺. Wenn Sie dieses Symbol etwas länger drücken, wird das Kontextmenü geöffnet, in dem nun alle aktivierten Tastaturen aufgelistet sind und ausgewählt werden können.

Über die Weltkugel wechseln Sie zwischen den Tastaturen.

Textlupe

Bei der Texteingabe kommt es öfter vor, dass Sie ein Wort austauschen oder einen Satz ergänzen wollen. Dazu müssen Sie den Textcursor an die entsprechende Stelle platzieren. Da aber die Tastatur des iPhone keine Cursortasten hat, müssen Sie auf eine andere Methode ausweichen. Zwar kann man mit einem einfachen Fingertippen den Cursor platzieren, dazu müssen Sie allerdings sehr treffsicher sein. Besser ist es, mit der Textlupe zu arbeiten. Mit ihrer Hilfe lässt sich der Cursor zielgenau platzieren.

Die Textlupe erhalten Sie, wenn Sie den Finger etwas länger auf den Text legen. In einem kleinen Fenster sehen Sie nun eine vergrößerte Darstellung des Textes inklusive des Cursors. Nun müssen Sie mit dem Finger nur die Lupe bzw. den Textcursor an die gewünschte Stelle verschieben. Sobald Sie den Finger vom Display nehmen, wird die Lupe wieder ausgeblendet und der Cursor platziert.

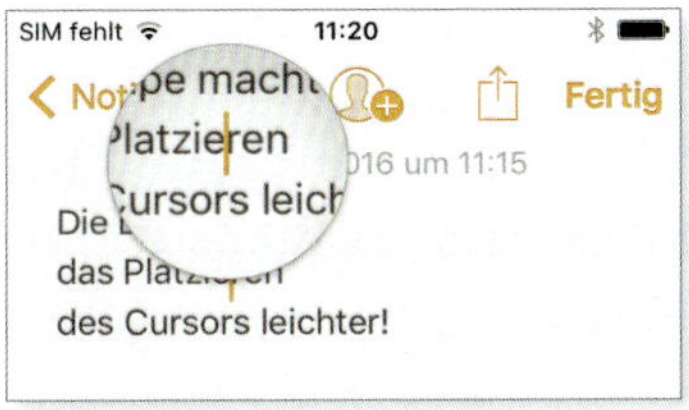

Mithilfe der Lupe lässt sich der Textcursor exakt platzieren.

> **!** In vielen iPhone-Modellen können Sie den Cursor auch wie folgt bewegen: Halten Sie die Leertaste ca. zwei Sekunden gedrückt. Jetzt verschwindet die Beschriftung und die Tastatur dient nun als Trackpad. Bleiben Sie also auf dem Display und bewegen einen Finger und genau so bewegt sich der Cursor innerhalb des Textes.

Nachschlagen

In sehr vielen Apps kann man durch doppeltes Antippen ein Wort markieren. Sobald das getan ist, erscheint ein Kontextmenü. In ihm können Sie nach rechts blättern und werden den Begriff *Nachschlagen* finden.

Die Funktion „Nachschlagen“ ist ziemlich pfiffig und zeigt Ihnen neben dem Lexikon-Eintrag auch Fundstellen aus dem Internet an. Wenn Sie an das untere Ende scrollen, können Sie die Suche im Web weiterführen.

iCloud

Apple bietet seit Herbst 2011 einen Cloud-Dienst mit dem Namen *iCloud* an. Dieser Dienst steht jedem iPhone-, iPad-, Mac- oder Windows-Anwender kostenlos zur Verfügung. Der iCloud-Account umfasst 5 GByte kostenlosen Speicherplatz für Mails, Dokumente und Backups. Die gekauften Musiktitel, Apps, Bücher und TV-Sendungen werden nicht auf den Account angerechnet. Er reicht also aus, um eine ganze Menge Bilder, Videos, E-Mails und Dokumente in der Cloud zu speichern. Bei Bedarf kann zusätzlich kostenpflichtiger Speicher erworben werden, der zu den kostenfreien 5 GByte hinzugefügt wird.

Die Konditionen sehen zur Zeit (Stand: September 2018) so aus:

5 GByte	= kostenlos
zusätzliche 50 GByte	= € 0,99 pro Monat
zusätzliche 200 GByte	= € 2,99 pro Monat
zusätzliche 2 TByte	= € 9,99 pro Monat

Zusätzlicher Speicherplatz für iCloud ist nicht kostenlos.

Voraussetzung für iCloud ist eine gültige Apple-ID. Wenn Sie eine besitzen, müssen Sie sich damit in den *Einstellung* anmelden. Nach erfolgreicher Anmeldung lassen sich die einzelnen Funktionen von iCloud aktivieren.

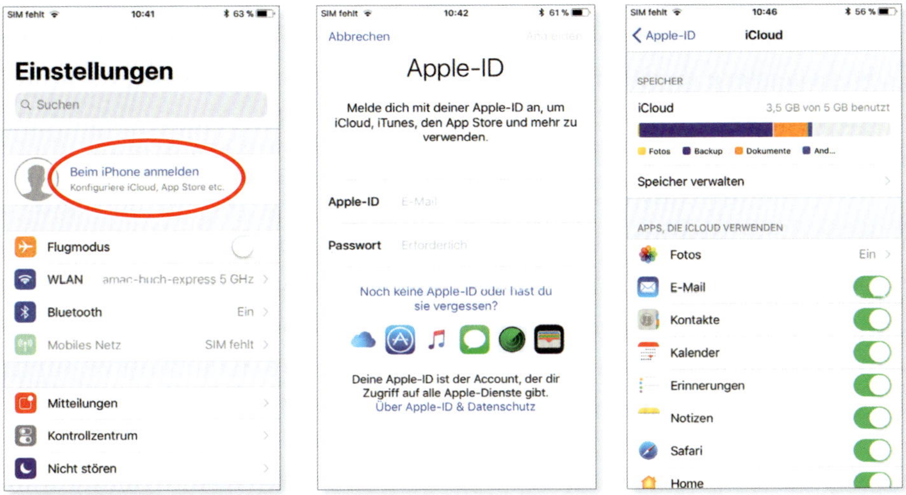

Der Zugang zu iCloud ist sehr schnell eingerichtet, wenn Sie Ihre Apple-ID angeben.

Da das Thema iCloud sehr umfangreich ist und den Rahmen dieses Buches sprengen würde, empfehle ich Ihnen das Buch „Apple-ID & iCloud". In diesem Buch wird ausführlich über die Vorzüge, Möglichkeiten und Einstellungen der Apple-ID und iCloud berichtet.

„iCloud & Apple-ID" (ISBN 978-3-95431-062-3), € 16,95 erschienen im amac-buch Verlag.

AirPods

Sie sehen nicht nur extrem chic aus, sie überzeugen auch durch ihren Tragekomfort und begeistern durch eine hohe Akkulaufzeit: die kabellosen AirPods. Die Air Pods verbinden sich per Bluetooth faktisch mit jedem Gerät – also auch mit dem iPhone, dem iPad, der Apple Watch und natürlich mit Ihrem Mac.

Ist die Kopplung vollzogen, genügt es, die Kopfhörer aus der Schale zu nehmen, ins Ohr zu stecken und schon kann es losgehen. Sie erhalten zudem eine kurze akustische Rückmeldung, dass die AirPods bereit sind und sich erfolgreich mit einem Gerät verbunden haben. Die Schale lädt übrigens die Kopfhörer während des Nichtbenutzens automatisch wieder auf. Die Schale selbst verfügt über einen Lightning-Anschluss und kann über ihn aufgeladen werden.

Wollen Sie die AirPods z. B. mit einem iPhone verbinden, dann öffnen Sie die Schale in der Nähe des Geräts. Achten Sie darauf, dass beim iOS-Gerät Bluetooth eingeschaltet ist.

Tippen Sie auf „Verbinden" und halten Sie die Taste auf der Rückseite der AirPod-Schale gedrückt. Schwups ist die Verbindung hergestellt.

Sobald die Verbindung steht, sollten Sie noch in die *Einstellungen -> Bluetooth* navigieren. Tippen Sie dort das *i* hinter den AirPods an, um einige Feinheiten konfigurieren zu können.

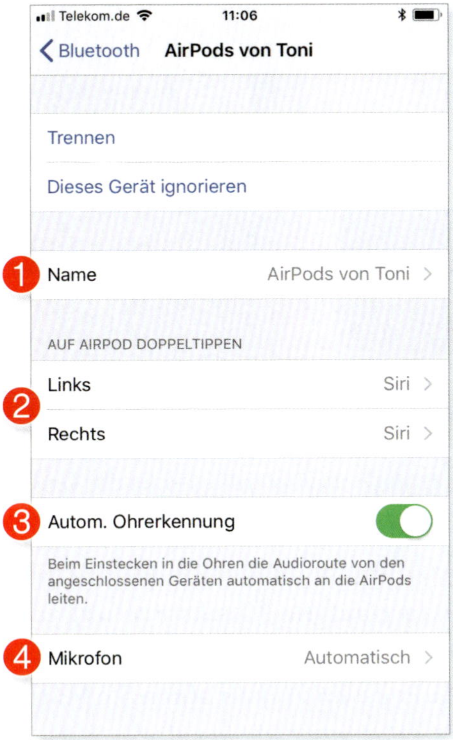

Über die Bluetooth-Einstellungen können Sie die AirPods noch detaillierter anpassen.

Natürlich können Sie Ihren AirPods einen eigenen Namen geben ❶. Dieser Name wird dann auch verwendet, wenn Sie die AirPods beispielsweise mit der Apple Watch koppeln.

Interessant sind die Einstellungen bei *Auf AirPod doppeltippen* ❷. Dort können Sie getrennt für die beiden Kopfhörer definieren, was bei einem Doppeltipp passieren soll. Zur Verfügung stehen: *Siri, Wiedergabe/Pause, Nächster Titel, Vorheriger Titel, Deaktiviert.* Ich verwende *Siri* auf dem rechten AirPod und *Nächster Titel* auf dem linken.

Die *Autom. Ohrerkennung* ❸ habe ich bereits erwähnt: AirPods aus der Schale nehmen, in beide Ohren stecken und schon geht's los. Und zu guter Letzt können Sie noch angeben, ob der linke oder der rechte AirPod sein Mikrofon für z. B. Siri zur Verfügung stellen soll oder beide aktiv sind. eben beide ❹.

Wenn Sie nun Musik hören, können Sie über das Kontrollzentrum relativ einfach auf die AirPods oder andere Lautsprecher umschalten.

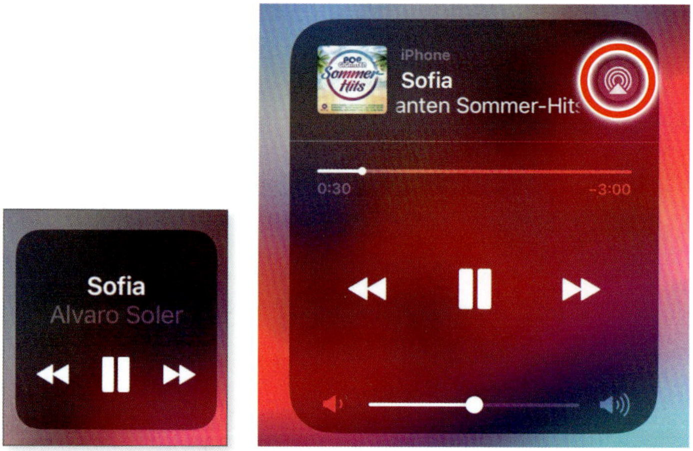

Über die Musiksteuerung im Kontrollzentrum gelingt das Umschalten auf die AirPods im Handumdrehen.

Tippen Sie etwas länger auf die Musiksteuerung und anschließend auf das AirPlay-Symbol. Sogleich erscheinen alle potenziellen Wiedergabegeräte. Tippen Sie dann auf die AirPods, und schon hören Sie Musik etc. bequem über diese innovativen Kopfhörer. Die Lautstärke regeln Sie dabei am iOS-Gerät und nicht an den AirPods.

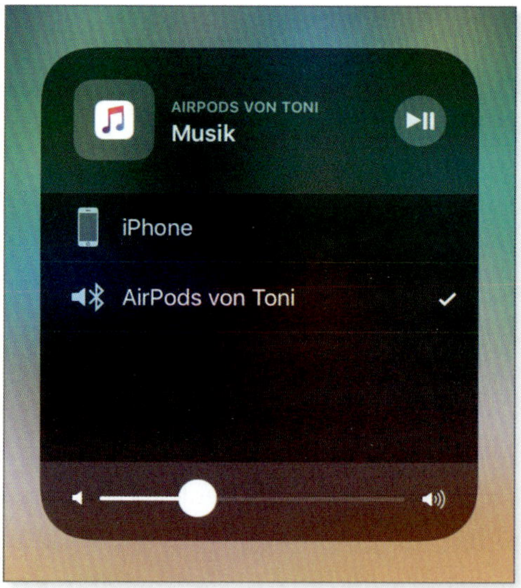

Ab sofort verwendet mein iPhone die AirPods zur Musikwiedergabe.

Kapitel 3 Informationen im Griff

Das iPhone ist nicht nur ein einfaches Telefon, sondern vielmehr eine Schaltzentrale für das tägliche Leben. Mit ihm können Termine verwaltet, Nachrichten verschickt und empfangen, Orte gesucht und Neuigkeiten empfangen werden. Die Informationen, die dadurch fast minütlich auf dem iPhone angezeigt werden, können manchmal nervig werden. Es stellt sich auch sehr schnell das Gefühl ein, etwas zu verpassen, wenn man nicht alle fünf Minuten auf das Display sieht. Aber keine Angst! Auf dem iPhone verpassen Sie nichts! Alle Informationen von den verschiedenen Diensten und Anwendungen werden gesammelt und können zu jedem beliebigen Zeitpunkt abgerufen und auch durchsucht werden.

In diesem Kapitel erfahren Sie, welche Möglichkeiten und Funktionen das iPhone bietet, um z. B. Mitteilungen anzuzeigen oder um etwas auf dem iPhone, im Internet oder an bestimmten Orten zu finden. Des Weiteren lernen Sie die Widgets kennen, mit deren Hilfe Sie die Informationen der verschiedenen Apps gesammelt und übersichtlich anzeigen können.

Mitteilungen

Was sind Mitteilungen? Dabei handelt es sich nicht um SMS-Nachrichten oder iMessages, sondern vielmehr um Benachrichtigungen von einzelnen Apps, z. B. von der App Telefon, dass Sie einen Anruf verpasst haben. Die Mitteilungen lenken Ihre Aufmerksamkeit also durch kleine Nachrichten auf die diversen Apps, bei denen gerade etwas passiert ist. Die Mitteilungszentrale wiederum sammelt alle diese Nachrichten der Apps. Dort können Sie dann jederzeit die Mitteilungen in Ruhe durchsehen und natürlich auch entfernen.

Wer darf Mitteilungen erzeugen?

Bevor wir uns die Mitteilungszentrale genauer ansehen, sollten Sie zuerst kontrollieren, welche Apps überhaupt das Recht haben, Mitteilungen zu generieren bzw. Ihre Mitteilungen in der Zentrale darzustellen.

Dazu müssen Sie *Einstellungen –> Mitteilungen* öffnen. Dort sind alle Apps aufgelistet, die eine Mitteilung machen können. Sie können nun in den Apps individuell einstellen, in welcher Art und Weise eine Mitteilung erfolgt und ob sie auch in der Mitteilungszentrale aufgelistet werden soll. Wenn Sie eine App antippen, z. B. *Erinnerungen*, können Sie anschließend die Einstellungen einsehen und ändern.

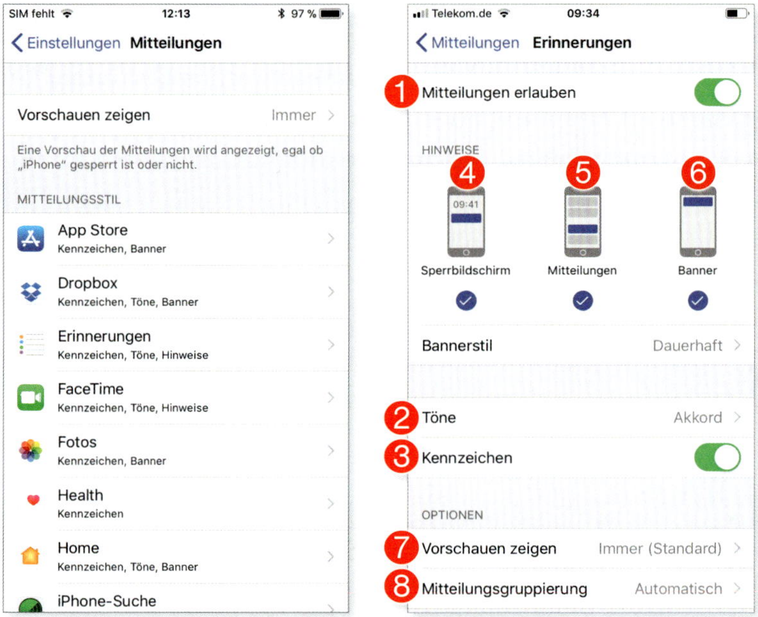

Unter „Einstellungen –> Mitteilungen“ sind alle Apps aufgelistet, die Mitteilungen generieren können.

- ❶ *Mitteilungen erlauben:* Mit diesem Regler können Sie festlegen, ob die jeweilige App Mitteilungen machen darf oder nicht. Wenn Sie den Regler auf *Aus* stellen, sind die darunterliegenden Funktionen ausgeblendet.
- ❷ *Töne:* Auf jede neue Mitteilung wird nicht nur visuell, sondern auch akustisch hingewiesen. Welcher Hinweiston dabei ertönt, können Sie hier definieren.
- ❸ *Kennzeichen:* Das sind die kleinen weiß-roten Ziffern, die bei den App-Symbolen auftauchen, wenn es z. B. eine neue E-Mail oder Nachricht gibt.

Anhand der Ziffern können Sie dann erkennen, wie viele neue Nachrichten oder E-Mails es gibt. Wenn die Ziffern Sie stören, schalten Sie diese Funktion aus.

4 *Sperrbildschirm:* Wenn diese Funktion aktiviert ist, werden die Mitteilungen nicht nur auf dem Home-Bildschirm angezeigt, sondern auch auf dem Sperrbildschirm, falls das iPhone gesperrt ist.

5 *Mitteilungen:* Mit dieser Option gestatten Sie der App ihre Mitteilungen auch im Nachrichtenverlauf des Sperrbildschirms bzw. Deckblattes aufzulisten. Dadurch werden also auch ältere Mitteilungen noch aufgelistet.

6 *Banner* und *Bannerstil:* Hier können Sie noch festlegen, ob die Mitteilung als Banner auf dem Display erscheinen soll, und wie lange. Direkt darunter bei *Bannerstil* stellen Sie ein, auf welche Art und Weise das Banner erscheinen soll. Die Option *Temporär* lässt das Banner nur einige Sekunden eingeblendet, während die Option *Dauerhaft* das Banner solange sichtbar lässt, bis der Anwender auf die Mitteilung reagiert.

> **!** Bei Nachrichten, Mail, Kalender, Erinnerungen, WhatsApp etc. kann zudem noch eingestellt werden, ob die Mitteilungszentrale nur den Hinweis auf eine eingegangene E-Mail bzw. eine erhaltene Nachricht anzeigt oder auch einiges aus dem Inhalt (**Vorschau zeigen** 7).

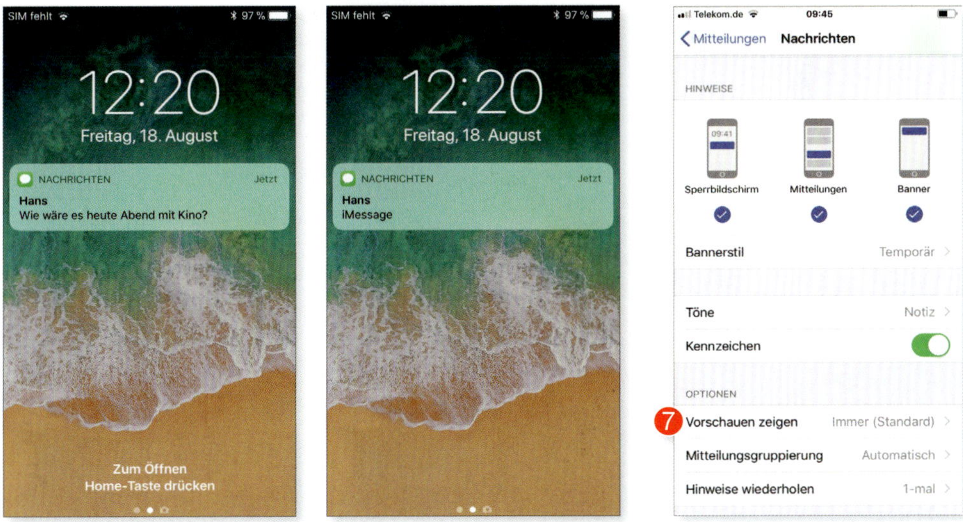

Um die Nachrichtenvorschau zu verbergen, verwenden Sie bei „Vorschauen zeigen" die Optionen „Aus" oder „Wenn entsperrt" (Standardeinstellung bei den iPhone X-Modellen). Außerdem können Sie bei Nachrichten noch Wiederholungshinweise festlegen (bis zu zehnmal!)

❽ *Mitteilungsgruppierung*: Mit dieser Einstellung können Sie festlegen, dass Mitteilungen aus der gleichen Quelle, wie z. B. Mail, als Gruppe in der Mitteilungszentrale angezeigt werden.

Die Mitteilungszentrale

Normalerweise erscheinen Mitteilungen direkt auf dem Display des iPhone. Es kommt aber sehr oft vor, dass man sie verpasst oder übersieht. Aus diesem Grund gibt es die Mitteilungszentrale, wo alle Mitteilungen gesammelt werden. Um die Mitteilungszentrale einzublenden, müssen Sie vom oberen Rand außerhalb des Displays mit einem Finger nach unten wischen.

> **!** Seit iOS 11 sind die Mitteilungszentrale und der Sperrbildschirm zusammengelegt. Wundern Sie sich also bitte nicht, wenn Sie die Mitteilungszentrale herunterziehen, dass dann der Sperrbildschirm erscheint. Das bedeutet nicht, dass das iPhone plötzlich gesperrt ist.

Um die Mitteilungszentrale einzublenden, müssen Sie unbedingt von außerhalb des Displays nach unten wischen.

In der Mitteilungszentrale sehen Sie nun die verschiedenen Nachrichten nach Apps sortiert. Wenn Sie eine dieser Nachrichten antippen (z. B. eine Erinnerung), wird die entsprechende App geöffnet und die Erinnerung angezeigt. Bei verpassten Anrufen wird auch sofort der Rückruf in der jeweiligen App gestartet.

Es geht aber noch besser: Anstatt auf die Mitteilung zu tippen, können Sie sie auch nach links verschieben und dadurch Optionen für die weitere Vorgehensweise einblenden. Bei einem Facetime-Anruf z. B. können Sie dem Anrufer eine Nachricht schicken. Außerdem lässt sich dadurch die Mitteilung auch ganz einfach löschen, ohne irgendeine weitere Aktion auszulösen.

Sie können die Mitteilung aber auch nach rechts verschieben. Dadurch können Sie direkt die App öffnen, von der die Mitteilung stammt.

Wenn man eine Mitteilung nach links verschiebt, werden die Optionen eingeblendet, die je nach Art der Mitteilung unterschiedlich sind.

> **!** Wenn Sie alle Mitteilungen in einem Rutsch löschen wollen, dann tippen Sie auf das X-Symbol.

Mit iOS 12 können Mitteilungen, die aus der gleichen Quelle stammen gruppiert. Somit ist die Mitteilungszentrale übersichtlicher, da die Mitteilungen nach der jeweiligen Quelle zusammengefasst werden. Um die einzelnen Mitteilungen zu lesen, müssen Sie nur die Gruppe antippen und schon klappen die Mitteilungen auf.

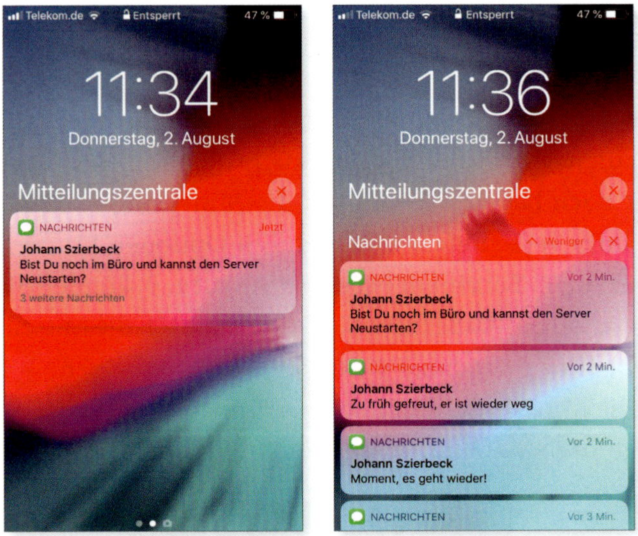

Mitteilungen, die aus der gleichen Quelle stammen, werden gruppiert (Einstellungen –> Mitteilungen –> Nachrichten –> Mitteilungsgruppierung).

Sperrbildschirm

Seit iOS 11 sind, wie bereits erwähnt, die Mitteilungszentrale und der Sperrbildschirm zusammengelegt. Wenn Sie nun im Sperrbildschirm die verpassten Mitteilungen sehen wollen, müssen Sie mit dem Finger nach oben wischen. Im Sperrbildschirm stehen Ihnen dann alle Funktionen zur Verfügung, die Sie auch sonst in der Mitteilungszentrale nutzen.

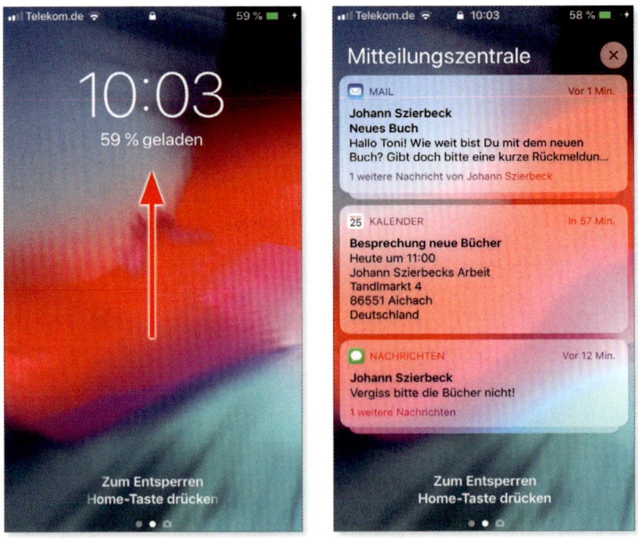

Wenn man im Sperrbildschirm nach oben wischt, erhält man die Mitteilungszentrale.

Seit iOS 10 kann man den Sperrbildschirm auch dadurch zu Gesicht bekommen, dass man das iPhone anhebt. Voraussetzungen hierfür sind die aktivierte Funktion (*Einstellungen –> Anzeige & Helligkeit –> Beim Anheben aktivieren*) und ein iPhone, das diese Funktion auch zur Verfügung stellt (iPhone 6s/7/8/X-Modelle und SE). Bei den iPhone X-Modellen ist es zudem möglich, einfach nur den Display irgendwo anzutippen um den Sperrbildschirm einzublenden (*Einstellungen –> Allgemein –> Bedienungshilfen –> Zum Aufwecken tippen*).

Weiterhin lässt sich festlegen, welche Informationen auf dem Sperrbildschirm angezeigt werden sollen. Dazu müssen Sie *Einstellungen –> Face ID & Code* (*Touch ID & Code*) öffnen. Im unteren Bereich können Sie dann einstellen, was im Sperrbildschirm angezeigt wird bzw. erlaubt sein soll.

> ! Die Einstellungen haben keinerlei Auswirkungen auf die Mitteilungszentrale, die über den Home-Bildschirm aufgerufen wird.

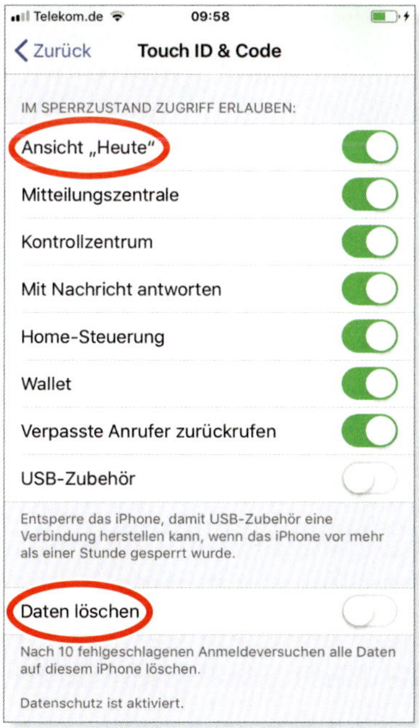

Unter „Einstellungen –> Touch ID & Code bzw Face ID & Code" definieren Sie, was der Sperrbildschirm anzeigen soll. Auch das automatische Löschen des iPhones nach zehn fehlgeschlagenen Anmeldeversuchen kann hier aktiviert werden.

> ! Wenn Sie die Option **Ansicht „Heute"** deaktivieren, dann haben Sie im Sperrbildschirm keinen Zugriff mehr auf die Widgets (siehe nächsten Abschnitt).

Mitteilungen und 3D Touch

Haben Sie mehrere Apps in einem Ordner, die Mitteilungen empfangen können, dann ist 3D Touch wieder sehr zeitsparend: Ein kräftiger Druck auf das Ordner-Icon listet alle Mitteilungen auf, und Sie können ohne Umwege darauf reagieren.

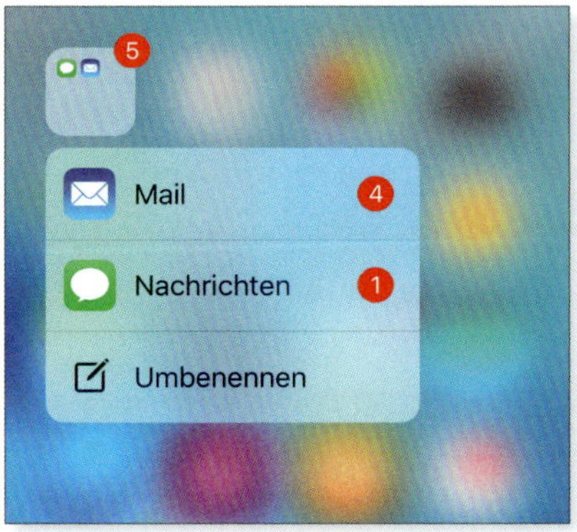

3D Touch können Sie bei Mitteilungen mit Kennzeichenzähler ebenfalls effektiv einsetzen.

Widgets in der Ansicht „Heute"

Widgets sind eine andere Art von Elementen zur einfachen und schnellen Bedienung des iPhone. Widgets sind kleine Ableger Ihrer Apps. Sie zeigen in einem eigenen Fenster die wichtigsten Informationen an, z. B. das aktuelle Wetter oder die Aktienkurse. Mit den Widgets erhalten Sie also sofort wichtige Informationen, ohne die jeweilige App öffnen zu müssen.

Die Widgets sind ein Bestandteil des Home-Bildschirms und befinden sich ganz links. Verschieben Sie den Home-Bildschirm also so lange nach rechts, bis die Widgets eingeblendet sind. Wie Sie erkennen können, wird jedes Widgets in einem eigenen Fenster dargestellt. Wenn Sie auf ein Widget tippen, wird die dazugehörige App gestartet.

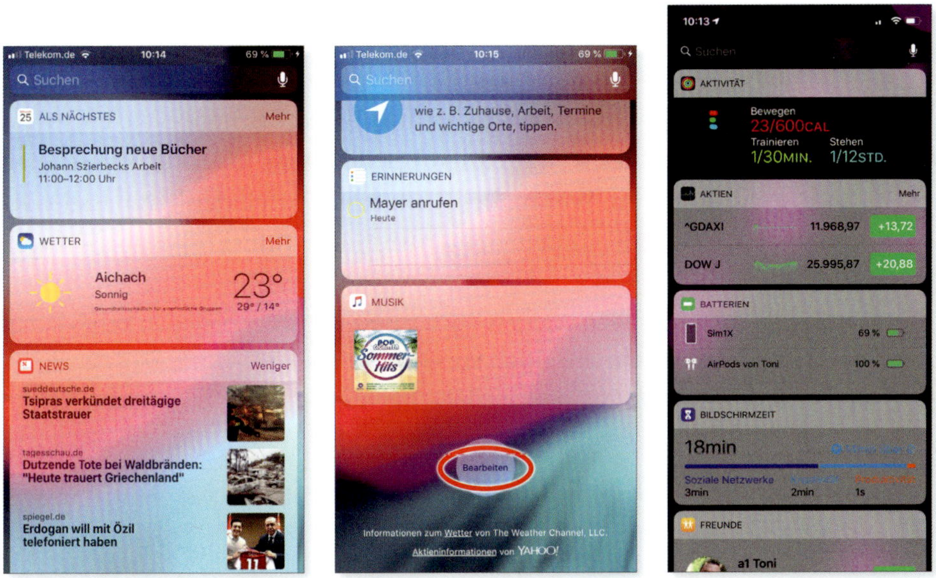

So kann die Ansicht „Heute" mit Widgets aussehen. Ganz rechts sehen Sie ein iPhone X mit dem Batterien-Widget, auf dem man die Batterieladung in % sieht.

Welches Widget angezeigt wird und in welcher Reihenfolge sie aufgelistet werden, das kann von Ihnen geändert werden. Wenn Sie ganz nach unten scrollen, finden Sie die Schaltfläche *Bearbeiten*. Damit können Sie die Einstellungen für die Widgets öffnen. Im oberen Bereich sind die Widgets aufgelistet, die aktuell angezeigt werden. Sie können ihre Reihenfolge ändern, indem Sie sie an den drei grauen Linien auf der rechten Seite ❶ fassen und an eine andere Position verschieben.

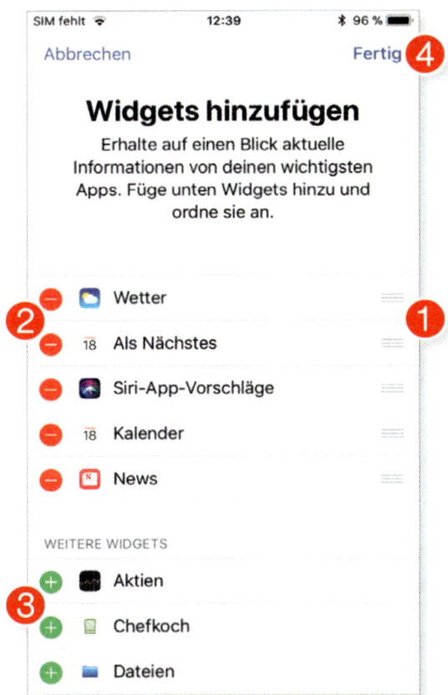

Sie können Widgets umsortieren, entfernen und auch andere einblenden.

Wenn Sie ein Widget entfernen wollen, dann tippen Sie auf das weiß-rote Minussymbol ❷. Damit wird das jeweilige Widget auf dem Widget-Bildschirm ausgeblendet. Das Widget wird dann automatisch in die untere Liste einsortiert. Dort können Sie mithilfe des weiß-grünen Pluszeichens ❸ die Widgets wieder dem Bildschirm hinzufügen. Wenn alles nach Ihrer Zufriedenheit passt, tippen Sie rechts oben auf *Fertig* ❹, um wieder zum Widget-Bildschirm zu gelangen.

! Sie können übrigens in den Widgets noch zusätzliche Informationen sichtbar machen, wenn Sie auf **Mehr anzeigen** tippen. Beim Wetter-Widgets wird damit z. B. die stündliche Vorhersage eingeblendet.

Bitte beachten Sie dabei, dass einige Widgets im gesperrten Zustand keinerlei Informationen preisgeben:

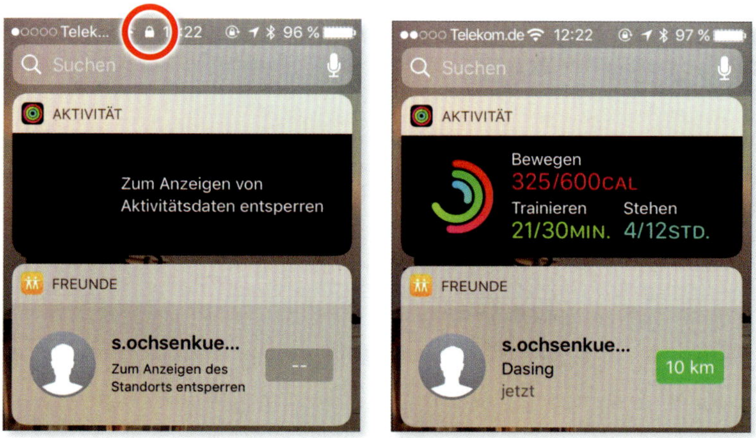

Die Widgets „Aktivität“ und auch „Freunde“ geben im gesperrten Zustand keine Informationen preis. Über Touch ID bzw. Face ID können Sie das iPhone entsperren. Es blendet dann im Nu die Details ein.

Den Widget-Bildschirm können Sie wieder verlassen, indem Sie entweder den ganzen Bildschirm nach links verschieben oder einmal auf die Home-Taste drücken. Und wenn Sie noch weiter nach links schieben, gelangen Sie direkt zur Kamera. :-)

! Wenn Sie das Widget **Als Nächstes** verwenden, dann werden Ihnen hierbei die anstehenden Termine oder Aufgaben aus den Apps Kalender bzw. Erinnerungen angezeigt. Prädikat wertvoll!

Widgets und 3D Touch

Sofern eine App die Funktion Widget anbietet, ist es mit 3D Touch ein Kinderspiel, diese App in die Widget-Liste zu bringen.

Wenden Sie einfach 3D Touch auf das App-Icon im Home-Screen an, und tippen Sie auf die Funktion „Widget hinzufügen".

Spotlight

Hinter dem Schlagwort „Spotlight" verbirgt sich die Suchfunktion des iPhone. Mit Spotlight lassen sich fast alle Dinge sehr schnell auf dem iPhone finden. Die Spotlight-Suche beschränkt sich aber nicht nur auf die Inhalte des iPhone, sondern auch eine Websuche und eine Wikipedia-Suche sind integriert. Spotlight forscht auf Wunsch sogar im App Store und in iTunes Store nach.

Die Spotlight-Suche können Sie folgendermaßen einblenden: Schieben Sie den Home-Bildschirm in der Mitte mit dem Finger nach unten. Dadurch wird das Eingabefeld für die Spotlight-Suche eingeblendet. Dort müssen Sie dann nur noch den Suchbegriff eintippen, und die Ergebnisse werden direkt darunter angezeigt. Wenn Sie anschließend auf das gewünschte Ergebnis tippen, wird die dazugehörige App geöffnet und die Fundstelle angezeigt.

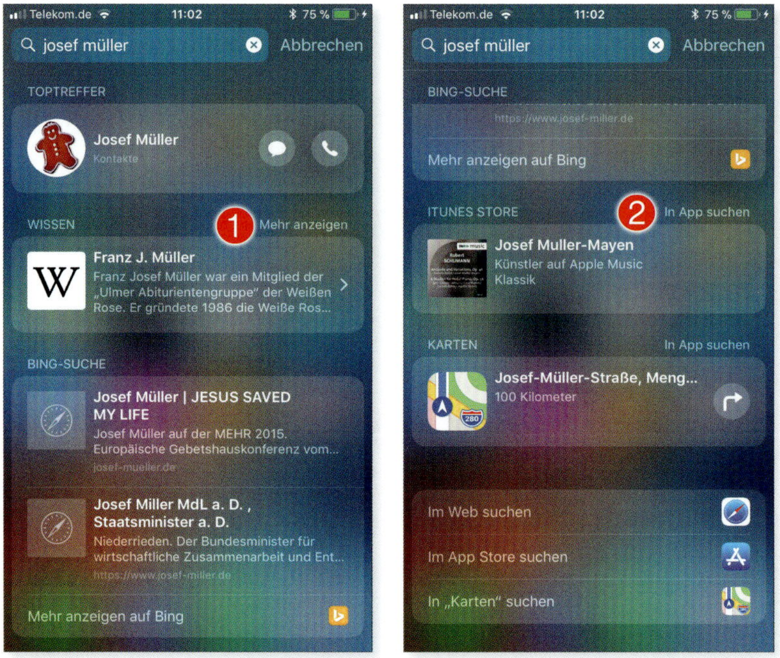

Die Suche nach „Josef Müller" ergab nicht nur einen Treffer in den Kontakten.

> **!** Wenn Sie auf **Mehr anzeigen** ❶ tippen, wird das Feld aufgeklappt und Sie sehen alle Ergebnisse. Sie können aber auch auf **In App suchen** ❷ tippen, um die Suche auf die jeweilige App zu beschränken.

Wenn Sie weiter nach unten scrollen, werden Sie feststellen, dass nicht nur lokale Kontakte, E-Mails, Apps oder Nachrichten durchsucht wurden, sondern dass auch Vorschläge für Filme, Websites, Apps und dergleichen aufgelistet sind. Das lässt sich aber ändern. Sie können genau festlegen, welche Ergebnisse Spotlight auflisten soll. Dazu müssen Sie *Einstellungen –> Siri & Suchen* öffnen. Sie können dort nun gezielt festlegen, von welcher App bzw. Funktion Sie das Suchergebnis in Spotlight haben wollen.

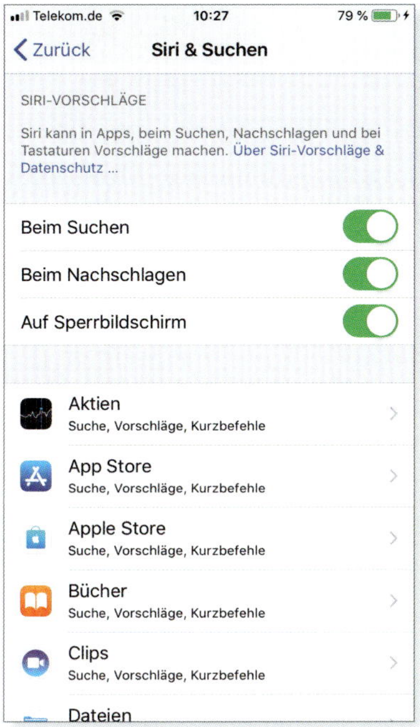

Von welchen Funktionen und Apps sollen die Suchergebnisse angezeigt werden?

Die Einstellungen enthalten auch noch die Option *Siri-Vorschläge*. Siri ist der Sprachassistent des iPhone und kann bei der Spotlight-Suche einige Vorschläge unterbreiten. So werden z. B. Apps eingeblendet, die Sie sehr oft benutzen bzw. gerade gebrauchen können, damit Sie sofort Zugriff darauf haben.

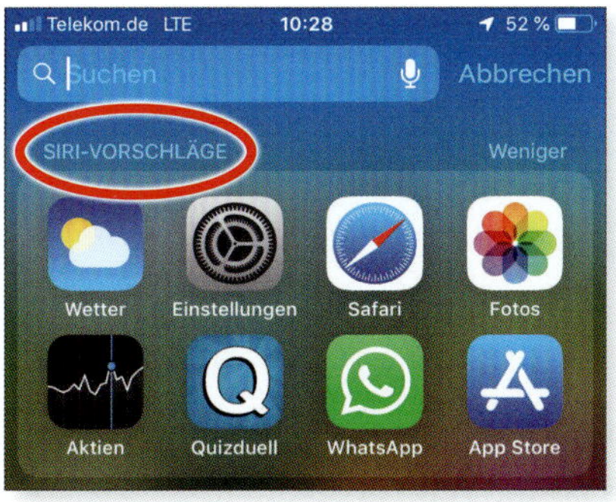

Die Vorschläge von Siri.

> **!** Noch ein kleiner Tipp: Wenn Sie die Liste der Suchergebnisse bis zum Ende scrollen, finden Sie die Funktionen **Im Web suchen**, **Im App Store suchen** und **In „Karten“ suchen**. Mit diesen drei Funktionen können Sie die Suche direkt zu den jeweiligen Apps transportieren (Safari, App Store, Karten).

Suche innerhalb einer App

Viele Apps bieten auch eine eigene Suche an, die diese natürlich nur auf die App beschränkt. Wenn Sie z. B. nur nach E-Mails suchen wollen, dann müssen Sie die Suche in der App *Mail* starten. Das Gleiche gilt natürlich auch für die Suche nach Kontakten oder Terminen im Kalender. Fast jede App hat eine eigene Suchfunktion, die aber manchmal etwas versteckt ist.

In den Apps *Mail*, *Kontakte*, *Notizen*, *Nachrichten*, *Einstellungen* und *Erinnerungen* ist die Suchfunktion sehr leicht zu finden: Sie müssen die jeweilige Liste in den Apps nur nach unten verschieben, dann wird ganz oben das Suchfeld eingeblendet.

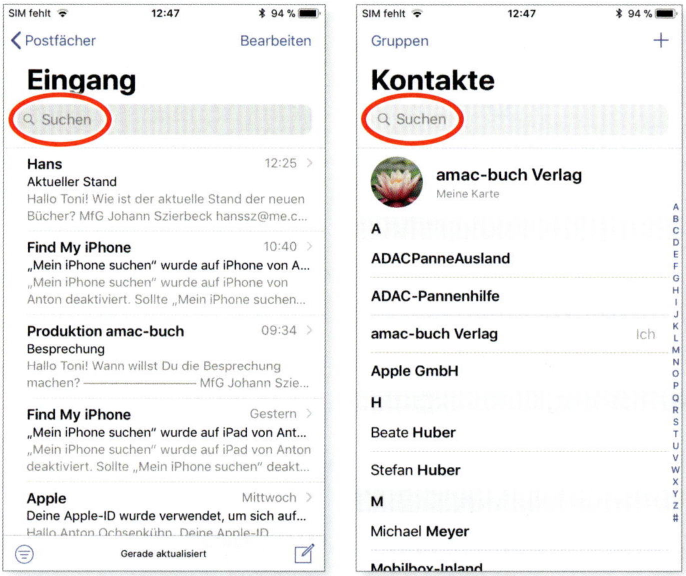

In „Mail" (links) und „Kontakte" (rechts) steht die Suchfunktion am Anfang der Liste.

Andere Apps verwenden für die Suchfunktion das Symbol einer Lupe. Die Apps *Kalender*, *Musik* und *Fotos* haben diese Lupe. Sie müssen das Symbol nur antippen, um die Suche zu aktivieren.

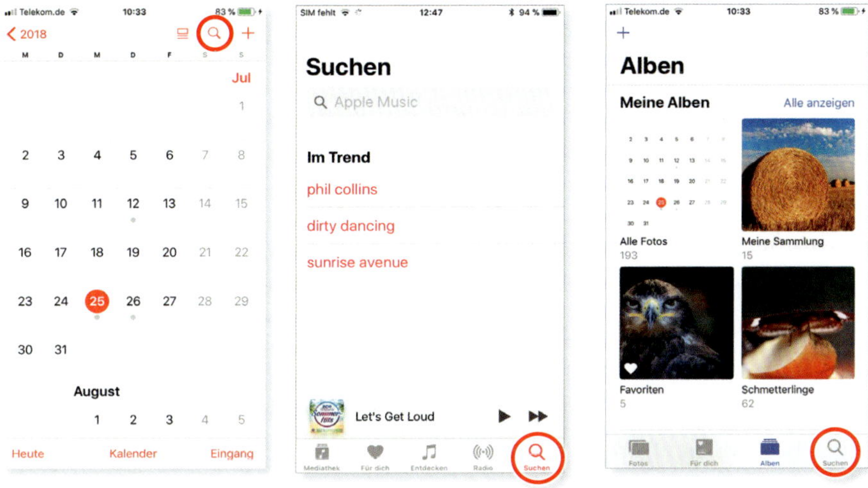

Die Suche in diesen Apps verbirgt sich hinter der Lupe.

Bei Safari ist es anders gestaltet. Wenn Sie eine Websuche durchführen wollen, tippen Sie einfach den Suchbegriff in die Adressleiste. Soll aber eine Textsuche auf der akutellen Internetseite durchgeführt werden, gehen Sie anders vor: Sie tippen zwar den Suchbegriff ebenso in die Adressleiste ein, steuern aber – anstatt mit *Return* die Suche zu bestätigen –im Kontextmenü, das direkt unterhalb des Eingabefelds erscheint, den Punkt *Auf dieser Seite* an. Dort wird Ihnen die Anzahl der Treffer angezeigt. Tippen Sie dort auf den Suchbegriff, und die Suche findet nur auf der aktuellen Seite statt.

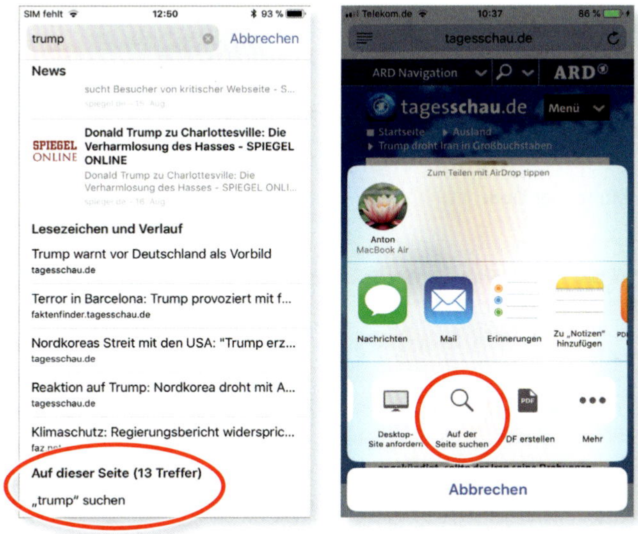

In „Safari" ist die Suche auf der aktuellen Seite etwas versteckt. Ein wenig eleganter ist es, die Suchfunktion über das „Teilen-Menü" aufzurufen (rechts).

Hinweise in Karten

Nicht nur Spotlight kann Ihnen bei der Suche behilflich sein. Speziell wenn es um bestimmte Orte geht, ist die App *Karten* die erste Wahl. In der App werden sofort Vorschläge für Ziele gemacht, sobald die App geöffnet wird. Die Vorschläge basieren auf Ihrem aktuellen Standort und darauf, wie häufig diese Vorschläge von Ihnen und anderen Personen ausgewählt wurden. Sobald Sie auf einen der vorgeschlagenen Orte tippen, wird dieser eingeblendet und Sie können eine Route zu diesem Ziel berechnen lassen.

> **!** Wollen Sie noch mehr Vorschläge sehen, dann schieben Sie die Liste weiter nach oben.

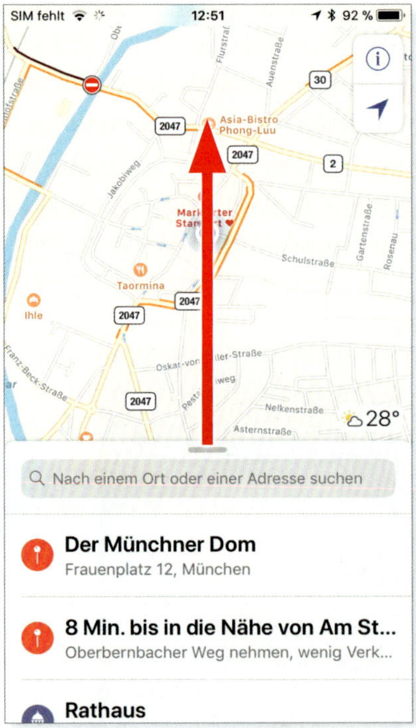

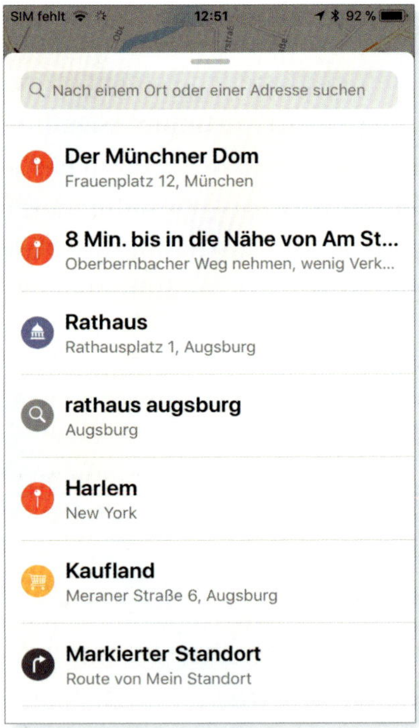

Die App „Karten" macht automatisch Vorschläge für beliebte und häufig genutzte Ziele.

Die App geht aber noch weiter. Sobald Sie den Fokus auf das Eingabefeld legen, indem Sie es antippen, können Sie rund um Ihren aktuellen Standort nach verschiedenen Adressen suchen lassen. Wenn Sie z. B. auf der Suche nach einem Restaurant sind, dann tippen Sie auf *Essen & Trinken* – und schon werden alle Lokale in der unmittelbaren Umgebung aufgelistet. Die Liste kann dann sogar noch verfeinert werden: Bestimmen Sie noch, welche Art von Restaurant Sie suchen. Das Gleiche gilt auch für die Kategorien *Einkaufen*, *Spaß* und *Reisen*. Diese bieten Unterkategorien wie z. B. *Tankstellen* oder *Hotels*. Auf diese Weise lassen sich sehr schnell wichtige Informationen einblenden, ohne eine umständliche Websuche durchführen zu müssen.

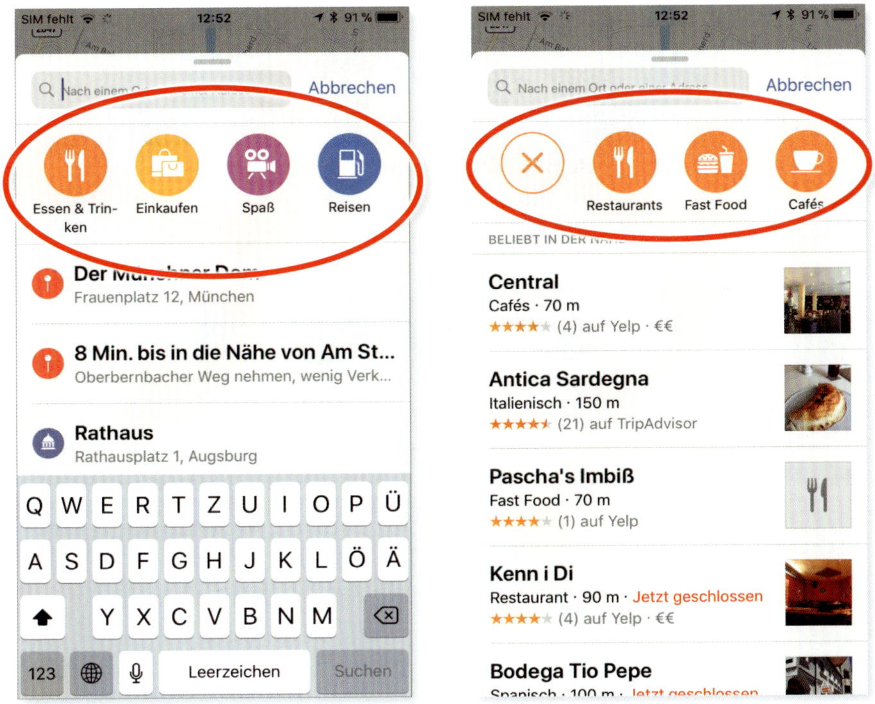

Zum schnellen Auffinden von Orten kann man in der direkten Umgebung nach speziellen Zielen wie z. B. Restaurants suchen lassen.

Die automatischen Vorschläge gehen aber noch ein Stück weiter. Sie sind nämlich auch während einer Routenführung verfügbar, wenn Sie das iPhone bzw. die App *Karten* als Navigationssystem verwenden. Wenn Sie also mit dem Auto unterwegs sind und dringend eine Tankstelle benötigen, müssen Sie nur das Tankstellensymbol antippen, und schon erhalten Sie eine Liste der Tankstellen in der Umgebung. Wenn Sie dann auf eine Tankstelle tippen, wird die Routenführung entsprechend angepasst. Wirklich clever!

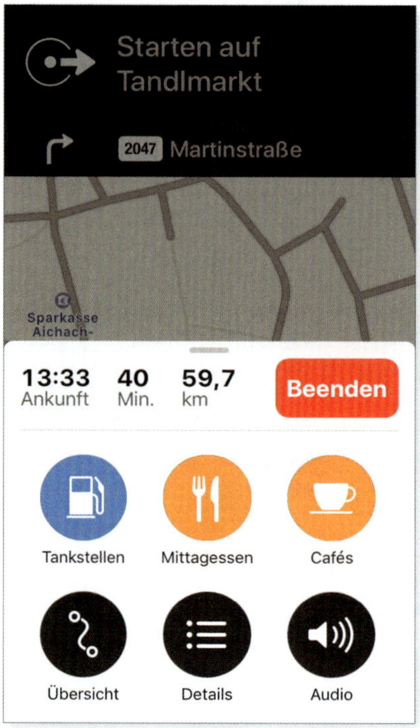

Während der Routenführung haben Sie auch Zugriff auf die Vorschläge.

Kapitel 4 Das Telefon

Ja, mit dem iPhone kann man auch telefonieren. Da die Benutzung der App *Telefon* sehr intuitiv ist und eigentlich nicht erläutert werden muss, wird in diesem Kapitel auf die Funktionen eingegangen, die nicht auf den ersten Blick sichtbar sind. Sie werden erfahren, wie Sie die Mailbox konfigurieren, Favoriten festlegen und die Rufumleitung einstellen.

Voicemail – der Anrufbeantworter

Das iPhone besitzt eigentlich keinen Anrufbeantworter. Der Anrufbeantworter ist vielmehr bei Ihrem Mobilfunk-Anbieter zu finden. Dieser stellt den Service zur Verfügung, und Sie können mit dem iPhone den Anrufbeantworter steuern bzw. abrufen. Auf dem iPhone wird dazu die Funktion *Voicemail* verwendet. Voicemail sollte allerdings von Ihnen konfiguriert werden, damit z. B. nicht die Standardansage auf dem Anrufbeantworter abläuft, sondern eine selbst gesprochene Nachricht. Außerdem sollten Sie noch festlegen, nach wie vielen Sekunden Voicemail den Anruf annimmt.

Visual Voicemail aktivieren

Visual Voicemail ist eine Erweiterung auf dem iPhone, die das Verwalten der Nachrichten erheblich vereinfacht. Dazu werden die Nachrichten von der Mailbox automatisch auf das iPhone heruntergeladen und übersichtlich in einer Liste dargestellt. Beim Eintreffen einer neuen Nachricht erhalten Sie sofort eine Meldung. Sie können dann die Nachrichten ganz bequem abspielen, ohne die Mailbox anrufen und sich mit diversen Zifferncodes durch das Mailbox-Menü bewegen zu müssen. Die Verwaltung übernimmt das iPhone.

Visual Voicemail muss allerdings erst aktiviert werden. Dazu müssen Sie je nach Mobilfunk-Anbieter unterschiedlich vorgehen.

Deutschland:

- *Telekom:* Schicken Sie eine SMS (diese ist kostenlos) an die *Nummer 3011* mit dem Text *VVM*. Dadurch wird Visual Voicemail eingeschaltet.
- *Vodafone:* Rufen Sie die *Nummer 5500* an, und geben Sie anschließend die *Ziffernfolge 245* ein.
- *o2:* Bei diesem Anbieter müssen Sie die *Nummer 333* wählen und danach die *Ziffernfolge 982* eingeben.

Österreich:

- *A1:* Der Service kostet 1,90 Euro im Monat. Schicken Sie dafür eine SMS (diese ist kostenlos) an die *Nummer 66477* mit dem Text *VVM*.
- *Drei:* Einrichtung erfolgt über die 3Box und kostet 1,50 Euro je Monat.
- *T-Mobile Austria:* Bei diesem Anbieter kann Visual Voicemail hinzugebucht werden und kostet 1,50 Euro pro Monat zusätzlich. Visual Voicemail wird automatisch aktiviert.

Schweiz:

- *Swisscom:* Schicken Sie eine SMS (diese ist kostenlos) an die *Nummer 30047* mit dem Text *start vvm*. Visual Voicemail funktioniert nur für Combox-Basic-Nutzer.
- *Sunrise:* Senden Sie eine SMS *vvm on* an die Nummer *935*.
- *Salt:* Hier ist die SMS *start visual* an die Nummer *5155* zu adressieren.

> ! Nicht jeder Anbieter unterstützt Visual Voicemail. Allerdings haben alle Anbieter die normale Voicemail.

Voicemail abfragen

Die Voicemail lässt sich sehr leicht abfragen. Öffnen Sie die App *Telefon*, und tippen Sie in der unteren Symbolleiste auf *Voicemail*. Wenn Sie Visual Voicemail nutzen, sehen Sie nun alle Nachrichten. Die neuen sind mit einem blauen Punkt ❶ gekennzeichnet. Sie müssen die Nachricht nur antippen, um sie abzuspielen. Während des Abspielens können Sie die Nachricht pausieren lassen ❷, über den Lautsprecher ❸ wiedergeben, einen Rückruf starten ❹ oder sie löschen ❺.

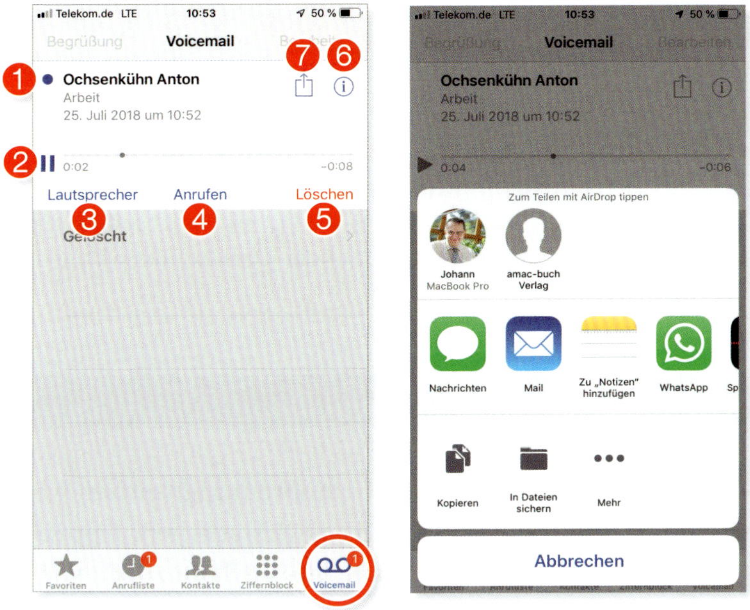

Die Nachrichten können bequem abgehört und sogar weitergeleitet werden.

Durch das Infosymbol ❻ erhalten Sie die Kontaktdaten des Anrufers, aber nur, wenn sie in Ihrem Adressbuch gespeichert sind. Die Nachricht kann sogar weitergeleitet oder gespeichert werden, z. B. per E-Mail. Tippen Sie auf das Symbol ❼, um das Menü mit den Weiterleitungsfunktionen zu öffnen.

Falls Sie Visual Voicemail nicht nutzen oder die Funktion nicht aktiviert ist, können Sie die Mailbox auch auf herkömmliche Weise erreichen. Dazu müssen Sie nur die Nummer Ihrer Mailbox anrufen. Jeder Anbieter hat dafür eine andere Telefonnummer. Hier eine Übersicht über die größten Anbieter:

Deutschland	
Telekom:	3311
Vodafone:	5500
O_2:	333

Österreich	
T-Mobile Austria:	2200
Drei.at:	333
A1:	66477

Schweiz	
Swisscom:	086 gefolgt von Ihrer Telefonnummer
Salt:	086 gefolgt von Ihrer Telefonnummer
Sunrise:	0763333333

! Mit diesen Telefonnummern können Sie die Mailbox auch von jedem anderen Mobiltelefon aus abrufen.

Ansage ändern

Wenn Sie Ihre Voicemail nicht mit der Standardansage nutzen wollen, können Sie diese sehr leicht durch eine eigene Ansage austauschen. Tippen Sie bei *Voicemail* links oben auf *Begrüßung* A. Dort stellen Sie dann zuerst von *Standard* auf *Eigene* B um, tippen danach auf *Aufnehmen* C und sprechen Ihren Text auf das iPhone. Zur Kontrolle können Sie Ihre Ansage danach *Abspielen* D, und wenn alles passt, dann tippen Sie rechts oben auf *Sichern* E. Damit wird dann die Ansage zur Voicemail übertragen und ab sofort verwendet.

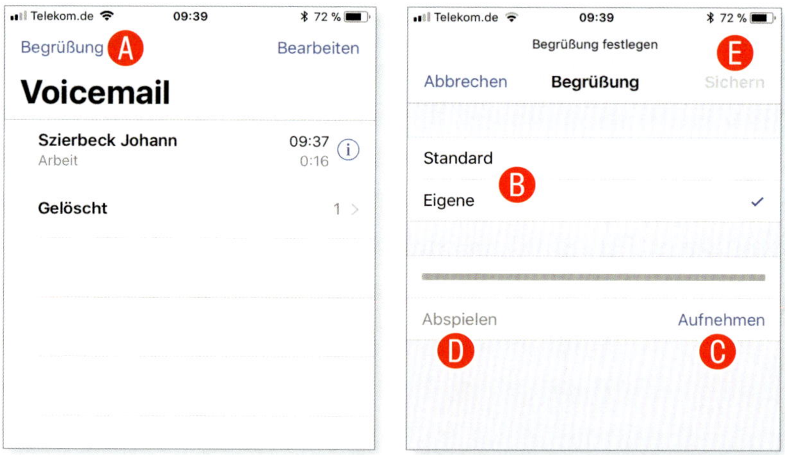

Der Ansagetext für die Voicemail kann direkt auf dem iPhone geändert werden.

Die Zeit bis zur Annahme ändern

Bei einem Anrufbeantworter ist nicht nur der Ansagetext wichtig, sondern auch die Zeit, bis wann der Anrufbeantworter den Anruf annimmt. Diese Einstellung erfordert einen speziellen Code, den Sie über den *Ziffernblock* der Telefon-App eingeben müssen. Dabei hat jeder Mobilfunk-Anbieter eine andere Ziffernfolge:

Telekom: **61*3311*11**Zeitangabe*#
Vodafone: **61*5500*11**Zeitangabe*#
O_2: **61*333**Zeitangabe*#

Als *Zeitangabe* können Sie zwischen 5, 10, 15, 25 und 30 Sekunden wählen. Tippen Sie die gewünschte Zeit einfach ein. Wenn Sie den Zifferncode eingetippt haben, müssen Sie zum Abschluss noch auf die grüne Telefontaste drücken. Der Code wird damit zum Anbieter übermittelt und die Mailbox entsprechend umgestellt.

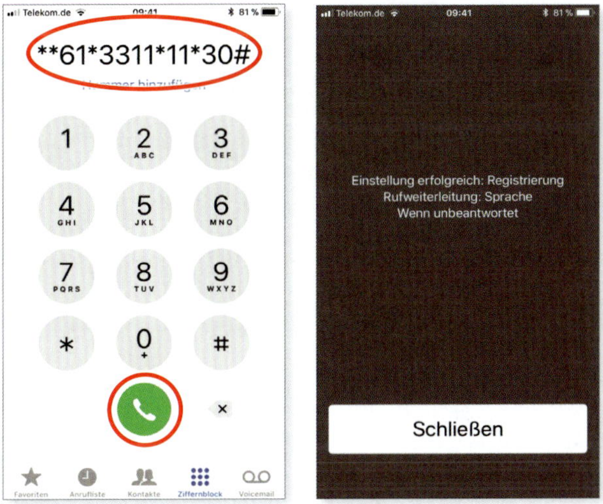

In diesem Beispiel wurde die Dauer, bis die Mailbox den Anruf annimmt, auf 30 Sekunden umgestellt.

Für die Provider in Österreich und der Schweiz gelten folgende Codes:

Österreich	
A1:	**61*Rufnummer**ZEIT#
T-Mobile Austria:	**61*Rufnummer**ZEIT# (†)
Schweiz	
Swisscom:	**61*Rufnummer*11*ZEIT#
Sunrise:	**61*Rufnummer**ZEIT#

! Wenn Sie einen Anruf erhalten und nicht annehmen möchten und zudem nicht warten wollen, bis die Voicemail rangeht, dann können Sie Folgendes tun: a) Drücken Sie die Seitentaste einmalig, um das Klingeln stumm zu schalten – oder b) Wenn Sie die Seitentaste zweimal drücken, wird der Anrufer sofort an die Voicemail weitergereicht.

Anrufe annehmen – mal anders

Sobald also nun ein Anruf ankommt, sehen Sie diesen Screen:

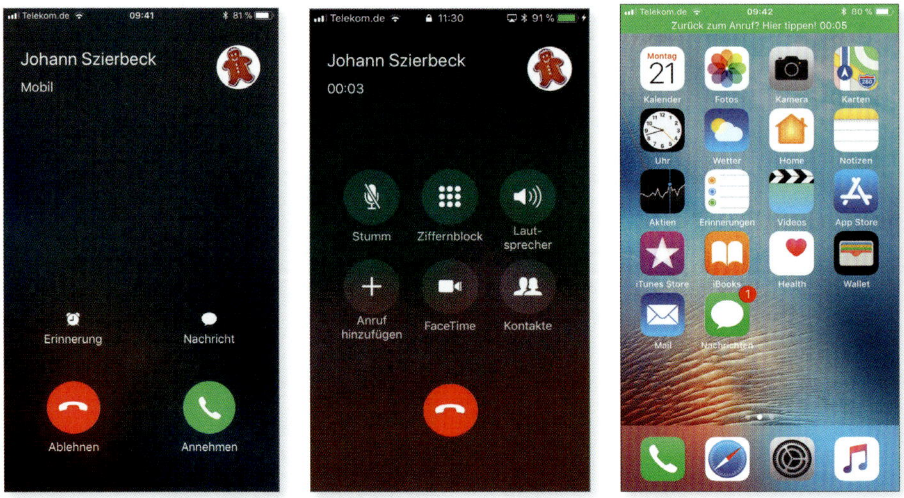

Ein Anrufer meldet sich bei Ihnen (links), und so sieht Ihr Bildschirm (mittig) während eines Telefonats aus. Und natürlich können Sie über die Home-Taste die App „Telefon" verlassen und eine andere App starten. Über den grünen Balken kehren Sie zum Telefon zurück.

Falls dieser Anrufer in Ihrem Kontakteverzeichnis existiert, wird automatisch sein Name und sein Foto eingeblendet. Das iPhone kann übrigens aus Ihrem E-Mail-Verkehr heraus Telefonnummern den Personen zuordnen und diese Information oben anzeigen.

Clever: Die Telefon-App hat aus der Mail-App die Kontaktinformation ausgelesen.

Sie können nun den Anruf entgegennehmen oder auch ablehnen. Mit der Funktion *Erinnerung* können Sie sich nach einem Zeitintervall an diesen Anruf erinnern lassen, um zurückzurufen.

Interessant ist die Eigenschaft *Nachricht*: Hier können Sie aus vorgefertigten Antworten auswählen und diese Ihrem Gegenüber zusenden.

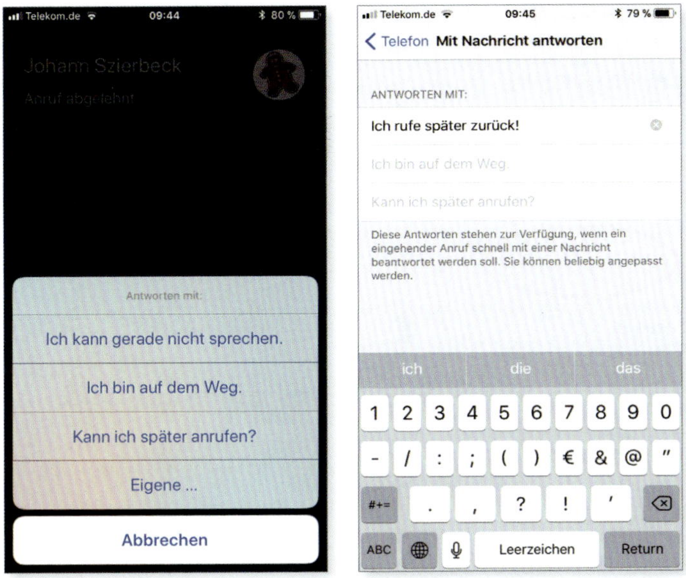

Über „Einstellungen –> Telefon –> Mit Nachricht antworten“ können Sie Standardantworten erzeugen und dann darauf zugreifen.

Haben Sie in den Telefon-Einstellungen **Anrufe blockieren u. identifizieren** schon entdeckt? Und auch die **Wählhilfe** ist für Leute, die viel im Ausland unterwegs sind, eine praktische Sache. Auch **Anrufe ankündigen** ist eine nützliche Funktion von iOS: Endlich werden Sie darüber informiert, wer Sie als nächstes anrufen wird :-) Nun im Ernst: Sobald Sie diese Funktion einschalten (**Immer** oder **Kopfhörer und Auto** bzw. **Nur Kopfhörer**) wird die Siri-Stimme Sie nach dem ersten Klingeln über den Namen des Anrufers bzw. dessen Nummer informieren. Die Funktion ist besonders im Auto oder beim Verwenden von Kopfhörern eine sehr nützliche Zusatzoption.

Das Voicemail-Passwort ändern

Wenn Sie die Voicemail-Einstellungen mit einem anderen Telefon ändern wollen oder wenn Sie die Mailbox direkt anrufen und sich durch die Menüs quälen, dann kann es passieren, dass Sie nach dem Passwort der Mailbox gefragt werden. Einige Einstellungen der Mailbox können nur geändert werden, wenn Sie das Passwort haben. Damit soll verhindert werden, dass fremde Personen in Ihre Mailbox eindringen.

Das Passwort für die Mailbox bzw. Voicemail kann direkt auf dem iPhone eingestellt werden. Dazu öffnen Sie *Einstellungen –> Telefon* und tippen dort auf *Voicemail-Passwort ändern*. Anschließend geben Sie das neue Passwort ein. Das war's! Das neue Passwort wird nun zur Ihrer Voicemail übertragen und aktiviert.

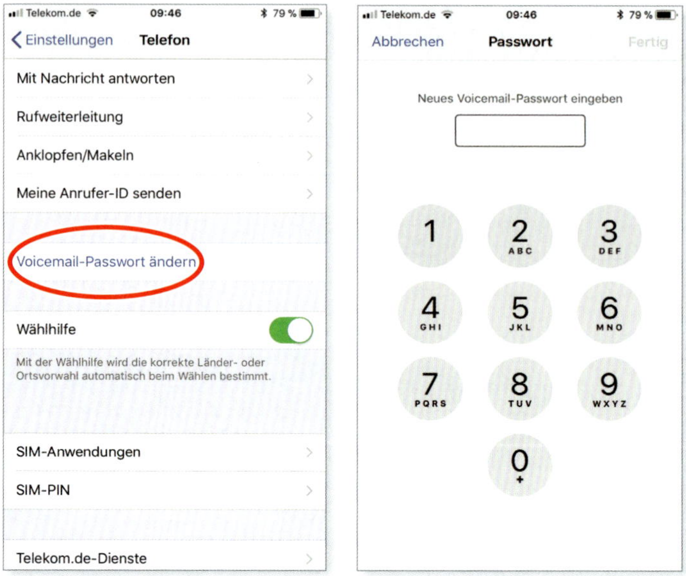

Das Passwort für Voicemail kann direkt auf dem iPhone geändert werden.

Favoriten festlegen

In der App *Telefon* gibt es natürlich auch ein Telefonbuch mit der Bezeichnung *Favoriten*, in dem Sie die wichtigsten Nummern ablegen können. Die Favoriten finden Sie in der Symbolleiste beim Telefon. Tippen Sie dort links oben auf das Plussymbol, um einen Kontakt als Favorit hinzuzufügen.

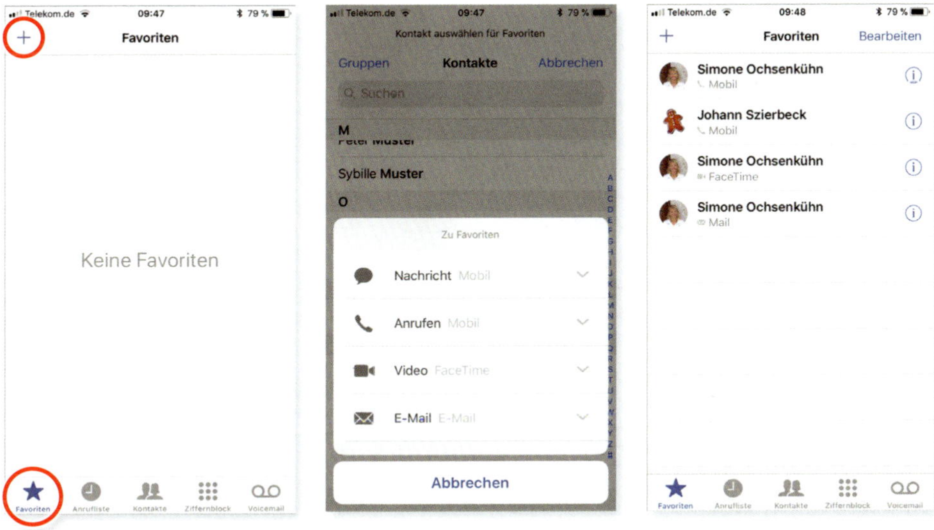

Die verschiedenen Kommunikationswege eines Kontakts werden zu den Favoriten hinzugefügt.

Sie erhalten nun die Liste mit allen gespeicherten Kontakten. Dort suchen Sie die gewünschte Person aus und wählen anschließend, welche Kommunikationsart hinzugefügt werden soll. Wenn Sie z. B. nur die Telefonnummer wollen, dann tippen Sie auf *Anrufen* und wählen eine der Nummern aus. Die Favoriten können aber nicht nur Telefonnummern aufnehmen, sondern auch andere Arten der Kommunikation, z. B. E-Mail oder eine Nachricht. Wenn Sie eine E-Mail-Adresse zu den Favoriten hinzufügen, wird jedes Mal automatisch eine neue E-Mail angelegt, wenn Sie den Favoriten antippen. Auf diese Weise müssen Sie beim Schreiben einer neuen E-Mail nicht lange in den Kontakten nach der Adresse suchen. Das Gleiche gilt auch für Nachrichten und Videochats.

> **!** Sie können übrigens jederzeit auch in der App **Kontakte** eine Person als Favorit definieren. Dazu müssen Sie den Kontakt öffnen und ganz nach unten scrollen. Dort finden Sie dann die Funktion **Zu Favoriten**.

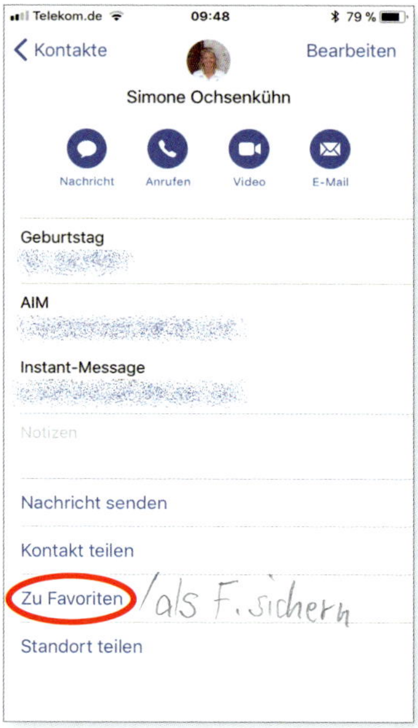

Favoriten können direkt in den „Kontakten“ erstellt werden.

Das Entfernen eines Favoriten ist genauso einfach wie das Hinzufügen. Am schnellsten geht es, wenn Sie den Favoriten mit dem Finger nach links verschieben. Dadurch wird die Schaltfläche *Löschen* eingeblendet. Alternativ dazu können Sie rechts oben auch auf *Bearbeiten* tippen und anschließend die Favoriten auswählen, die entfernt werden sollen.

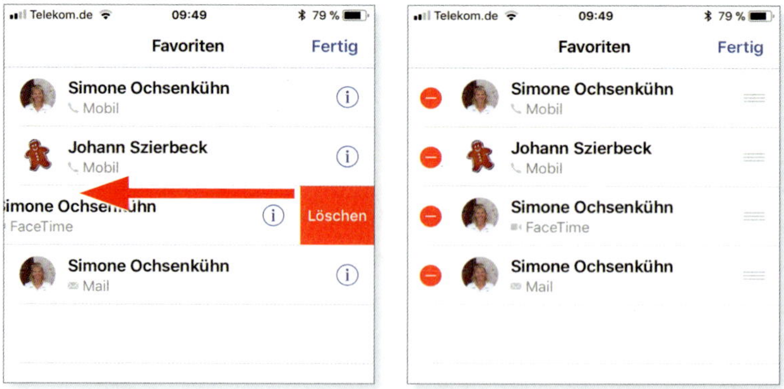

Favoriten können jederzeit wieder entfernt werden.

Anrufliste

Dass die Anrufliste protokolliert, wer angerufen hat und wen Sie kontaktiert haben, das liegt ja auf der Hand. Zudem kann via *Bearbeiten* diese Liste komplett oder auch nur partiell bereinigt werden.

Interessant hingegen ist das Tippen auf das i-Symbol. Dort bekommen Sie viele weitere nützliche Informationen zum Gesprächspartner, zur Länge des Telefonats etc.

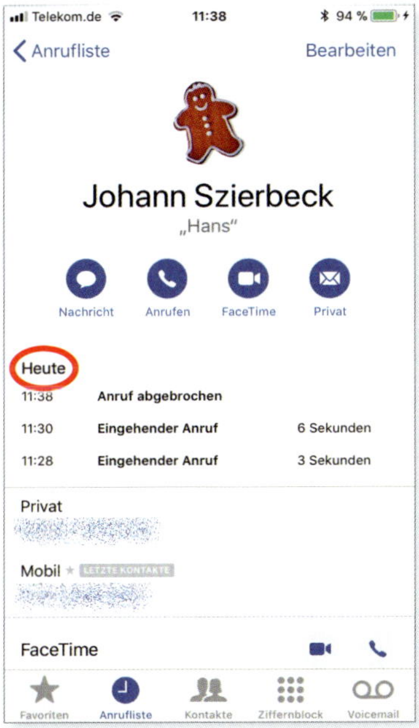

Details zu den einzelnen Telefonaten können bequem aufgerufen werden und geben jede Menge Details preis.

! Auch FaceTime-Anrufe per Video oder Audio landen in der Anrufliste der Telefon-App. Deshalb können Sie auch FaceTime-Kontakte in die Favoritenliste mit aufnehmen.

„Ruf meinen Partner an“

Die Favoriten sind nicht die einzige Möglichkeit, um sehr schnell auf bestimmte Kontakte zuzugreifen und anzurufen. Sie können auch Siri, den Sprachassistenten des iPhone, nutzen. Es wäre doch toll, wenn Sie „Rufe meinen Partner an“ in das iPhone sprechen und das Gerät automatisch die Telefonnummer Ihres Partners anwählt. Ja, genau das kann das iPhone bzw. Siri.

Woher kennt Siri die Telefonnummer Ihres Partners? Ganz einfach: aus den Kontakten! In den *Kontakten* werden normalerweise der Name, die Telefonnummern und die E-Mail-Adressen hinterlegt. Nun gibt es aber einen zusätzlichen Eintrag, der für die Beziehung zu einer Person steht. So können Sie z. B. bei den Kontaktdaten Ihres Partners dem iPhone mitteilen, dass diese Daten zu Ihrem Partner gehören. Das kann auf zwei verschiedene Arten geschehen:

1. Sie überlassen Siri die Arbeit. So habe ich bei Siri einfach folgenden Satz angegeben: „Simone Ochsenkühn ist meine Frau“. Das reicht, damit Siri automatisch in den Kontaktdaten die Beziehung zu mir herstellt. Auf die gleiche Weise können Sie Beziehungen zu allen anderen Kontakten herstellen: „Darth Vader ist mein Vater“ oder „Beate ist meine Schwester“.

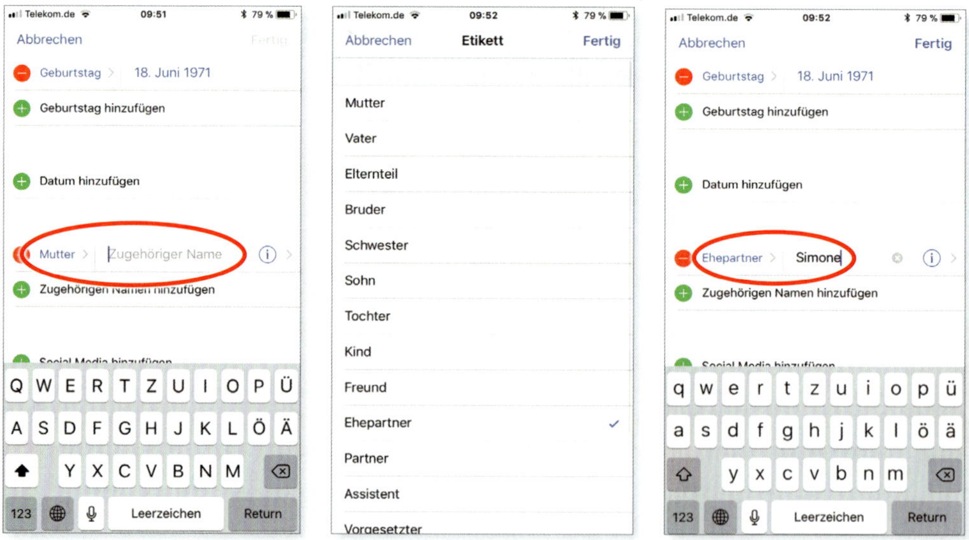

Eine Beziehung kann auch manuell in den „Kontakten“ hergestellt werden.

2. Der andere Weg ist etwas umständlicher. Öffnen Sie die *Kontakte*, und wählen Sie Ihren Kontakt aus. Tippen Sie rechts oben auf *Bearbeiten*, und scrol-

len Sie dann weiter nach unten bis zu dem Punkt *Zugehörigen Namen hinzufügen*. Tippen Sie auf diesen Eintrag, geben Sie anschließend die Beziehung (Vater, Mutter, Ehepartner etc.) an und danach den Kontakt, der zu dieser Person gehört. Für weitere Personen wiederholen Sie den Vorgang. Tippen Sie rechts oben auf *Fertig*, wenn Sie die Eingabe beenden wollen.

Von nun an können Sie mithilfe von Siri sehr einfach bei Ihren Lieben anrufen, ohne lange in der Kontaktliste oder in den Favoriten suchen zu müssen.

Rufumleitung

Die Rufumleitung ist eine wichtige Funktion des Telefons. Immer wenn Sie nicht erreichbar sind oder nicht erreichbar sein wollen, kann der Anruf auf die Mailbox oder eine beliebig andere Nummer umgeleitet werden. Denken Sie z. B. an die Roaming-Gebühren, wenn Sie im Ausland sind. Da wäre eine sofortige Rufumleitung auf die Mailbox doch sehr vernünftig. Die Rufumleitung kann auf zwei verschiedene Arten eingestellt werden.

Rufweiterleitung

Die *Rufweiterleitung* finden Sie in den *Einstellungen* bei *Telefon*. Dort können Sie sie aktivieren und anschließend eine Telefonnummer eingeben, an die alle Anrufe weitergeleitet werden sollen. Durch diese Funktion wir die eigene Mailbox umgangen.

> **!** Die Rufweiterleitung greift sich sofort alle Anrufe und leitet sie automatisch weiter. Auf dem iPhone gibt es auch keinerlei Hinweis auf einen Anruf, der umgeleitet wurde. Eine aktive Rufweiterleitung wird durch ein kleines Icon in der Symbolleiste des iPhone angezeigt.

An diesem Symbol erkennen Sie die aktive Rufweiterleitung.

Rufumleitung zur Mailbox

Die zweite Art der Rufumleitung funktioniert im Zusammenhang mit Ihrer Mailbox bei Ihrem Mobilfunk-Anbieter. Weiter vorn in diesem Kapitel wurde ja beschrieben, wie Sie die Mailbox einrichten bzw. einstellen. Damit nun alle Anrufe sofort auf die Mailbox weitergeleitet werden, müssen Sie noch weitere Einstellungen vornehmen. Diese können Sie aber nicht direkt auf dem iPhone machen, sondern via GMS-Code, den Sie auf dem Ziffernblock der Telefon-App eingeben.

> **!** Vergessen Sie nach der Eingabe nicht, die weiß-grüne Telefontaste zur Übermittlung des Codes anzutippen.

Da die einzelnen Anbieter unterschiedliche Zifferncodes verwenden, folgt hier eine Übersicht über die drei wichtigsten Anbieter in Deutschland:

	Telekom	**Vodafone**	**o2**
Alle Anrufe sofort auf die Mailbox umleiten	**21*Eigene Rufnummer	**004*Eigene Rufnummer	**21*333#
Mailbox ausschalten	#004#	##002#Eigene Rufnummer	##002#
Alle Anrufe auf die Mailbox, wenn man nicht erreichbar ist (z. B. kein Netz oder iPhone ausgeschaltet), wenn besetzt ist oder der Anruf abgelehnt wird	**004*Eigene Rufnummer	**21*Eigene Rufnummer	**62*333#

Hier sind die GSM-Codes für die österreichischen Anbieter:

	A1	**T-Mobile Austria**	**Drei**
Alle Anrufe sofort auf die Mailbox umleiten	**21*Eigene Rufnummer	**21*Eigene Rufnummer	Über die Kundenzone im Internet bei drei.at einrichten
Mailbox ausschalten	##002#	##21#	

Zum Schluss die Schweizer Mobilfunk-Anbieter:

	Swisscom	Sunrise	Salt
Alle Anrufe sofort auf die Mailbox umleiten	**21*Eigene Rufnummer	*21*Zielnummer #	**21*Eigene Rufnummer
Mailbox ausschalten	*21*Zielnummer# Anruftaste	#145#	##004#

Wahlwiederholung

Vielleicht vermissen Sie auf der Telefontastatur die Taste für die Wahlwiederholung. In der Tat – diese Taste gibt es nicht. Aber eine Wahlwiederholung gibt es dennoch. Tippen Sie einfach erneut auf den grünen Hörer im Ziffernblock. Sogleich wird die zuletzt gewählte Telefonnummer erneut angerufen.

Via iPhone am Mac oder iPad telefonieren

Ein besonderes Feature, das auf dem iPhone angeboten wird, ist die Möglichkeit, das iPhone als Telefon für den Mac oder für ein iPad zu verwenden. Dadurch können Sie am Mac bzw. iPad nicht nur Anrufe annehmen und Telefonate führen, sondern auch Anrufe tätigen.

Damit dies funktioniert, müssen Sie auf dem iPhone und dem Mac bzw. iPad ein paar Einstellungen vornehmen und die Geräte müssen sich im gleichen WLAN befinden. Auf dem iPhone öffnen Sie in den *Einstellungen* bei *Telefon* die Option *Auf anderen Geräten*. Dort aktivieren Sie dann die Funktion *Anrufe auf anderen Geräten*. Im unteren Bereich sind alle Geräte aufgelistet, die unter Ihrer Apple-ID registriert sind. Sie können Sie Anrufe auch auf bestimmte Geräte beschränken, z. B. auf ein iPad.

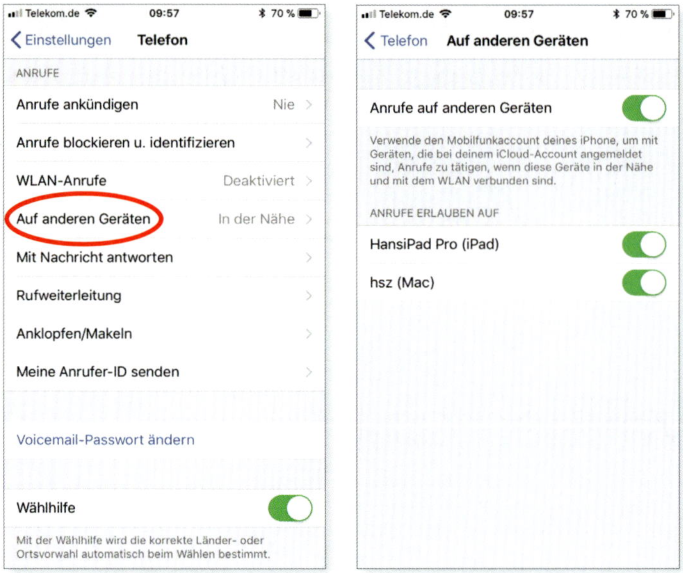

Die Anrufe vom iPhone können auf andere Geräte umgeleitet werden.

Um die Anrufe auf dem iPad anzunehmen bzw. zu tätigen, müssen Sie dort in den *Einstellungen* bei *FaceTime* die Option *Anrufe vom iPhone* einschalten. Auf dem Mac müssen Sie ebenfalls die *Einstellungen* des Programms *FaceTime* öffnen (*cmd + Komma*). Dort muss genauso die Option *Anrufe vom iPhone* eingeschaltet werden.

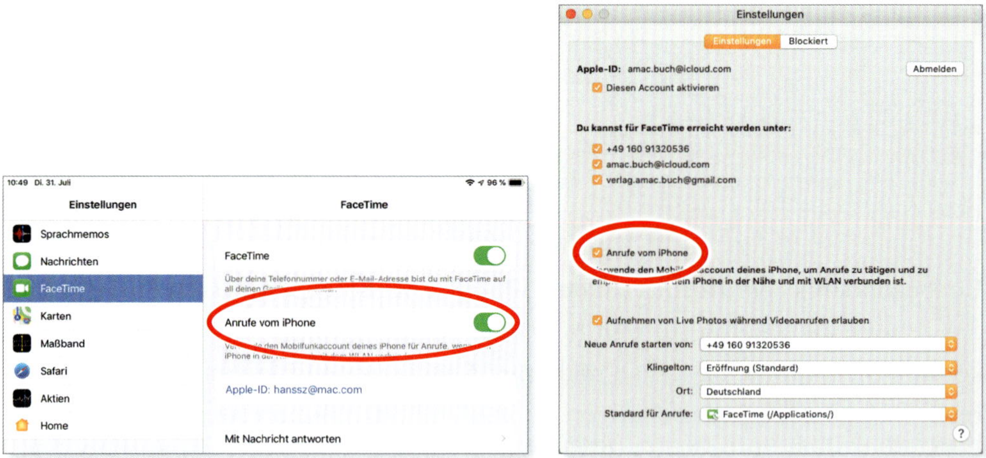

Mit dieser Funktion können in Zukunft alle Anrufe auch mit dem iPad (links) oder Mac (rechts) durchgeführt werden.

Haben Sie das erledigt, können Sie ab sofort alle Anrufe sowohl auf dem iPhone als auch auf dem Mac bzw. iPad annehmen bzw. tätigen. Wenn jemand auf Ihrem iPhone anruft, werden Sie auf dem Mac darüber informiert und können direkt am Rechner das Gespräch annehmen. Außerdem können Sie direkt eine Telefonnummer wählen, wenn Sie z. B. in Safari auf einer Internetseite eine Telefonnummer markiert und das Kontextmenü geöffnet haben.

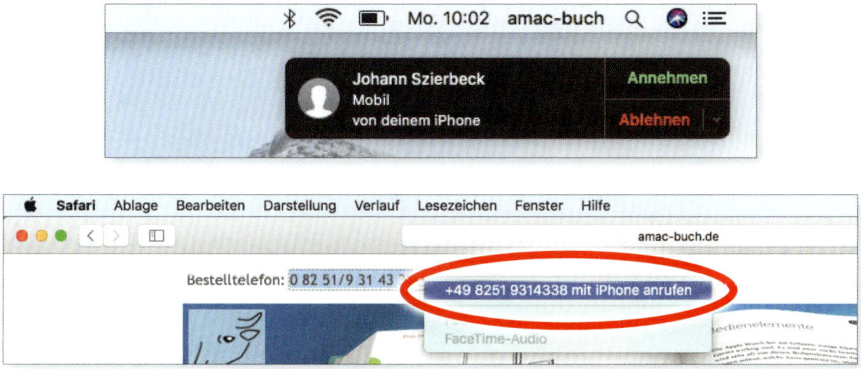

Auf dem Mac können Telefonate angenommen (oben) und gestartet (unten) werden.

Und auch das ist möglich: Sofern Ihr Provider die Funktionalität zur Verfügung stellt, können Sie bei schwachem Telefonsignal auf WLAN ausweichen. Sie finden diese Funktion unter *Einstellungen –> Telefon –> WLAN-Anrufe* aktivieren.

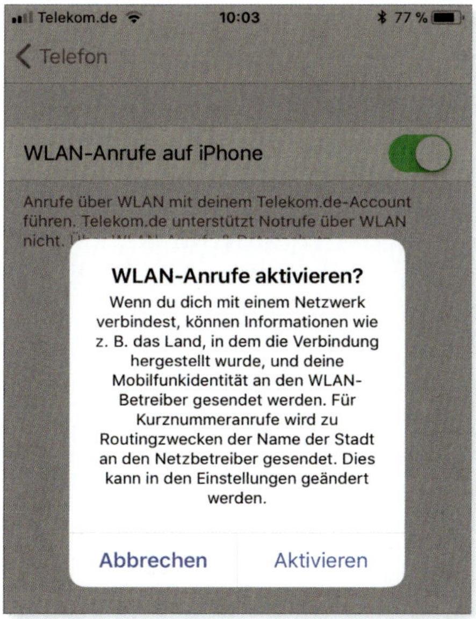

Nun kann das iPhone über WLAN telefonieren. Das klappt dann auch über andere Geräte wie Ihren Mac, dem iPad und der Apple Watch. Sollten Sie die Funktion im Ausland nutzen, können unter Umständen Zusatzkosten auf Sie zukommen. Informieren Sie sich bei Ihrem Provider oder deaktivieren Sie die Funktion sicherheitshalber.

Kapitel 5 Kommunikation

Mit einem Smartphone wie dem iPhone kann man über verschiedene Wege kommunizieren. Der offensichtlichste Weg ist natürlich das Telefon. Es gibt aber noch andere Arten der Kommunikation, die eine Internetverbindung nutzen. Diese Kommunikation erfolgt über iMessage, WhatsApp und E-Mail. Der Vorteil dieser Kommunikationswege ist, dass man nicht nur Textnachrichten, sondern auch Bilder und Videos versenden kann. In diesem Kapitel erfahren Sie, wie Sie die Apps *Nachrichten*, *WhatsApp* und *Mail* nutzen können, um mit anderen Personen über Ihr iPhone zu kommunizieren.

Nachrichten

Die App *Nachrichten* ist auf dem iPhone vorinstalliert und kann zum Versenden von Textnachrichten, SMS, Sprachnachrichten, Bildern und Videos genutzt werden. Je nach Adresse des Empfängers verschickt die App eine Nachricht entweder per SMS oder iMessage. SMS steht für „Short Message Service“ und ist eigentlich nur dazu gedacht, kurze Textnachrichten zu versenden. Eine SMS wird Ihnen im Regelfall auch vom Mobilfunk-Anbieter in Rechnung gestellt, da das Mobilfunknetz für den Versand verwendet wird. Eine iMessage hingegen – ein Service von Apple – wird über das mobile Datennetz, also das Internet, verschickt und verursacht deswegen keinerlei Zusatzkosten. Aus diesem Grund ist der Einsatz von iMessage zu bevorzugen.

> ! iMessage hat aber auch einen Nachteil: iMessage-Nachrichten können nur zwischen Apple-Geräten (iPhone, iPad oder Mac) verschickt werden und der Empfänger muss eine Apple-ID besitzen.

iMessage aktivieren

Damit Sie mit der App *Nachrichten* auch eine iMessage versenden und empfangen können, müssen Sie diesen speziellen Service von Apple zuerst einmal aktivieren. Voraussetzung für iMessages ist der Besitz einer Apple-ID. Die Apple-ID benötigen Sie z. B. auch, um in den diversen Online-Stores von Apple etwas einzukaufen, z. B. eine App oder einen Film. Außerdem wird die Apple-ID auch für iCloud benötigt. Wenn Sie noch keine kostenlose Apple-ID besitzen, dann können Sie sich eine direkt mit Ihrem iPhone besorgen. Unter *Einstellungen –> Beim iPhone anmelden* finden Sie die Funktion *Noch keine Apple-ID*. Sie können aber auch die Seite *appleid.apple.com/de/* in *Safari* aufrufen und dort eine neue Apple-ID erstellen.

Wenn Sie also eine Apple-ID besitzen, öffnen Sie *Einstellungen –> Nachrichten*. Dort finden Sie gleich zu Beginn den Schalter, um *iMessage* zu aktivieren. Dadurch werden auch weitere Optionen sichtbar, die für den Service wichtig sind.

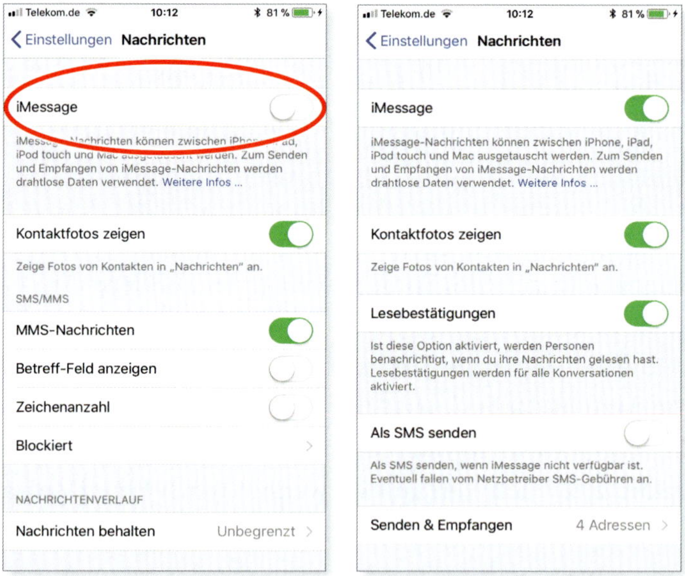

Sobald „iMessage“ eingeschaltet ist, erhalten Sie zusätzliche Optionen (rechts).

Nach der Aktivierung sind Sie automatisch per iMessage unter Ihrer Telefonnummer und der Apple-ID erreichbar. Wenn Ihnen jemand also eine iMessage schicken will, muss diese Person nur Ihre Telefonnummer oder Ihre Apple-ID als Empfänger angeben. Man kann in der App *Nachrichten* sofort erkennen, ob der Empfänger eine iMessage oder eine normale SMS erhält. Die Farbe ist der Schlüssel: iMessages werden blau dargestellt und SMS immer grün.

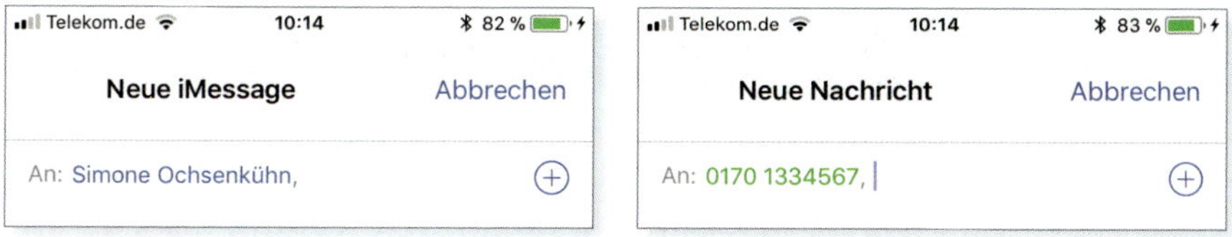

Der linke Empfänger besitzt auch iMessage und deswegen erhält er auch eine Nachricht via iMessage (blau). Der rechte Empfänger erhält die Nachricht per SMS (grün), da er keinen iMessage-Service nutzt.

Neben der Apple-ID können Sie noch weitere E-Mail-Adressen nutzen, um per iMessage erreichbar zu sein. Das ist hilfreich, wenn Sie nicht jeder Person Ihre Apple-ID oder Telefonnummer weitergeben wollen, besonders wenn es sich um geschäftliche Kontakte handelt. In den *Einstellungen* ganz oben bei *Apple-ID* bzw. *Ihr Name* finden Sie den Punkt *Name, Telefonnummern, E-Mail*. Dort sind bei *Erreichbar unter* alle Adressen aufgelistet, mit denen Sie per iMessage erreichbar sind. Wenn Sie dort auf *Bearbeiten* und anschließend auf *E-Mail oder Telefon hinzufügen* tippen, können Sie noch zusätzliche Adressen für den iMessage-Empfang angeben. Wenn Sie eine E-Mail-Adresse wieder entfernen wollen, dann tippen Sie auf das rote Minus-Symbol links neben der Adresse.

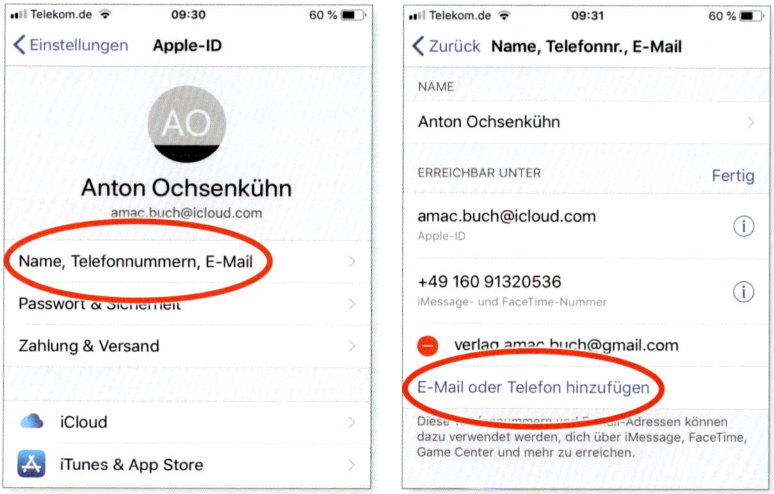

Sie können auch eine andere E-Mail-Adresse für den Empfang von iMessages nutzen.

! Nach der Eingabe einer anderen E-Mail-Adresse erhalten Sie eine gesonderte E-Mail an diese Adresse. In dieser E-Mail müssen Sie die Nutzung der Adresse noch bestätigen. Erst dann ist sie für iMessage nutzbar. Das ist eine Sicherheitsfunktion, die verhindern soll, dass fremde Personen Ihre E-Mail-Adressen für iMessage verwenden.

Nachrichten versenden und empfangen

Das Versenden und Empfangen von Nachrichten ist sehr einfach. Öffnen Sie die App *Nachrichten*, und tippen Sie rechts oben auf das Symbol *Neu* ❶, um eine Nachricht zu erstellen. Anschließend tippen Sie den Empfänger in das Feld *An* ❷ ein. Jetzt brauchen Sie nur noch den Nachrichtentext eintippen ❸ und auf den *Senden*-Knopf ❹ drücken. Das war's!

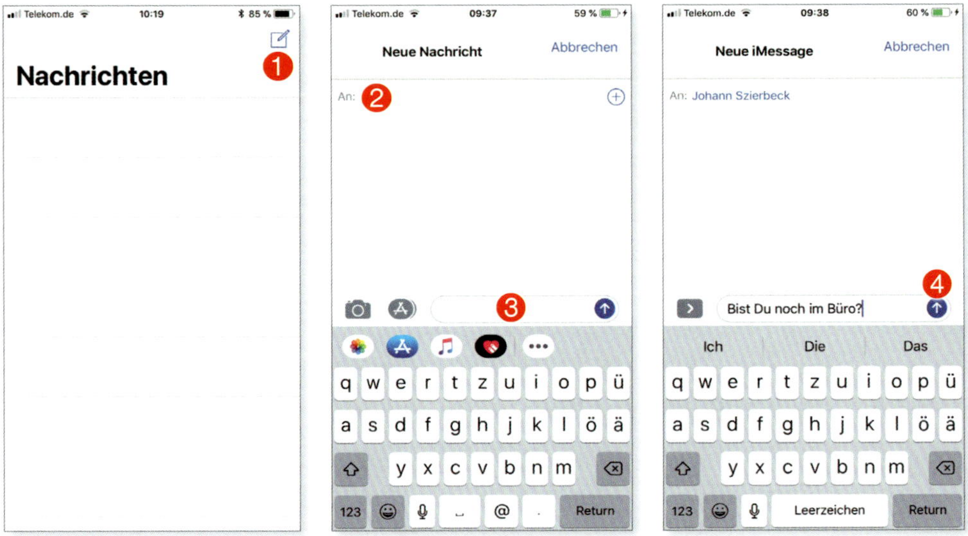

Eine neue Nachricht ist sehr schnell erstellt.

Wenn Sie eine Nachricht verschickt haben, wird diese auf der rechten Seite des Displays angezeigt. Die Antwort darauf wird am linken Rand dargestellt. Somit können Sie zu jedem Zeitpunkt die Konversation nachverfolgen. Eine Liste mit allen Konversationen erhalten Sie, wenn Sie links oben auf den blauen Pfeil tippen und damit zurück zur Übersicht springen. Dort können Sie dann eine Konversation antippen, um deren genauen Verlauf abzulesen.

Die Konversation mit Personen kann ganz genau nachverfolgt werden.

Für den Empfang von Nachrichten gibt es noch ein paar Dinge zu wissen. Vielleicht ist Ihnen schon aufgefallen, dass unterhalb einer Nachricht der Begriff *Zugestellt* auftaucht. Das ist ein Hinweis darauf, dass die Nachricht den Empfänger erreicht hat, aber kein Hinweis, dass die Nachricht auch gelesen wurde. Dafür gibt es eine eigene Funktion, die wir uns gleich ansehen. Der Hinweis *Zugestellt* ist also ein Zeichen dafür, dass die Nachricht empfangen wurde und nicht irgendwo verloren gegangen ist, weil Sie vielleicht gerade keinen guten Empfang haben.

Um nun zu erfahren, ob die Nachricht auch gelesen wurde, müsste der Empfänger eine automatische Lesebestätigung senden. Dazu muss die Option *Lesebestätigungen* eingeschaltet sein. Diese findet sich in den *Einstellungen* bei *Nachrichten*. Wenn diese Option aktiviert ist, dann wird immer beim Lesen einer empfangenen Nachricht automatisch eine Bestätigung an den Absender geschickt. Dieser kann dann sehen, ob und wann Sie die Nachricht gelesen haben.

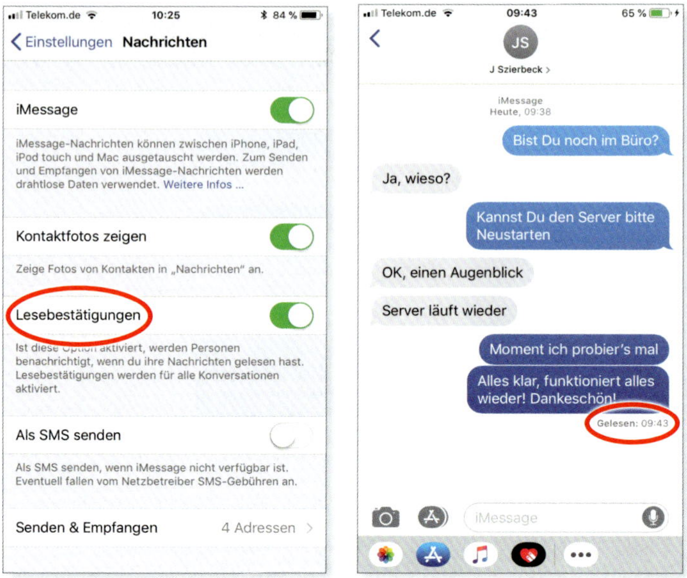

Wenn Sie und der Empfänger der Nachricht die „Lesebestätigungen" aktiviert haben, können Sie erkennen, ob und wann die Nachricht gelesen wurde.

Die Lesebestätigung wird normalerweise für alle Personen aktiviert, denen Sie Nachrichten schicken. Sie können aber auch die Lesebestätigung nur für ganz bestimmte Personen ein- und ausschalten. Dazu müssen Sie in einer Konversation zuerst auf den Namen und danach auf das Infosymbol tippen, um die Details zu öffnen. Dort gibt es auch eine *Lesebestätigung*, die nur für die jeweilige Person gültig ist.

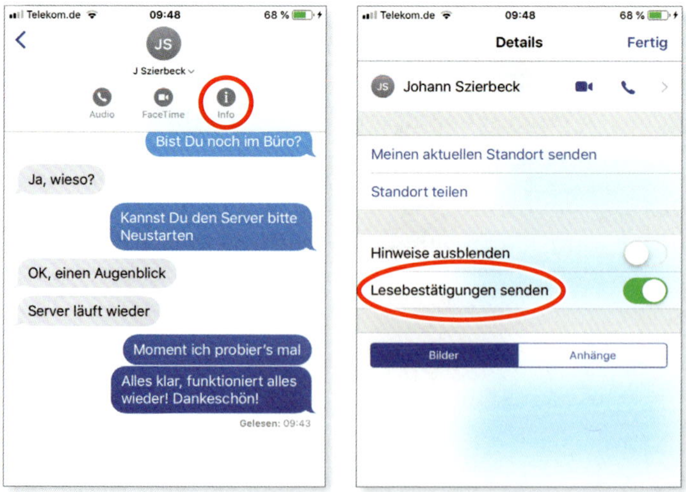

Die „Lesebestätigung" kann auch individuell für jede Person aktiviert werden.

SMS-Weiterleitung

Neben dem persönlichen Hotspot (siehe Kapitel 2 ab Seite 59) können Sie noch zusätzlich den Empfang bzw. das Versenden von SMS-Nachrichten mit anderen Geräten erlauben. Nicht jede Person nutzt iMessage bzw. besitzt ein Apple-Gerät. Aus diesem Grund müssen einige Nachrichten eben per SMS verschickt werden. Das können Sie auch vom iPad oder Mac aus tun. Dazu muss das iPhone aber entsprechend eingerichtet sein.

Unter *Einstellungen –> Nachrichten* finden Sie den Punkt *SMS-Weiterleitung*. Wenn Sie diesen antippen, erhalten Sie eine Liste mit allen Geräten, die unter Ihrer Apple-ID registriert sind. Die Registrierung unter Ihrer Apple-ID erfolgt an den Apple-Geräten, wenn Sie sich zum ersten Mal bei iMessage, Facetime, iCloud oder in den diversen Stores anmelden. Aktivieren Sie die gewünschten Geräte, und ab sofort können Sie SMS-Nachrichten von ihnen aus empfangen und versenden.

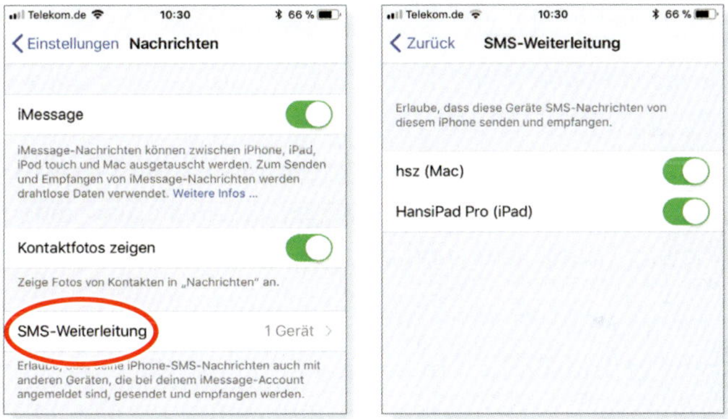

Für die SMS-Weiterleitung muss das gewünschte Gerät aktiviert werden.

Fotos, Audio- und Videodaten sowie Standort versenden

Außer einfachen Texten können Sie mit der App noch andere Dinge verschicken. Sie können Fotos, Audionachrichten, Videos und sogar den aktuellen Standort mit einer Nachricht versenden.

Fotos und Videos versenden

Um ein Bild oder einVideo zu versenden, müssen Sie Folgendes tun:

1. Tippen Sie auf das Kamerasymbol ❶, um direkt ein Foto oder ein Video aufzunehmen. Für Fotos aus Ihrer Mediathek, tippen Sie auf das Fotos-Symbol ❷. Die jüngsten Fotos bzw. Videos werden direkt darunter ange-

zeigt ❸. Den Bereich, der die Fotos enthält können Sie an dem Strich ❹ größer ziehen.

2. Wenn Sie ein Bild bzw. Video ausgewählt oder ein neues mit der Kamera aufgenommen haben, müssen Sie die Nachricht nur noch abschicken ❺.

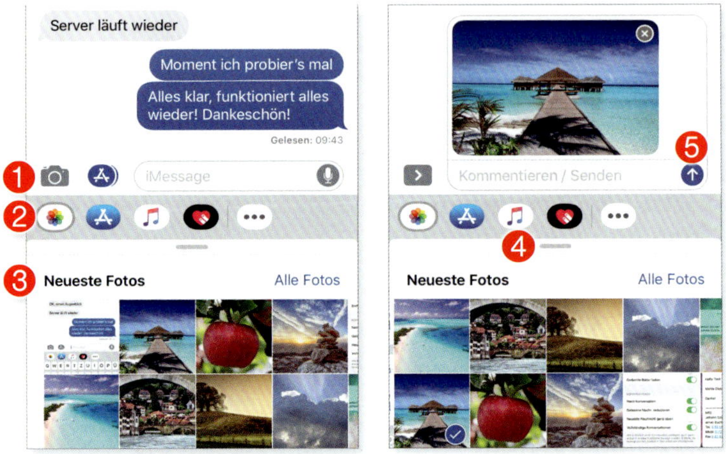

Mit wenigen Handgriffen können Sie Fotos als Nachricht versenden.

> **!** Beachten Sie bitte, dass Fotos bzw. Videos, die als SMS bzw. MMS verschickt werden, eventuell Zusatzkosten verursachen. Im Zweifelsfall sollten Sie Ihren Mobilfunk-Anbieter kontaktieren und dort nachfragen.

Möchten Sie Fotos grundsätzlich in geringerer Qualität übermitteln, dann sollten Sie in *Einstellungen –> Nachrichten –> Bildmodus: niedrige Qualität* dies auch festlegen.

Audionachrichten

Mithilfe von iMessage lassen sich auch gesprochene Nachrichten verschicken. Dadurch entfällt das mühsame Tippen der Nachricht auf der kleinen Bildschirmtastatur. Eine Audionachricht ist sehr schnell aufgezeichnet und verschickt:

1. Im Eingabefeld für den Text befindet sich auf der rechten Seite ein Symbol in Form eines Mikrofons ❶. Damit werden Audionachrichten aufgezeichnet.
2. Tippen Sie dieses Symbol an, halten Sie es mit dem Finger fest, und sprechen Sie anschließend die Nachricht auf das iPhone. Solange Sie den Finger auf dem Symbol belassen, wird aufgezeichnet. Sobald Sie ihn wegnehmen, ist die Aufzeichnung beendet.

3. Sie können nach der Aufzeichnung die Aufnahme zur Kontrolle abspielen ❷ oder löschen ❸. Wenn alles in Ordnung ist, tippen Sie auf *Senden* ❹.

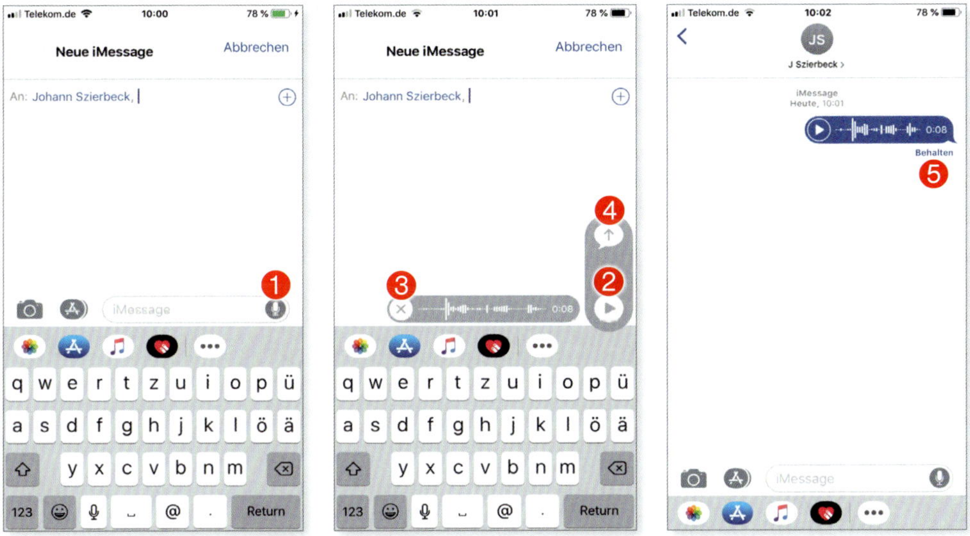

Mit der App „Nachrichten" lassen sich auch Sprachnachrichten verschicken.

! Eine versendete Audionachricht wird normalerweise nach zwei Minuten aus der Konversation gelöscht. Sie können dies verhindern, indem Sie entweder auf **Behalten** ❺ tippen oder in den **Einstellungen** bei **Nachrichten** das automatische Löschen der Audionachrichten ausschalten.

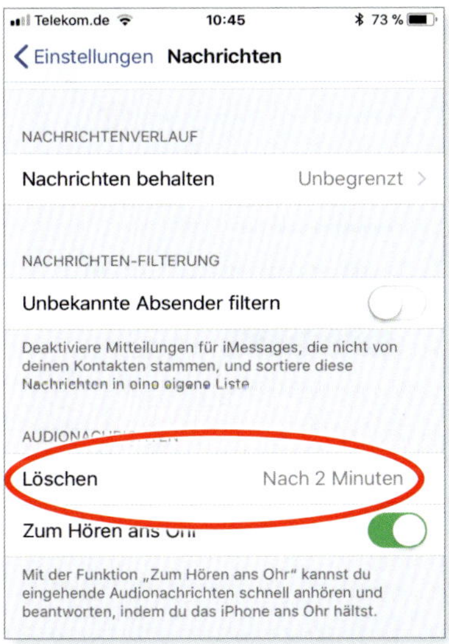

Damit die Audionachrichten nach dem Versenden bzw. Anhören nicht automatisch gelöscht werden, müssen Sie diese Funktion umschalten.

Standort versenden

Mit der Nachrichten-App können Sie auch Ihren aktuellen Standort inklusive Karte versenden. Somit weiß der Empfänger, wo Sie sich gerade befinden. Das funktioniert allerdings nur mit iMessage und nicht mit SMS. Der Empfänger muss also auch ein Apple-Gerät mit aktivem iMessage besitzen.

1. Tippen Sie zuerst auf den Namen des Empfängers und anschließend auf das blaue Infosymbol **A** unterhalb vom Empfängernamen.

> **!** Damit das Infosymbol erscheint, müssen Sie zuerst eine Konversation mit dem Empfänger starten. Bei einer komplett neuen Konversation ist das Symbol nicht sichtbar. Schicken Sie also zuerst eine kurze Textzeile, damit das Infosymbol auftaucht.

2. Im Infobereich finden Sie dann die Option *Meinen aktuellen Standort senden* **B**. Tippen Sie die Option an, und das iPhone ermittelt Ihren aktuellen Standort anhand der GPS-Daten. Voraussetzung dafür ist natürlich, dass Sie die *Ortungsdienste* eingeschaltet haben (*Einstellung –> Datenschutz*).
3. Nach der Ermittlung des aktuellen Standorts wird dieser, inklusive eines kleinen Kartenausschnitts, verschickt. Der Empfänger muss diese kleine Karte nur antippen, um den Standort in der App *Karten* zu öffnen.

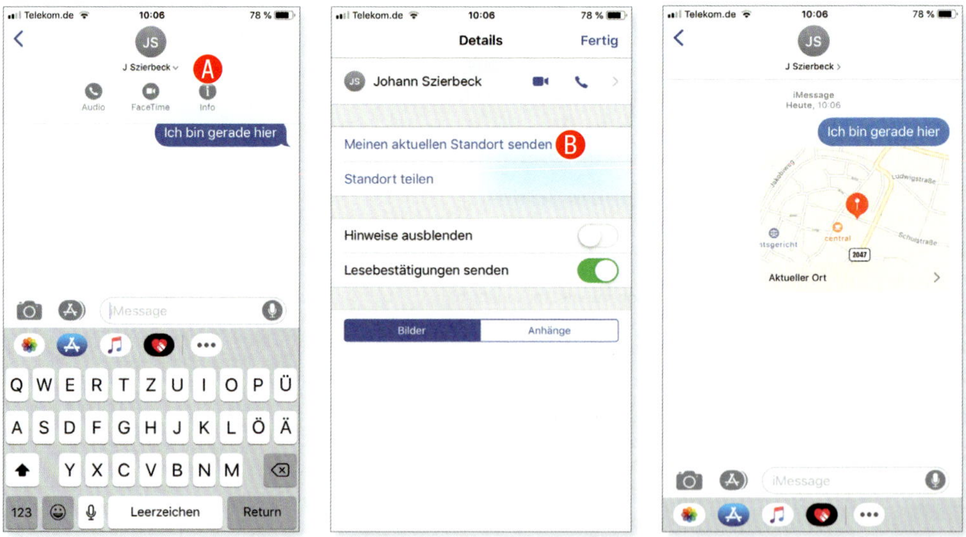

Auch der aktuelle Standort kann per iMessage verschickt werden.

Fotos und Videos mit Effekten und Stickern

Wie man Fotos oder Videos versendet, haben Sie bereits weiter vorne erfahren. Seit iOS 12 haben Sie nun auch die Möglichkeit Ihre Fotos und Videos, die Sie mit der iPhone-Kamera aufnehmen, mit Effekten und Stickern zu versehen. Dabei müssen Sie nicht die App wechseln, sondern erledigen alles innerhalb von Nachrichten.

Um z. B. ein eigenes Video mit Effekten zu erstellen, müssen Sie zuerst eine neue Nachricht anlegen. Dann tippen Sie auf das Kamerasymbol, um auf die iPhone-Kamera umzuschalten. Stellen Sie dort zuerst ein, ob Sie ein *Video* oder ein *Foto* ❶ machen wollen. Danach tippen Sie auf das Symbol für die Effekte ❷.

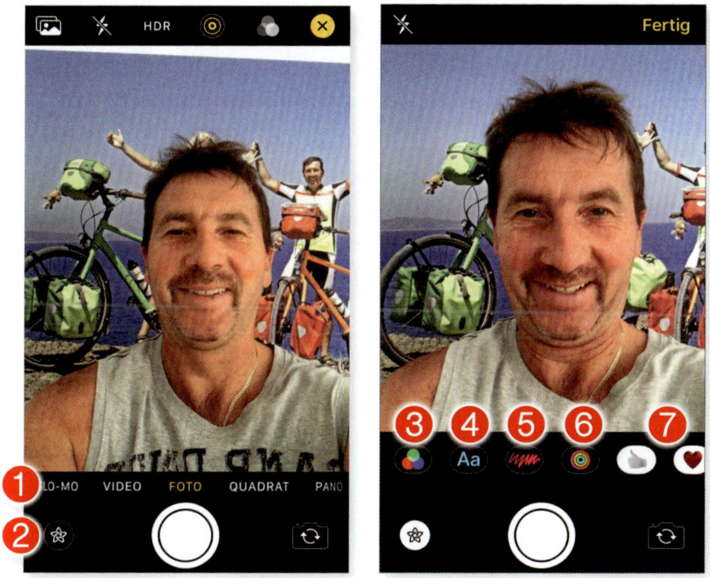

Wenn Sie für eine Nachricht Fotos oder Videos aufnehmen wollen, können Sie direkt bei der Aufnahme diverse Effekte hinzufügen.

Nun werden vier Effektkategorien und die Sticker in einer eigenen Leiste angezeigt. Um z. B. einen Filtereffekt anzuwenden, tippen Sie auf das erste Symbol ❸ und wählen einen Filter aus. Außerdem können Sie Text ❹, animierte Formen ❺ und animierte Aktivitäten ❻ oder Sticker ❼ hinzufügen. Sobald Sie eine der Kategorien geöffnet und ein Element angetippt haben, erscheint es im Kamerabereich und kann von Ihnen noch verschoben werden. Die platzierten Elemente folgen dabei der Kamerabewegung. Wenn Sie also z. B. eine Sprechblase hinzugefügt haben, wird diese immer dem aktuellen Blickwinkel angepasst.

Sobald Sie die gewünschten Filter, Elemente oder Sticker platziert haben, können Sie eine Aufnahme machen und diese dann per Nachricht verschicken.

Die verschiedenen Effekte folgen der Bewegung der Kamera.

Was kann sonst noch versendet werden?

Neben den bekannten Dingen wie Text, Bild, Audio und Video kann die Nachrichten-App noch weitere Sachen versenden. Dazu gehören Zeichnungen (Scribble), animierte Sprechblasen und Hintergründe. Die Nachrichten-App kann nun auch auf die Daten von anderen Apps zugreifen und somit z. B. den aktuellen Song von der App *Musik* verschicken. Außerdem können Sie über einen speziellen Store zusätzliche Stickers, die auch animiert sein können, laden bzw. installieren lassen.

Ein Scribble bzw. eine handschriftliche Notiz versenden

Ein Scribble ist eine handschriftliche Zeichnung, die Sie direkt am iPhone malen und versenden können. Dabei wird eine Animation von Ihrer Zeichnung erstellt, also von der Art und Weise, wie Sie das Scribble erstellt haben. Besitzer einer Apple Watch kennen diese Funktion vielleicht schon: Dort gibt es die Scribbles ja schon seit einiger Zeit.

Um nun ein Scribble zu erstellen, tippen Sie zuerst auf das Programm-Symbol ❶, um die App-Schublade zu öffnen. Dort wählen Sie anschließend das Herz-Symbol ❷ aus. Dadurch erscheint anstatt der Tastatur der Scribble-Bereich. Sie können nun entweder direkt in das Feld ❸ etwas mit dem Finger zeichnen oder Sie tippen auf das Srichsymbol ❹, um den Scribble-Bereich zu vergrößern und dann dort mit der Aufzeichnung zu beginnen.

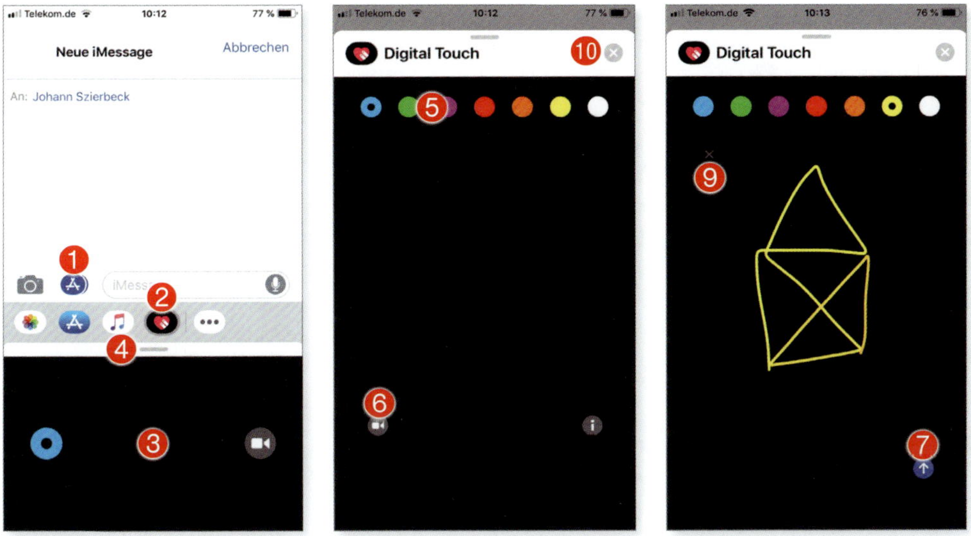

Animierte Zeichnungen lassen sich seit iOS 10 als iMessage versenden.

Im vergrößerten Scribble-Bereich können Sie nicht nur die Farbe ❺ für die Zeichnung auswählen, sondern haben auch Zugriff auf die iPhone-Kamera ❻. Damit können Sie gleichzeitig einen Film und ein Scribble aufnehmen. Drücken Sie einfach auf den Aufnahmeknopf ❽, und zeichnen Sie Ihr Scribble. Mit dem Symbol links oben ❾ können Sie die Aufzeichnung löschen und von vorne beginnen. Erst wenn Ihr Scribble fertig ist, wird es mit einem Fingertipp auf das *Senden*-Symbol ❼ abgeschickt.

Für ein Scribble kann man zusätzlich die iPhone-Kamera nutzen, und so ein Foto oder Video mit einer Zeichnung zu versehen.

> **!** Um den Scribble-Bereich wieder zu verlassen, tippen Sie rechts oben auf das X-Symbol ⑩.

> **!** Es gibt noch eine zweite Möglichkeit, eine handschriftliche Notiz zu erstellen. Drehen Sie einfach Ihr iPhone und bringen es ins Querformat. Wählen Sie aus den vorgefertigten Texten aus, oder erstellen selbst eine „handschriftliche" Notiz.

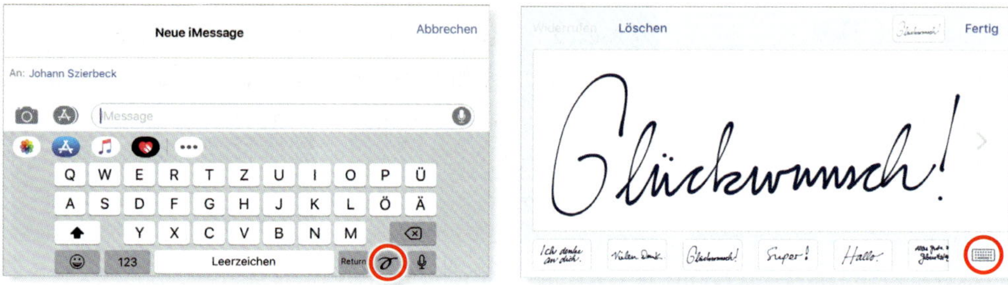

Tippen Sie unten auf das Scribble-Icon, um frei zu skizzieren (links). Über das Tastaturicon (rechts) kommt wieder die reguläre Tastatur zum Vorschein.

Neben einem Scribble können Sie durch diverse Fingertipps Botschaften versenden, wie zum Beispiel einen Feuerball oder einen Herzschlag. Die Beschreibung für die einzelnen Digital-Touch-Nachrichten erhalten Sie, wenn Sie auf das Info-Symbol tippen, wie auf dem folgenden Bild gezeigt.

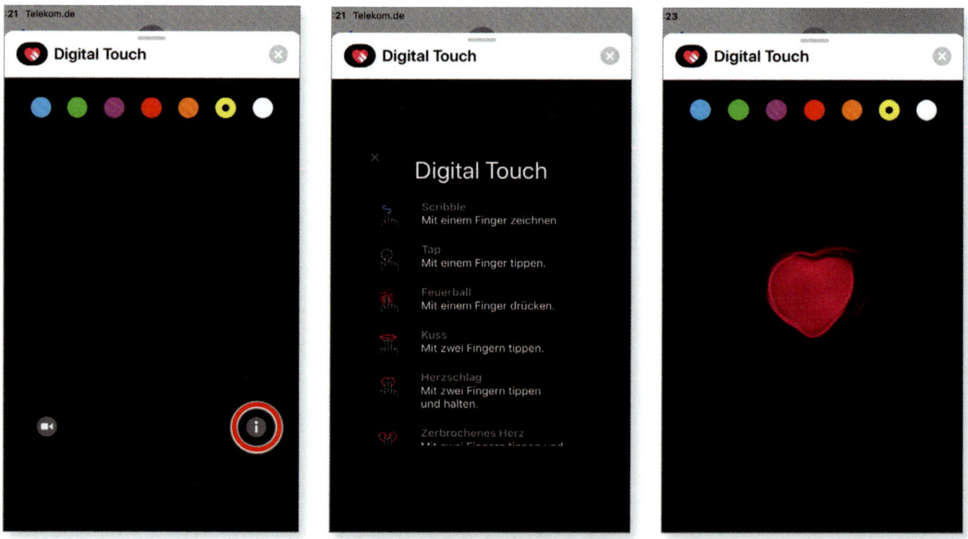

Das Tippen auf ein Fingersymbol (links) öffnet eine Liste mit den verschiedenen Digital-Touch-Botschaften (Mitte). Das Bild rechts zeigt einen Digital Touch in Form eines Herzschlags.

> **!** Fingertaps und Herzschlag werden sofort verschickt, sobald Sie aufgehört haben bzw. den Finger vom Display angehoben haben. Es gibt also keinen speziellen Senden-Knopf.

Sprechblasen und Hintergründe

Weitere Elemente, um das Versenden von Nachrichten noch interessanter zu machen, sind die Sprechblasen und die animierten Hintergründe. Gerade bei Textnachrichten ist es sehr schwierig, seine Stimmung oder Gefühle zu übermitteln. Mit den Sprechblasen können Sie dies nun in einfacher Form tun.

Wenn Sie eine Textnachricht eintippen und dann anschließend etwas länger den *Senden*-Knopf ❶ drücken, werden die Sprechblasen eingeblendet. Die Sprechblasen haben alle eine Animation, die Sie sehen können, wenn Sie eine auswählen. Zum Verschicken der Sprechblase müssen Sie dann nur noch auf den *Senden*-Knopf ❷ drücken.

Mit einer Sprechblase können Sie eine Nachricht besonders betonen.

> **!** Die Funktion der Sprechblasen kann nicht nur mit Texten genutzt werden, sondern auch mit Bildern. So können Sie z. B. ein Bild mit **Geheimtinte** verschicken. Der Empfänger muss dann mit dem Finger das Bild freirubbeln.

Zusätzlich zu den Sprechblasen gibt es auch noch die animierten Hintergründe. Diese finden Sie gleich neben den Sprechblasen ❸. Es gibt insgesamt neun verschiedene Hintergrundanimationen, die Sie wechseln können, wenn Sie das Display nach links oder rechts verschieben. Die Punktanzeige im unteren Bereich ❹ zeigt Ihnen an, welchen Hintergrund Sie aktuell verwenden.

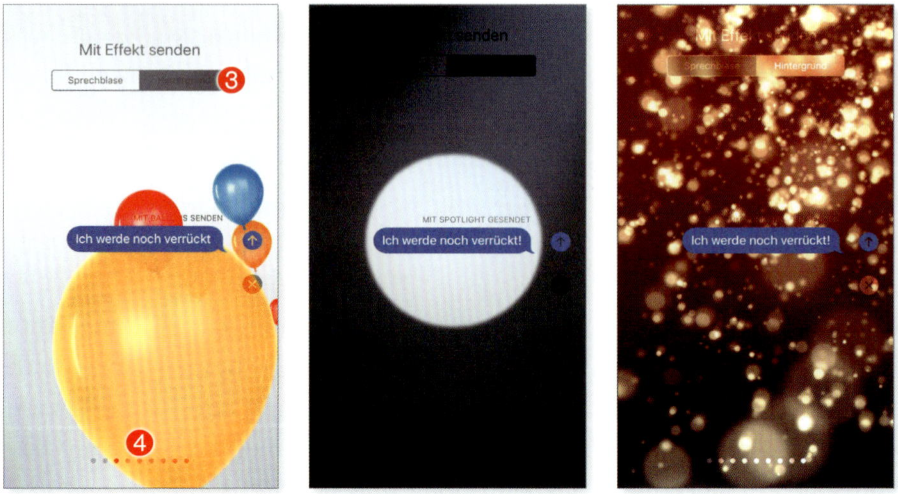

Animierte Hintergründe bereichern eine Nachricht.

Tapbacks

Tapbacks sind eine schnelle und einfache Methode, auf eine Nachricht zu antworten. Anstatt einen Text einzutippen, können Sie einer Nachricht ein Etikett anhängen und somit Ihrem Gegenüber mitteilen, was Sie von der Nachricht halten.

Die Tapbacks erhalten Sie, wenn Sie etwas länger auf eine Nachricht tippen. In einem Pop-up-Menü können Sie dann zwischen sechs verschiedenen Symbolen auswählen. Das Symbol wird nicht nur an den Gesprächspartner verschickt, sondern hängt sich als Etikett direkt an die Nachricht – eine schnelle Möglichkeit, um auf eine Nachricht zu antworten.

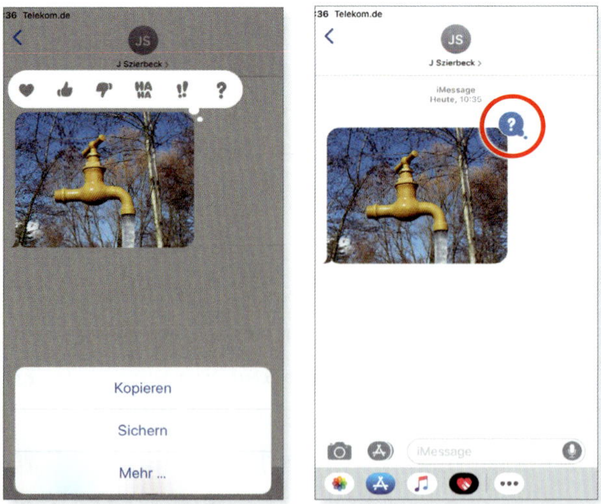

Tapbacks können zum schnellen Antworten auf eine Nachricht genutzt werden.

Sticker

Die Funktion und der Einsatz von Emojis ist fast allen bekannt. Bei Apple hat man sich nun überlegt, wie man die Emojis interessanter machen könnte, und hat sie durch die *Sticker* erweitert. Sticker sind kleine Animationen, die Sie wie Emojis verschicken oder auch an jede beliebige Nachricht anhängen können. Apple hat sogar einen eigenen Store dafür, in dem Sie zusätzliche Sticker erwerben können.

Die Sticker verbergen sich hinter dem Programm-Symbol ❶ in der Optionsleiste. Je nachdem, wie viele Sticker installiert sind, können Sie nach links und rechts wischen, um andere Sticker einzublenden. In der App-Schublade ❷ können Sie erkennen, wie viele Stickergruppen installiert sind. Die Sticker selbst können Sie nach oben und unten scrollen, um alle zu sehen. Wenn Sie einen Sticker gefunden haben, können Sie ihn einfach nach oben in die Nachrichten ziehen und platzieren. Der Sticker wird damit sofort verschickt. Sie können ihn aber auch nur antippen, um ihn wie ein Emoji zu versenden.

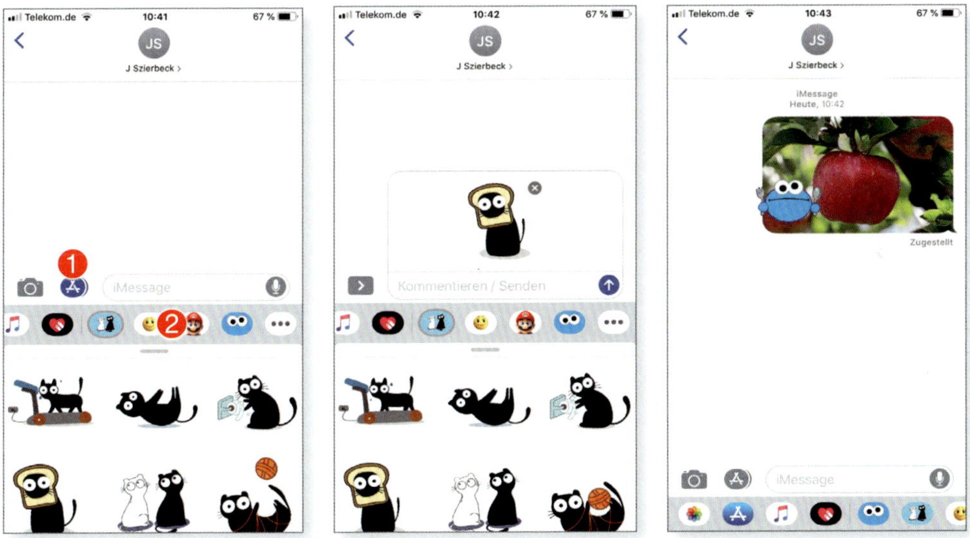

Die Sticker können entweder angetippt oder nach oben zu den Nachrichten verschoben werden. Besonders nette Effekte ergeben sich, wenn Sie Sticker an Fotos anheften. Dazu versenden Sie zunächst das Foto und ziehen dann beliebige Sticker darauf.

Um die Sticker zu verwalten und zusätzliche zu laden, tippen Sie auf das *Store*-Symbol ganz links in der App-Schublade ❸. Dort erhalten Sie Zugriff auf den Store, in dem Sie nun neue Sticker erwerben können. In der App-Schublade ganz rechts finden Sie die Funktion *Mehr*, zur Verwaltung der Sticker ❹.

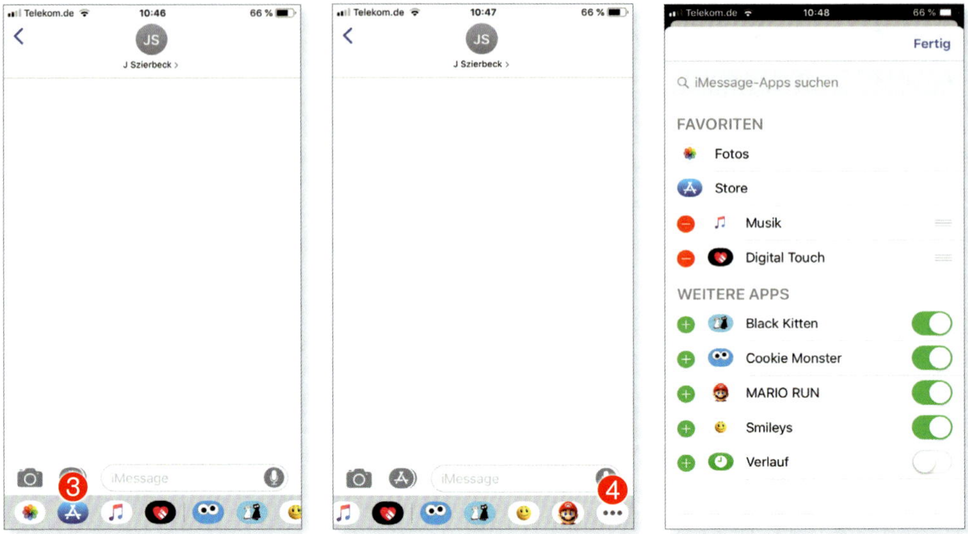

Über einen speziellen Store können Sie zusätzliche Sticker erwerben. Hinter „Musik" verbergen sich keine Sticker – sondern hierbei wird ein Link zu einem Musik-Stück aus Apple Music versendet. ;-)

Automatische Emojis

Die Nachrichten-App hat noch eine weitere Verbesserung erhalten: das automatische Einfügen von Emojis. Wenn Sie einen Nachrichtentext eintippen und dann die Tastatur auf die Emojis ❶ umschalten, werden automatisch alle Textstellen markiert ❷, die durch ein passendes Emoji ersetzt werden können. Sie müssen die markierten Stellen nur antippen und erhalten eine Auswahl von Emojis ❸, die zum Begriff passen. Einfacher geht es kaum, da die lästige Suche nach dem passenden Symbol entfällt.

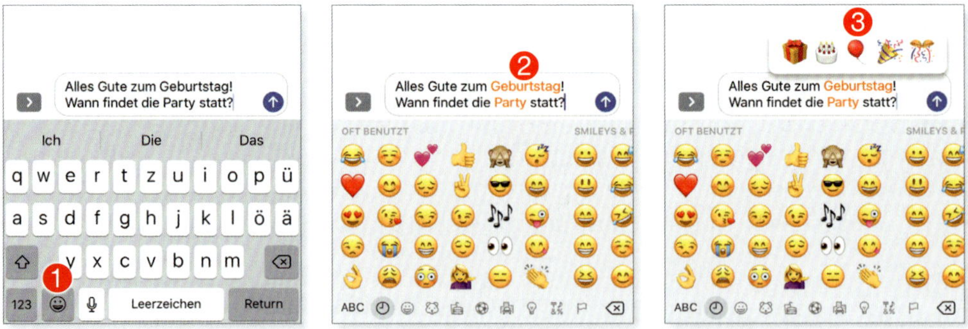

Textpassagen können automatisch durch Emojis ersetzt werden.

Animoji – nur iPhone X-Modelle

Bei den X-Modellen finden Sie in der App-Schublade Ⓐ ein Icon für die derzeit 20 zur Verfügung stehenden animierten Emojis.

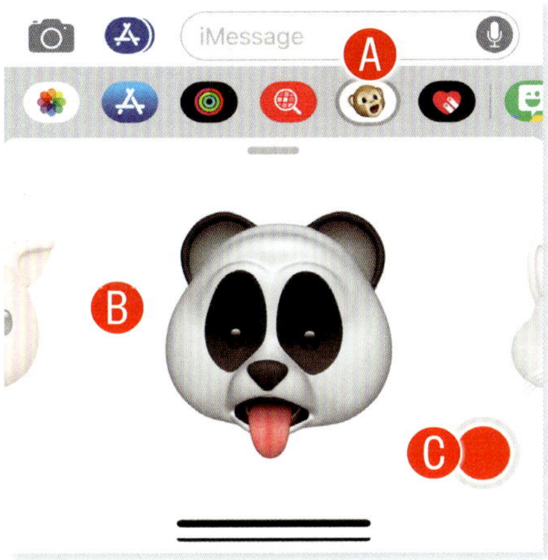

Die sogenannten Animojis sind eine extrem interessante Anwendung der TrueDepth Kamera der iPhone X-Modelle.

Wählen Sie einfach eine Figur Ihrer Wahl Ⓑ und nun können Sie in einer kurzen Videosequenz Ⓒ Ihre Botschaft aufzeichnen. Dabei wird Ihr Gesichtsausdruck abgescannt und auf die Figur in Echtzeit übertragen. Ihre Grimassen werden also perfekt auf die künstliche Figur übernommen. So entstehen Nachrichten mit einem mehr als persönlichen Charakter.

Eigene Memojis erstellen

Mit iOS 12 können Sie nicht nur 30 Sekunden statt wie bisher 10 Sekunden Aufzeichnungsdauer für Ihre Animojis verwenden, sondern darüber hinaus eigene Animojis – Apple nennt diese Memojis – erstellen.

- Tippen Sie dazu in der Nachrichten-App auf das Animoji-Icon (Affen) Ⓐ und dann auf das Plus-Symbol.

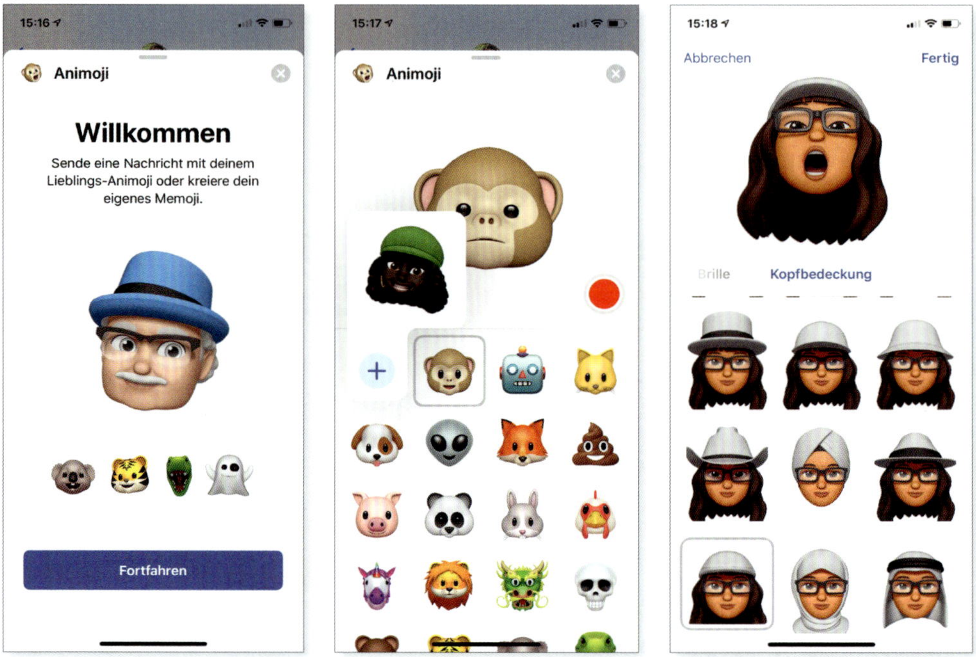

Ein eigenes Memoji ist im Handumdrehen erstellt.

- Definieren Sie nun die Hautfarbe, die Frisur, die Kopfform, die Augen, die Nase, den Lippen etc. Beachten Sie, dass Sie oftmals Schieberegler haben, um den exakten Farbton einstellen zu können.

Und schon haben Sie Ihren Memoji-Avatar erstellt, der nun in allen Konversationen verwendet werden kann. Wollen Sie diesen Avatar zu einem späteren Zeitpunkt bearbeiten, duplizieren oder löschen, dann tippen Sie einfach auf die drei Punkte links vom Memoji.

Sie können ein Memoji jederzeit bearbeiten, löschen oder duplizieren bzw. weiter links durch Antippen des Plus-Icons ein weiteres Memoji erzeugen.

> **!** Wenn Sie Ihr Memoji doppelt antippen, dann wird sozusagen ein Standbild versendet. Sie können Ihr Memoji aber auch als Sticker versenden: Dazu tippen Sie es an bis der graue Umriss erscheint und schieben es nach oben auf eine Nachricht. Das klappt übrigens ebenfalls mit den Standard-Animojis, die bereits vorinstalliert sind.

URLs per Nachrichten versenden

Wird eine URL als Bestandteil einer iMessage versendet, so kann die App *Nachrichten* direkt eine Webseitenvorschau einblenden. Tippt man diese an, wechselt man sofort in die Safari-App mit der entsprechend dargestellten Internetseite.

Nachrichten mit Hyperlinks ins Web (URLs) können direkt als Vorschau dargestellt werden.

> **!** Haben Sie den Link zu einem YouTube-Video versendet, so wird das Video direkt in der Nachrichten-App abgespielt. Der Link zu einem Vimeo-Video ruft hingegen die entsprechende Webseite auf und startet dann das Video.

Nachrichten an Gruppen

Die Nachrichten-App beherrscht nicht nur das Versenden von Nachrichten an einzelne Personen, sondern kann auch Konversationen mit einer Gruppe von Empfängern durchführen. Jeder der Empfänger erhält dabei alle Nachrichten von allen Personen der Konversationsgruppe.

Eine Konversationsgruppe ist schnell erstellt, da Sie beim Anlegen einer neuen Nachricht nur mehrere Empfänger eingeben müssen. Tippen Sie im Empfängerfeld einfach einen zusätzlichen Namen ein, bzw. tippen Sie auf das Pluszeichen, um auf Ihre Kontakte zuzugreifen und dort eine weitere Person auszuwählen.

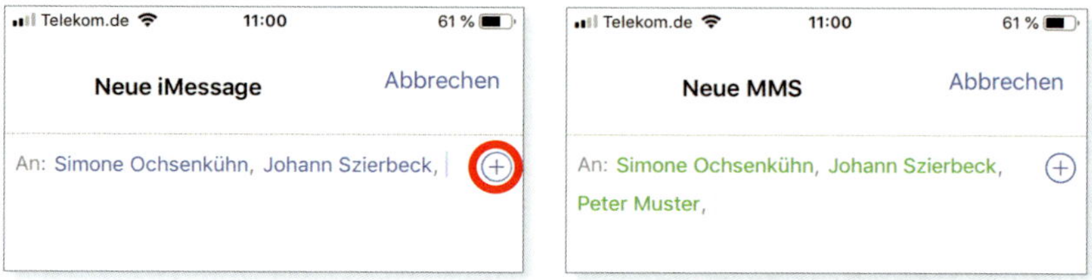

Über das Plussymbol haben Sie Zugriff auf Ihr Adressbuch (links). Wenn einer der Empfänger kein iMessage besitzt, dann wird automatisch an alle die Nachricht per SMS versendet, was an den grünen Namen zu erkennen ist (rechts).

Nachrichten verwalten

Wenn man sehr viele Nachrichten verschickt bzw. empfängt, dann wird die App sehr schnell unübersichtlich. Aus diesem Grund ist es eine gute Idee, die alten Nachrichten zu löschen. Sie können die alten Nachrichten manuell löschen, oder Sie beauftragen Ihr iPhone damit, alle Nachrichten zu entfernen, die z. B. älter als 30 Tage sind.

Das manuelle Löschen geht sehr einfach. In der Übersicht müssen Sie die Konversation einfach nach links schieben, um den roten Button mit der *Löschen*-Funktion einzublenden. Auf diese Weise können Sie komplette Konversationen mit einer Vielzahl von Nachrichten entfernen. Wenn Sie mehrere Konversationen mit einem Rutsch löschen wollen, dann tippen Sie in der Übersicht links oben auf *Bearbeiten* ❶. Anschließend können Sie die entsprechenden Nachrichten markieren ❷ und auf *Löschen* ❸ rechts unten tippen.

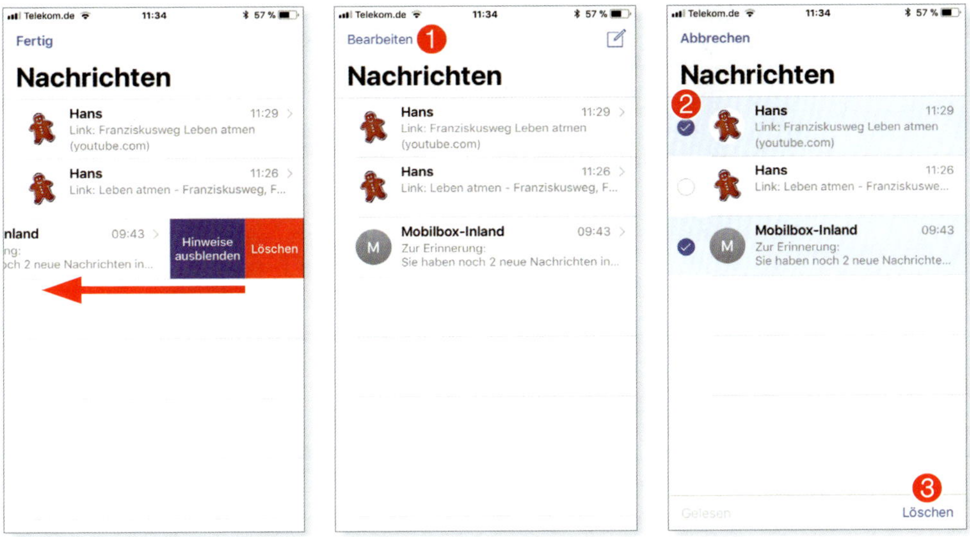

Nachrichten können einzeln (links) oder mehrere gemeinsam gelöscht werden.

Wenn Ihnen das manuelle Löschen zu mühsam ist, können Sie in den *Einstellungen* bei *Nachrichten* die Option *Nachrichten behalten* ändern. Dort lässt sich nämlich einstellen, dass die Nachrichten nach einer bestimmten Dauer automatisch gelöscht werden. Leider gibt es hier nur die Auswahl zwischen *30 Tage* und *1 Jahr*. Die Standardeinstellung *Unbegrenzt* bedeutet, dass Sie die Nachrichten manuell entfernen müssen.

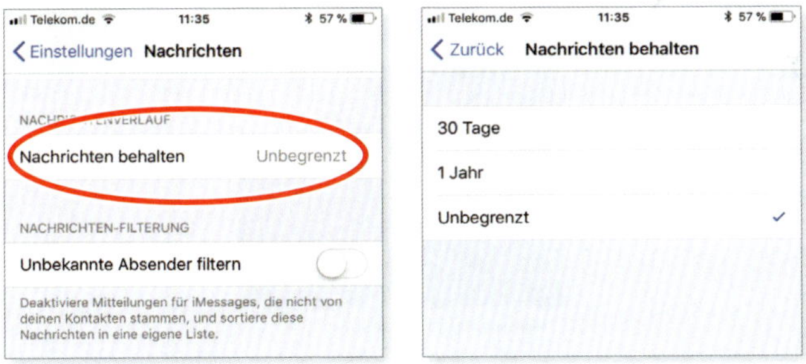

Die Nachrichten können nach einem festgelegten Zeitpunkt automatisch gelöscht werden. Zudem können Kontaktpersonen blockiert werden bzw. unbekannte Absender herausgefiltert werden.

Sie können aber auch einzelne Nachrichten innerhalb einer Konversation löschen. Tippen Sie dazu eine Nachricht ca. zwei Sekunden an und wählen aus dem Menü *Mehr* aus. Nun können Sie im Nachrichtenverlauf einzelne Nachrichten markieren und so gezielt löschen.

Auch innerhalb einer Konversation können Nachrichten einzeln gelöscht werden.

Uhrzeit anzeigen

Bei einer Konversation wird die Uhrzeit, zu der die Nachricht empfangen wurde, nur sehr kurz angezeigt. Wenn Sie nun nachvollziehen wollen, zu welchen Zeitpunkten die einzelnen Nachrichten einer Konversation empfangen bzw. verschickt wurden, dann müssen Sie nur die gesamte Konversation am Display nach links verschieben. Dadurch werden am rechten Displayrand die Uhrzeiten sichtbar.

Die Uhrzeiten sind normalerweise ausgeblendet. Wenn Sie die ganze Konversation nach links verschieben, werden sie sichtbar.

Damit wäre das Wichtigste über die App *Nachrichten* gesagt. Es gibt aber noch andere Wege, um zu kommunizieren, z. B. die App *WhatsApp*.

WhatsApp

Die App *Nachrichten* bietet eine Menge Vorteile, wenn man Nachrichten verschicken will. Der Service iMessage hat einen großen Funktionsumfang und verursacht beim Versenden keine Kosten, da dafür das Internet verwendet wird. Es gibt aber auch einen sehr großen Nachteil: iMessages können von Android-Smartphones nicht empfangen werden, sie lassen sich nur zwischen Apple-Geräten verschicken. Sie können zwar normale SMS versenden, aber das kann zusätzliche Kosten beim Mobilfunk-Anbieter verursachen.

Nun gibt es noch eine andere Möglichkeit, um kostengünstig Nachrichten via Internet auch an Android-Nutzer zu schicken, nämlich die App *WhatsApp*. Diese App gibt es sowohl für iOS als auch für Android. Sie nutzt genauso wie iMessage die Internetverbindung, um Nachrichten, Bilder oder Videos zu verschicken. Da die App zudem noch kostenlos ist, hat sie eine sehr weite Verbreitung. Es gibt natürlich auch einen Nachteil: Der Empfänger muss auch diese App besitzen und registriert sein, da er ansonsten die Nachrichten nicht erhält.

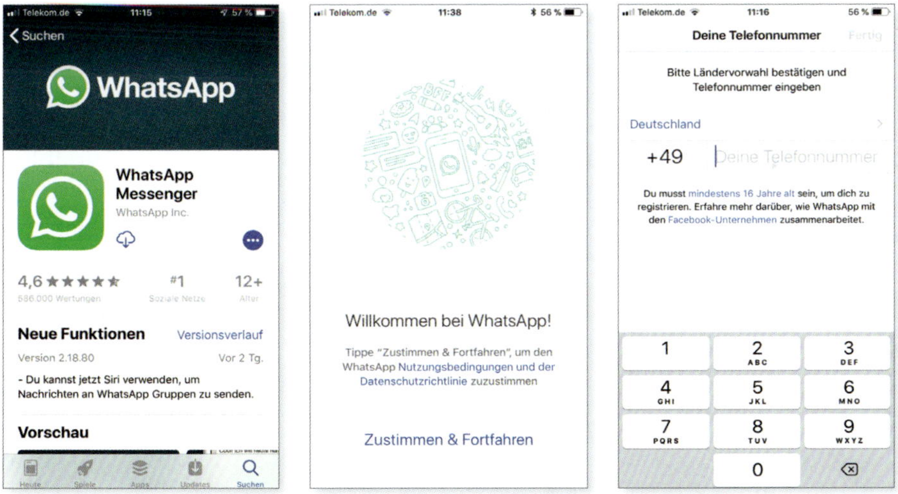

Die Installation geht sehr schnell vonstatten.

WhatsApp gibt es kostenlos im *App Store*. Nach der Installation müssen Sie nur die Erlaubnis erteilen, dass die App Ihre Kontakte nutzen darf, Ihre Telefonnummer angeben und dann kann es auch schon losgehen.

WhatsApp lässt sich fast genauso wie die Nachrichten-App bedienen. Konversationen werden hier als Chats bezeichnet. In der unteren Symbolleiste haben Sie z. B. bei *Favoriten* alle Ihre Kontakte aufgelistet, die auch über WhatsApp verfügen.

Im Bereich *Chats* können Sie neue Konversationen starten bzw. die alten einsehen. Das Versenden einer Nachricht ist genauso einfach wie in der Nachrichten-App. Außerdem können auch Fotos, Videos und Standorte verschickt werden.

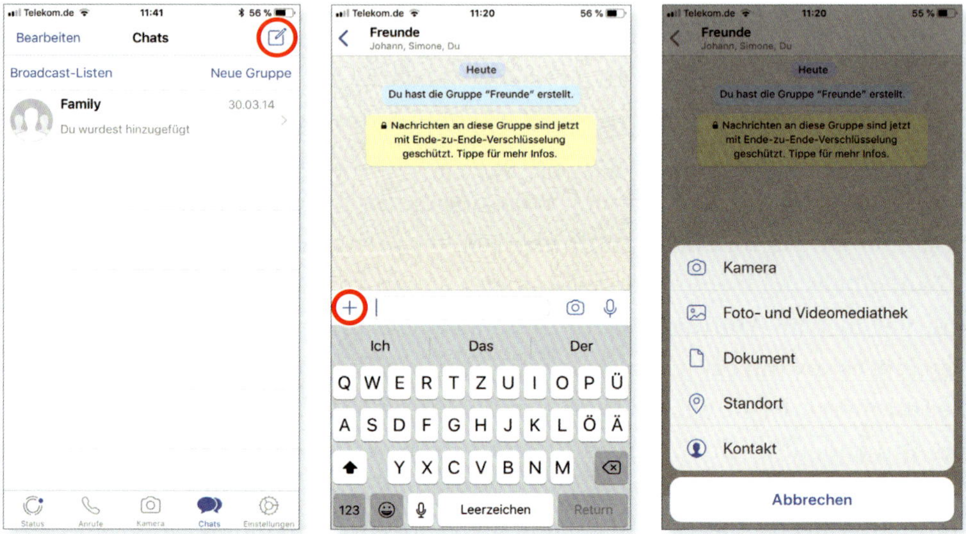

In den „Chats" können neue Konversationen gestartet werden, in denen auch Fotos, Videos und der aktuelle Standort versendet werden können.

Was sind nun die Unterschiede zwischen der App *Nachrichten* mit iMessage und *WhatsApp*? Um diese Frage zu beantworten, müssen Sie nur die folgende Tabelle betrachten, in der die verschiedenen Fähigkeiten der beiden Apps aufgelistet sind.

	Nachrichten	**WhatsApp**
Textnachrichten	Ja	Ja
Fotos und Video versenden	Ja	Ja
Fotos und Videos direkt aufnehmen und versenden	Ja	Ja
Standort versenden	Ja	Ja
Audionachrichten	Ja	Ja
Konversation mit mehreren Empfängern gleichzeitig (Gruppenkonversation)	Ja	Ja
SMS/MMS versenden	Ja	Nein
Plattformen	iOS, macOS, OS X, watchOS	iOS und Android

	Nachrichten	WhatsApp
Sprechblasen	Ja	Nein
Scribble	Ja	Nein
Automatische Emojis	Ja	Nein
Sticker	Ja	Nein
Lesebestätigungen	Ja	Ja
Ende-zu-Ende-Verschlüsselung	Ja	Ja, seit 2016
Kompatibel mit iPad und Mac	Ja	Nein, nur mit spezieller kostenpflichtiger Software bzw. App können Nachrichten empfangen und versendet werden.
Kompatibel mit Apple Watch	Ja	Ja
Verwendung von Siri	Ja	Ja
Animojis	Ja	Nein
Memojis	Ja	Nein

Für welche App Sie sich beim Versenden von Nachrichten entscheiden, bleibt letztendlich Ihnen überlassen. Jede der beiden Apps hat Vor- und Nachteile. Wenn Sie aber unbedingt mit Android-Nutzern kommunizieren wollen bzw. müssen, dann benötigen Sie auf alle Fälle WhatsApp, da es eine sehr große Verbreitung hat.

Mail

Eine weitere Kommunikationsart ist das Versenden bzw. Empfangen von E-Mails. Das iPhone bietet dementsprechend die App *Mail*, um E-Mails zu versenden bzw. zu verwalten. Bevor Sie die App nutzen, müssen Sie allerdings erst ein E-Mail-Postfach einrichten.

Postfach einrichten

Um ein neues Postfach auf dem iPhone anzulegen, benötigen Sie einige Dinge – zunächst natürlich eine E-Mail-Adresse mit dem dazugehörigen Passwort. Außerdem brauchen Sie noch die Adressen der E-Mail-Server von Ihrem E-Mail-Anbieter. Das iPhone kennt zwar die meisten Adressen der großen E-Mail-Anbieter, wie z. B. Telekom, Google oder Web.de, aber eben nicht von jedem Anbieter. Aus diesem Grund sollten Sie die Adressen der E-Mail-Server parat haben. Wo finden Sie diese? Bei Ihrem Anbieter oder über eine Internetsuche. Dabei reicht es aus, wenn Sie z. B. „Mail-Server von Strato“ bei der Suche eingeben.

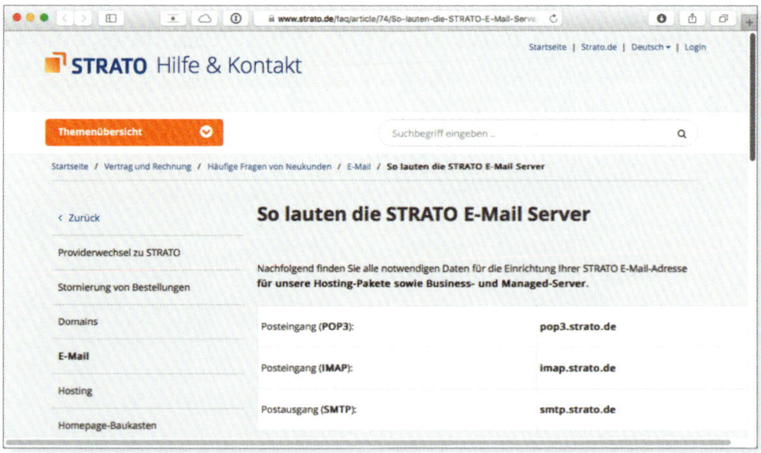

Die Adressen der E-Mail-Server des Anbieters „Strato“.

Haben Sie alle Daten bereitliegen, können Sie ein neues Postfach einrichten. Dazu öffnen Sie *Einstellungen –> Passwörter & Accounts*. Falls Sie bereits iCloud eingerichtet haben, dann sehen Sie bei *Accounts* ❶ das iCloud-Postfach. Dieses wird automatisch hinzugefügt, sobald Sie auf Ihrem iPhone iCloud aktiviert bzw. eingerichtet haben.

Tippen Sie auf *Account hinzufügen* ❷, um ein neues Postfach einzurichten. Anschließend können Sie entweder auf das Symbol eines der großen Anbieter tippen oder, wenn Ihr Anbieter nicht aufgelistet ist, auf *Andere* ❸ am Ende der Liste.

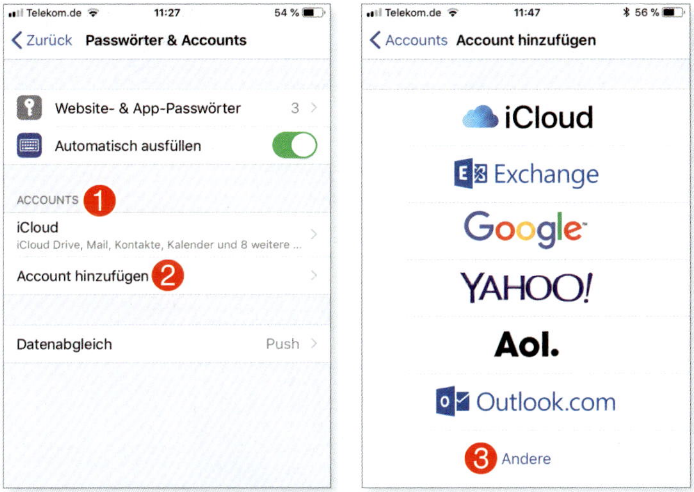

Ein neuer E-Mail-Account wird eingerichtet.

Während Sie bei den Postfächern der großen Anbieter Schritt für Schritt durch die Prozedur zum Einrichten geleitet werden, müssen Sie für alle sonstigen Anbieter alles manuell einstellen. Wenn Sie also auf *Andere* getippt haben, müssen Sie als Nächstes auf *Mail-Account hinzufügen* tippen. Im nächsten Arbeitsschritt geben Sie dann die E-Mail-Adresse und das dazugehörige Passwort ein und tippen anschließend rechts oben auf *Weiter*.

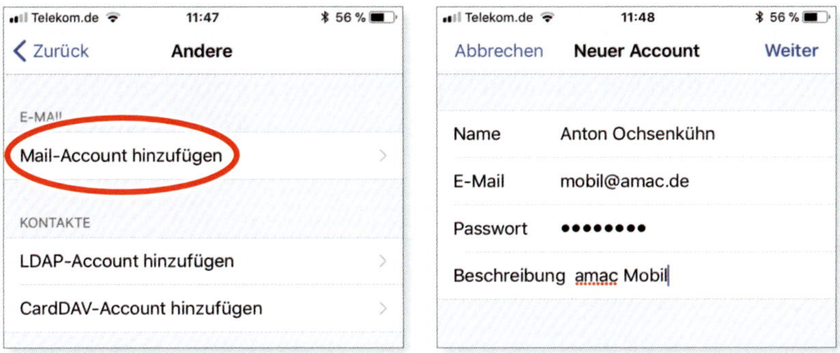

Das neue Postfach wird nun manuell eingerichtet.

Im nächsten Schritt überprüft das iPhone die E-Mail-Adresse und trägt die E-Mail-Server automatisch ein, wenn es sich um einen bekannten Anbieter handelt. Anhand der E-Mail-Adresse kann das iPhone erkennen, um welchen Anbieter es sich handelt, also z. B. *@web.de* oder *@t-online.de*. Kann das iPhone den Anbieter nicht identifizieren, dann müssen Sie leider die Serveradressen manuell eintragen.

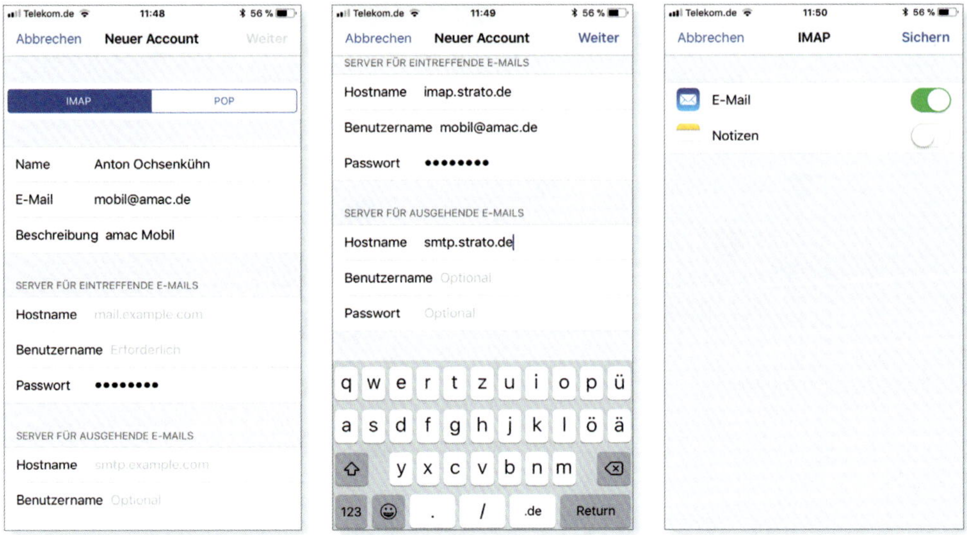

Das iPhone kennt den E-Mail-Anbieter nicht (links), deswegen müssen die Server-Adressen manuell eingegeben werden (Mitte).

Nach der Eingabe der Daten tippen Sie wieder rechts oben auf *Weiter*. Das iPhone überprüft nun die eingegebenen Server-Adressen. Bei einer erfolgreichen Überprüfung müssen Sie im letzten Schritt noch angeben, was mit dem Postfach verwaltet werden soll. Im Normalfall sind das die E-Mails. Je nach Anbieter bzw. Postfach können Sie auch Notizen, Kontakte oder Kalender mit dem Postfach verwalten. Das ist z. B. mit einem Postfach möglich, das von einem Exchange-Server verwaltet wird.

Sind alle Einstellungen gemacht, tippen Sie rechts oben auf *Sichern*, und das neue Postfach ist eingerichtet. Falls Sie noch weitere Postfächer benötigen, dann wiederholen Sie die Arbeitsschritte.

E-Mails versenden

Für das Versenden von E-Mails benötigen Sie die App *Mail*. Sobald Sie sie gestartet haben, sehen Sie die E-Mail-Postfächer bzw. die bereits empfangenen E-Mails.

> **!** Falls Sie die Übersicht der Postfächer nicht sehen, tippen Sie links oben auf den Postfach-Namen ❶.

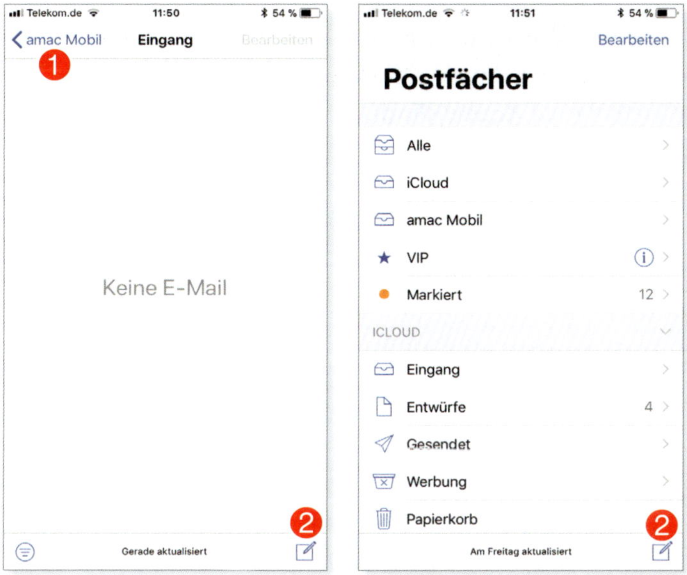

Um vom „Eingang" zur Übersicht zu gelangen, müssen Sie auf den Postfach-Namen tippen.

Wenn Sie mehrere Postfächer besitzen, sollten Sie als Erstes entscheiden, von welcher E-Mail-Adresse aus Sie eine Mail verschicken wollen. Das können Sie entweder tun, wenn Sie das entsprechende Postfach in der Übersicht antippen und dann eine neue E-Mail erstellen, oder auch später noch, während Sie die E-Mail schreiben ❹. Eine neue E-Mail erstellen Sie, wenn Sie auf das Symbol ❷ links unten tippen. Das Symbol gibt es sowohl in der Übersicht als auch in jedem einzelnen Postfach.

Eine neue E-Mail wird geschrieben.

Als Erstes sollten Sie den Empfänger ❸ angeben. Falls der Empfänger bereits in Ihrem Adressbuch hinterlegt ist, reicht es aus, die ersten paar Buchstaben einzutippen. Das iPhone zeigt Ihnen dann automatisch alle Kontakte an, die mit den Buchstaben übereinstimmen. Sie können aber auch manuell nach einem Kontakt suchen, wenn Sie auf das blaue Plussymbol tippen.

> **!** Sie können natürlich auch mehr als einen Empfänger angeben. Außerdem haben Sie noch die Möglichkeit, eine Kopie oder eine Blindkopie zu verschicken. Tippen Sie dafür auf **Kopie/Blindkopie** ❹. Damit werden die jeweiligen Felder eingeblendet.

Kopien und Blindkopien können ebenso verschickt werden.

Als Nächstes sollten Sie natürlich einen *Betreff* ❺ angeben und dann anschließend im Textfeld darunter ❻ den Inhalt der E-Mail. Danach können Sie rechts oben auf *Senden* ❼ tippen, um die E-Mail abzuschicken. Möchten Sie eine Mitteilung erhalten, sobald der Empfänger antwortet, dann sollten Sie auf das Glockensymbol in der Betreffzeile tippen ❽.

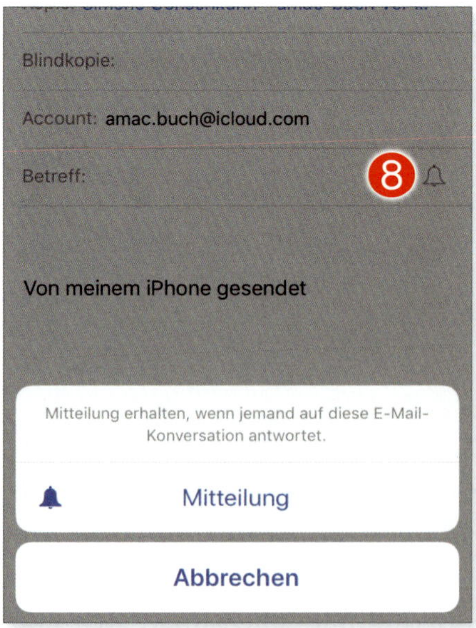

Lassen Sie sich über eine eingetroffene Antwort informieren.

> ! Um die Texteingabe zu beschleunigen, können Sie zum einen die **Diktierfunktion** (Kapitel 9) verwenden oder die sogenannte **Textersetzung** nutzen. In **Einstellungen –> Allgemein –> Tastatur –> Textersetzung** legen Sie fest, welche Kürzel welche Textphrasen erhalten sollen.

Via Textersetzung können Sie die Texteingabe beschleunigen. Das funktioniert nicht nur in Mail, sondern auch in Nachrichten, WhatsApp etc.

Neue E-Mail kurz ablegen oder Entwurf sichern

Kennen Sie das? Während man eine neue E-Mail verfasst, benötigt man noch Informationen, die sich in einer anderen E-Mail befinden. Mit iOS ist das kein Problem. Ziehen Sie einfach die neue E-Mail an den unteren Rand des Displays, indem Sie mit dem Finger die Kopfleiste nach unten ziehen. Sofort wird die neue E-Mail unten „angedockt“ und kann durch Antippen oder Ziehen wieder hervorgeholt werden. Nun können Sie in andere E-Mails und Postfächer navigieren und die gewünschte Info heraussuchen.

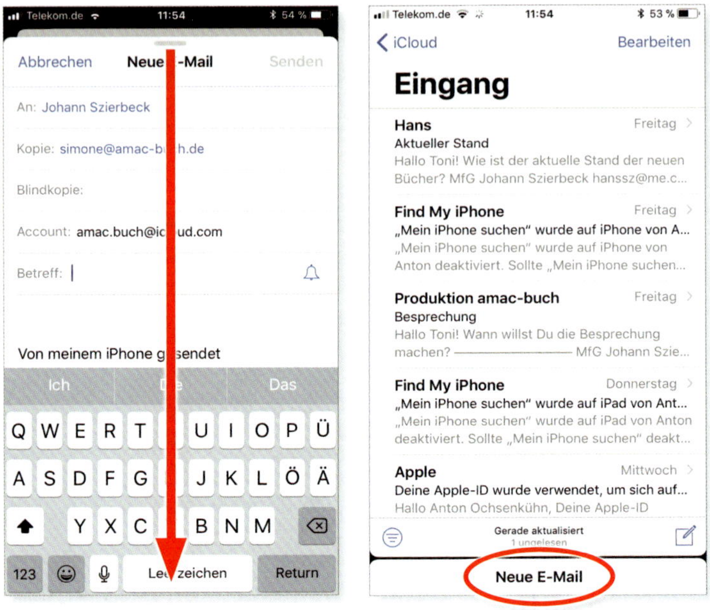

Neue E-Mails können nach unten beiseitegelegt werden. Gerne dürfen das auch mehrere gleichzeitig sein.

Können Sie die E-Mail derzeit noch nicht finalisieren, so sollten Sie sie über *Abbrechen* als *Entwurf sichern*.

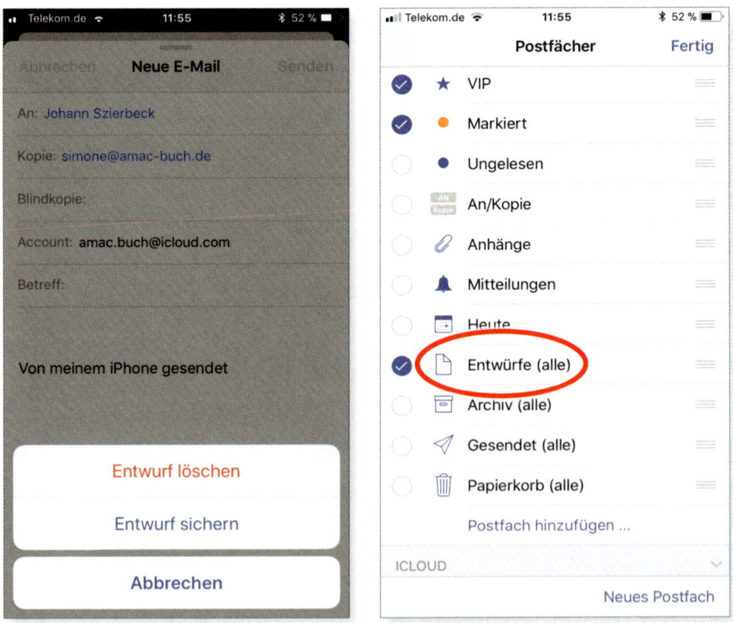

Um eine E-Mail später weiterzubearbeiten, kann sie als Entwurf abgelegt werden. Dabei ist es sinnvoll, die Entwürfe in der Postfachübersicht einzublenden.

Text formatieren

Damit der E-Mail-Text nicht so lieblos aussieht oder um spezielle Textpassagen hervorzuheben, können Sie den Text noch formatieren. Allerdings beschränkt sich die Formatierung nur auf fett, kursiv und unterstrichen.

Zuerst müssen Sie den Text markieren, der formatiert werden soll. Dazu sollten Sie zuerst zweimal kurz hintereinander auf den Text tippen. Damit wird zwar vorerst nur ein Wort markiert, Sie können aber die Markierung erweitern. Dazu verschieben Sie die blauen Striche mit den Punkten.

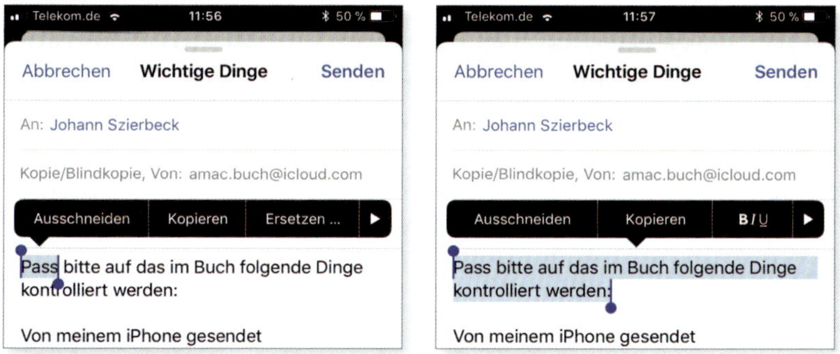

Mit den blauen Strichen kann die Markierung erweitert werden. In den meisten Apps können Sie durch Doppeltippen ein Wort markieren.

Als Nächstes müssen Sie die Textformatierung im Kontextmenü ansteuern. Das Kontextmenü ist die schwarze „Sprechblase", die direkt über der Markierung eingeblendet ist. Im Kontextmenü tippen Sie auf den rechten weißen Pfeil, bis die Bezeichnung *BIU* auftaucht. Die Abkürzung steht für Bold (fett), Italic (kursiv) und Underlined (unterstrichen). Tippen Sie darauf, und Sie können nun zwischen den drei Formatierungsarten wählen.

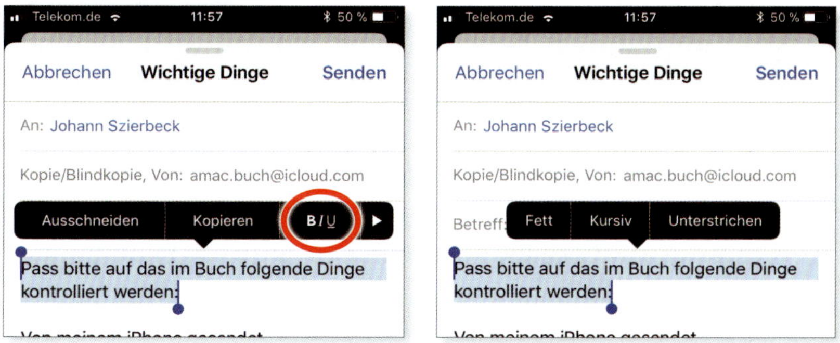

Über das Kontextmenü kann der Text formatiert werden.

> **!** Falls Sie die Formatierung wieder entfernen wollen, tippen Sie sie einfach erneut an. Sie können auch Kombinationen der drei Formatierungen verwenden, also z. B. fett und kursiv gleichzeitig.

Fotos und Videos versenden

Eine E-Mail muss nicht nur Text enthalten. Sie können auch Fotos und Videos verschicken. In *Mail* haben Sie direkten Zugriff auf die Fotobibliothek des iPhone. Um ein Foto oder Video in eine E-Mail einzufügen, benötigen Sie das Kontextmenü. Dieses erhalten Sie, wenn Sie zweimal kurz hintereinander auf das Display tippen. Im Kontextmenü müssen Sie dann so weit nach rechts blättern, bis die Bezeichnung *Foto od. Video einfügen* auftaucht. Wenn Sie es antippen, erhalten Sie eine Übersicht über Ihre Fotobibliothek. Dort wählen Sie dann das gewünschte Foto oder Video aus.

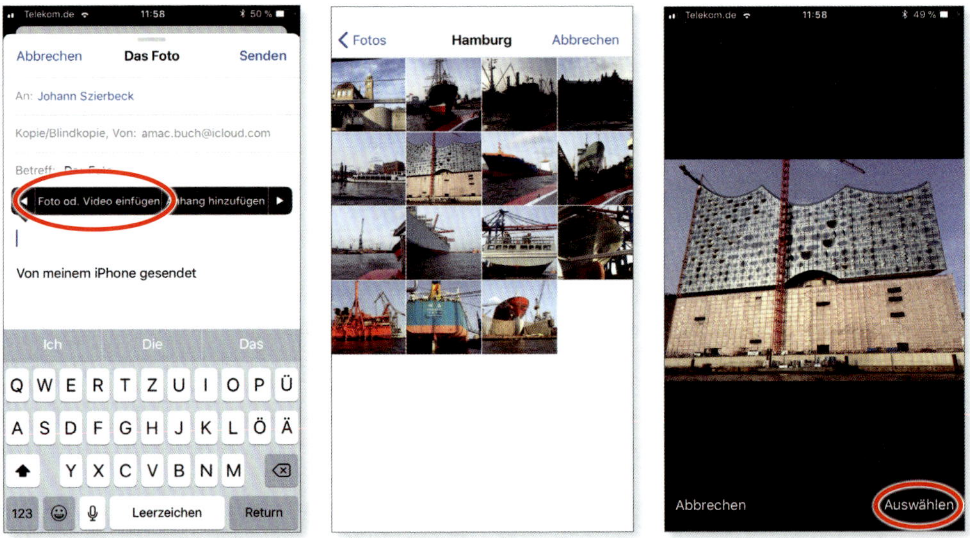

Über das Kontextmenü können Fotos und Videos eingefügt werden.

Da Fotos und Videos meistens sehr große Dateien sind, können Sie noch entscheiden, in welcher Größe die angehängten Daten verschickt werden sollen. Sobald Sie rechts oben auf *Senden* getippt haben, wird ein Dialog eingeblendet, in dem Sie nun entscheiden müssen, in welcher Größe ein Foto verschickt werden soll.

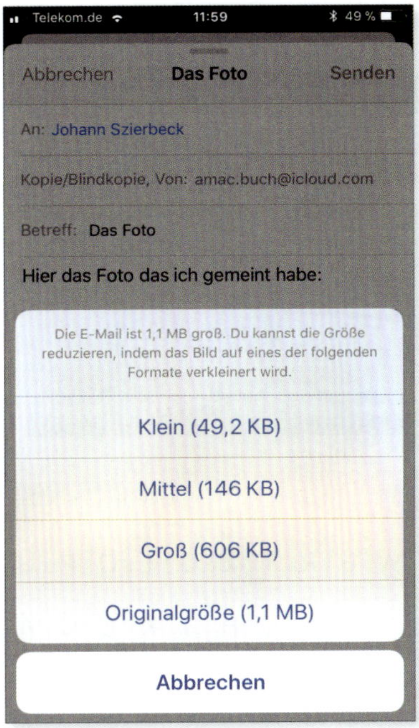

In welcher Größe soll das Bild verschickt werden?

> **!** Videos haben noch größere Datenmengen als Fotos. Aus diesem Grund wird ein angehängtes Video sofort verkleinert und komprimiert. Sie haben also keine Möglichkeit, die Größe Ihres Videos selbst zu bestimmen. Videos in Originalgröße zu verschicken funktioniert nur über die App **Fotos**.

Beim Versenden von Fotos gibt es noch einen besonderen Clou. Die Bilder können mit Markierungen versehen werden, um z. B. besondere Bildstellen hervorzuheben. Die Funktion dafür befindet sich im Kontextmenü. Ein kurzer Doppeltipp mit dem Finger auf das Bild öffnet das Kontextmenü. Das Kontextmenü enthält nun den Eintrag *Markierungen*, den Sie auswählen müssen. Das Bild wird daraufhin in einer eigenen Umgebung mit speziellen Werkzeugen geöffnet.

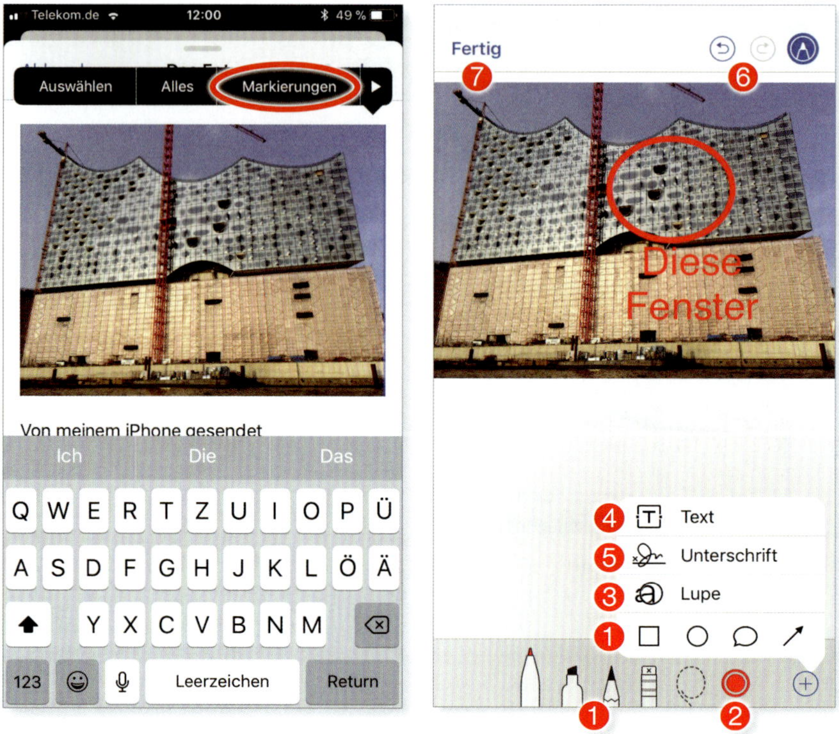

Die Bilder können in einer eigenen Umgebung mit Markierungen versehen werden.

Im unteren Bereich finden Sie diese Werkzeuge. Wenn Sie eines der Zeichenwerkzeuge ❶ ausgewählt haben, können Sie die Zeichenfarbe ❷ festlegen und dann im Bild mit dem Finger etwas zeichnen. Die Lupe ❸ kann Bildteile vergrößert anzeigen. Es lassen sich sogar ein Text ❹ und eine Unterschrift ❺ hinzufügen. Einzelne Elemente können jederzeit über das Kontextmenü bearbeitet oder gelöscht werden. Sogar die letzten Arbeitsschritte können rückgängig gemacht werden ❻. Ist die Arbeit getan, tippen Sie links oben auf *Fertig* ❼.

> **!** Das Markieren von Anhängen steht nicht nur beim Anlegen von neuen E-Mails zur Verfügung. Sie können auch Anhänge, die Sie empfangen haben, mit Markierungen versehen und wieder zurückschicken. Halten Sie dazu den Finger etwas länger auf den empfangenen Anhang, um das **Teilen**-Menü zu öffnen. Dort finden Sie dann die Funktion **Markieren und antworten**.

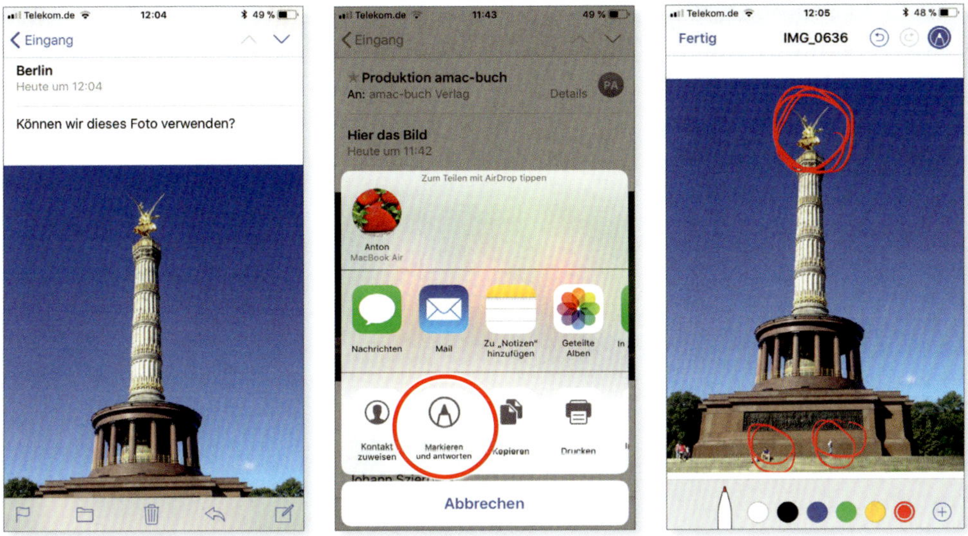

Auch empfangene Bilder lassen sich mit Markierungen belegen. Selbst PDF-Dateien können so mit wertvollen Zusatzinformationen bestückt werden.

Sonstige Anhänge versenden

Neben Fotos und Videos können Sie auch beliebige andere Dateien per E-Mail auf dem iPhone versenden. Dazu muss allerdings eine Voraussetzung erfüllt sein: Sie benötigen iCloud bzw. iCloud Drive dafür (siehe Kapitel 10). iCloud Drive ist ein kostenloser Cloud-Speicher, auf dem Sie jede Art von Datei ablegen können. Alle Dateien, die dort gespeichert sind, können Sie per E-Mail versenden. iCloud Drive kann von unterschiedlichen Apps aber auch direkt auf einem Mac bestückt werden.

Um nun eine Datei via iCloud Drive per E-Mail zu versenden, benötigen Sie wieder das Kontextmenü. Dort finden Sie den Eintrag *Anhang hinzufügen*. Sobald Sie ihn auswählen, erhalten Sie eine Übersicht über alle Daten, die im iCloud Drive gespeichert sind. Dort wählen Sie die gewünschte Datei aus, die dann an die E-Mail angehängt wird.

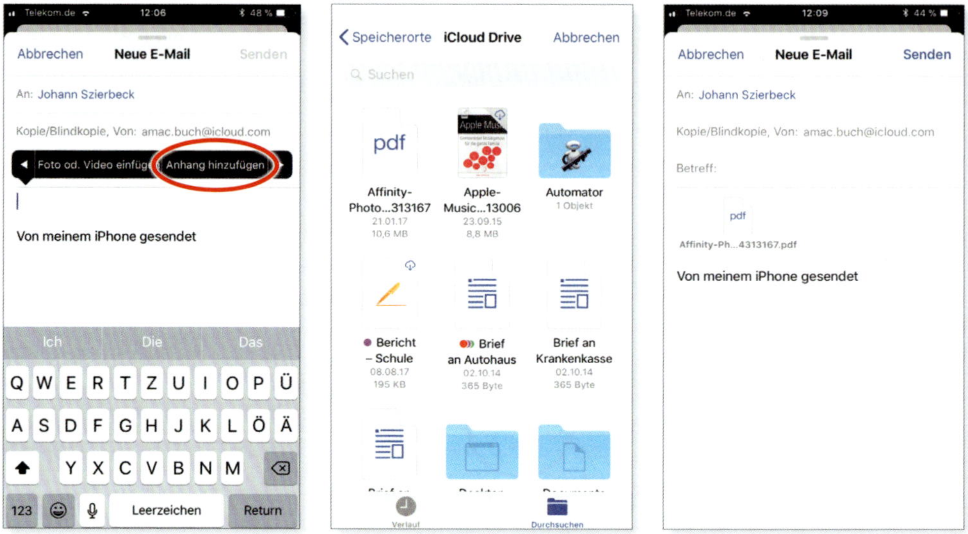

Die Dateien auf dem iCloud Drive können als E-Mail-Anhang verschickt werden.

Die Nutzung des iCloud Drive ist nur ein Weg, um einen Dateianhang per E-Mail zu versenden. Es gibt viele Apps, die ebenso Ihre Dateien als E-Mail-Anhang versenden können, aber kein iCloud Drive benötigen. So können Sie z. B. aus den Apps *Karten*, *Fotos*, *Safari* oder *Notizen* direkt die Daten per E-Mail verschicken. Das funktioniert auch sehr oft mit Apps, die nicht von Apple sind. Achten Sie nur das *Teilen*-Symbol ⎙. Ist dieses Symbol sichtbar, dann können Sie die aktuellen Daten auf verschiedene Arten weitergeben, und dazu zählt auch eine E-Mail.

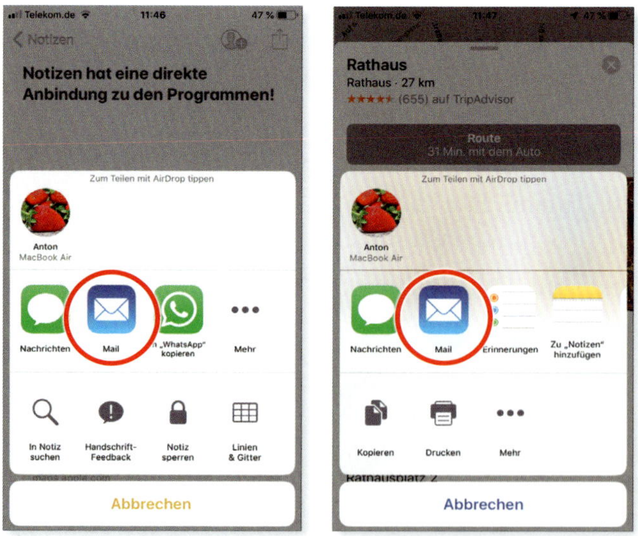

In vielen Apps können die jeweiligen Daten per E-Mail verschickt werden, z. B. in „Notizen" (links) oder „Karten" (rechts).

E-Mails empfangen

Der Empfang von E-Mails bzw. das Abrufen der Postfächer kann auf dem iPhone auf zwei Arten durchgeführt werden: manuell oder automatisch. Wenn das iPhone z. B. alle 15 Minuten die Postfächer abrufen soll, müssen Sie in den *Einstellungen* bei *Passwörter & Accounts* den *Datenabgleich* ändern. Dort können Sie für jeden Account individuell einstellen, ob der Empfang *Manuell* durchgeführt wird oder via Zeitplan (*Abrufen*).

> ! Je nach E-Mail-Anbieter gibt es auch noch die Möglichkeit, die E-Mails per Push-Funktion zu erhalten, wie z. B. beim iCloud-E-Mail-Postfach. Die Push-Funktion leitet eine neue E-Mail sofort an Sie weiter. Ein manuelles Abrufen des Postfachs wird dadurch überflüssig.

Nach welchem Zeitplan die Postfächer abgerufen werden, können Sie weiter unten einstellen. Sie haben die Auswahl zwischen 15, 30 und 60 Minuten.

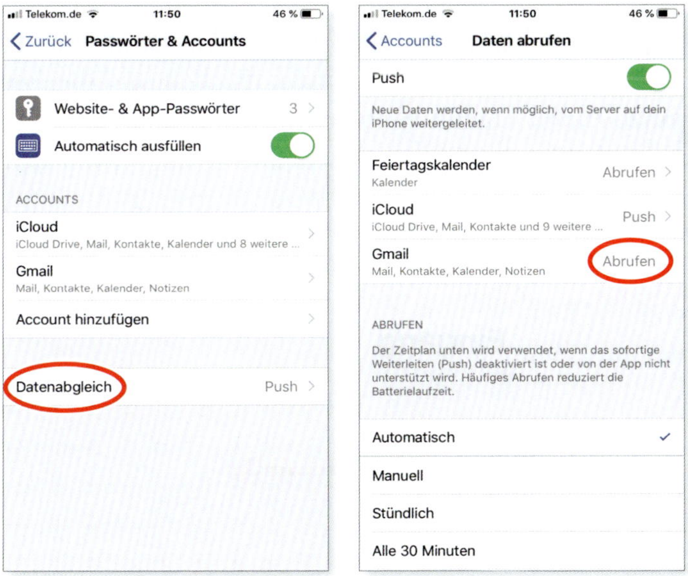

Das automatische Abfragen der Postfächer legen Sie in den „Einstellungen" von „Mail" fest.

Wenn Sie Ihre Postfächer auf manuelles Abrufen gestellt haben, müssen Sie nun wissen, wie man eine manuelle Abfrage startet. Das geht sehr einfach. Sie müssen in *Mail* nur die Liste der Postfächer bzw. E-Mails nach unten ziehen. Daraufhin erscheint im oberen Bereich ein kleines Rädchen, das so lange sichtbar bleibt, bis die Postfächer abgefragt sind.

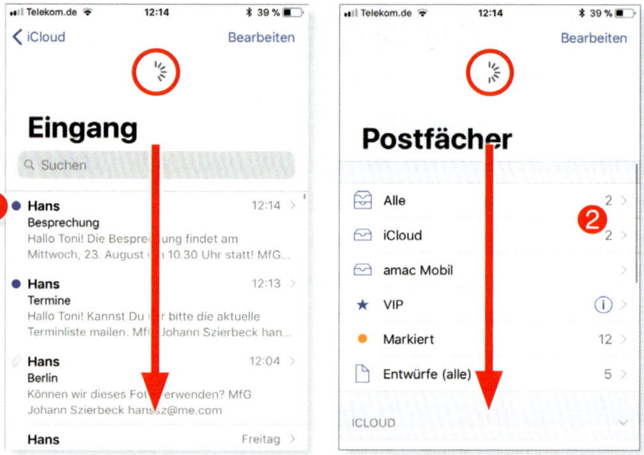

Um alle Postfächer abzufragen, ziehen Sie die Übersicht nach unten (links). Um nur ein einzelnes Postfach abzufragen, ziehen Sie die E-Mail-Liste des Postfachs nach unten (rechts).

Wenn nun neue E-Mails angekommen sind, werden diese mit einem kleinen blauen Punkt ❶ gekennzeichnet. In der Übersicht der Postfächer sehen Sie zudem, wie viele neue E-Mails es gibt ❷. Sobald Sie eine E-Mail öffnen, verschwindet der blaue Punkt und die Mail wird als gelesen gekennzeichnet. Diesen Zustand können Sie aber rückgängig machen und die Mail wieder als ungelesen kennzeichnen. Dazu schieben Sie die E-Mail in der Liste nach rechts und tippen dann auf die Option *Ungelesen*. Die E-Mail erhält dadurch wieder den kleinen blauen Punkt.

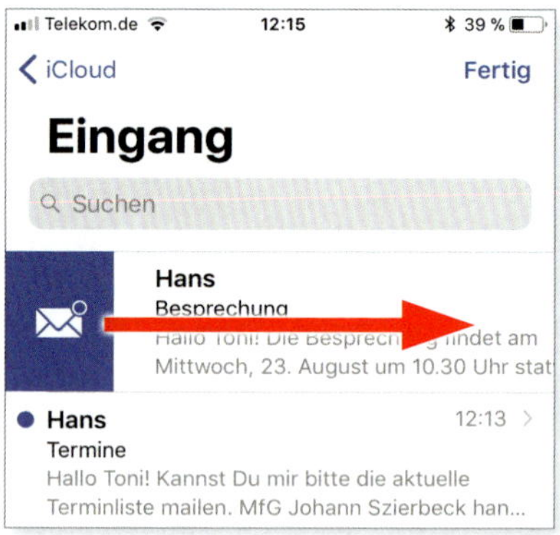

Eine E-Mail kann jederzeit wieder den Status „Ungelesen" erhalten.

! Wollen Sie nur mal kurz in eine neue E-Mail hineinsehen, so verwenden Sie 3D Touch und tippen stärker auf die E-Mail-Zeile. Sofort wird Ihnen der Inhalt gezeigt, und sobald Sie den Finger wieder heben, gilt die E-Mail erneut als ungelesen.

Um das Postfach etwas übersichtlicher zu machen, können Sie die Anzeige der E-Mail-Liste filtern. Sie können sich z. B. nur die E-Mails anzeigen lassen, die neu und noch nicht gelesen sind oder einen Dateianhang haben. Tippen Sie dazu auf das Filtersymbol ❸ links unten in der E-Mail-Liste. Um den Filter zu justieren, tippen Sie auf das blaue Wort ❹ unten in der Mitte. Der Filter lässt sich durch ein erneutes Antippen des Symbols wieder ausschalten.

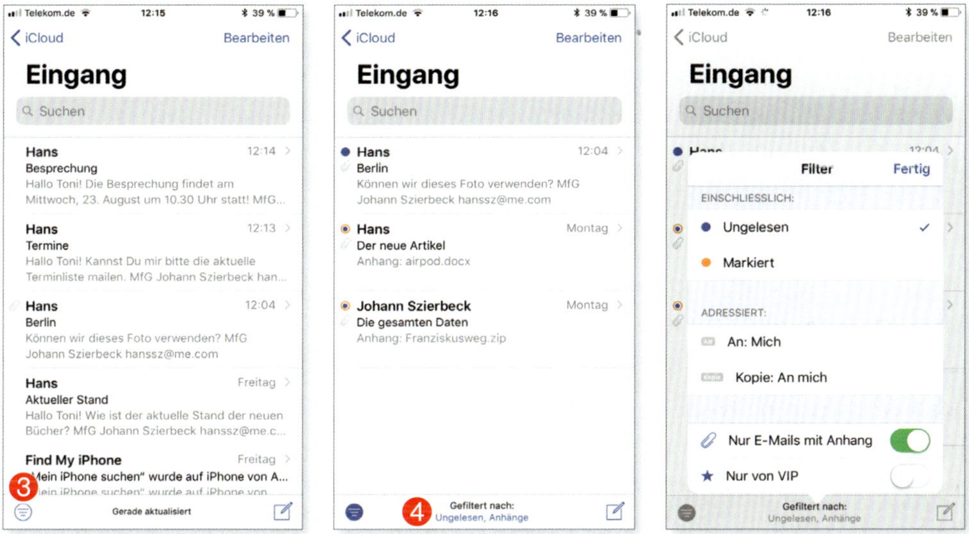

Die E-Mail-Anzeige kann gefiltert werden.

Nützliche Funktionen beim E-Mail-Empfang

Aber *Mail* kann noch mehr: Haben Sie eine E-Mail erhalten, die ebenfalls an viele andere Empfänger adressiert war (ein Beispiel sind E-Mails von Mailing-Listen), dann wird *Mail* Sie darauf hinweisen und Ihnen die Option anbieten, dass Sie sich von dieser Mailing-Liste direkt abmelden können. Außerdem erhalten Sie Hinweise über Kontakte oder Ereignisse, die in der E-Mail enthalten sind. Diese können Sie dann bei Bedarf in die Kontakte-App oder die Kalender-App aufnehmen. Dazu muss allerdings in den *Einstellungen* bei der jeweiligen App die entsprechende Funktion im Bereich *Siri & Suchen* aktiviert sein.

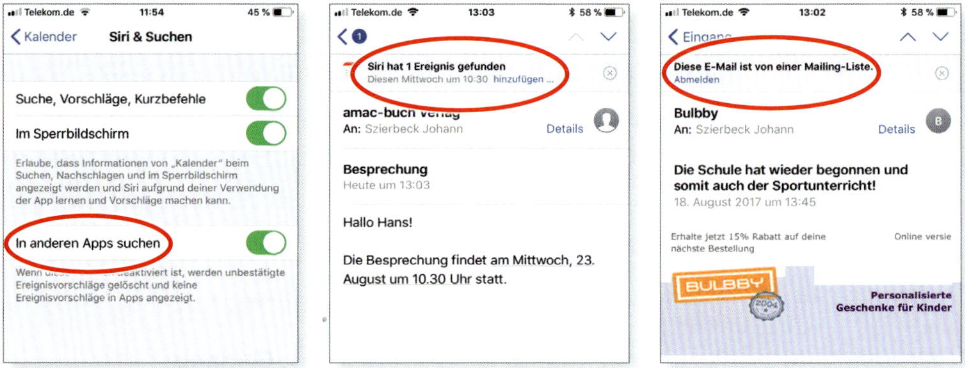

Sind die Einstellungen entsprechend aktiviert (links), lassen sich Kontaktdaten und Termine aus der E-Mail übernehmen (Mitte). Außerdem erkennt Mail, ob eine E-Mail von einer Mailingliste stammt, und bietet das Abmelden von dieser Liste an (rechts).

Antworten, Weiterleiten, Löschen

Das Beantworten, Weiterleiten und Löschen von E-Mails ist eine sehr einfache Sache. Wenn Sie eine E-Mail öffnen, ist am unteren Displayrand eine Reihe von Symbolen aufgelistet, die die entsprechenden Funktionen enthalten. Mit dem Pfeilsymbol Ⓐ können Sie eine E-Mail beantworten oder weiterleiten. Sie können sie damit sogar ausdrucken, sofern Sie einen WLAN-Drucker besitzen, der sich auf AirPrint versteht (siehe Kapitel 10 ab Seite 350). Das Mülleimersymbol Ⓑ steht natürlich für das Löschen der E-Mail.

In der Symbolleiste befinden sich die Funktionen zum Beantworten, Weiterleiten und Löschen einer E-Mail.

Es gibt noch andere Möglichkeiten, um E-Mails zu beantworten, weiterzuleiten oder zu löschen. Sie können in der E-Mail-Liste direkt diese Funktionen aufrufen, wenn Sie die E-Mail nach links verschieben. Damit wird die Löschen-Funktion eingeblendet, und mit *Mehr* (drei Punkte) erhalten Sie dann auch das Beantworten und die Weiterleitung.

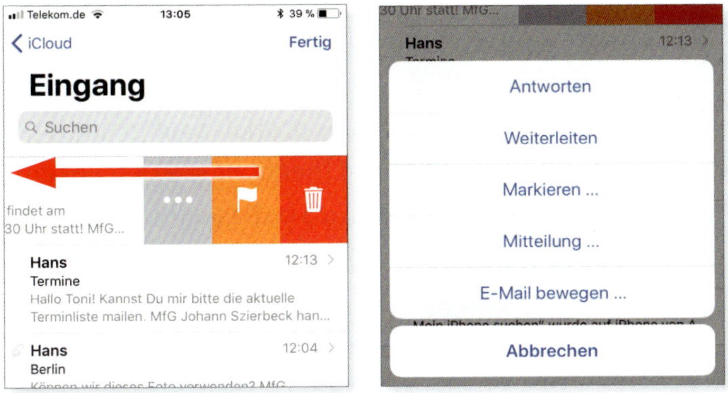

In der E-Mail-Übersicht können Sie ebenso löschen, antworten oder weiterleiten.

Für das Löschen gibt es noch einen dritten Weg. Wenn Sie mehrere E-Mails in einem Rutsch löschen wollen, dann tippen Sie in der E-Mail-Übersicht rechts oben auf *Bearbeiten* **C**. Anschließend können Sie die E-Mails markieren **D**, die Sie entfernen wollen. Zum Schluss müssen Sie dann nur noch auf *Löschen* **E** rechts unten tippen.

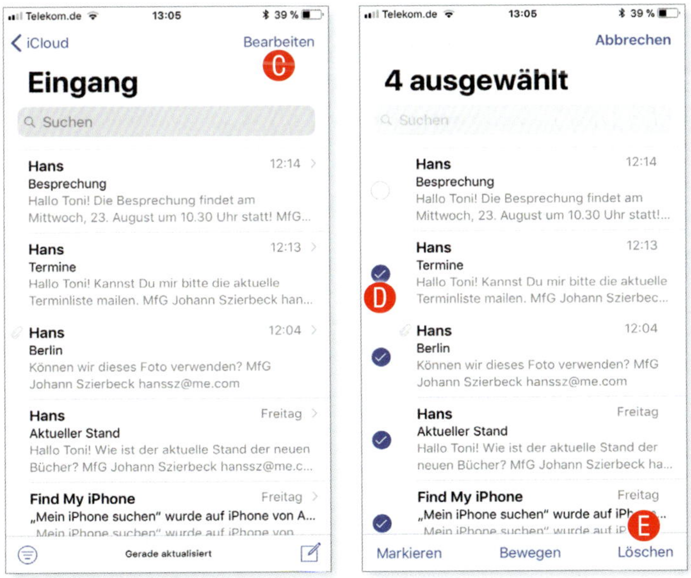

Mehrere E-Mails können in einem Durchgang gelöscht werden.

Konversationen

Beim Arbeiten mit E-Mails ist es sehr häufig der Fall, dass man auf eine E-Mail antwortet und dann eine Antwort auf die Antwort erhält – die dann wiederum von Ihnen erneut beantwortet wird. Auf diese Weise entsteht eine Konversation mit vielen E-Mails, die hin- und hergeschickt werden. Damit Sie den Überblick behalten, wer wann auf welche E-Mail geantwortet hat, werden solche Konversationen von der App *Mail* automatisch gesammelt und gruppiert.

Eine Konversation wird in der E-Mail-Übersicht speziell gekennzeichnet. Sie erhält einen blauen Doppelpfeil. Und wenn Sie diesen Pfeil antippen, werden die einzelnen E-Mails der Konversation aufgeklappt. Die E-Mails sind dabei chronologisch geordnet. Die neueste E-Mail steht immer an erster Stelle.

> !
>
> Die automatische Gruppierung der E-Mails nach Konversationen kann auch ausgeschaltet werden. Dann werden die E-Mails wieder einzeln in die Liste einsortiert. Bei **Einstellungen –> Mail** finden Sie im Bereich **Konversationen** die Option **Nach Konversation**. Wenn Sie diese Option ausschalten, werden die E-Mails nicht mehr gruppiert.

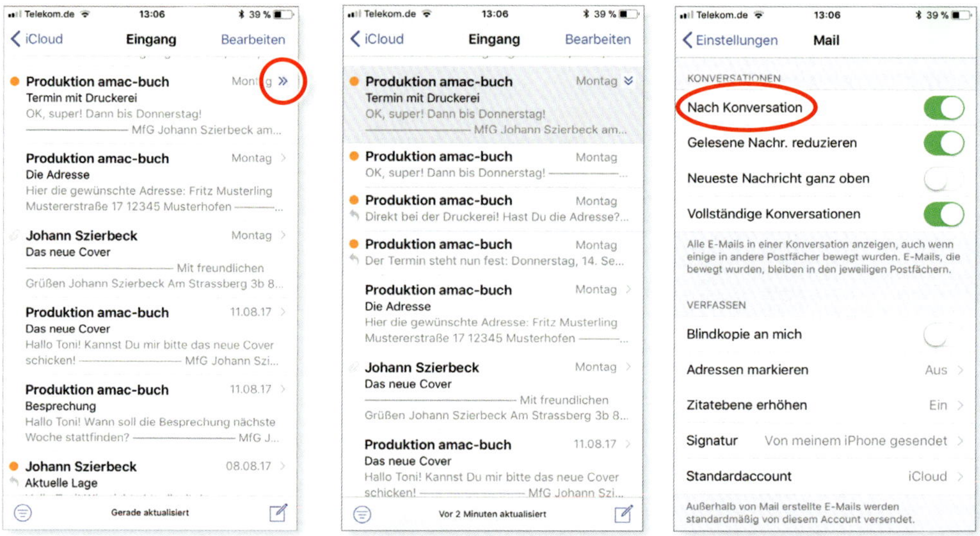

E-Mails werden automatisch nach Konversationen gruppiert (links und Mitte). Diese Funktion kann aber auch deaktiviert werden (rechts).

Anhänge

Mit E-Mails werden sehr oft Dateien verschickt. Am Computer ist die Weiterverarbeitung solcher E-Mail-Anhänge kein Problem, da man genügend Speicher auf der Festplatte zur Verfügung hat. Außerdem befinden sich entsprechende Programme auf dem Rechner, um die Anhänge zu öffnen. Auf dem iPhone sieht es da schon etwas anders aus.

Auf dem iPhone können grundsätzlich beliebige E-Mail-Anhänge empfangen werden. Wenn die angehängte Datei nicht zu groß ist und ein bekanntes Format (PDF, JPEG, Audio- und Videodatei) hat, dann können Sie den Anhang direkt in der E-Mail öffnen.

> **!** Sind die Dateianhänge zu groß, dann werden sie nicht automatisch auf das iPhone heruntergeladen. Sie müssen durch Antippen des Anhangs diesen manuell laden. Erst danach können Sie den Anhang betrachten.

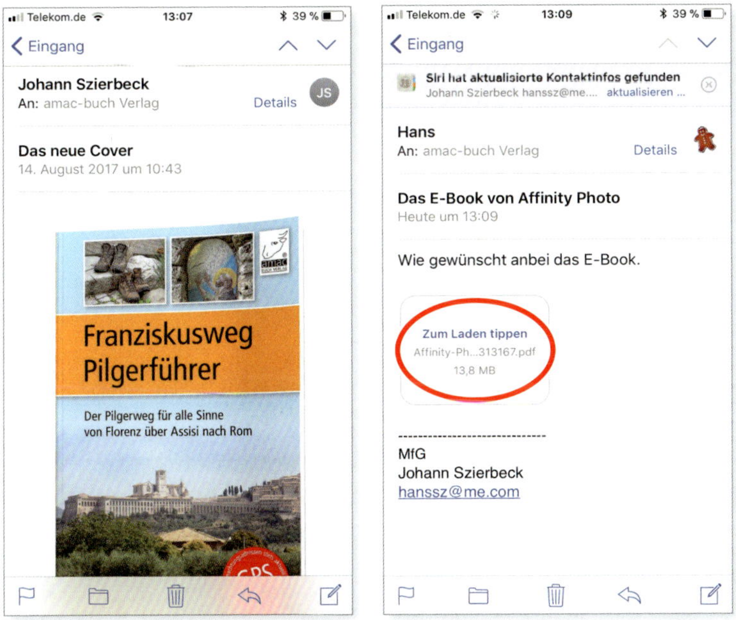

In der linken E-Mail wird der Anhang sofort geladen und angezeigt, da es sich nur um ein kleines Bild handelt. In der rechten E-Mail hingegen ist der Anhang sehr groß und wird erst heruntergeladen, wenn er angetippt wird.

> **!** Auch Zip-Dateien kann das iPhone in der App „Mail" empfangen und deren Inhalt anzeigen (**Inhaltsvorschau**). Die Inhalte können dann mit Hilfe der **Teilen**-Funktion an andere Apps oder an das iCloud Drive übergeben werden.

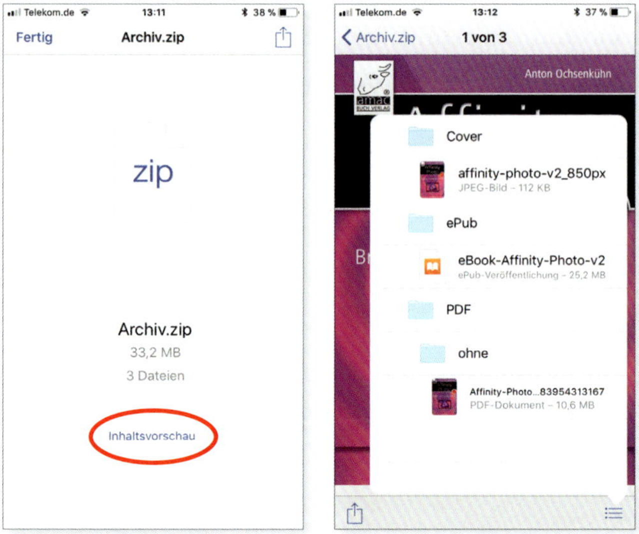

Selbst gezippte Dateien kann die „Mail"-App verarbeiten.

Anhang weiterverwenden

Die App *Mail* hat eine eigene Vorschaufunktion, in der Sie viele Dateianhänge direkt betrachten können, z. B. ein PDF oder eine Word-Datei. Man kann die Anhänge zwar betrachten, aber nicht bearbeiten. Dazu müssen die empfangenen Dateien an eine andere App weitergereicht werden.

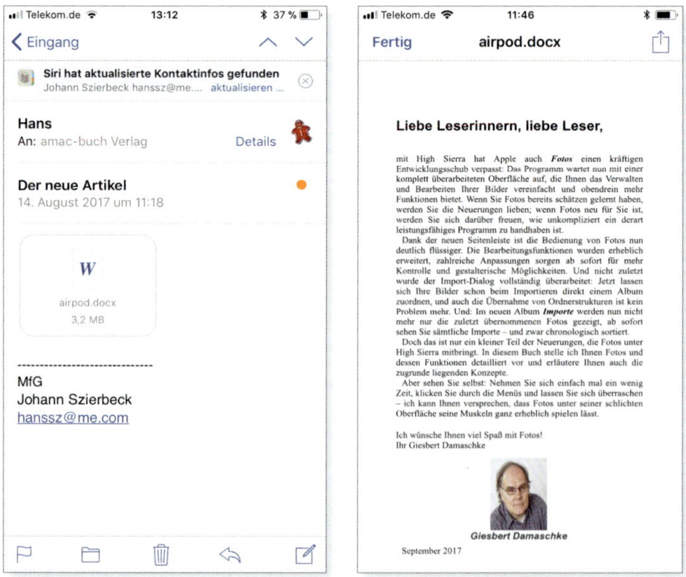

Eine angehängte Word-Datei (links) kann direkt in „Mail" betrachtet werden (rechts).

Die Weitergabe eines E-Mail-Anhangs kann auf zwei Arten geschehen. Die einfachste Methode haben Sie in der Vorschau von *Mail*. Dort befindet sich rechts oben das *Teilen*-Symbol. Wenn Sie es antippen, erhalten Sie eine Liste mit allen Apps auf Ihrem iPhone, mit denen es möglich ist, die Datei weiterzuverarbeiten. Sie müssen nur noch aus der Liste die gewünschte App antippen, um den Dateianhang dort zu öffnen.

Bei der anderen Methode müssen Sie etwas länger mit dem Finger auf den Anhang tippen, um die Teilen-Funktion direkt zu öffnen. Sie erhalten wieder eine Liste mit Apps, die die Datei bearbeiten können.

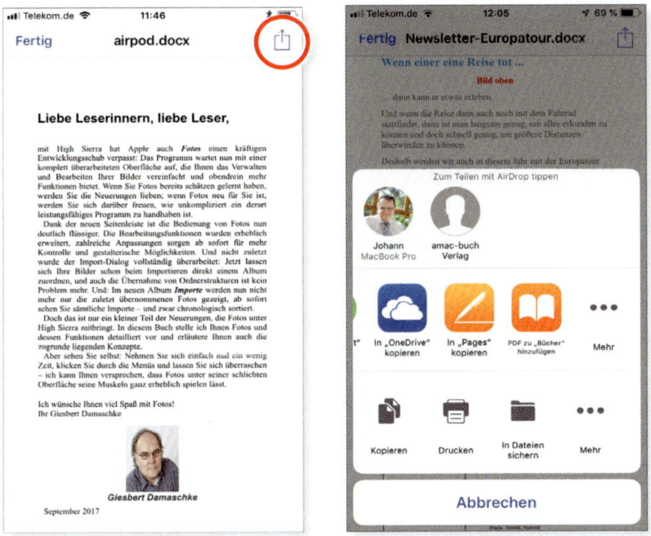

Mit der „Teilen"-Funktion können Sie den Dateianhang an eine andere App übergeben.

E-Mails verwalten

Das Versenden und Empfangen ist nur ein Teil der täglichen Arbeit mit E-Mails. Ein dritter Punkt ist die Ablage bzw. Verwaltung der E-Mails. Die App *Mail* bietet dazu einige Funktionen, die Ihnen die Verwaltung erleichtern.

Ordner erstellen

Die einfachste Methode, um eine Ordnung in die E-Mails zu bekommen, ist das Anlegen von neuen Ordnern und das anschließende Verschieben der E-Mails in die neuen Ordner. Auf diese Weise können Sie z. B. E-Mails der Familie von sonstigen E-Mails trennen.

Ein neuer Ordner ist schnell erstellt. Dazu müssen Sie zuerst die Übersicht der Postfächer einblenden. Dort tippen Sie dann rechts oben auf *Bearbeiten* ❶. Tippen Sie anschließend rechts unten auf die Funktion *Neues Postfach* ❷.

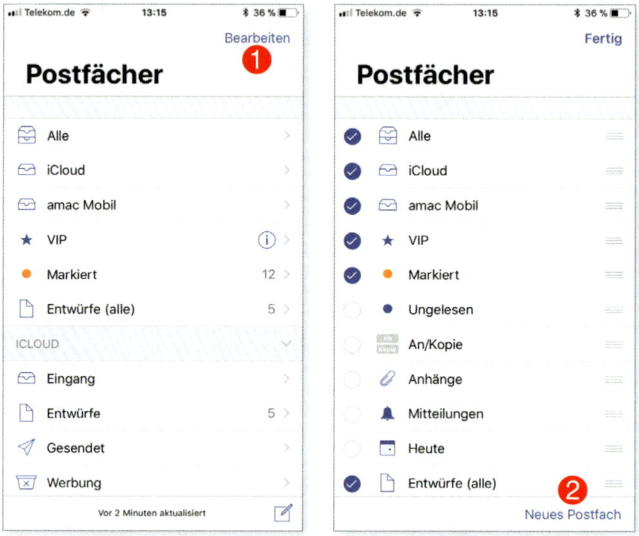

Ein neues Postfach wird in der Übersicht erstellt.

Um die E-Mails dann in das neue Postfach zu verschieben, tippen Sie in der E-Mail-Liste rechts oben auf *Bearbeiten* ❸ und wählen anschließend die E-Mails aus, die in das andere Postfach verschoben werden sollen. Jetzt müssen Sie nur noch am unteren Rand auf *Bewegen* ❹ tippen und das Ziel angeben.

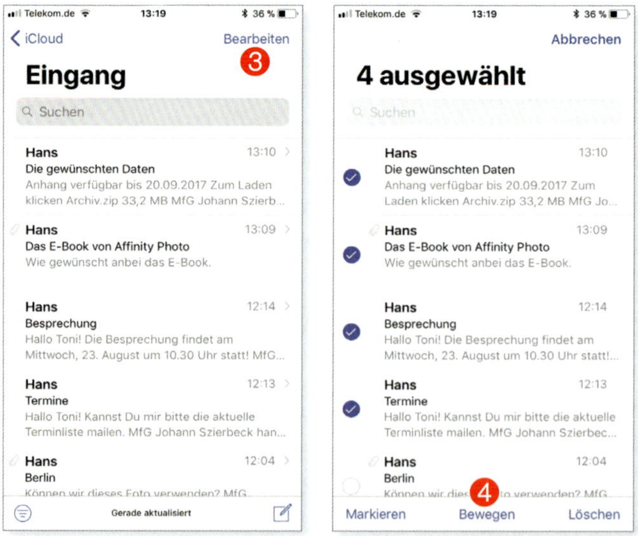

E-Mails können in andere Postfächer verschoben werden.

E-Mails markieren

Das Markieren von E-Mails ist ein weiterer Punkt, der Ihnen beim Verwalten und Sortieren von E-Mails behilflich sein kann. Beim Markieren wird die jeweilige E-Mail gekennzeichnet und erscheint dann automatisch in dem speziellen Ordner *Markiert* in der Postfachübersicht. Auf diese Weise können Sie z. B. wichtige E-Mails sammeln.

Um eine E-Mail zu markieren, gibt es wieder zwei Methoden. Die schnellste Methode führt zur E-Mail-Liste. Dort schieben Sie die jeweilige E-Mail nach links. Dadurch werden mehrere Optionen sichtbar, unter anderem auch *Markieren*. Tippen Sie die Option an, dann erhält die E-Mail einen farbigen Punkt und gilt als markiert. Die Markierung kann jederzeit über die gleichen Optionen wieder aufgehoben werden.

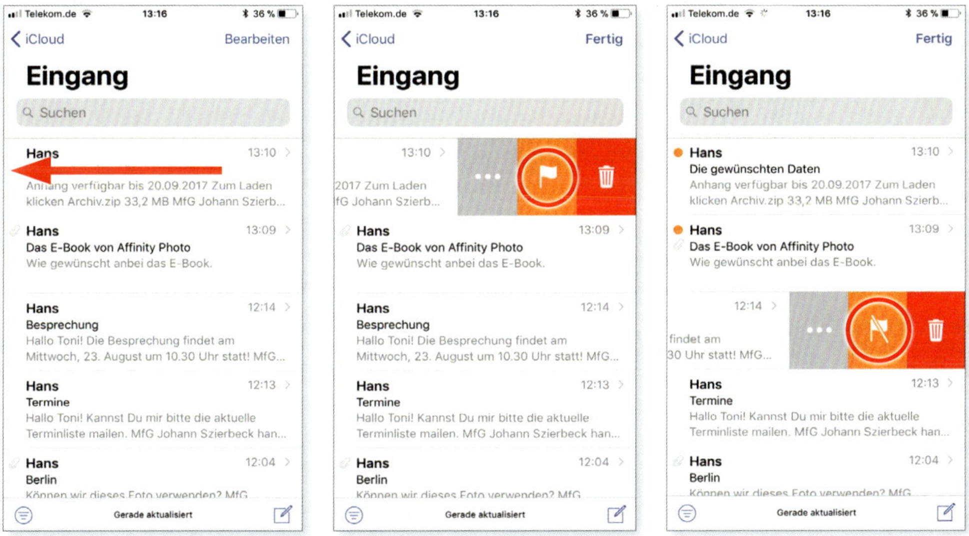

Eine E-Mail können Sie sehr schnell und komfortabel in der E-Mail-Liste markieren.

Mit der zweiten Methode können Sie die E-Mail direkt beim Lesen als markiert kennzeichnen. Dazu tippen Sie auf das kleine Fahnen-Symbol links unten und wählen anschließend die Funktion *Markieren*. Auf die gleiche Weise können Sie die Markierung wieder aufheben.

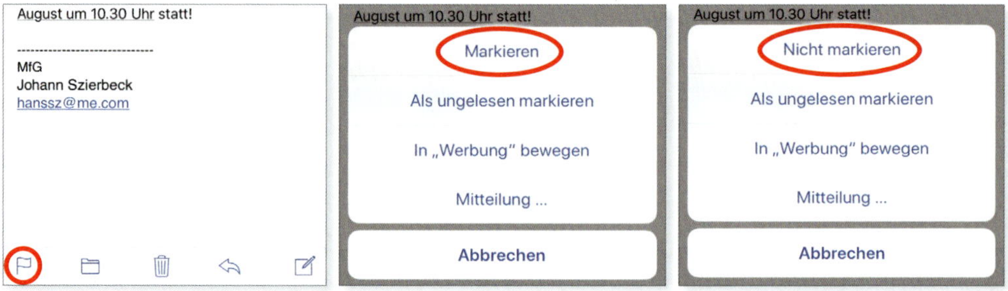

Eine Markierung kann auch während des Lesens durchgeführt werden.

Bis jetzt sind die E-Mails zwar markiert, aber wo befindet sich der spezielle Ordner, in dem alle markierten E-Mails gesammelt werden? Dieser Ordner ist standardmäßig ausgeblendet und muss nur sichtbar gemacht werden. Tippen Sie in der Postfach-Übersicht rechts oben auf *Bearbeiten* ❶ und anschließend in der Liste auf *Markiert* ❷. Dadurch wird das Häkchen gesetzt und der Ordner ist ab sofort permanent sichtbar.

> ! An dieser Stelle können Sie auch den Ordner **Ungelesen** einblenden. Somit haben Sie dann einen Ort, an dem alle noch nicht gelesenen E-Mails von allen Postfächern gesammelt sind.

Mit *Fertig* ❸ können Sie die Bearbeitung wieder verlassen. Wenn Sie nun den Ordner *Markiert* öffnen, werden Sie alle E-Mails sehen, die eine Markierung haben.

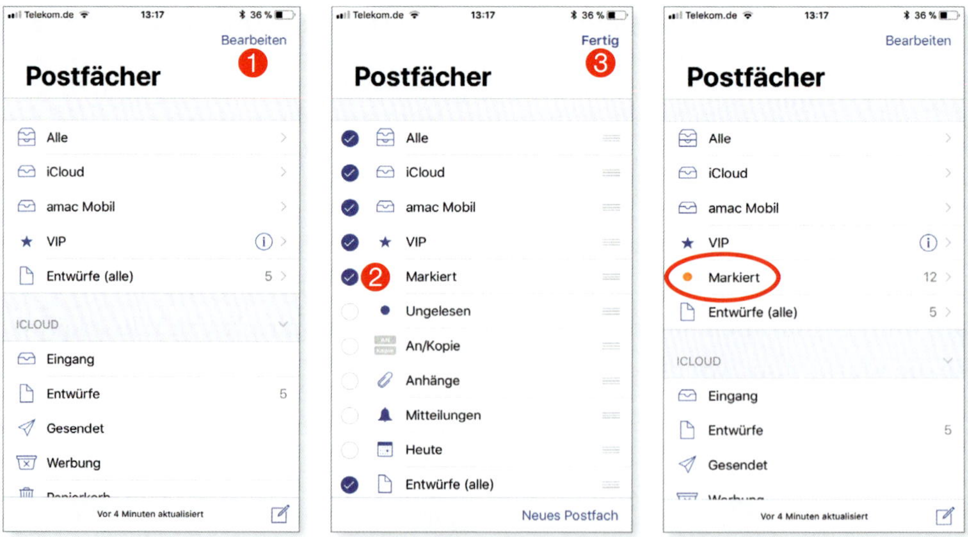

Der Ordner für die markierten E-Mails muss erst eingeblendet werden.

! Falls Sie lieber eine Fahne als Symbol für die markierten E-Mails haben wollen, weil z. B. die App **Mail** auf dem Mac dies auch so macht, dann öffnen Sie auf dem iPhone **Einstellungen –> Mail** und tippen auf die Option **Markierungsstil**. Dort können Sie von **Farbe** auf **Symbol** umschalten.

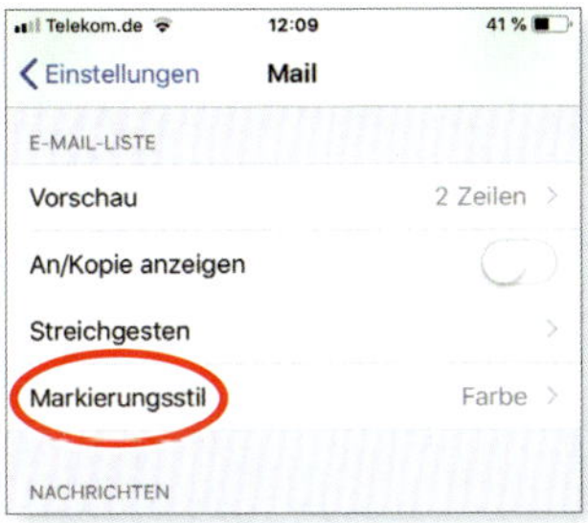

Die Art der Markierung kann in den „Einstellungen" geändert werden.

VIPs

Es gibt noch eine andere Möglichkeit, die E-Mails zu sortieren. Sie können alle E-Mails, die von wichtigen Personen kommen, in einem Ordner sammeln lassen. Man kann jeden Absender als VIP („Very Important Person") kennzeichnen, um dessen E-Mails gesondert zu sammeln.

Die Kennzeichnung einer Person bzw. eines Absenders als VIP führt in die Postfach-Übersicht. Dort finden Sie den Punkt *VIP*. Falls dieser nicht sichtbar sein sollte, können Sie ihn über *Bearbeiten* rechts oben einblenden. Tippen Sie auf *VIP* und anschließend auf *VIP hinzufügen*.

! Falls Sie bereits einen VIP angelegt haben und nun einen weiteren hinzufügen wollen, dann tippen Sie auf das **Infosymbol** auf der rechten Seite beim Punkt **VIP**. Dadurch öffnen Sie die Verwaltung der VIPs.

Wählen Sie dann aus Ihren Kontakten die VIP-Person aus. Das war's schon! Ab sofort werden alle E-Mails, die Sie von dieser Person erhalten, im Ordner *VIP* gesammelt. Dabei werden alle E-Mail-Adressen berücksichtigt, die bei dieser Person in Ihren Kontakten hinterlegt sind.

! Eine Person muss in den Kontakten gespeichert sein, damit sie als VIP gekennzeichnet werden kann.

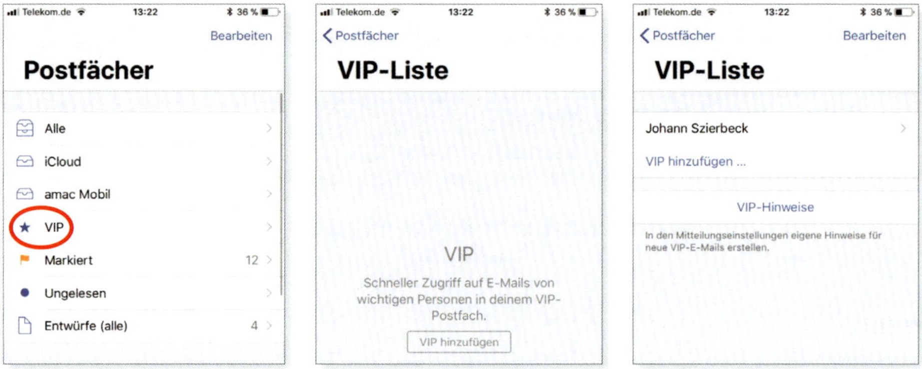

Ein neuer VIP entsteht.

Suche

Die App *Mail* bietet natürlich auch eine Suche, um E-Mails oder Absender zu finden. Dabei können Sie entweder in allen Postfächern gleichzeitig suchen oder ganz gezielt nur in einem bestimmten.

Wenn Sie ein Postfach öffnen, finden Sie das Suchfeld am Beginn der E-Mail-Liste. Tippen Sie im Suchfeld den gewünschten Suchbegriff ein ❶. Es können auch mehrere Suchbegriffe durch Leerzeichen getrennt eingegeben werden. Sie können entweder in allen Postfächern ❷ suchen oder nur im aktuellen ❸. Außerdem gibt Ihnen die App noch die Möglichkeit, die Suche einzugrenzen, indem Sie z. B. nur im Betreff oder den Absender suchen lassen ❹. Tippen Sie zum Start rechts unten auf *Suchen* ❺, um die Suche zu starten.

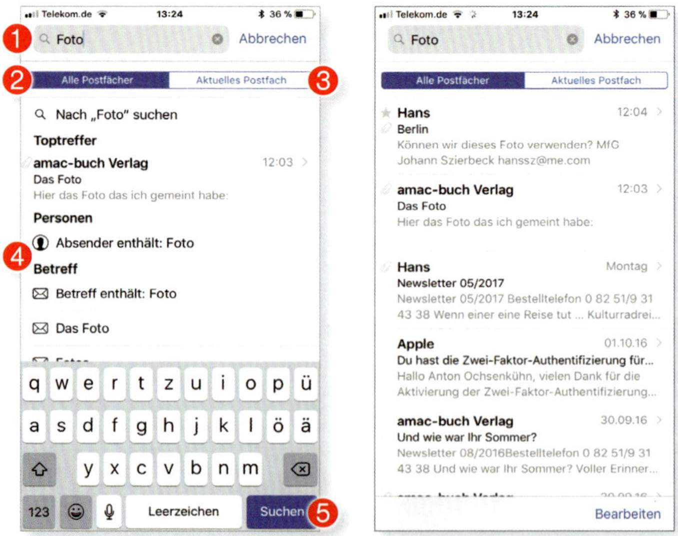

Die Postfächer können auch durchsucht werden.

Wichtige und interessante Einstellungen

Die App *Mail* ist sehr umfangreich, weswegen es auch viele Einstellungen für sie gibt. Ein Teil davon wurde bereits in den vorhergehenden Abschnitten beschrieben. Es gibt aber noch einige Einstellungen, die Sie sich mal ansehen sollten. Alle Optionen, die hier beschrieben sind, finden Sie unter *Einstellungen –> Mail*.

Vorschau

Vielleicht ist Ihnen aufgefallen, dass in der E-Mail-Liste einige Textzeilen der E-Mail eingeblendet sind. Dadurch können Sie die E-Mails leichter voneinander unterscheiden, da Sie etwas vom Inhalt sehen. Standardmäßig werden die ersten beiden Zeilen des Inhalts eingeblendet. Wenn Sie mehr Zeilen sehen wollen, dann müssen Sie die Option *Vorschau* ändern. Sie können dort die Vorschau auch komplett ausschalten.

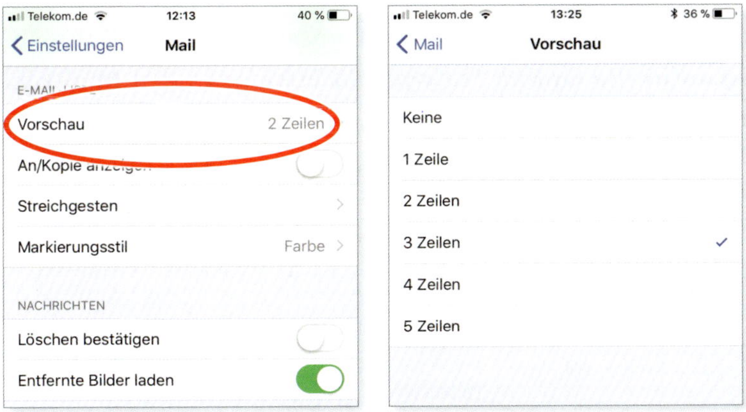

Die Anzahl der Zeilen für die Vorschau kann eingestellt werden.

Streichgesten

In der E-Mail-Übersicht können Sie einzelne E-Mails nach links oder rechts bewegen (streichen), um die Menüs mit den Optionen einzublenden. Unter dem Punkt *Streichgesten* können Sie nun einstellen, welche Optionen im linken und rechten Menü erscheinen sollen. Wenn Sie im linken Bereich lieber die Funktion *Markieren* haben wollen, dann können Sie das ändern.

Die Inhalte der Menüs für die Streichgesten können geändert werden.

Bilder von Webservern laden

Um das Download-Kontingent Ihres Mobilfunkvertrags nicht zu belasten, können Sie beim Empfang von E-Mails die Bilder ausblenden, die eventuell enthalten sind. Das ist besonders bei Werbe-E-Mails und Newslettern interessant, die Sie empfangen. Anstelle der Bilder wird einfach ein leerer Rahmen angezeigt. Sie müssen dafür die Option *Entfernte Bilder laden* in den Mail-Einstellungen ausschalten.

> **!** Die Option hat keinerlei Einfluss auf Bilder, die per E-Mail-Anhang empfangen werden, sondern nur auf Bilder, die über eine Internetadresse verknüpft sind.

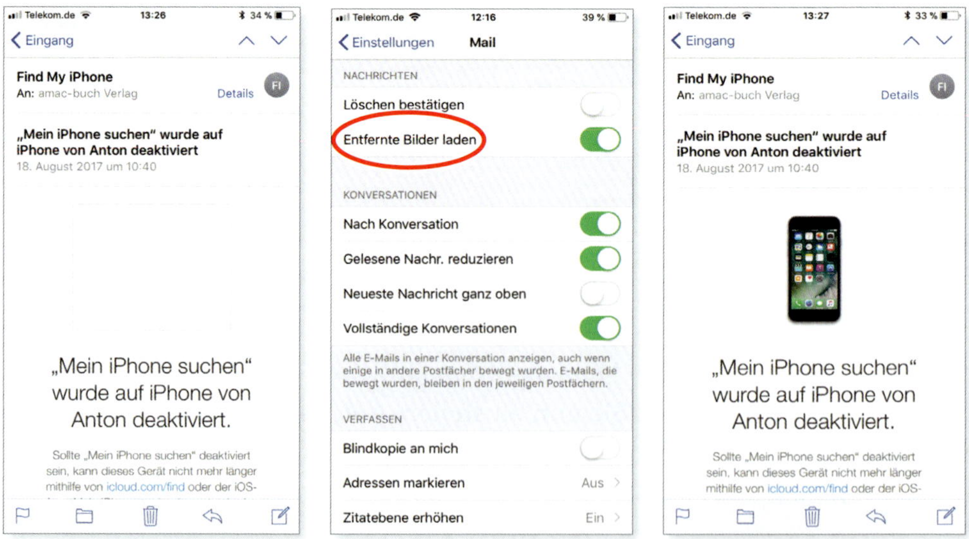

Wird die Option ausgeschaltet, dann werden keine Bilder in der E-Mail angezeigt (links). Erst bei einer Aktivierung werden die Bilder der E-Mail geladen und angezeigt (rechts).

Signatur

Ein wichtiger Punkt beim Verfassen und Versenden von E-Mails ist die Signatur. Eine Signatur wird automatisch an das Ende des E-Mail-Textes angefügt und enthält für gewöhnlich den Namen und die Kontaktdaten des Absenders. Die Signatur für das Versenden von E-Mails auf dem iPhone kann natürlich individuell eingestellt werden. Die Option *Signatur* in den *Mail*-Einstellungen enthält den Text, der als Signatur verwendet wird. Sie können entweder einen Text für alle Postfächer (*Alle Accounts*) verwenden oder für jedes Postfach einen eigenen (*Pro Account*). Geben Sie dazu einfach den gewünschten Text in das jeweilige Feld ein.

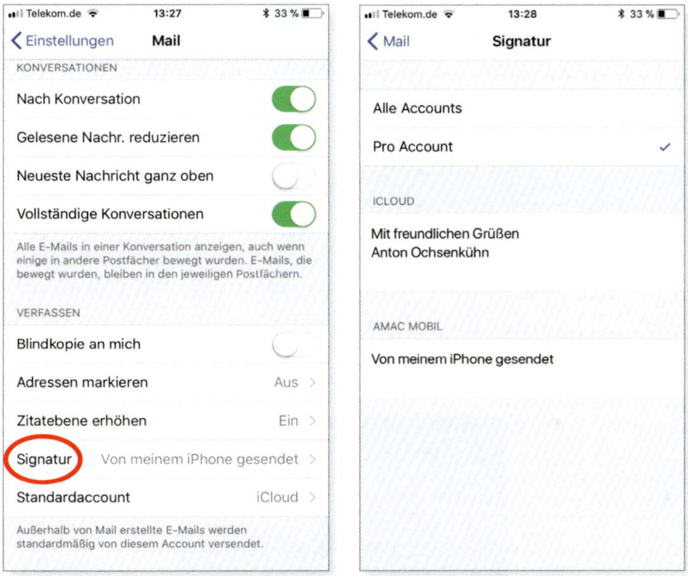

Die Signatur kann für jedes E-Mail-Postfach individuell eingestellt werden.

Standardaccount

Wenn Sie wollen, dass eine neue E-Mail immer von einem bestimmten E-Mail-Postfach verschickt wird, dann müssen Sie die Option *Standardaccount* ändern. Dort legen Sie fest, mit welcher E-Mail-Adresse standardmäßig eine E-Mail versendet wird. Diese lässt sich zwar jederzeit beim Schreiben einer E-Mail ändern (siehe Seite 163), aber es gibt noch einen anderen Einsatzort für den Standardaccount. Die Option ist ganz besonders wichtig, wenn Sie direkt aus anderen Apps (z. B. *Fotos* oder *Safari*) eine E-Mail versenden. In diesen Fällen wird auch der Standardaccount herangezogen.

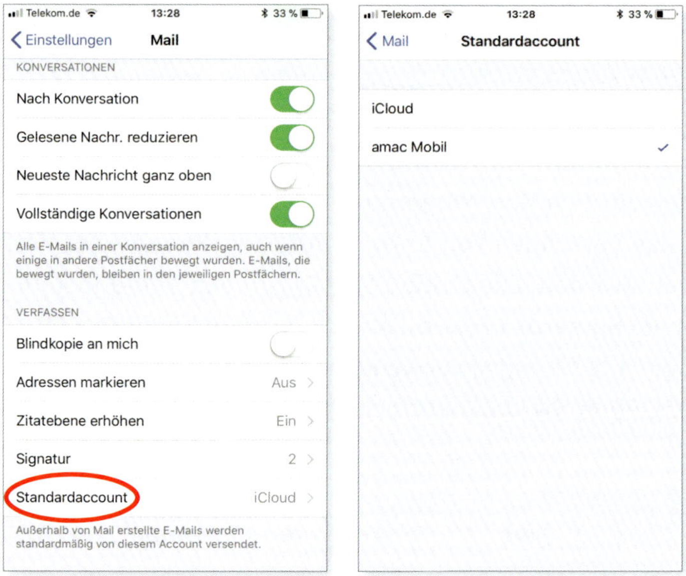

Mit welcher E-Mail-Adresse sollen neue E-Mails standardmäßig verschickt werden?

Data Detector

Hinter dem sperrigen Begriff *Data Detector* versteckt sich etwas sehr Nützliches: Informationen (z. B. in einer E-Mail, in einer Nachricht etc.) können einfach per Fingertipp an die entsprechende App weitergegeben werden.

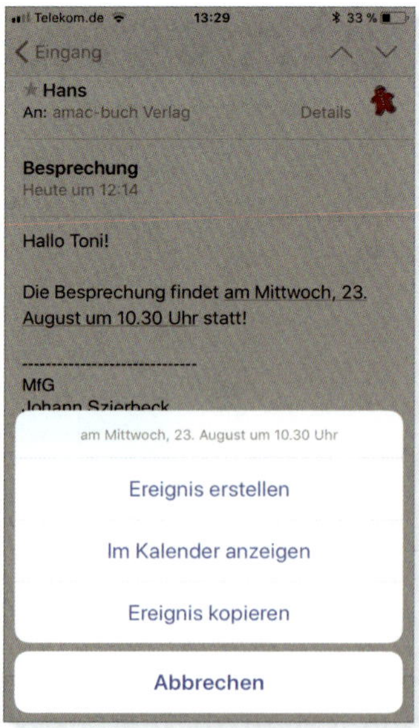

Eine E-Mail enthält Termin- und Ortsinformationen und sobald man darauf tippt, erscheint das Zusatzfenster mit weiteren Optionen.

Sie können an den unterstrichenen Passagen erkennen, dass hier Zusatzfunktionen aufrufbar sind.

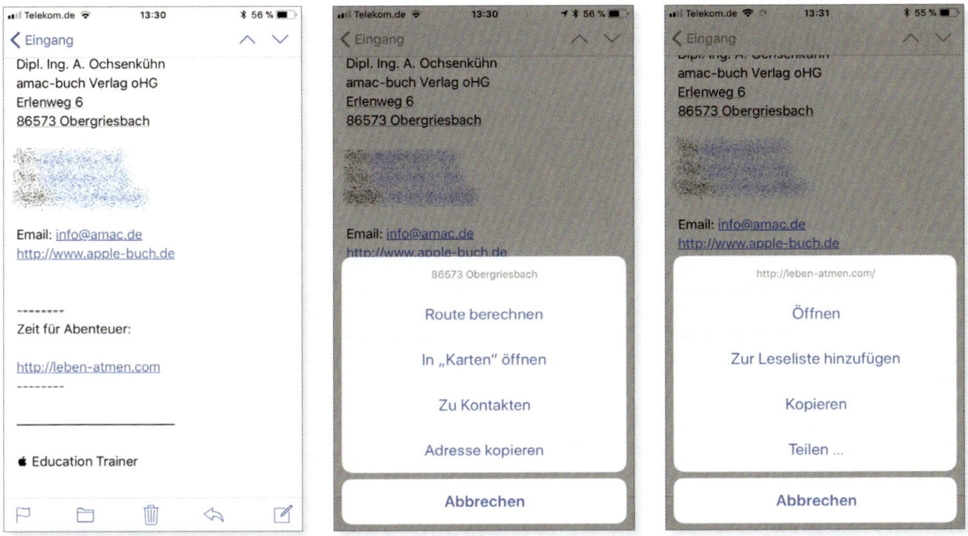

Im linken Bildschirmfoto erkennen Sie eine Signatur, mit einer Reihe von Informationen, die an andere Apps weitergereicht werden können.

Haben Sie beispielsweise auf eine Internetadresse (URL) getippt, kann sofort der Safari-Browser gestartet werden.

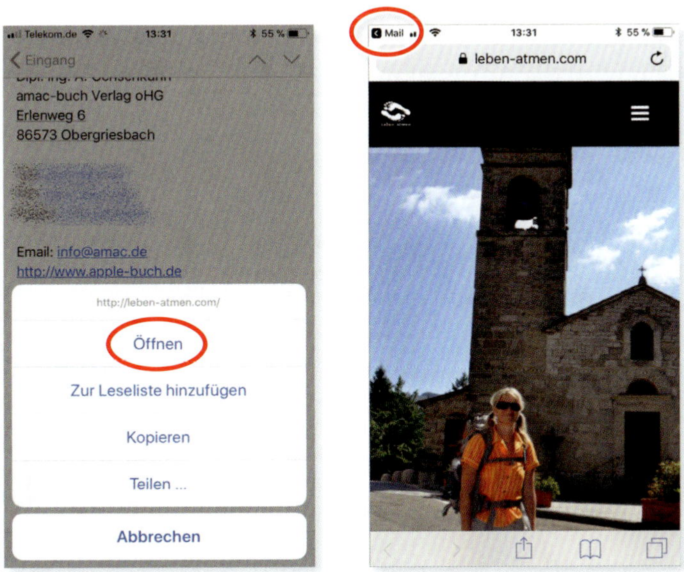

Via „Öffnen" wird Safari mit der Webseite nach vorn geholt. Tippen Sie links oben auf „Mail", um wieder zurückzukehren. Mit 3D Touch geht's noch ein wenig schneller.

FaceTime

FaceTime ist eine weitere Möglichkeit, um über das iPhone zu kommunizieren. FaceTime ist ein Dienst von Apple, mit dessen Hilfe Sie einen Video- und Audiochat führen können – genau so, wie Sie es vielleicht von Skype kennen. FaceTime nutzt die Internetverbindung und nicht das Telefonnetz. Besonders bei Anrufen ins Ausland entstehen Ihnen mit FaceTime keine Zusatzkosten.

> **!** FaceTime gibt es nicht nur auf dem iPhone, sondern auch auf dem iPad und Mac.

Voraussetzung für die Nutzung von FaceTime ist eine Apple-ID. In den *Einstellungen* unter *FaceTime* können Sie nicht nur den Dienst aktivieren ❶, sondern auch die Apple-ID hinterlegen ❷. Für alle Nutzer sind Sie dann per FaceTime mit Ihrer Apple-ID und Ihrer normalen Telefonnummer erreichbar. Sie können aber noch andere E-Mail-Adressen hinzufügen, mit denen man Sie per FaceTime erreichen kann. Gehen Sie zu *Einstellungen –> Ihr Name (Apple-ID, iCloud, iTunes & App Store) –> Name, Telefonnumer, E-Mail* ❸. Dort sind alle E-Mail-Adressen aufgelistet, unter denen Sie per iMessage oder FaceTime erreichbar sind. Tippen Sie auf *Bearbeiten* und anschließend auf *E-Mail oder Telefon hinzufügen* ❹, und geben Sie die E-Mail-Adresse an. Um einer missbräuchlichen Nutzung vorzubeugen, erhalten Sie nach Angabe der Adresse eine E-Mail, in der Sie die neue Adresse noch bestätigen müssen. Erst danach wird die Adresse für FaceTime-Anrufe freigegeben.

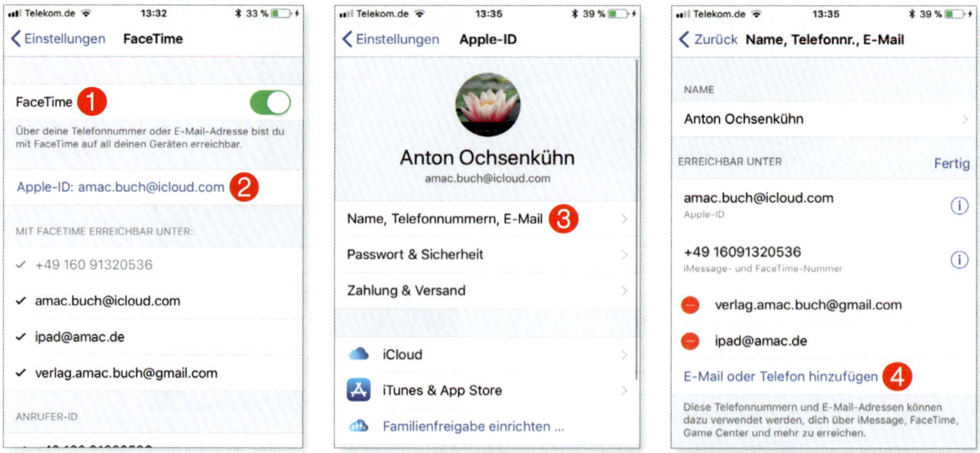

FaceTime muss aktiviert und die Apple-ID hinterlegt sein (links). Weitere E-Mail-Adressen für FaceTime müssen Sie erst anlegen (rechts).

Wenn Sie alle Einstellungen vorgenommen haben, können Sie die App Face-Time starten und Ihren ersten Video- oder Audiochat führen. Dazu müssen Sie entweder einen Namen, eine Telefonnummer oder eine E-Mail-Adresse in das Eingabefeld eingeben. Dazu müssen Sie zuerst auf auf das Plussymbol ❺ tippen. Wenn der entsprechende Kontakt angezeigt wird, müssen Sie dann nur noch entscheiden, ob Sie einen Videochat ❻ oder nur einen Audioanruf ❼ führen wollen. Tippen Sie das entsprechende Symbol an, um den Anruf zu starten.

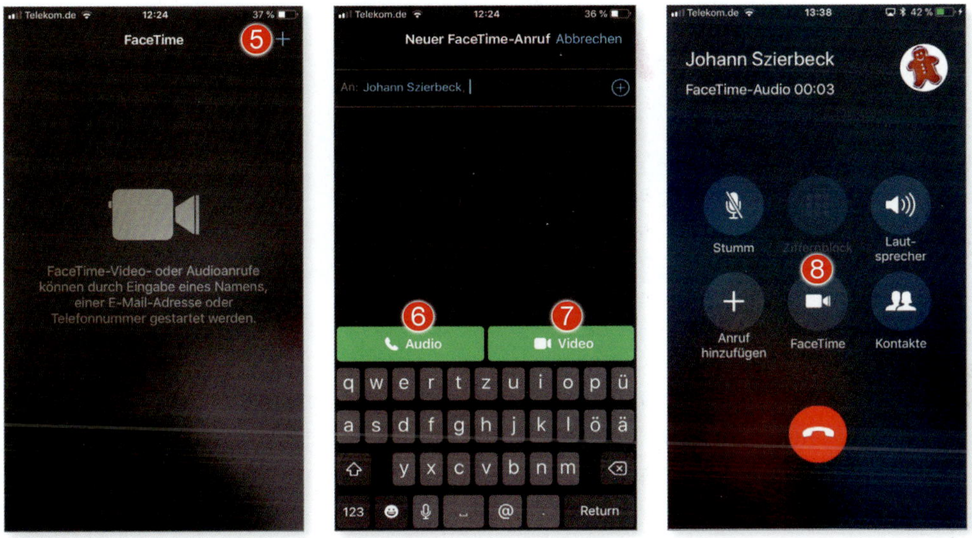

Ein FaceTime-Anruf wird gestartet.

Bei einem Audio-Anruf stehen Ihnen die gleichen Optionen zur Verfügung wie bei einem herkömmlichen Telefonat. Der einzige Unterschied besteht darin, dass Sie während des Telefonats auf einen Videochat ❽ wechseln können.

Der Videochat bietet hingegen andere Optionen, die Sie erhalten, wenn Sie auf das Symbol mit den drei Punkten tippen ❿. Sie können zwischen den Kameras auf der Front- und Rückseite wechseln ⓫. Auch das kleine Fenster mit Ihrem eigenen Bild lässt sich einfach mit dem Finger verschieben. Außerdem können Sie das iPhone drehen, um so im Querformat zu chatten. Sie können das Mikrofon ⓬ und die Kamera ⓭ vorübergehend ausschalten und sogar auf den Lautsprecher ⓮ des iPhones umschalten.

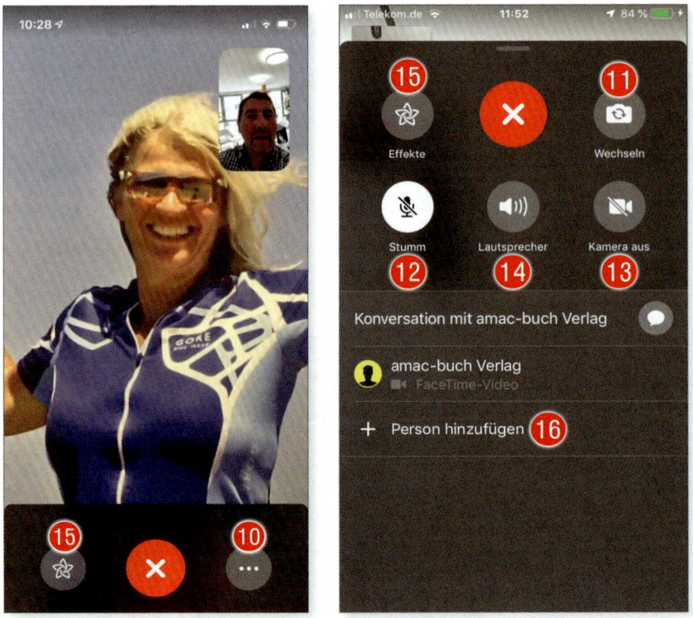

Ein Videochat via FaceTime.

> **!** Über die Schaltfläche **Effekte** 15 lassen sich Filter, Texte, animierte Formen und Aktivitäten und Sticker hinzufügen. Diese Funktionen entsprechen den gleichen, wie Sie sie beim Erstellen und Versenden von iMessages haben (siehe Seite 143).

FaceTime mit mehreren Personen

Mit iOS 12 hat Apple die Möglichkeit eingeführt, einen FaceTime-Anruf mit mehreren Personen durchzuführen. Wenn Sie einen FaceTime-Videochat gestartet haben, dann tippen Sie rechts unten auf das Symbol mit den drei Punkten 10, um das Kontextmenü zu öffnen. Dort können Sie dann mit *Person hinzufügen* 16 eine weitere Person zum Chat einladen.

Kapitel 6 Safari

Der große Vorteil eines Smartphones ist, dass Sie jederzeit im Internet surfen können, egal wo Sie sich gerade befinden. Zum Surfen wird aber ein Internetbrowser benötigt. Auf dem iPhone ist das die App *Safari*. In diesem Kapitel erfahren Sie, wie man Safari bedient und welche Möglichkeiten die App bietet.

Die Oberfläche

Die Oberfläche von Safari ist sehr aufgeräumt. Im oberen Bereich befindet sich die Eingabezeile ❶ für die Internetadressen bzw. die Internetsuche. Am unteren Displayrand gibt es eine Symbolleiste mit diversen Funktionen. Mit den Pfeilen ❷ können Sie rückwärts und vorwärts blättern. Das *Teilen*-Symbol ❸ ist für die Weitergabe von Daten bzw. für das Ausführen von zusätzlichen Funktionen zuständig. Natürlich hat Safari auch *Lesezeichen*, die Sie über das Symbol ❹ erreichen. Außerdem gibt es noch die Tabs bzw. die iCloud-Tabs ❺.

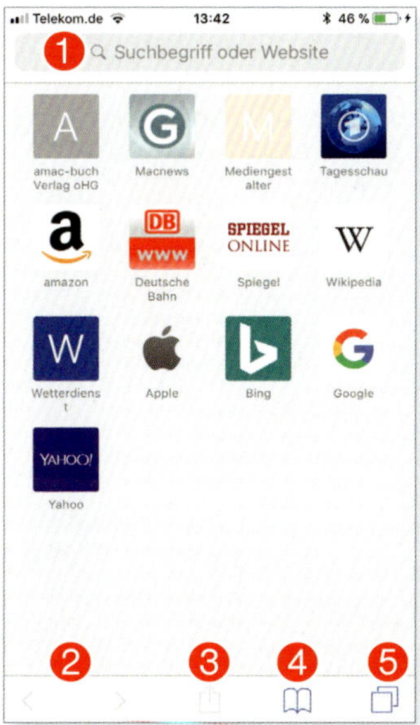

Die Oberfläche der App „Safari".

> **!** Während Sie eine Internetseite lesen bzw. nach unten scrollen, werden alle Funktionen inklusive der Symbolleiste ausgeblendet. Somit ist mehr Displayfläche für die Internetseite verfügbar. Wenn Sie die Eingabezeile und die Symbolleiste wieder einblenden wollen, dann tippen Sie auf die URL, die am oberen Displayrand eingeblendet ist.

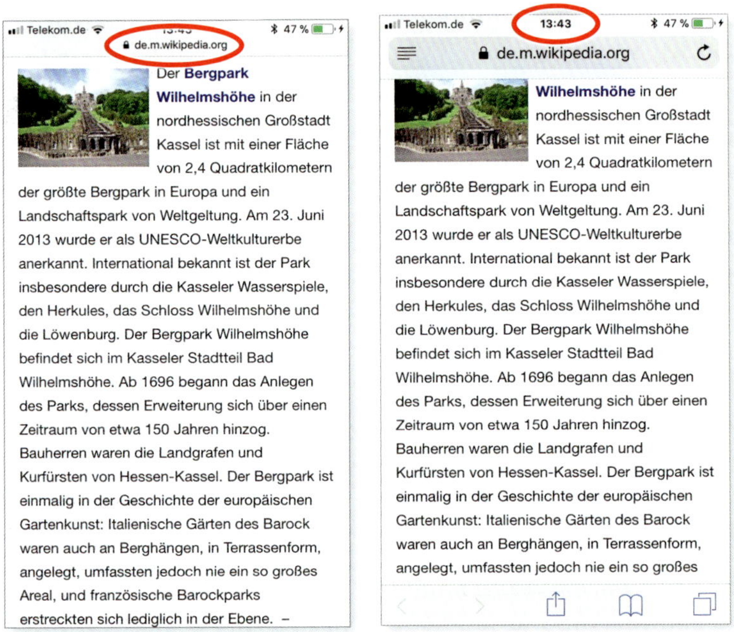

Wenn die Eingabezeile und die Symbolleiste ausgeblendet sind (links), genügt ein Fingertipp auf die URL in der Kopfzeile, um sie wieder sichtbar zu machen (rechts). Tippen Sie zudem auf die Uhrzeit, dann wird auf der Internetseite automatisch ganz nach oben gescrollt. Das funktioniert in vielen anderen Apps aber auch – Sie sollten das mal testen.

Optionen für das Surfen

Das Surfen mit dem iPhone bzw. Safari muss eigentlich nicht erklärt werden, da es sehr einfach ist: Internetadresse eingeben, auf *Öffnen* tippen und warten, bis die Seite erscheint. Das Eingabefeld für die Internetadresse kann gleichzeitig auch für eine Suche verwendet werden. Wenn es sich bei der Eingabe um keine Internetadresse handelt, wird automatisch eine Websuche gestartet.

Es gibt aber speziell für das iPhone einige zusätzliche Optionen, die beim Surfen im Internet sehr hilfreich sein können – vor allem weil das iPhone nur ein kleines Display besitzt.

Mobil-Version oder Desktop-Version?

Moderne Websites bieten einen speziellen Service für Smartphones an. Man kann sehr oft eine eigene Version der Internetseite für Mobiltelefone öffnen. Diese Version ist auf dem kleinen Display wesentlich besser zu lesen als die normale Desktop-Version der Internetseite. Im Normalfall wird automatisch die Mobil-Version beim Öffnen einer Internetseite angezeigt, wenn es eine gibt. Die Mobil-Version nutzt zwar das Display besser aus, aber es kann auch sein, dass einiges nicht angezeigt wird, was in der Desktop-Version vorhanden ist. Aus diesem Grund können Sie jederzeit zwischen den beiden Versionen hin- und herwechseln.

Zum Wechseln müssen Sie Ihren Finger nur etwas länger auf das Symbol *Erneut laden* am rechten Rand der Eingabezeile legen. Nach wenigen Sekunden erscheint eine Meldung, in der Sie dann mit der Option *Desktop-Site anfordern* zur anderen Version wechseln können. Auf die gleiche Weise kommen Sie wieder zur Mobil-Version zurück.

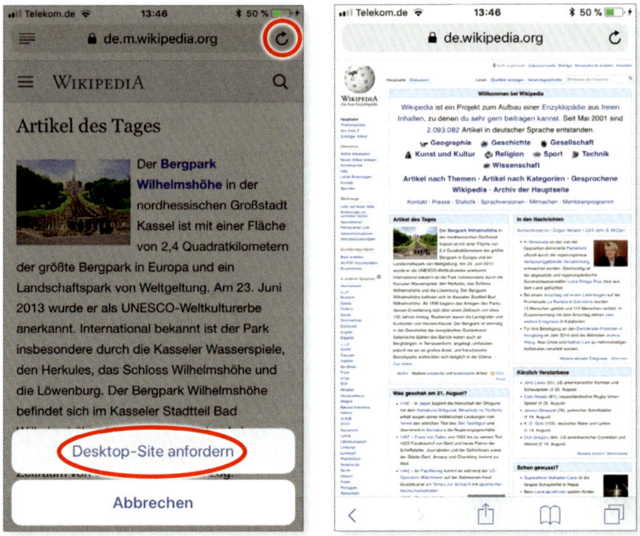

In „Safari" kann man jederzeit zwischen den verschiedenen Versionen der Internetseiten wechseln.

> **!** Im Desktop-Modus können Sie übrigens durch Doppeltippen auf eine Textpassage diese optimal für das Display zoomen. Erneutes doppeltes Antippen bringt Sie wieder in die vorherige Darstellung zurück. Und manchmal ist das iPhone im Querformat fürs Lesen auch besser geeignet als im Hochformat. Also einfach ausprobieren.

Reader-Modus

Ein anderer Service, der von vielen Internetseiten angeboten wird, ist der Reader-Modus. Der Reader-Modus wird sehr oft von Nachrichten-Portalen angeboten, da er sich wesentlich besser zum Lesen eignet als die reguläre Internetseite. Im Reader-Modus werden alle überflüssigen Seitenelemente ausgeblendet (z. B. Navigation, Farben, Grafikelemente etc.). Man erhält nur den reinen Text mit den Bildern. Außerdem können Sie die Schriftgröße, die Schriftart und die Hintergrundfarbe des Textes ändern, um ihn noch besser lesen zu können.

Das Wechseln in den Reader-Modus ist nur ein Arbeitsschritt. Wenn eine Internetseite über die Reader-Funktion verfügt, dann erscheint links neben der URL das Reader-Symbol. Dieses müssen Sie nur noch antippen. Im Reader-Modus können Sie dann auf der rechten Seite in der Eingabezeile die Schriftgröße festlegen. Mit einem erneuten Tippen auf das Reader-Symbol können Sie den Modus wieder verlassen.

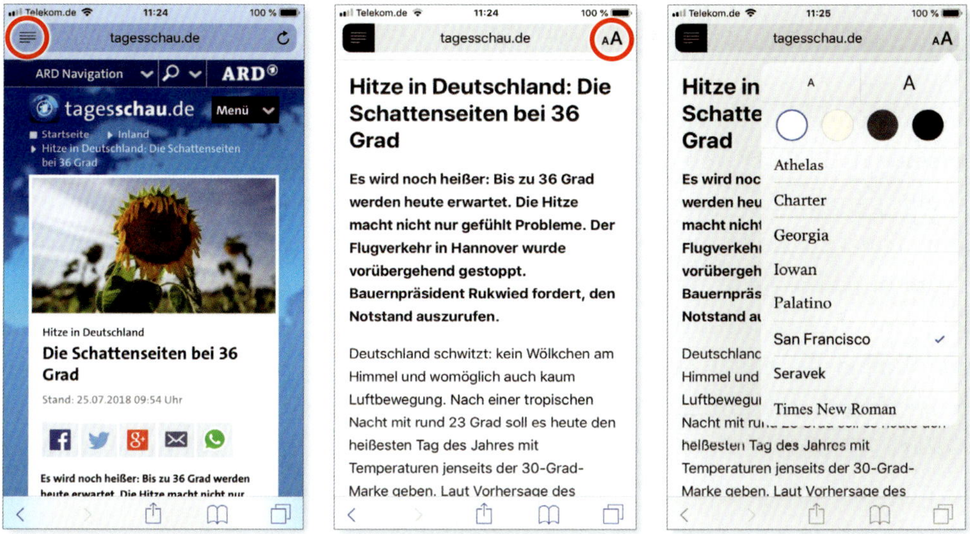

Im linken Bild ist die normale Internetseite mit dem Artikel zu sehen, während rechts der Reader-Modus aktiviert ist.

Der Reader-Modus lässt sich auch permanent aktivieren. Das bedeutet, dass eine Seite automatisch im Reader-Modus geöffnet wird, wenn die Seite diese Funktion unterstützt. Sie müssen also nicht mehr manuell umschalten. Die permanente Aktivierung erreichen Sie, wenn Sie den Finger etwas länger auf das Reader-Symbol halten. Im Kontextmenü wählen Sie dann die Option *Auf allen Websites verwenden*.

Der Reader-Modus kann für alle Internetseiten grundsätzlich aktiviert werden.

Als PDF sichern

Safari hat noch eine weitere Funktion, die nützlich ist: das Speichern einer Internetseite als PDF. Durch das Speichern als PDF können Sie die Internetseite zu einem späteren Zeitpunkt lesen, und vor allem benötigen Sie keinen Internetzugang. Das PDF kann offline auf dem iPhone geöffnet und gelesen werden.

Um nun eine Seite als PDF zu sichern, tippen Sie auf das *Teilen*-Symbol ❶ in der Symbolleiste. Im Teilen-Menü wählen Sie dann die Funktion *PDF erstellen* ❷ aus. Nun wird ein PDF generiert, das automatisch in der Vorschau geöffnet wird. In der Vorschau können dann auch sofort Markierungen ❸ mit den gewohnten Werkzeugen hinzufügen. Wenn Sie dann links oben auf *Fertig* ❹ tippen können Sie das PDF auf dem iCloud Drive sichern. Alternativ dazu können Sie auch via *Teilen* das PDF an eine andere App übergeben.

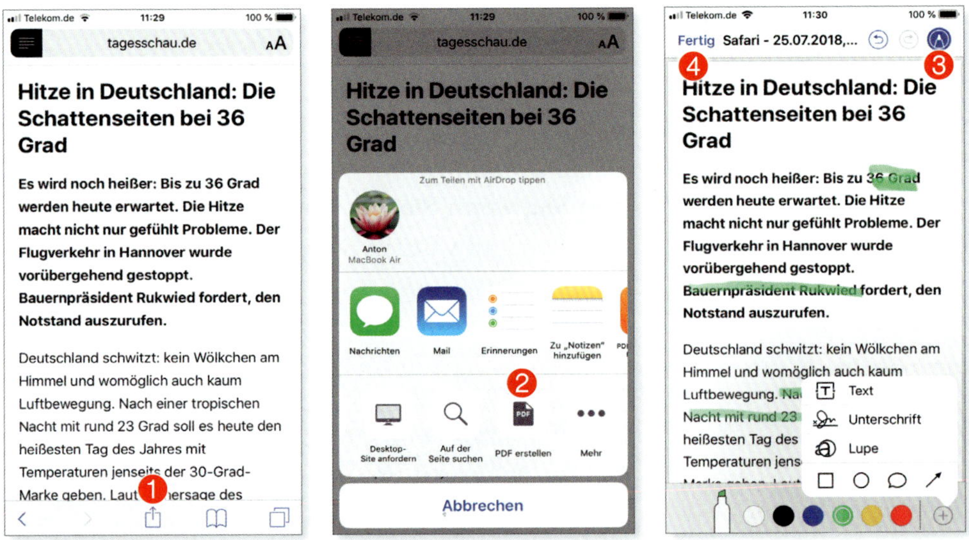

Mit der „Teilen"-Funktion kann von jeder Internetseite ein PDF gespeichert werden.

! Die Funktion **PDF in iBooks sichern** ist ebenfalls im Teilen-Menü verfügbar. Mit ihr wird das fertige PDF sofort an iBook übergeben und wird dort auch sofort gesichtert. Diese Funktion ist auch in vielen weiteren Apps (z. B. in Mail) verfügbar. So können Sie beispielsweise eine empfangene Excel-Datei in der Voransicht öffnen und mit **Teilen** in das PDF-Format umwandeln.

Auf der Internetseite suchen

Um auf einer dargestellten Internetseite nach einem Begriff zu suchen, tippen Sie diesen einfach in die URL-Zeile ein.

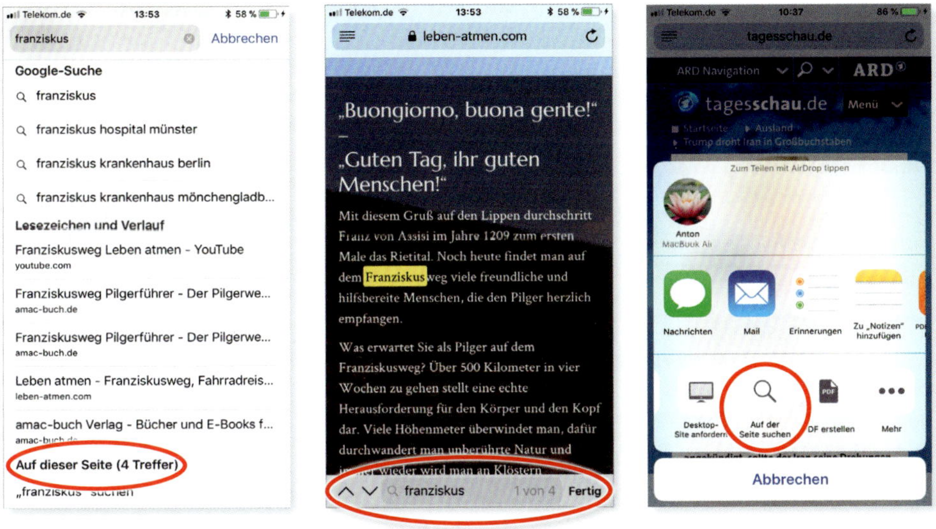

Ein Begriff in der URL-Zeile wird automatisch als Suchbegriff der aktuellen Webseite verwendet. Oder rufen Sie die Suche über das „Teilen“-Menü auf.

Sobald Sie nun auf die Zeile *Auf dieser Seite* getippt haben, erscheint wieder die Internetseite mit der ersten Fundstelle, die zudem farbig markiert ist. Am unteren Rand finden Sie die Funktionen zum Anspringen der weiteren Fundstellen.

Texte/Bilder von Webseiten weiterverwenden (Zwischenablage)

Über die Zwischenablage des iPhone können Sie Texte oder Bilder von Webseiten in andere Apps übernehmen.

> **!** Achten Sie bitte immer auf die Urheberrechte!

Haben Sie eine Internetseite aufgerufen, die interessante Informationen enthält, dann können Sie z. B. etwas länger auf ein Foto der Seite tippen, um es via *Kopieren* in die Zwischenablage zu befördern. Wechseln Sie nun in eine andere App, und holen Sie mit *Einsetzen* den Inhalt an die entsprechende Stelle.

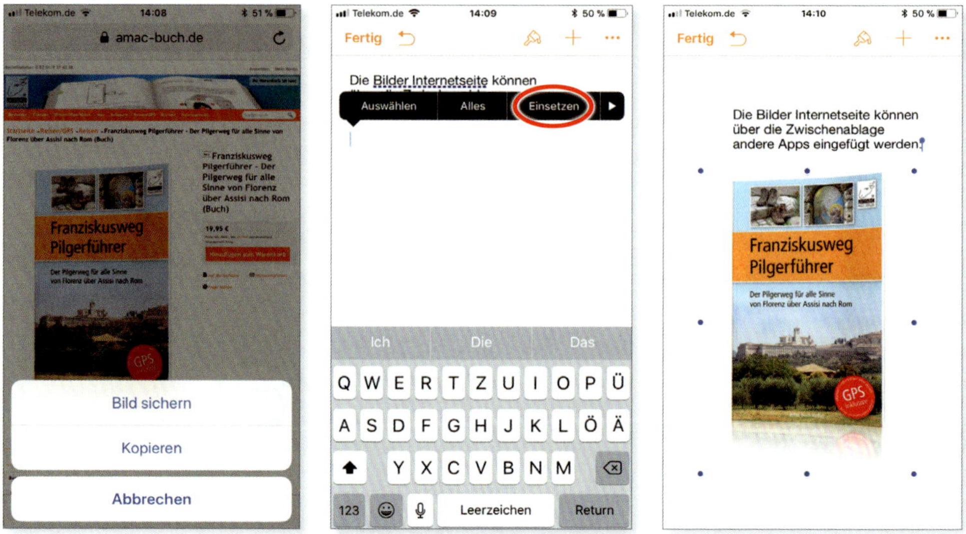

Über die Zwischenablage (Kopieren, Einsetzen) können Bilder und Texte applikationsübergreifend ausgetauscht werden.

Wollen Sie Text markieren, dann halten Sie Ihren Finger für ca. 1,5 Sekunden auf den Text. Dadurch erscheinen die Anfasser, mit denen Sie den Text markieren können. Das iPhone hilft Ihnen dabei, komplette Absätze zu markieren. Natürlich ist es auch möglich, Texte zusammen mit Fotos zu markieren und diese dann gemeinsam in die Zwischenablage zu bringen.

> **!** Übrigens: Mit **Ausschneiden** wird das markierte Element aus der App entfernt und in die Zwischenablage verschoben. Da in der Zwischenablage nur ein Speicherplatz verfügbar ist, wird beim nächsten Kopier- oder Ausschneidevorgang der vorherige Inhalt ohne Rückmeldung überschrieben.

Internetadressen organisieren

Es kommt sehr häufig vor, dass man immer wieder die gleichen Internetseiten ansteuert, z. B. Nachrichten-Portale oder Zeitungen. Damit man nicht jedes Mal die ganze Internetadresse eintippen muss, kann man die Adressen in Safari abspeichern und später in einem Arbeitsschritt wieder aufrufen. Safari bietet in dieser Hinsicht mehrere Möglichkeiten. Die bekannteste sind die Lesezeichen.

Lesezeichen

In den Lesezeichen können Sie beliebige Internetadressen ablegen und verwalten. Das Anlegen eines neuen Lesezeichens ist sehr einfach. Zuerst öffnen Sie die Internetseite, die Sie speichern wollen.

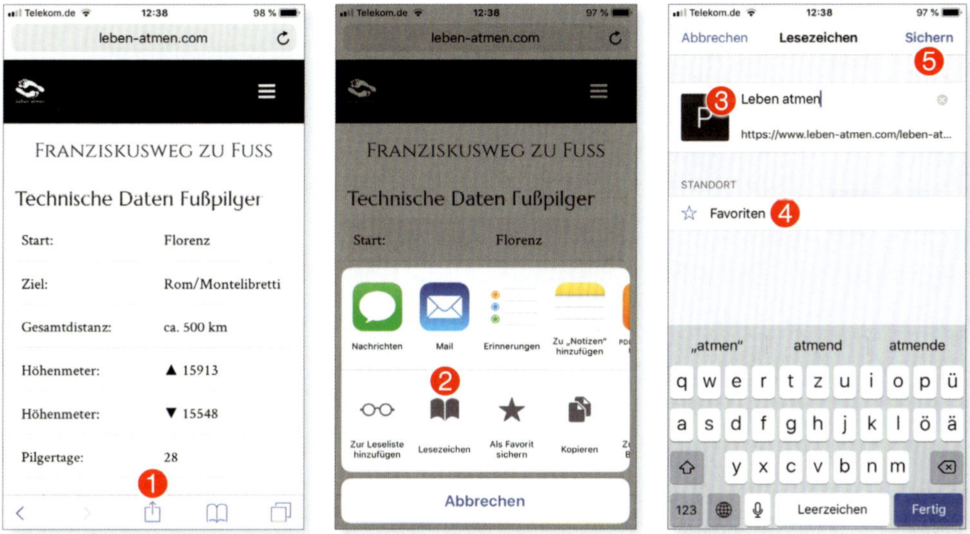

Jede Internetadresse kann als Lesezeichen gesichert werden.

Anschließend tippen Sie auf das *Teilen*-Symbol ❶ in der Symbolleiste. Im Teilen-Menü wählen Sie dann die Option *Lesezeichen* ❷ aus. Jetzt können Sie noch den Namen für das Lesezeichen ändern ❸ und den Speicherort bzw. Ordner ❹ festlegen. Mit *Sichern* rechts oben ❺ wird dann das Lesezeichen erstellt.

> **!** Etwas schneller geht es mit einem 3D Touch auf das Lesezeichensymbol Ⓐ. Ein fester Druck auf das Symbol öffnet ein Kontextmenü, das Funktionen zum Anlegen neuer Lesezeichen enthält.

Um ein Lesezeichen zu öffnen, benötigen Sie die Übersicht. Die Übersicht der Lesezeichen erhalten Sie, wenn Sie das entsprechende Symbol Ⓐ in der Symbolleiste antippen. In der Übersicht sind alle Lesezeichen abgelegt. Dort müssen Sie nur auf das gewünschte Lesezeichen tippen, um die Internetseite zu öffnen.

In der Übersicht können Sie mit *Bearbeiten* Ⓑ neue Ordner anlegen Ⓒ, die Lesezeichen löschen Ⓓ und verschieben Ⓔ. Eine besondere Stellung unter den Lesezeichen nehmen die *Favoriten* Ⓕ ein. Wenn Sie dort ein Lesezeichen ablegen, erscheint es automatisch in Safari, wenn Sie eine leere Seite geöffnet haben. Die Bearbeitung können Sie mit *Fertig* **G** wieder verlassen.

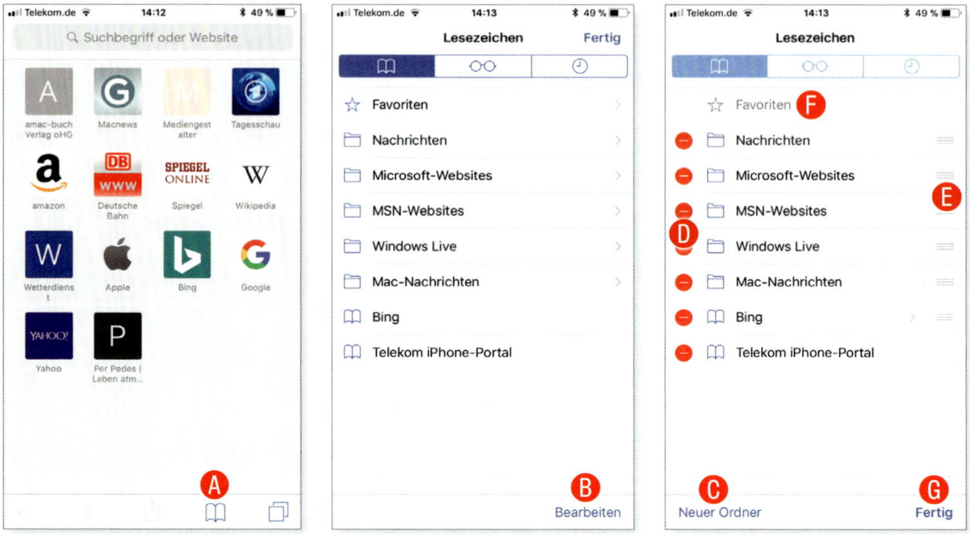

In der Übersicht können die Lesezeichen aufgerufen und organisiert werden.

> **!** Wenn Sie den Namen oder den Ablageort eines Lesezeichens ändern wollen, wechseln Sie zuerst in den **Bearbeiten**-Modus. Danach tippen Sie auf das Lesezeichen. Nun können Sie den Namen und den Ordner ändern.

Icons auf dem Home-Bildschirm

Eine sehr elegante Methode, um die Adresse einer Internetseite zu sichern, ist das Anlegen eines eigenen Icons auf dem Home-Bildschirm. Die Internetadresse wird dann wie eine App behandelt. Wenn Sie auf das Icon im Home-Bildschirm tippen, wird die Internetseite automatisch geöffnet.

Ein Icon für den Home-Bildschirm erhalten Sie, wenn Sie das *Teilen*-Menü öffnen und dort auf die Option *Zum Home-Bildschirm* tippen. Anschließend können Sie noch einen Namen für das Icon vergeben. Tippen Sie dann rechts oben auf *Hinzufügen*, wird das Icon erstellt und automatisch auf dem Home-Bildschirm geladen.

> **!** Das Icon auf dem Home-Bildschirm kann natürlich in einen Ordner oder auf einen anderen Bildschirm verschoben werden. Es wird auf die gleiche Weise wie eine App gelöscht (siehe Kapitel 7 ab Seite 224).

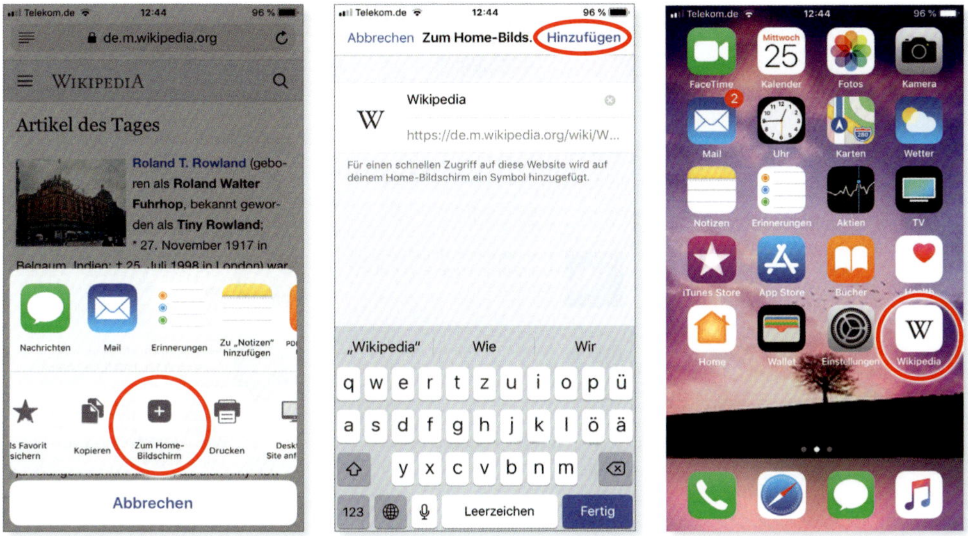

Eine Internetadresse kann als eigenes Icon auf dem Home-Bildschirm gesichert werden.

Leseliste

Mit der Funktion *Leseliste* hat Apple in eine sehr intuitiv bedienbare Funktion integriert, um interessante Webseiten für späteres Lesen ganz einfach in einer Liste zusammenzufassen. Das Tolle daran ist, dass die Leseliste via iCloud mit dem iPad oder Mac synchronisiert werden kann. Sie können also z. B. auf dem Mac mehrere Seiten zur Leseliste hinzufügen und dann später auf dem iPhone unterwegs die Seiten aus der Leseliste aufrufen. Das Ganze funktioniert natürlich auch umgekehrt. Ein weiterer Vorteil der Leseliste ist das Herunterladen und Speichern der Seiten. Sie können die Seiten der Leseliste also auch offline ansehen (*Einstellungen –> Safari –> Leseliste –> Automatisch offline sichern*).

Eine Seite ist sehr schnell zur Leseliste hinzugefügt. Sie benötigen wieder das *Teilen*-Menü. Dort tippen Sie dann auf *Zur Leseliste hinzufügen*. Die Leseliste selbst finden Sie bei den *Lesezeichen*. Im oberen Bereich können Sie die *Leseliste* einblenden. Jetzt müssen Sie nur noch einen der Einträge antippen, um ihn zu öffnen. Wenn Sie einen Eintrag wieder entfernen wollen, dann schieben Sie ihn nach links. Dadurch wird die *Löschen*-Funktion sichtbar.

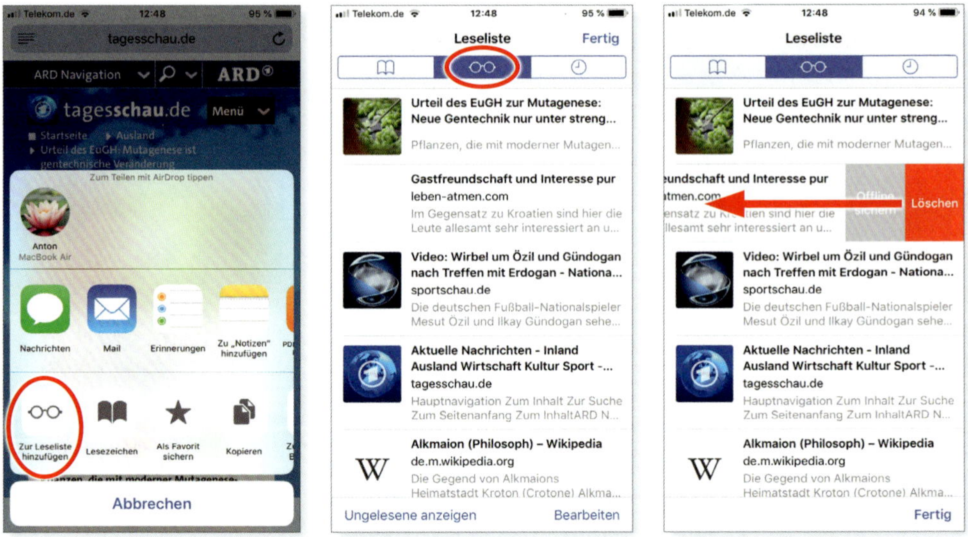

Die „Leseliste" hält Seiten für das spätere Lesen bereit.

Tabs und iCloud-Tabs

Auf dem Rechner sind Ihnen Tabs im Browser bestimmt bekannt. Auf diese Weise kann man mehrere Internetseiten in einem Fenster öffnen. Die Seiten werden dann als Tabs (Register) auf der Seite angezeigt. Safari auf dem iPhone besitzt auch Tabs, allerdings werden sie dort etwas anders dargestellt.

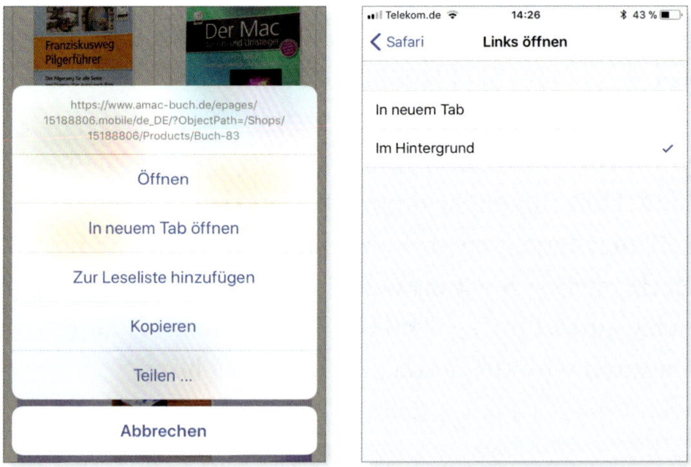

Tippen Sie für etwa 2 Sekunden auf einen Hyperlink, dann bekommen Sie verschiedene Optionen präsentiert (links). „In neuen Tab öffnen" erzeugt dabei einen neuen Tab. Möchten Sie den Tab im Hintergund öffnen, dann ändern Sie das hier: „Einstellungen –> Safari –> Links öffnen" (rechts).

Die Tabs erreichen Sie mit dem entsprechenden Symbol ❶ in der Symbolleiste von Safari. In der Tab-Darstellung werden die geöffneten Seiten ❷ hintereinander aufgereiht. Wenn Sie mit dem Finger nach oben und unten streichen, können Sie in den Tabs blättern. Zum Öffnen eines Tabs bzw. der Seite müssen Sie ihn nur antippen. Einen neuen Tab bzw. eine leere Seite erhalten Sie, wenn Sie auf das Plus-Symbol ❸ in der unteren Leiste tippen.

! Wenn Sie einen Hyperlink mit zwei Fingern antippen, dann wird die entsprechende Webseite im Hintegrund als neuer Tab geöffnet.

Geschlossen wird ein Tab mit dem kleinen x-Symbol ❹ auf der linken Seite des Tabs. Um die Tab-Darstellung wieder zu verlassen, tippen Sie auf *Fertig* ❺.

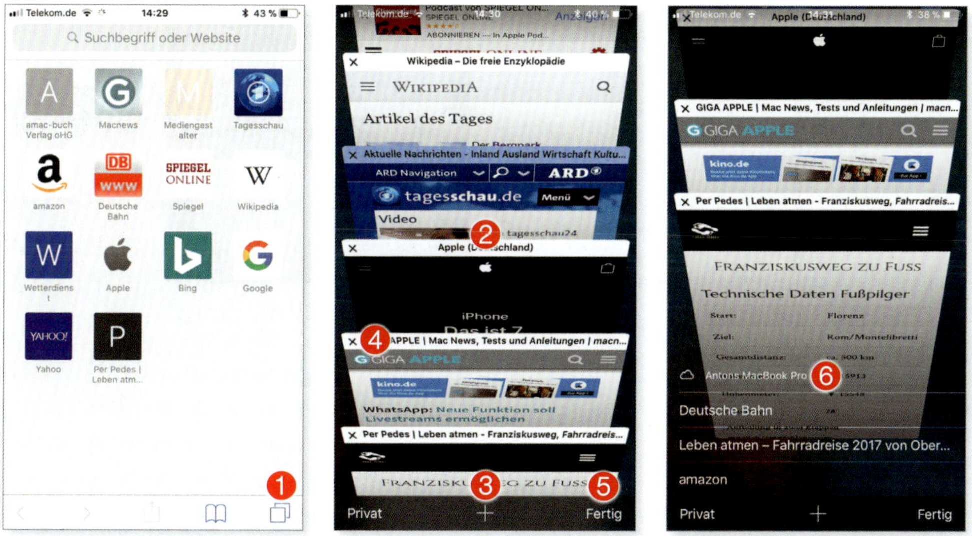

Die Tab-Darstellung von Safari auf dem iPhone.

Falls Sie iCloud nutzen, dann können Sie auch mit iCloud-Tabs arbeiten. Dabei werden die geöffneten Tabs von Safari zwischen Ihren Geräten (iPhone, iPad, Mac) synchronisiert. Die Tabs, die Sie z. B. auf dem Mac geöffnet haben, finden Sie auch auf dem iPhone wieder. Sie müssen in der Tab-Ansicht nur ganz nach unten scrollen ❻. Dort werden die Tabs nach Geräten sortiert aufgelistet und können geöffnet werden.

> **!** Neue Tabs können auch etwas schneller erstellt werden. Wenn Sie etwas stärker auf das Tabsymbol ❶ drücken (3D Touch), öffnet sich ein Kontextmenü. Dort können Sie dann nicht nur sofort einen leeren neuen Tab erstellen, sondern auch alle Tabs in einem Rutsch schließen. iPhone-Besitzer ohne 3D Touch halten einfach einen Finger für ca. 2 Sekunden auf das Symbol, um die gleiche Funktion nutzen zu können.

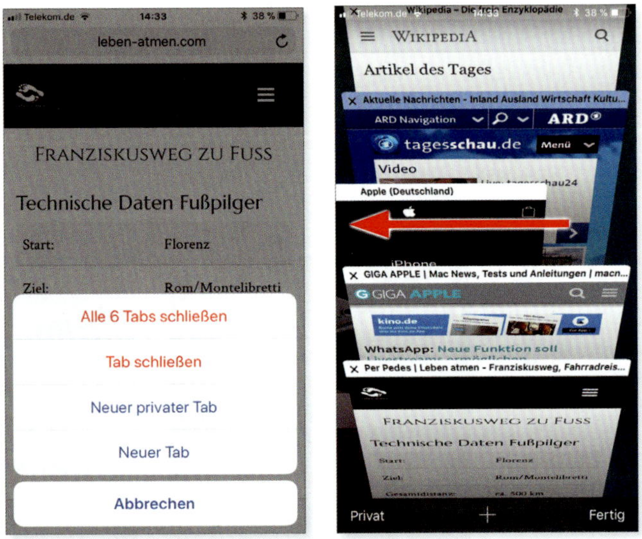

Mit 3D Touch können Sie alle Tabs auf einmal schließen. Um einzelne Tabs zu schließen, verwenden Sie in der Tab-Übersicht das entsprechende x-Icon oder ziehen das Tabfenster einfach nach links.

Teilen mit anderen Apps

In den vorhergehenden Abschnitten wurde immer wieder die Teilen-Funktion verwendet, um spezielle Tätigkeiten in Safari auszuführen, z. B. ein Lesezeichen zu erstellen. Das Teilen-Menü bietet zudem aber auch noch die Anbindung an andere Apps. Das bedeutet: Sie können die Internetseiten bzw. Internetadressen von Safari an andere Apps übergeben. Dadurch wird es z. B. möglich, eine Internetadresse sehr einfach per E-Mail oder als Nachricht zu verschicken.

Normalerweise erscheinen nur die Standard-Apps (z. B. *Nachrichten* oder *Mail*) im Teilen-Menü. Sie können aber auch zusätzliche Apps hinzufügen. Voraussetzung dafür ist nur, dass die jeweilige App mit Safari kommunizieren kann. Wenn Sie die App-Liste ganz nach links verschieben, taucht am Ende die Funktion

Mehr auf. Wenn Sie sie aufrufen, erhalten Sie eine Liste mit allen Apps, die mit Safari kommunizieren und auf Ihrem iPhone installiert sind. Jetzt können Sie die benötigten Apps einschalten und andere bei Bedarf ausschalten. Auf diese Weise können Sie sich die App-Liste des Teilen-Menü selbst zusammenstellen.

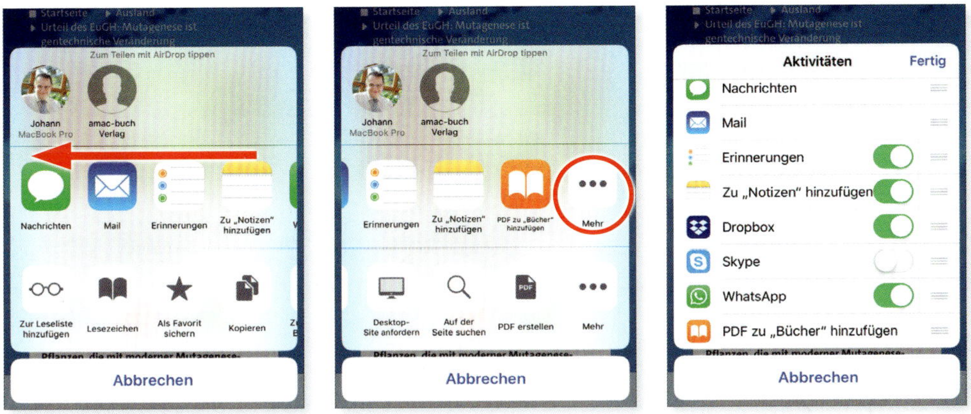

Das „Teilen"-Menü enthält eine Anbindung an die anderen Apps zwecks Weitergabe der Internetseiten bzw. -adressen.

Einstellungen

Für die App *Safari* gibt es noch einige Einstellungen, die Sie nicht vernachlässigen sollten – besonders wenn Sie Wert auf Datenschutz legen. Es gibt aber auch noch andere Einstellungen, die das Arbeiten mit Safari komfortabler machen. Alle Einstellungen, die nun folgen, finden Sie in der App *Einstellungen* unter *Safari*.

Suchen

Wie etwas weiter vorn beschrieben, kann man mit Safari auch eine Websuche ausführen, wenn Sie den Suchbegriff in die Eingabezeile eintippen. Sie werden vielleicht schon bemerkt haben, dass Safari die Suchmaschine Google verwendet. Wenn Sie lieber eine andere nutzen wollen, dann müssen Sie die Option *Suchmaschine* ❶ in den Safari-Einstellungen wechseln. Sie haben die Auswahl zwischen *Google*, *Yahoo*, *Bing* und *DuckDuckGo*.

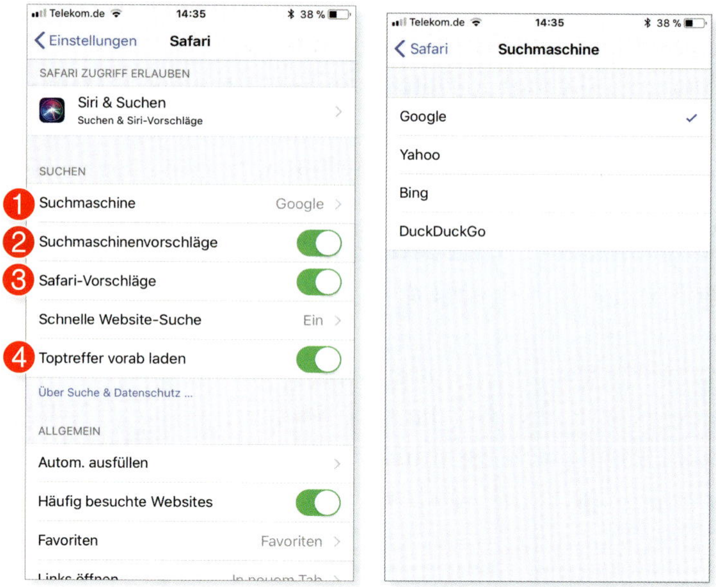

Welche Suchmaschine wollen Sie in Safari verwenden?

Mit den Optionen *Suchmaschinenvorschläge* ❷ und *Safari-Vorschläge* ❸ erhalten Sie bereits beim Eintippen des Suchbegriffs Vorschläge für die gesuchte Internetseite. Je mehr Sie dann vom Suchbegriff eintippen, umso genauer werden die Vorschläge. Bei den Vorschlägen der Suchmaschine greift Safari auf eine Funktion der eingestellten Suchmaschine zurück. Im Hintergrund wird also bereits die Suche auf der Suchmaschine gestartet. Im Gegensatz dazu werden bei den Safari-Vorschlägen die bereits besuchten Internetseiten (Browserverlauf) und bekannte Websites für einen Vorschlag genutzt.

Eine weitere interessante Einstellung ist *Toptreffer vorab laden* ❹. Dadurch können Sie die Wartezeit während des Ladens einer Internetseite verkürzen. Wenn diese Option eingeschaltet ist, werden im Hintergrund die Toptreffer der Suche bereits vorab geladen. Dadurch erhalten Sie einen kleinen Geschwindigkeitsvorteil, wenn Sie anschließend einen der Toptreffer auswählen. Ansonsten war das Vorabladen von Safari überflüssig.

Passwörter

Wenn Sie mit Safari im Internet surfen und eine Seite aufrufen, auf der Sie sich mit Benutzernamen und Passwort anmelden müssen, dann können Sie für das zukünftige Einloggen das Passwort speichern lassen. Safari füllt beim nächsten Mal automatisch das Eingabefeld mit dem gespeicherten Passwort aus. Wie kann man ein Passwort speichern?

Das geht ganz einfach! Wenn Sie sich auf einer Internetseite anmelden und den Textcursor im Eingabefeld platziert haben, werden direkt über der Tastatur einige Funktionen eingeblendet. Sie können z. B. bei ❶ auf Ihre bereits gesicherten Passwörter von anderen Internetseiten zugreifen, um diese für ie Anmeldung zu nutzen. Wenn Sie nun das aktuelle Passwort sichern wollen, dann tippen Sie es ein und schließen den Anmeldevorgang der Internetseite ab. Safari blendet nun eine Meldung ein, in der Sie das *Passwort sichern* ❷ und damit speichern können. Das war's schon!

Wenn Sie sich zu einem späteren Zeitpunkt wieder auf der Internetseite anmelden wollen, dann werden die Anmeldedaten ❸ eingeblendet, die Sie nur noch antippen müssen um die Eingefelder automatisch auszufüllen. Sie können für die Anmeldung aber auch auf andere gespeicherte Passwörter bei ❹ zugreifen.

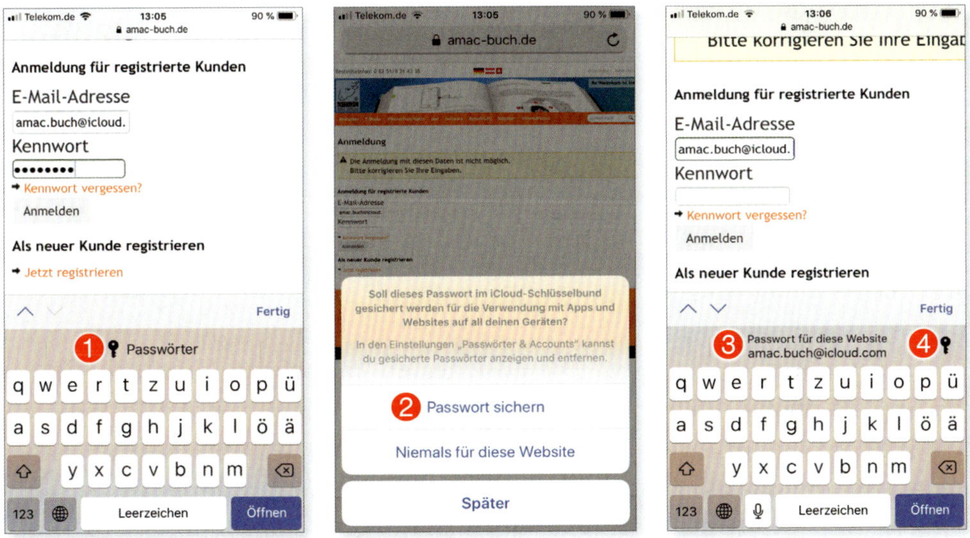

Benutzernamen und Passwörter für Internetportale können von Safari gespeichert werden.

> **!** Damit in Safari die Zugangsdaten automatisch zur Verfügung gestellt werden, müssen Sie in den **Einstellungen** bei **Passwörter & Account –> Automatisch ausfüllen** einschalten.

Wo speichert Safari die Passwörter? In den Einstellungen! Dort gibt es bei *Passwörter & Accounts* die Option *Website- & App-Passwörter*. Wenn Sie sie aufrufen, werden Sie zuerst nach dem Code gefragt. Das ist eine Sicherheitsfunktion, damit nicht jeder die Passwörter einsehen kann. Danach sehen Sie dann die Liste mit den Internetseiten, bei denen der Benutzername und das Passwort gesichert wurden. Wenn Sie einen Eintrag antippen, können Sie die Informationen einsehen. Dort haben Sie auch die Option *Passwort auf Website ändern*, die nur erscheint, wenn Sie das gleiche Passwort für unterschiedliche Internetseiten verwenden. In der Übersicht werden solche Seiten mit einem speziellen Symbol gekennzeichent. Wenn Sie diese Option antippen, dann werden Sie automatisch zur jeweiligen Internetseite geleitet, um das Passwort zu ändern.

Die Einträge in der Liste kann man natürlich auch wieder entfernen. Entweder Sie tippen rechts oben auf *Bearbeiten* oder verschieben den Eintrag nach links, um die *Löschen*-Funktion einzublenden.

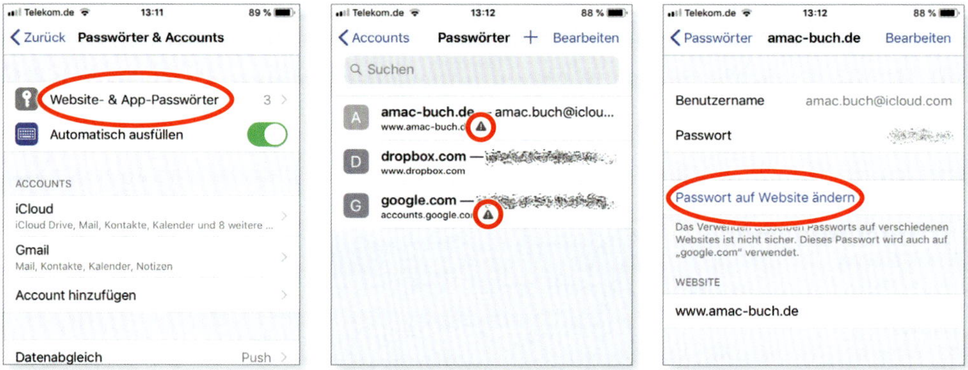

Die gespeicherten Passwörter kann man einsehen und auch wieder entfernen. Wenn Sie ein Passwort für mehrere Seiten verwenden, erhalten Sie einen Warnhinweis (Mitte).

Jetzt kommt aber der Clou: Die gesicherten Passwörter können zwischen den Apple-Geräten synchronisiert werden. Wenn Sie also z. B. ein Passwort auf dem iPhone sichern, kann via iCloud dieses Passwort auf den Mac übernommen werden. Voraussetzung dafür ist die Nutzung von iCloud und des iCloud-Schlüsselbunds. Das Einrichten des iCloud-Schlüsselbunds erfordert allerdings einige Arbeitsschritte. Eine Beschreibung, wie man den iCloud-Schlüsselbund aktiviert und nutzt, finden Sie dem Buch „Apple-ID & iCloud“ aus dem amac-buch Verlag.

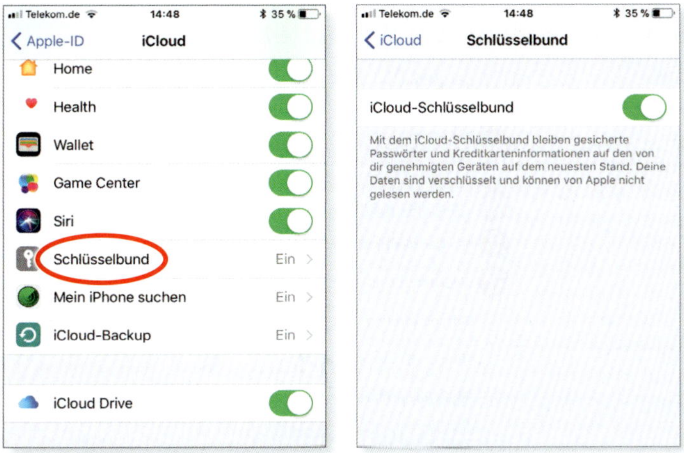

Mit dem „iCloud-Schlüsselbund" können die gesicherten Passwörter zwischen den Apple-Geräten synchronisiert werden.

Neben Passwörtern kann Safari auch Ihre Kontaktdaten bzw. Ihre Kreditkarten-Daten fürs Bezahlen in Web-Formularen zur Verfügung stellen. Dazu sollten Sie in den *Einstellungen* bei *Safari* den Bereich *Autom. ausfüllen* ansteuern und konfigurieren. Wenn Sie hierbei auf *Gesicherte Kreditkarten* tippen und anschließend auf *Neue Kreditkarte*, dann können Sie direkt über die iPhone-Kamera ein Foto der Kreditkarte machen und die Daten einlesen lassen.

Datenschutz und Sicherheit

Datenschutz und Sicherheit: die wichtigsten Punkte beim Surfen im Internet! Die Safari-Einstellungen bieten einige Optionen, mit denen Sie den Datenschutz und die Sicherheit beim Surfen erhöhen. Der erste Punkt wäre das Unterdrücken von Pop-ups (*Pop-Ups blockieren*) ❶. Damit verhindern Sie, dass beim Öffnen einer Seite noch zusätzliche Seiten aufspringen und Ihnen Werbung anbieten.

Ein ebenso wichtiger Punkt ist die Option *Websitetracking ablehnen* ❷ und *Cross-Sitetracking verhindern* ❸. Sie sollten diese beiden Funktion einschalten, um zu verhindern, dass Internetseiten Ihre Aktivitäten aufzeichnen. Besonders bei Onlineshops ist das eine beliebte Methode des Anbieters, um Ihnen aufgrund der Produkte, die Sie bereits angesehen haben, ein Angebot zu offerieren, das auf Ihre Interessen zugeschnitten ist.

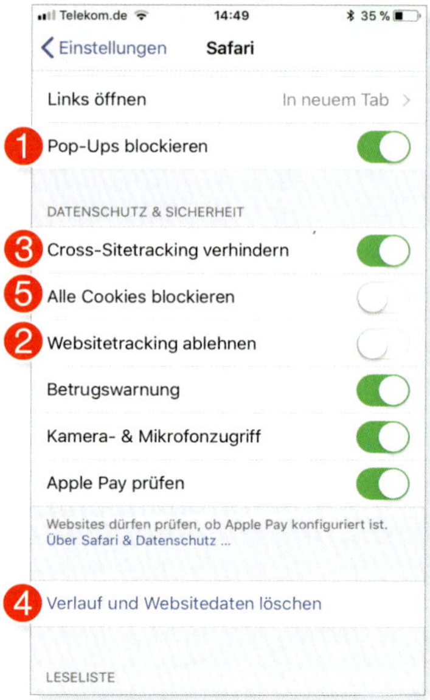

Einige der Einstellungen für den Datenschutz sollten Sie nicht vernachlässigen.

Außerdem ist es wichtig, regelmäßig den Browsercache zu löschen. Im Cache werden z. B. die Adressen der besuchten Internetseiten gespeichert, genauso wie die Cookies. Cookies sind kleine Dateien, die Informationen der jeweiligen Internetseiten zwischenspeichern. Wenn Sie z. B. in einem Onlineshop etwas in den Warenkorb legen, wird der Warenkorb als Cookie auf dem Gerät gesichert. Um also den Browserverlauf und alle Cookies zu entfernen, tippen Sie auf die Option *Verlauf und Websitedaten löschen* 4.

!

Wenn Sie grundsätzlich verhindern wollen, dass Cookies auf dem iPhone verwendet werden, dann aktivieren Sie die Option **Alle Cookies blockieren** 5. Wählen Sie dort die Option **Alle blockieren** aus. Sie sollten dann aber bedenken, dass viele Internetseiten die Cookies benötigen und dass diese Seiten dann nicht mehr geöffnet bzw. genutzt werden können.

Privater Modus

Es gibt auch eine Möglichkeit, die Speicherung von Daten beim Surfen vollständig zu verhindern. Sie müssen dafür nur den privaten Modus von Safari nutzen. Im privaten Modus werden die besuchten Seiten nicht in den Browserverlauf aufgenommen. Das Gleiche gilt auch für sonstige Daten, die während des Surfens aufgezeichnet werden.

Der private Modus ist nur direkt in Safari zu erreichen. Dazu müssen Sie rechts unten die Tabs Ⓐ öffnen. Anschließend tippen Sie auf *Privat* Ⓑ links unten. Ab sofort findet keinerlei Aufzeichnung mehr statt. Sie können den Privatmodus auch an der dunklen Umgebung von Safari erkennen.

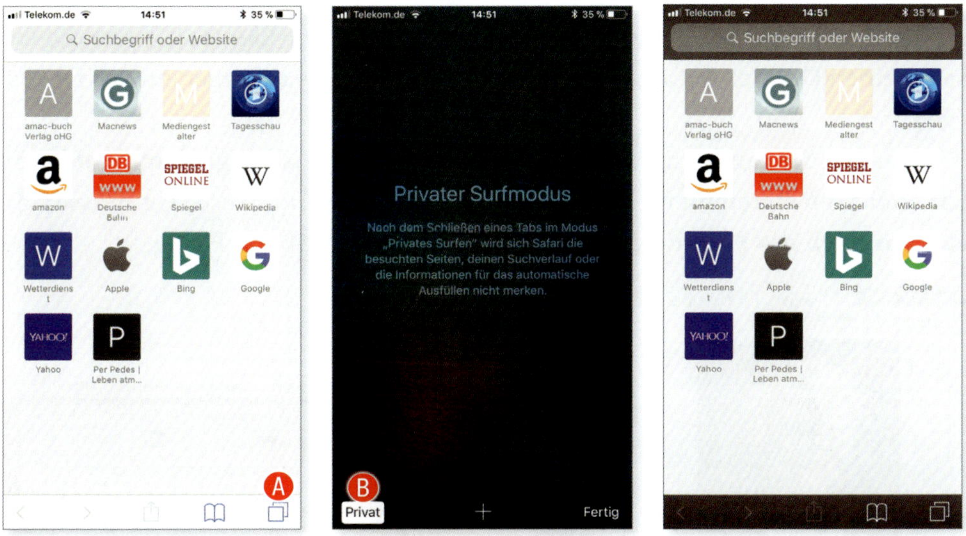

Der Privatmodus verhindert das Aufzeichnen von Daten. Er ist an der dunklen Umgebung zu erkennen.

> **!** Der Privatmodus kann auf die gleiche Weise wieder beendet werden, wie er aktiviert wurde. Tippen Sie in den Tabs einfach wieder auf **Privat**.

Zwischenablage – von iOS zu macOS und umgekehrt

Eine Funktion, die mit iOS 10 zum iPhone dazugekommen ist, ist die gemeinsame Nutzung der Zwischenablage mit dem Mac. Der Mac muss dazu allerdings mindestens mit macOS Sierra arbeiten. Die gemeinsame Zwischenablage zu nutzen bedeutet. Wenn Sie z. B. auf dem iPhone in Safari etwas markieren und kopieren, können Sie den kopierten Bereich am Mac in Word oder TextEdit einfügen. Das funktioniert auch in die andere Richtung vom Mac zum iPhone.

> **!** Voraussetzung für die gemeinsame Zwischenablage ist die Nutzung von iCloud und die Verwendung der gleichen Apple-ID auf dem iPhone und Mac.

Der Datenaustausch über die Zwischenablage funktioniert ganz einfach. Markieren Sie z. B. auf dem iPhone einen beliebigen Text, und wählen Sie *Kopieren* aus dem *Kontextmenü*. Um auf dem iPhone etwas zu markieren, können Sie entweder einen Doppeltipp ausführen oder den Finger etwas länger auf das Display legen.

Wechseln Sie nun zum Mac, und öffnen Sie dort das Programm, in dem Sie den kopierten Bereich einfügen wollen. Aus dem Menü *Bearbeiten* müssen Sie jetzt nur noch die Funktion *Einfügen* bzw. *Einsetzen* wählen. Fertig!

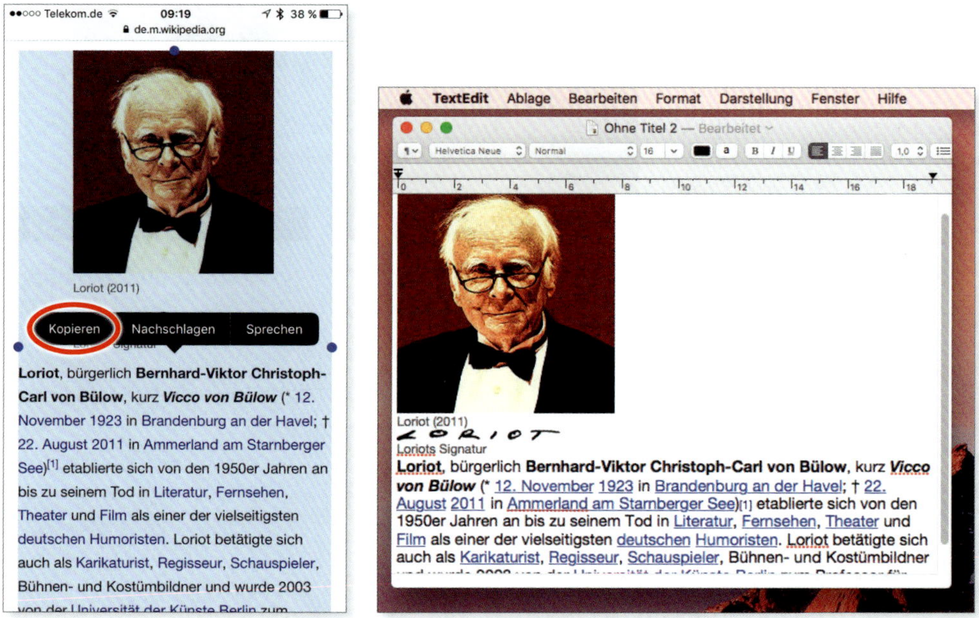

Der markierte Bereich wird auf dem iPhone (links) in die Zwischenablage gelegt und anschließend in TextEdit auf dem Mac in ein Dokument eingefügt (rechts).

Kapitel 7 Die Stores

Das iPhone wird mit einer großen Zahl von Apps und Funktionen geliefert. Um aber das ganze Potenzial des Geräts auszuschöpfen, benötigen Sie zusätzliche Apps. So hat z. B. das iPhone keine App, mit der man eine Fahrradroute aufzeichnen kann. Der App Store bietet in dieser Hinsicht mehrere Millionen Apps für jeden Zweck. Außerdem können Sie das iPhone noch zum Zentrum Ihrer Unterhaltung machen: Über den iTunes Store kann man Filme und Musik erwerben. Selbst Leseratten kommen auf dem iPhone nicht zu kurz, denn der Apple Book Store stellt Hunderttausende von E-Books aus allen Bereichen zur Verfügung. In diesem Kapitel geht es darum, wie man diese drei Stores auf dem iPhone nutzt und wie Sie Apps, Musik, Filme und E-Books käuflich oder auch kostenlos erwerben.

> **!** Die Grundvoraussetzung für die Nutzung der Stores ist eine kostenlose Apple-ID. Wenn Sie also noch keine besitzen, dann besorgen Sie sich eine unter **appleid.apple.com** oder direkt in den **Einstellungen**. Am Beginn der Einstellungen finden Sie die Funktion zum Anmelden und Einrichten der Apple-ID. Tippen Sie darauf und anschließend auf ❶. Anschließend können Sie eine Apple-ID erstellen ❷.

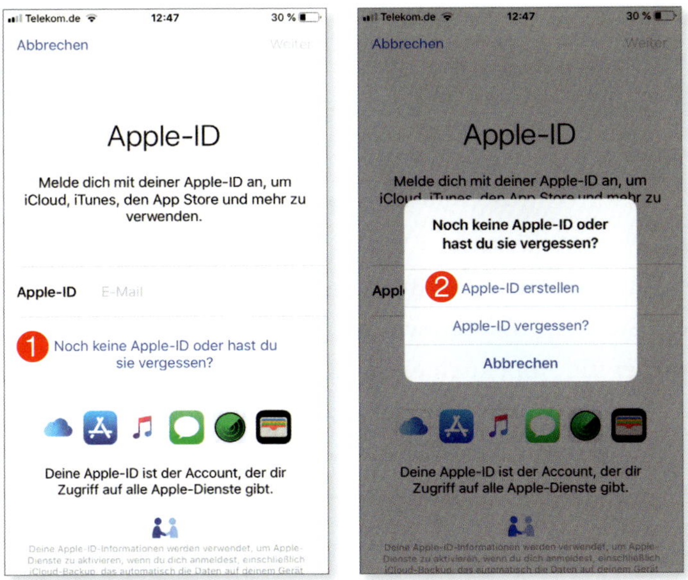

Eine neue Apple-ID kann direkt in den „Einstellungen" erstellt werden.

App Store

Wie der Name schon vermuten lässt, beherbergt der *App Store* die Apps, also die Programme für das iPhone. Wenn Sie den App Store starten, sehen Sie im unteren Bereich eine Symbolleiste ❶, die verschiedene Bereiche (*Heute*, *Spiele*, *Apps*, *Updates* und *Suchen*) des Stores enthält. Zudem gibt es einen Bereich für die *Updates* ❸. Rechts oben finden Sie Ihre *Apple-ID* ❷ wo Sie z. B. Ihre Einkäufe und die Einstellungen für die Apple-ID finden.

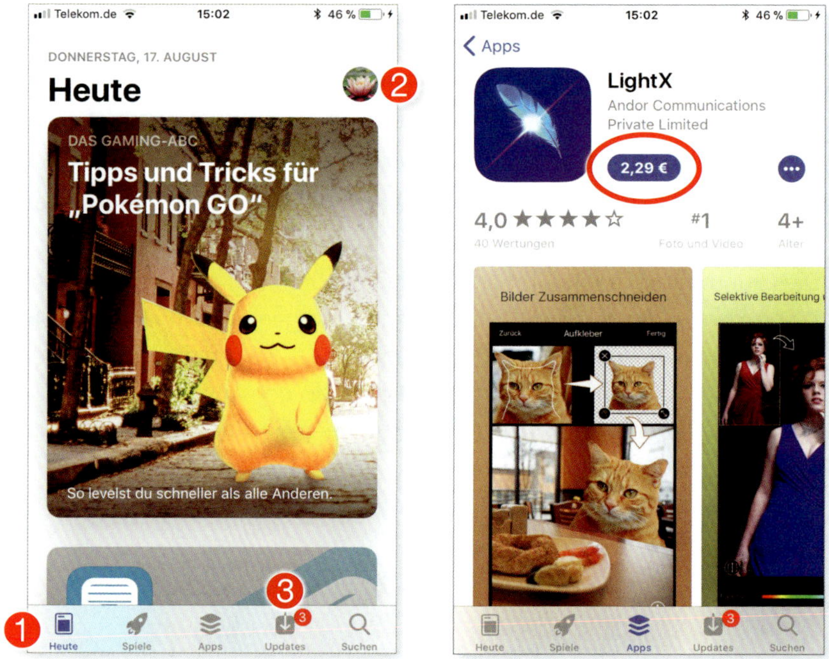

Der App Store auf dem iPhone.

Sie können nun die einzelnen Bereiche durchstöbern und sich die Apps herunterladen, die Sie ausprobieren wollen. Wenn Sie eine App antippen, erhalten Sie alle Infos über die App; auch einige Screenshots können Sie einsehen. Eine wichtige Info ist natürlich der Preis, der direkt unter dem Namen der App angezeigt wird. Wenn dort nur das Word *Laden* steht, dann ist die App kostenlos

! Der Begriff „kostenlos" ist manchmal etwas trügerisch. Viele Apps sind zwar kostenlos und bieten eine gewisse Grundfunktion, aber wenn Sie etwas speziellere Funktionen benötigen, dann müssen Sie diese nachkaufen. Das Ganze wird als **In-App-Kauf** bezeichnet. Direkt neben dem Preis können Sie erkennen, ob es für die App solche In-App-Käufe gibt. Wenn ja, dann scrollen Sie etwas weiter nach unten: Dort sind die Preise für die In-App-Käufe aufgelistet. So wird manchmal aus einer kostenlosen App eine sehr teure, da Sie sie mit In-App-Käufen erst aufrüsten müssen.

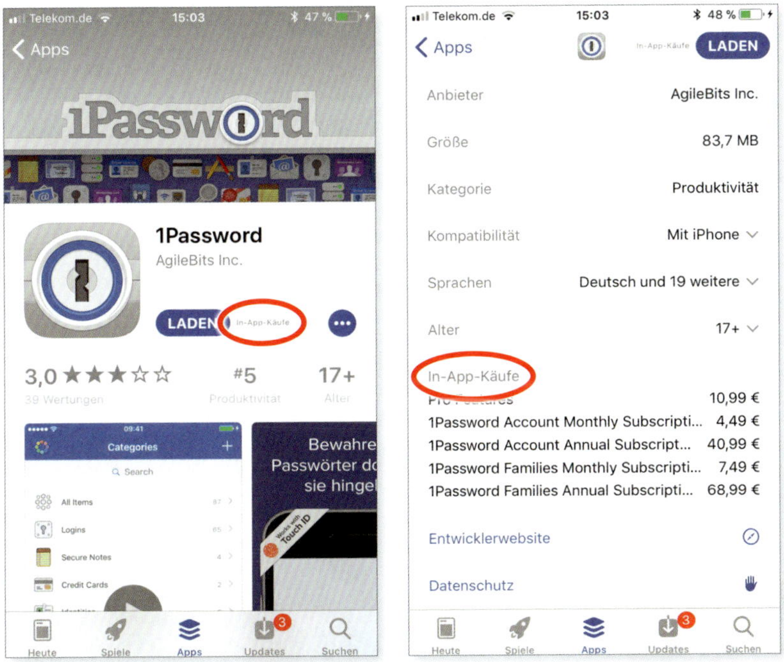

Die App ist zwar kostenlos, aber durch „In-App-Käufe" kann sie sehr schnell teuer werden.

Eine App suchen und installieren

Wenn Sie genau wissen, welche App Sie benötigen bzw. aus welchem Bereich die App ist, dann können Sie die Suche im App Store verwenden. Tippen Sie in der Symbolleiste auf *Suchen* ❶, und geben Sie anschließend den Suchbegriff ein, z. B. „Nachrichten". Innerhalb von wenigen Sekunden werden alle Apps aufgelistet, die unter dem Suchbegriff „Nachrichten" im App Store vorhanden sind. Wenn Sie die gewünschte App gefunden haben, tippen Sie entweder auf *Laden* ❷ (kostenlose Apps) oder auf den angezeigten Preis ❹. Ist die App kostenlos, erscheint jetzt die Funktion *Installieren* ❸, die Sie nur noch antippen müssen, um die App herunterzuladen und zu installieren.

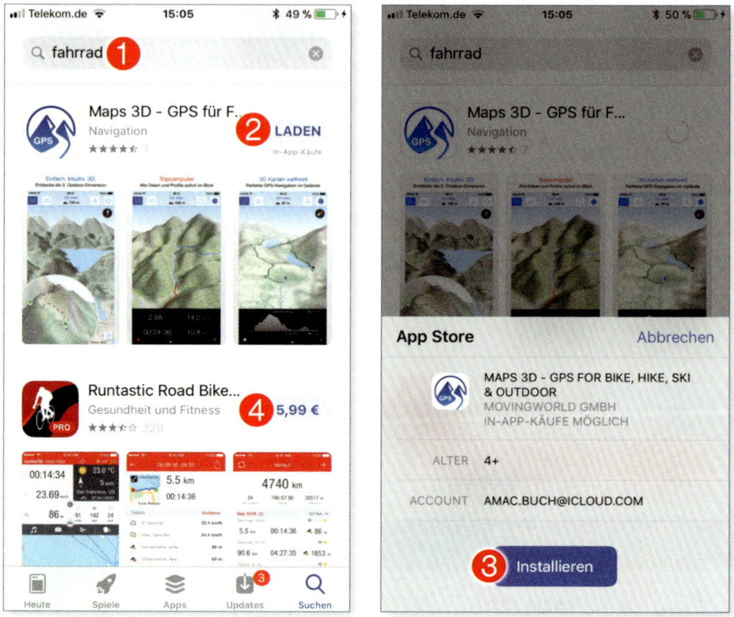

Die Suche bringt Sie am schnellsten zur gewünschten App.

Bei kostenpflichtigen Apps erscheint der Begriff *Kauf* ❺. Wenn Sie ihn antippen, wird die App gekauft, heruntergeladen und installiert. Beim Kauf wird die Kreditkarte belastet, die Sie beim Anlegen der Apple-ID als Zahlungsmethode hinterlegt haben.

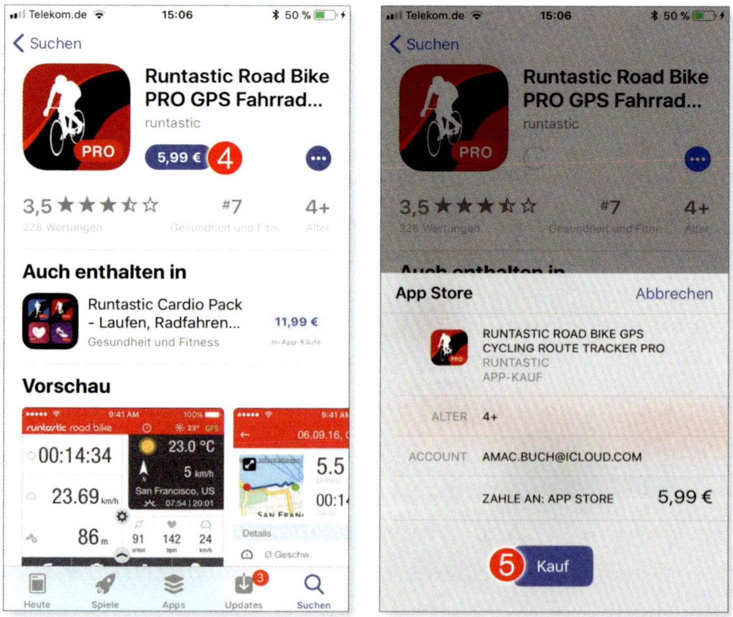

Diese App ist kostenpflichtig und muss deswegen erst gekauft werden.

> ! Egal ob Sie eine kostenlose oder kostenpflichtige App herunterladen, Sie müssen auf alle Fälle das Passwort für Ihre Apple-ID parat haben und beim Herunterladen eingeben. Falls Sie mit **Touch ID** für den Einkauf in den Stores arbeiten, dann reicht es aus, den Finger auf die Home-Taste zu legen. Auch die **Face ID** kann zum Kaufen verwendet werden.

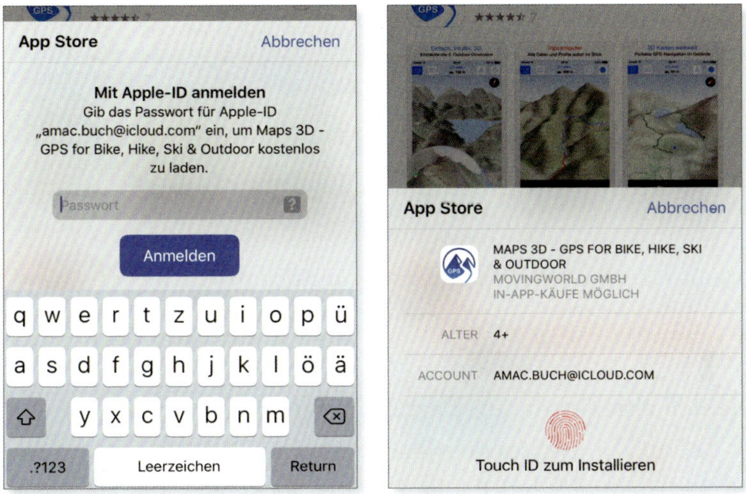

Je nachdem, wie Ihr iPhone konfiguriert ist, müssen Sie entweder das Passwort Ihrer Apple-ID angeben (links) oder Ihren Fingerabdruck scannen. Erst danach startet der Download und beginnt die Installation.

Nach erfolgreicher Installation ist die App auf dem Home-Bildschirm verfügbar und kann gestartet werden. Die App wird bei der Installation automatisch auf dem nächsten freien Platz einsortiert, was bei der Verwendung von vielen Home-Bildschirmen sehr schnell unübersichtlich wird. Wie Sie den Home-Bildschirm besser organisieren können, erfahren Sie ab Seite 224.

Gutscheine

Normalerweise wird im App Store (und auch in den anderen beiden Stores) der Kauf über eine Kreditkarte abgewickelt. Wenn Sie aber keine Kreditkarte besitzen oder diese Zahlweise Ihnen zu unsicher ist, dann können Sie auch mithilfe von Gutscheinen den kompletten Zahlungsverkehr in den Stores regeln. Gutscheinkarten mit verschiedenen Beträgen für den iTunes Store und den App Store gibt es inzwischen im Supermarkt, in Drogerien und in Tankstellen an der Kasse zu kaufen.

So sieht eine Gutschein-Karte aus, die man im Supermarkt, in der Drogerie und an Tankstellen kaufen kann.

Wenn Sie sich eine Guthaben-Karte besorgt haben, können Sie den Betrag im App Store oder im iTunes Store einlösen. Scrollen Sie z. B. im App Store im ganz nach unten, bis Sie die Schaltfläche *Einlösen* ❶ sehen. Tippen Sie darauf, und geben Sie anschließend den Code der Guthaben-Karte ein ❷, oder scannen Sie ihn mit der Kamera des iPhone ab ❸. Der Gutschein wird sofort eingelöst und Ihrer Apple-ID gutgeschrieben.

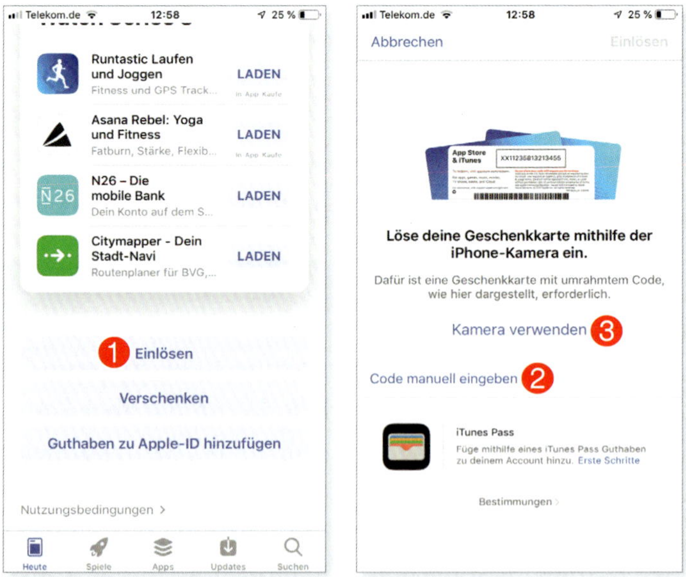

Gekaufte Gutscheine für den App Store oder iTunes Store können direkt mit dem iPhone für den Einkauf verwendet werden.

Das aktuelle Guthaben können Sie übrigens jederzeit ablesen, wenn Sie im App Store rechts oben auf Ihre Apple-ID tippen. Direkt unterhalb Ihrer Apple-ID wird das aktuelle Guthaben angezeigt. Bei jedem Einkauf wird etwas vom Guthaben abgezogen. Ist es komplett aufgebraucht, können Sie nichts mehr einkaufen, bis es wieder aufgefüllt ist oder Sie eine Kreditkarte hinterlegen.

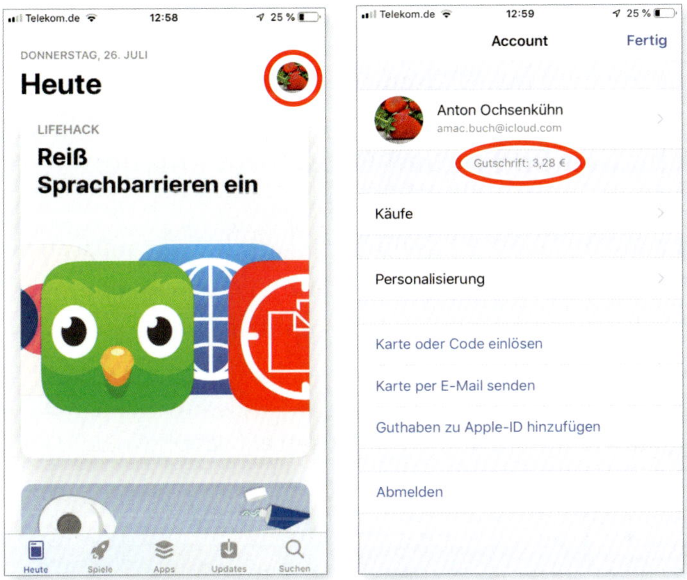

Bei der Apple-ID ist auch das aktuelle Guthaben einzusehen.

Neben den Gutschein-Karten in den Supermärkten gibt es auch noch digitale Gutscheine. Diese kann man direkt im App Store oder im iTunes Store kaufen und verschenken.

> **!** Einen digitalen Gutschein kann man nur kaufen und verschenken, wenn man bei seiner Apple-ID eine Kreditkarte hinterlegt hat.

Tippen Sie dazu wieder auf Ihre Apple-ID und anschließend auf *Karte per E-Mail senden*. Anschließend geben Sie die E-Mail-Adresse des Empfängers und den Betrag an, den Sie verschenken wollen. Danach können Sie noch ein Motiv für den digitalen Gutschein aussuchen. Ist alles eingestellt, tippen Sie zum Abschluss rechts oben auf *Kaufen*. Ihre Kreditkarte wird damit mit dem ausgewählten Betrag belastet und der Empfänger erhält eine E-Mail mit dem digitalen Gutschein.

Apps organisieren

Da der Home-Bildschirm alle installierten Apps anzeigt, kann es durch permanentes Installieren von Apps passieren, dass das iPhone sehr schnell unübersichtlich wird. Deswegen enthält der Home-Bildschirm Funktionen, um die Apps zu organisieren. Dabei können Sie die Reihenfolge der Apps beliebig ändern, in Ordnern zusammenfassen und auch vom iPhone entfernen. Außerdem lassen sich noch zusätzliche Home-Bildschirme anlegen.

Apps verschieben und neuen Bildschirm anlegen

Um eine App auf dem Home-Bildschirm zu verschieben, müssen Sie den *Wackelmodus* aktivieren. Diesen erhalten Sie, wenn Sie mit einem Finger etwas länger (etwa zwei bis drei Sekunden) auf eine App drücken. Dabei ist es egal, welche App Sie antippen.

> ! Achten Sie bitte darauf, dass Sie nicht zu fest auf das Display drücken, da ansonsten der 3D Touch aktiviert wird.

Im „Wackelmodus" (links) können die Apps neu angeordnet werden (rechts).

Der Wackelmodus wird dadurch angezeigt, dass die Apps zu wackeln beginnen und einige von ihnen links oben ein kleines x anzeigen. Jetzt können Sie die gewünschte App mit dem Finger an eine neue Position verschieben. Die restlichen Apps werden automatisch neu angeordnet. Sie können die Apps auch aus dem Dock herausnehmen bzw. andere hinzufügen. Das Dock ist die Leiste im unteren Bereich des Displays, die auf jedem Home-Bildschirm sichtbar ist.

! Den Wackelmodus verlassen Sie, indem Sie die **Home-Taste** des iPhone drücken.

Wenn Sie eine App ganz nach rechts verschieben, wird auf die nächste Bildschirmseite geblättert. Gibt es keine nächste Seite, wird automatisch eine neue angelegt, sobald Sie die App loslassen. Auf diese Weise können Sie Ihre Apps auf verschiedene Bildschirme verteilen. Achten Sie auf die hellen Punkte direkt über dem Dock. Diese zeigen Ihnen an, wie viele Bildschirmseiten Sie bereits haben.

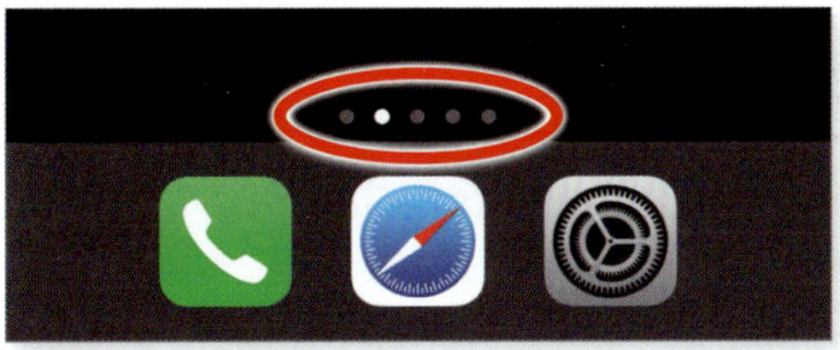

Die hellen Punkte zeigen an, wie viele Seiten der Home-Bildschirm hat und auf welcher Sie sich gerade befinden. Der Punkt ganz links steht für die Widget-Umgebung.

! Falls Sie am Ende doch unzufrieden mit der Anordnung der App-Icons auf dem Bildschirm sind, können Sie über **Einstellungen –> Allgemein –> Zurücksetzen –> Home-Bildschirm** wieder die Ausgangssituation herstellen.

Ordner anlegen

Ordner sind eine weitere Möglichkeit, um die Apps auf dem Home-Bildschirm zu organisieren. Ein App-Ordner ist schnell erstellt. Sie benötigen zuerst wieder den *Wackelmodus*. Dann nehmen Sie eine App und legen sie über eine andere. Nach circa drei Sekunden öffnet sich eine andere Umgebung, die für den Ordner steht. Sie können anschließend den Ordner benennen oder die Apps verschieben und wieder verlassen, wenn Sie außerhalb des Felds tippen. Auf dem Home-Bildschirm lassen sich nun weitere Apps in den Ordner verschieben. Ist die Arbeit getan, können Sie den Wackelmodus mit der *Home-Taste* wieder beenden (iPhone X-Moddel: einfach vom unteren Bildschirmrand ein klein wenig nach oben schieben).

Im „Wackelmodus" erstellen Sie durch das Aufeinanderlegen von Apps neue Ordner.

Apps entfernen und erneut installieren

Wenn Sie eine App gekauft und installiert haben, müssen Sie natürlich nicht auf immer und ewig diese App auf dem iPhone behalten. Sie können eine App jederzeit wieder entfernen, um z. B. den Speicher des iPhone frei zu machen.

Wenn Sie den *Wackelmodus* aktivieren, wird bei fast allen Apps links oben ein x-Symbol sichtbar. Damit kann eine App vom iPhone entfernt werden. Sie müssen nur bedenken, dass alle Dateien bzw. Dokumente, die mit dieser App erstellt wurden, auch vom iPhone gelöscht werden!

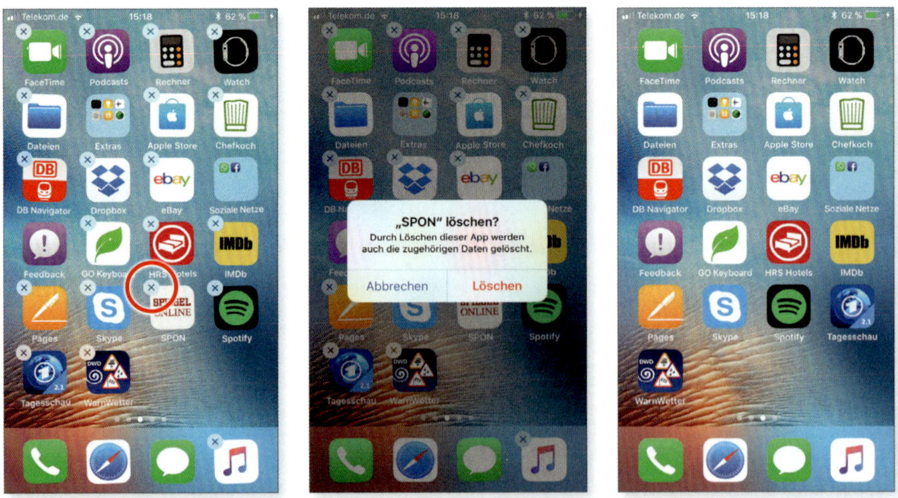

Die App „SPON" wird vom iPhone entfernt.

Wenn Sie eine App gelöscht haben und sie zu einem späteren Zeitpunkt wieder auf dem iPhone benötigen, dann müssen Sie sie nicht erneut kaufen. Gekaufte Apps werden mit Ihrer Apple-ID verknüpft. Der App Store weiß also, welche Apps Sie in der Vergangenheit gekauft bzw. installiert haben. Und von dort aus können Sie diese Apps erneut installieren.

Tippen Sie im *App Store* auf Ihre Apple-ID ❶. Dort sehen Sie die Option *Käufe* ❷. Darin sind alle Apps aufgelistet, die Sie mit Ihrer Apple-ID erworben haben. Sie können nun im oberen Bereich zu *Nicht auf iPhone* ❸ wechseln und die jeweilige App wieder installieren. Dazu müssen Sie nur auf das Wolkensymbol ❹ tippen.

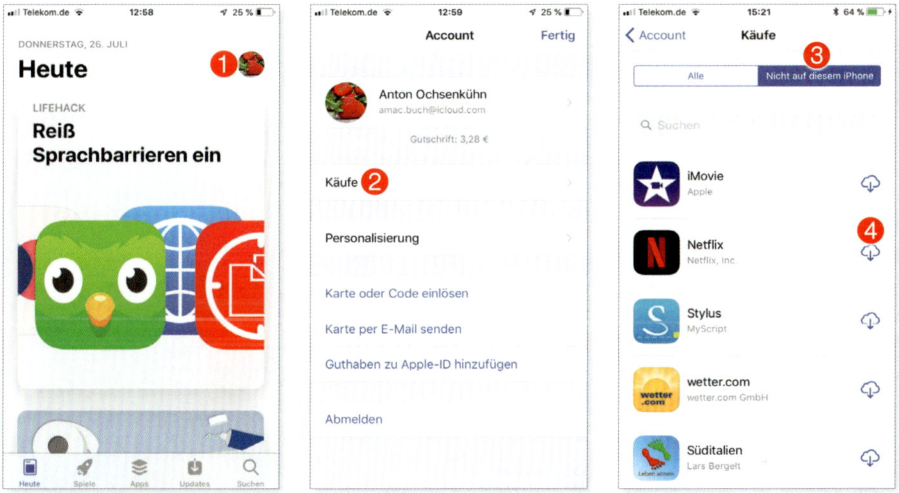

Im „App Store" können Sie die gelöschten Apps erneut auf dem iPhone installieren.

> **!** Beim Löschen von Apps werden im Normalfall alle Daten gelöscht, die sich in der App befinden oder mit der App erstellt wurden. Wenn Sie also z. B. eine Banking-App verwenden und diese löschen, müssen Sie bei einer erneuten Installation alle Daten erneut eintragen!

Übrigens können Sie seit iOS 10 auch eine ganze Menge an mitgelieferten Standard-Apps (wie *Mail*, *Kalender*, *Erinnerungen*, *Home*, *FaceTime* etc.) vom iPhone entfernen. Über den App Store können Sie diese bei Bedarf erneut auf Ihr iPhone bringen.

Apps ohne Datenverlust löschen

Wenn Sie eine App über den Wackelmodus vom iPhone entfernen, werden auch alle dazugehörigen Daten und Dokumente gelöscht. Seit iOS 11 können Sie nun eine App löschen, ohne deren Daten zu entfernen. Dies ist z. B. nützlich, wenn Ihr iPhone nur noch wenig Speicher hat und Sie deswegen Apps entfernen müssen, aber deren Daten nicht verloren gehen sollen.

Wenn Sie also eine App ohne deren Daten bzw. Dokumente vom iPhone entfernen wollen, müssen Sie zuerst *Einstellungen –> Allgemein –> iPhone Speicher* öffnen. Dort wählen Sie dann die App aus, die gelöscht werden soll. Eine Anzeige über die jeweilige Datenmenge, die die App und deren Dateien benötigen, finden Sie rechts neben der App.

Tippen Sie nun nur noch auf *App auslagern* und die App wird vom iPhone gelöscht, während ihre Dateien und Dokumente auf dem iPhone verbleiben. Wird die App zu einem späteren Zeitpunkt wieder installiert, stehen Ihnen sofort die Dateien bzw. Dokumente zur Verfügung.

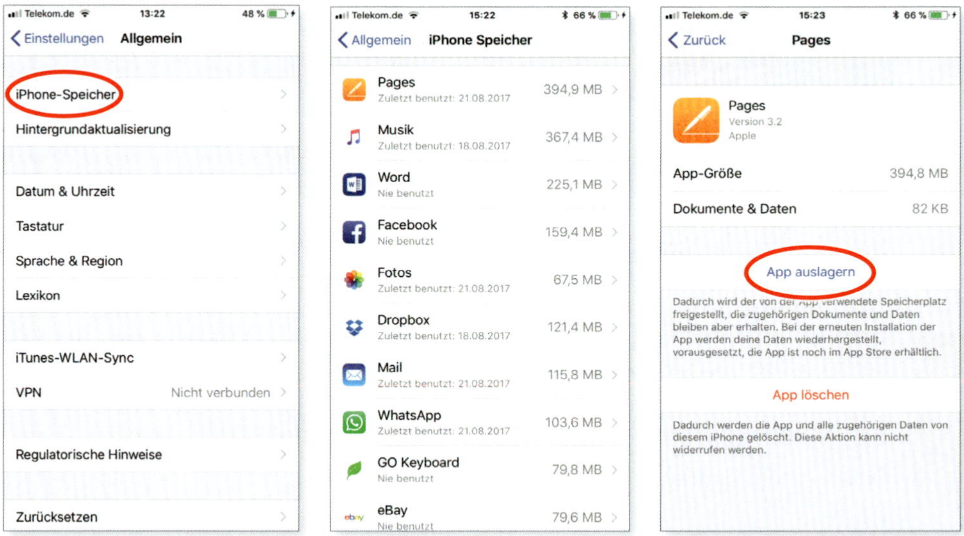

Sie können Apps vom iPhone löschen, ohne Ihre Dateien und Dokumente zu verlieren.

Sollte der Speicherplatz Ihres iPhones knapp werden, dann sollten Sie mal einen Blick in die *Empfehlungen* werfen. Dort können Sie beispielsweise die Nachrichten-App von großen Dateien befreien oder Apps automatisch auslagern und deren Daten behalten, sofern der Speicher knapp zu werden droht.

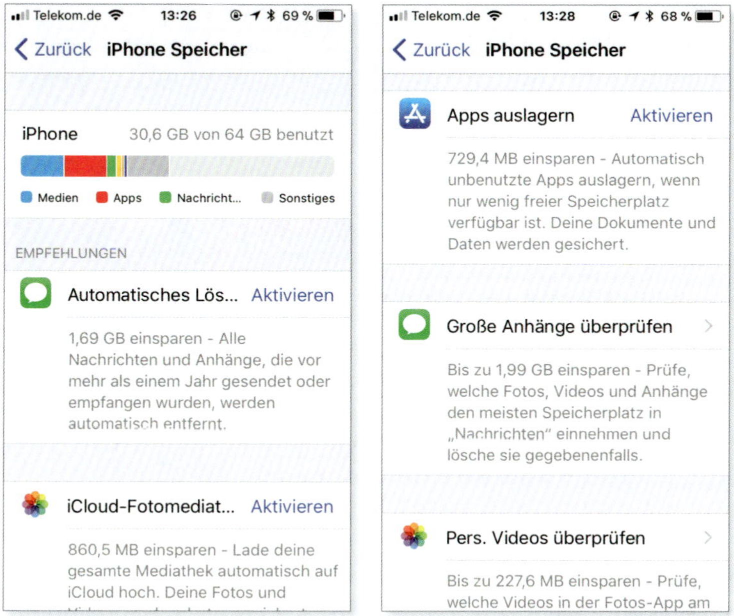

Abhängig von den Geräteeinstellungen erhalten Sie Empfehlungen, wie Sie Speicherplatz freischaufeln können. So können beispielsweise unbenutzte Apps automatisch ausgelagert werden. Daten und Dokumente verbleiben hierbei auf dem iPhone (siehe auch: „Einstellungen –> iTunes & App Store –> Unbenutzte Apps auslagern").

Updates

Die Apps, die Sie im App Store erwerben können, werden regelmäßig von den Softwarefirmen weiterentwickelt, um sie z. B. an neue Betriebssystemversionen anzupassen. Solche Updates können Sie entweder vollautomatisch installieren lassen oder manuell durchführen. Um festzulegen, ob die Updates automatisch oder manuell installiert werden sollen, müssen Sie in den *Einstellungen –> Ihr Name (Apple-ID, iCloud, iTunes & App Store)* bei *iTunes & App Store* die Option *Updates* entsprechend umschalten. Bei eingeschalteter Option werden die Updates automatisch im Hintergrund heruntergeladen, sobald welche verfügbar sind. Der einzige Hinweis auf eine neue App-Version ist ein kleiner blauer Punkt vor dem App-Namen ❶. Einen weiteren Hinweis finden Sie noch im App Store bei *Updates*. Dort wird eine chronologische Liste der Updates geführt.

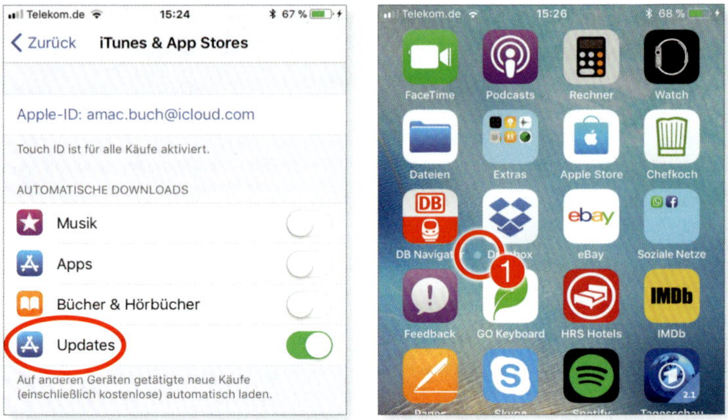

Verfügbare Updates können automatisch heruntergeladen werden. Der blaue Punkt weist auf ein installiertes Update hin.

Wenn Sie die Option ausschalten und die Updates lieber manuell herunterladen wollen, wird eine weiß-rote Ziffer beim App Store eingeblendet ❷, wenn es Updates gibt. Die Ziffer gibt Auskunft darüber, für wie viele Apps es ein Update gibt. Jetzt müssen Sie nur noch den App Store öffnen und zum Bereich *Updates* ❸ wechseln. Dort sind alle verfügbaren Updates aufgelistet und können von Ihnen einzeln ❹ oder alle auf einmal ❺ installiert werden. Jedes Update wird aufgezeichnet und chronologisch in einer Liste unter den aktuellen Updates einsortiert ❻. Somit können Sie jederzeit nachverfolgen, wann ein Update installiert wurde.

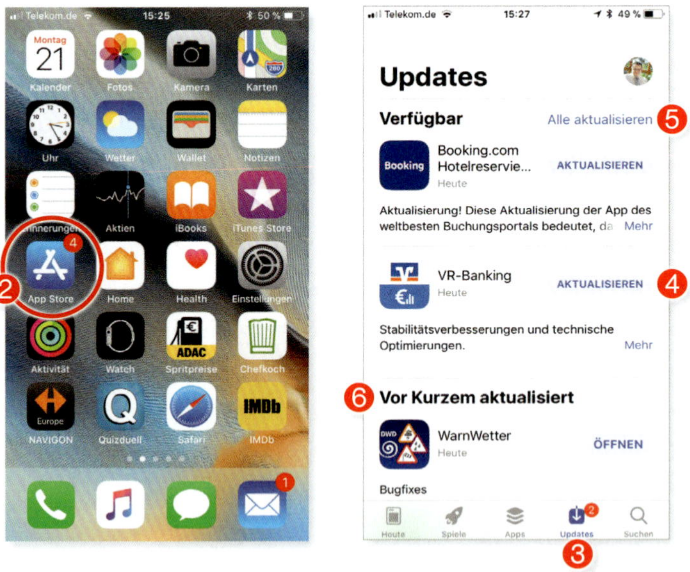

Wenn Sie Updates manuell installieren wollen, wird deren Verfügbarkeit durch eine Ziffer am App Store-Icon gekennzeichnet.

Familienfreigabe

Seit iOS 8 ist es möglich, Einkäufe aus den Stores mit Freunden und Familienmitgliedern zu teilen. Wenn Sie also z. B. eine App kaufen, dann wird diese App über die *Familienfreigabe* auch für alle anderen Familienmitglieder verfügbar. Man muss sie also nicht mehrmals kaufen. Die Familienfreigabe ist an iCloud gebunden. Wenn Sie also keinen iCloud-Account besitzen, können Sie diese Funktion nicht nutzen. Außerdem braucht jedes Familienmitglied eine eigene Apple-ID.

Die Familienfreigabe wird in den *Einstellungen* ganz oben bei *Apple-ID* aktiviert. Tippen Sie dort auf *Familienfreigabe einrichten*, und folgen Sie der Schritt-für-Schritt-Anleitung, bei der Sie eigentlich nur einige Daten kontrollieren bzw. bestätigen müssen.

> ! Für die Familienfreigabe muss eine Kreditkarte in den Zahlungsoptionen vom App Store bzw. iTunes Store hinterlegt sein.

Ist alles korrekt eingerichtet, können Sie mit *Familienmitglied hinzufügen* nun beginnen, die Mitglieder Ihrer Familie in die Freigabe mit aufzunehmen.

Die Familienfreigabe ist schnell eingerichtet.

Für ein neues Mitglied müssen Sie eine Einladung per iMessage an das Familienmitglied senden. Diese braucht dann nur auf die Einladung zu tippen, um als Mitglied aufgenommen zu werden. Das Mitglied wird dann sofort in der Familienfreigabe aufgelistet.

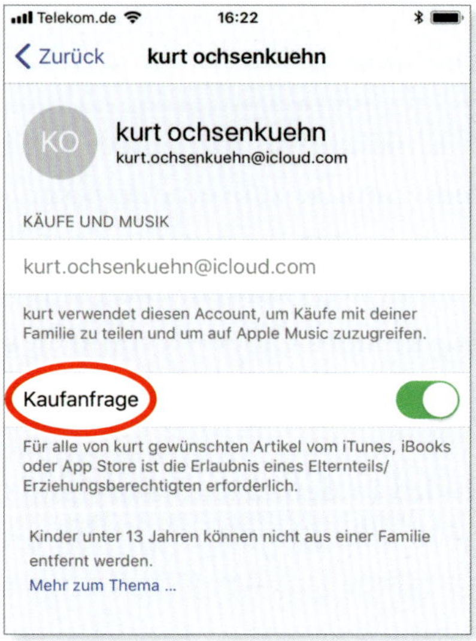

Über die „Kaufanfrage" können Kinder nicht selbständig Apps und andere Dinge erwerben, sondern benötigen eine Freigabe.

Wenn es sich bei einem Familienmitglied um ein minderjähriges Kind handelt, können Sie den Einkauf in den diversen Stores beschränken. Jedes Mal, wenn eines der Kinder eine App kaufen will, kann eine Kaufanfrage an Sie geschickt werden. Erst wenn Sie diese Anfrage genehmigen, ist es dem Kind möglich, die App zu kaufen. Die *Kaufanfrage* können Sie jederzeit ein- und ausschalten, wenn Sie auf das Familienmitglied in der *Familienfreigabe* tippen.

> **!** Wenn Sie noch mehr über die Familienfreigabe wissen wollen, dann empfehle ich Ihnen das Buch „iCloud & Apple-ID" (ISBN 978-3-95431-062-3) aus dem amac-buch Verlag.

iTunes Store

Der zweite wichtige Store auf dem iPhone ist der iTunes Store. Er dient ausschließlich Ihrer Unterhaltung. Im iTunes Store können Sie Musik, Filme und TV-Sendungen kaufen oder ausleihen. Dazu benötigen Sie wieder eine Apple-ID, bei der Sie entweder eine Kreditkarte als Zahlungsmittel hinterlegt haben oder die ein Guthaben aufweist.

Oberfläche

Die Oberfläche des iTunes Store ähnelt der des App Store. In der unteren Symbolleiste können Sie zwischen *Musik* ❶, *Filme* ❷ und *TV-Sendungen* ❸ wechseln. Außerdem gibt es eine Suchfunktion ❹. Rechts oben gibt es auch eine *Wunschliste* ❺, die nicht nur die eigentliche Wunschliste enthält ❻, sondern auch Siri-Vorschläge ❼ und eine Liste mit allen Musiktiteln, in die Sie hineingehört, die Sie aber nicht erworben haben ❽.

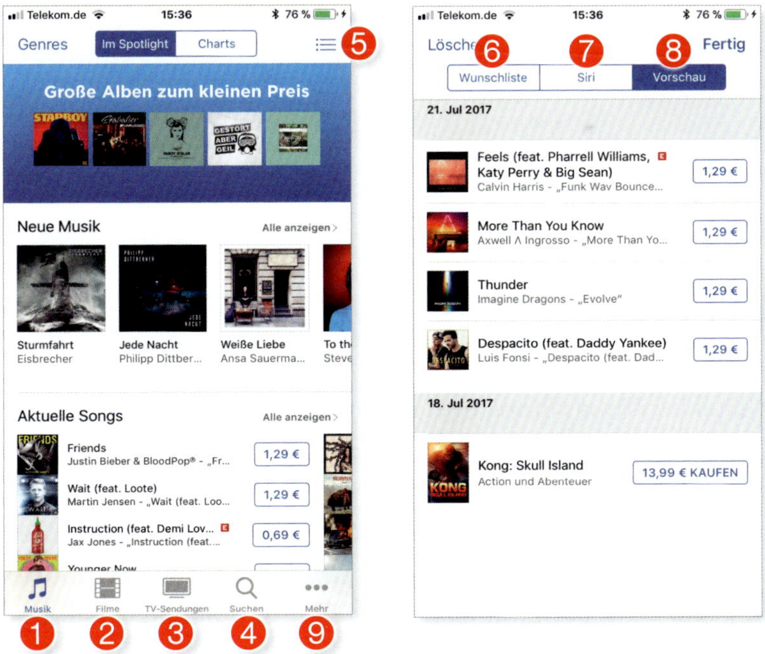

Der „iTunes Store“ bietet in der „Wunschliste“ noch zusätzliche Funktionen (rechts).

Der Punkt *Mehr* ❾ in der Symbolleiste blendet noch zusätzliche Bereiche des iTunes Store ein. Sie haben dort Zugriff auf Klingeltöne Ⓐ, auf den *Genius* Ⓑ, der Ihnen automatisch Musikvorschläge auf Basis der bereits gekauften bzw. gehörten Titel macht, sowie auf die bereits getätigten *Käufe* Ⓒ und die *Downloads* Ⓓ, die gerade durchgeführt werden.

Außerdem gibt es dort auch die Funktion *Bearbeiten* Ⓔ, mit der Sie die Symbolleiste anpassen können. Wenn Sie z. B. anstatt der *TV-Sendungen* in der Symbolleiste lieber den *Genius* haben wollen, dann tippen Sie auf *Bearbeiten* und ziehen das Genius-Symbol über das Symbol für die TV-Sendungen. Dadurch wird dieses ausgetauscht.

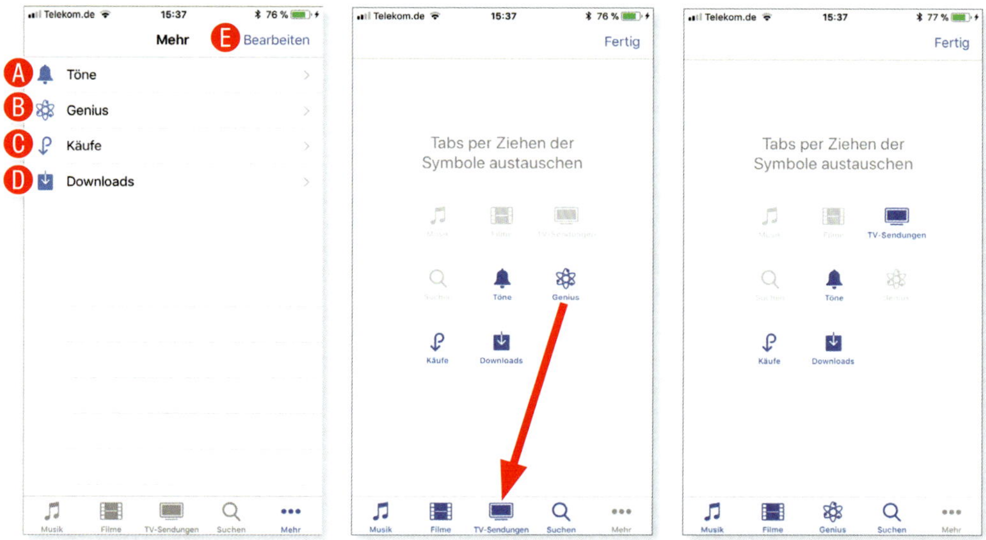

Im Bereich „Mehr" können Sie die Symbolleiste an Ihre eigenen Bedürfnisse anpassen.

Vorschau

Für jeden Titel im iTunes Store, egal ob Musiktitel, Film oder TV-Sendung, gibt es eine Vorschau. Sie können vor dem Kauf bzw. Ausleihen ein kurzes Stück des Titels abspielen, damit Sie nicht die Katze im Sack kaufen.

Bei Musiktiteln müssen Sie nur auf das Cover ❶ tippen, um die Vorschau zu starten. Wenn Sie ein ganzes Album eingeblendet haben, müssen Sie für die Vorschau auf die Titelnummer tippen ❷. Ein erneuter Fingertipp beendet die Vorschau. Bei Filmen und TV-Sendungen müssen Sie zuerst den jeweiligen Titel öffnen und dann etwas weiter nach unten scrollen. Dort finden Sie dann den *Trailer* ❸ für den Film.

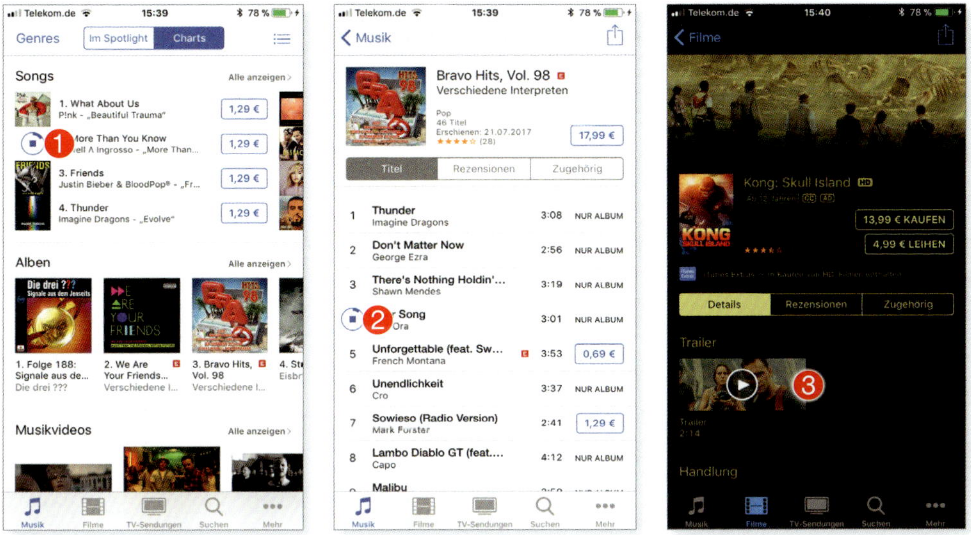

Von jedem Titel kann eine Vorschau abgespielt werden.

> **!** In der **Wunschliste** gibt es eine eigene Kategorie mit dem Namen **Vorschau**. Dort werden allerdings nur die Musiktitel aufgelistet, in die Sie hineingehört haben. Filme und TV-Sendungen werden hier nicht aufgeführt.

Kaufen oder ausleihen?

Fast alle Titel im iTunes Store können Sie kaufen oder ausleihen. Das Ausleihen umfasst allerdings nur Musik und Filme. TV-Sendungen können im iTunes Store nur gekauft werden.

Kaufen

Der Kauf eines Titels funktioniert genauso wie im App Store. Sie tippen auf den Preis und anschließend auf *Kaufen*. Der Titel wird damit gekauft und sofort auf das iPhone heruntergeladen. In den Apps *Musik* und *TV* können Sie dann den Titel abspielen bzw. ansehen.

Kaufen bedeutet auch, dass Sie den Titel jederzeit wieder erneut auf das iPhone laden können. Besonders Filme und TV-Sendungen nehmen sehr viel Speicherplatz ein, weswegen sie als Erstes gelöscht werden, wenn der Platz knapp wird. Der gelöschte Film bzw. die TV-Sendung ist aber nicht verloren. Beim Kauf wird der jeweilige Titel mit Ihrer Apple-ID verknüpft. Wenn Sie ihn nun wieder herunterladen wollen, müssen Sie im *iTunes Store* im Bereich *Mehr* die *Käufe* öffnen. Dort finden Sie dann alle Einkäufe zum Herunterladen wieder.

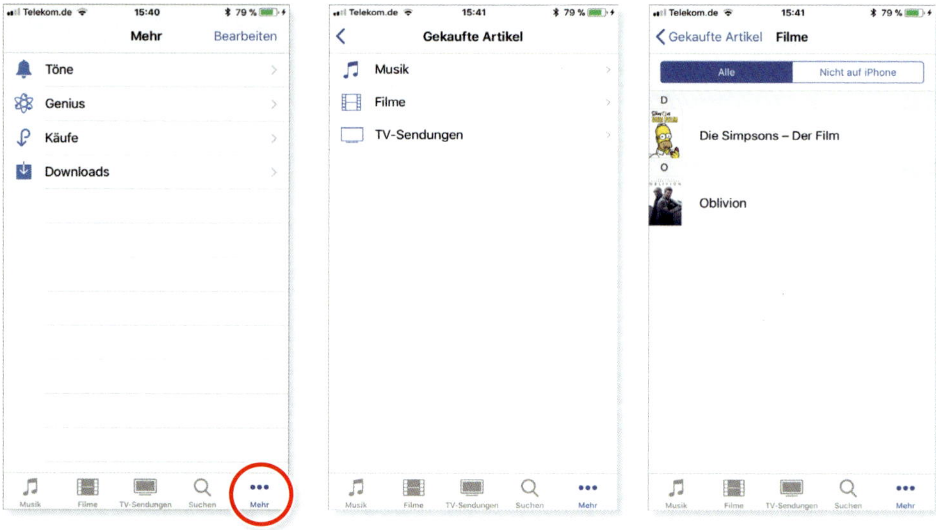

Gekaufte Titel können jederzeit erneut auf das iPhone geladen werden.

> **!** Die Einkäufe im iTunes Store stehen nicht nur auf dem iPhone zur Verfügung, sondern allen Geräten mit derselben Apple-ID. Wenn Sie also auf dem iPhone etwas gekauft haben, können Sie z. B. den Film auf Ihrem Apple TV ansehen.

Ausleihen

Beim Ausleihen muss man zwischen dem Ausleihen von Musik und Filmen unterscheiden. Wenn Sie einen Film ausleihen, dann haben Sie 30 Tage Zeit, sich diesen Film anzusehen. Sobald Sie den Film zum ersten Mal gestartet haben, können Sie ihn innerhalb von 48 Stunden beliebig oft ansehen. Wenn Sie nach diesen 48 Stunden den Film erneut ansehen wollen, müssen Sie ihn noch einmal ausleihen.

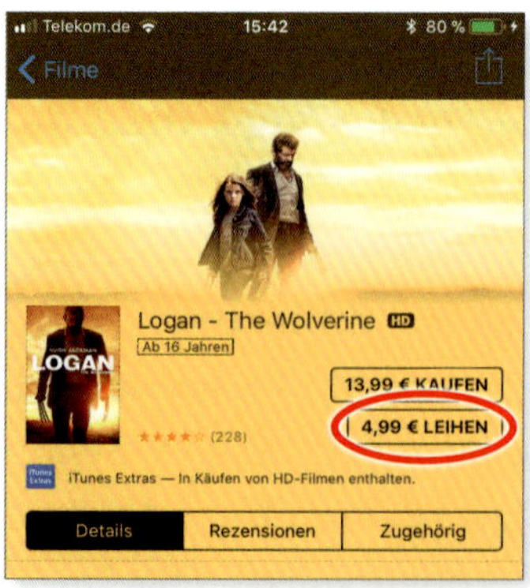

Filme können auch ausgeliehen werden.

Das Ausleihen von Musiktiteln ist eigentlich kein richtiges Ausleihen, sondern vielmehr ein Abonnement. Apple bietet den Musik-Streamingdienst *Apple Music* an, der nach der dreimonatigen kostenlosen Testphase 9,99 Euro pro Monat kostet. Das Abonnement beinhaltet den Zugriff auf mehrere Millionen Musiktitel. Solange das Abonnement läuft, können Sie beliebig viele Musiktitel anhören.

> **!** Apple bietet für Apple Music auch eine Familienmitgliedschaft an, die 14,99 Euro pro Monat kostet und die bis zu sechs Personen gleichzeitig nutzen können.

Detaillierte Informationen darüber, wie man ein Apple Music Abo abschließt und welchen Funktionsumfang Apple Music hat, können Sie in dem Buch „iTunes 12 & Apple Music“ (ISBN 978-3-95431-039-5) nachlesen.

Die Musik-App

Da Sie schon wissen, wie man im iTunes Store Musiktitel erwerben kann, müssen Sie noch wissen, wie man diese anschließend auf dem iPhone abspielt und verwaltet. Für das Abspielen von Musiktiteln ist die App *Musik* zuständig. Wenn Sie die App starten, sehen Sie am unteren Displayrand eine Symbolleiste. Die Bereiche *Für dich* ❶, *Entdecken* ❷ und *Radio* ❸ sind für *Apple Music* gedacht. Wenn Sie ein Abo besitzen, können Sie in diesen Bereichen auf die Musikbibliothek und die Radio-Sender von Apple Music zugreifen. Der Bereich *Mediathek* ❹ ist der wichtigste: Er enthält alle Musiktitel, die auf Ihrem iPhone gespeichert sind.

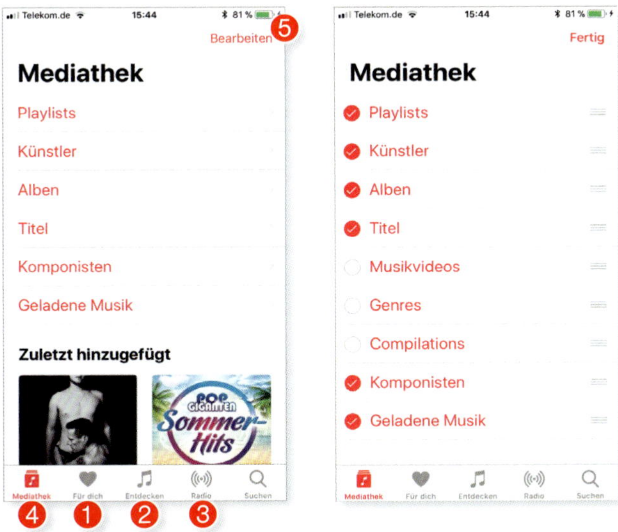

In der „Mediathek“ werden die Musiktitel nach verschiedenen Kategorien sortiert.

> **!** Das iPhone können Sie entweder direkt über den iTunes Store mit Musik bestücken, oder Sie verwenden iTunes auf dem Mac, um Musiktitel auf das iPhone zu übertragen.

In der Mediathek sind die Musiktitel nach verschiedenen Kategorien sortiert. Im oberen Bereich können Sie zwischen den verschiedenen Sortierungen (*Playlists*, *Künstler*, *Alben*, *Titel*) wählen. Sie können noch weitere Kategorien einblenden bzw. die vorhandenen ausblenden, wenn Sie rechts oben auf *Bearbeiten* ❺ tippen.

> **!** Wenn Sie die Funktionen für Apple Music nicht benötigen, können Sie sie auch ausblenden. Wechseln Sie dafür zu der App **Einstellungen** und öffnen den Bereich **Musik**. Dort deaktivieren Sie dann die Option **Apple Music zeigen**.

Die Elemente für Apple Music können auch ausgeblendet werden.

Playlists

In einer Playlist (Wiedergabeliste) werden Musiktitel gesammelt, die dann nacheinander abgespielt werden können. Eine Playlist erstellen Sie manuell, genauso wie die Reihenfolge der Wiedergabe. Wenn Sie Ihr iPhone mit iTunes auf dem Rechner (Mac oder Windows) synchronisiert haben, werden die Playlists vom Rechner auch auf dem iPhone verfügbar.

Sie können aber auch auf dem iPhone eine neue Playlist anlegen. Dazu tippen Sie in der Kategorie *Playlists* auf die Funktion *Neue Playlist*. Danach geben Sie einen Namen und eventuell eine Beschreibung für die Liste ein. Die Playlist muss jetzt nur noch bestückt werden. Dazu tippen Sie auf *Musik hinzufügen*. Suchen Sie sich dann aus Ihrer Mediathek den gewünschten Titel aus, und fügen Sie ihn hinzu. Diesen Vorgang wiederholen Sie für jeden weiteren Titel.

Ist die Playlist bestückt, können Sie die Reihenfolge der Titel mit den drei Strichen auf der rechten Seite der Titel ändern. Mit diesen Strichen können Sie die Titel nach oben bzw. unten verschieben und somit die Reihenfolge ändern.

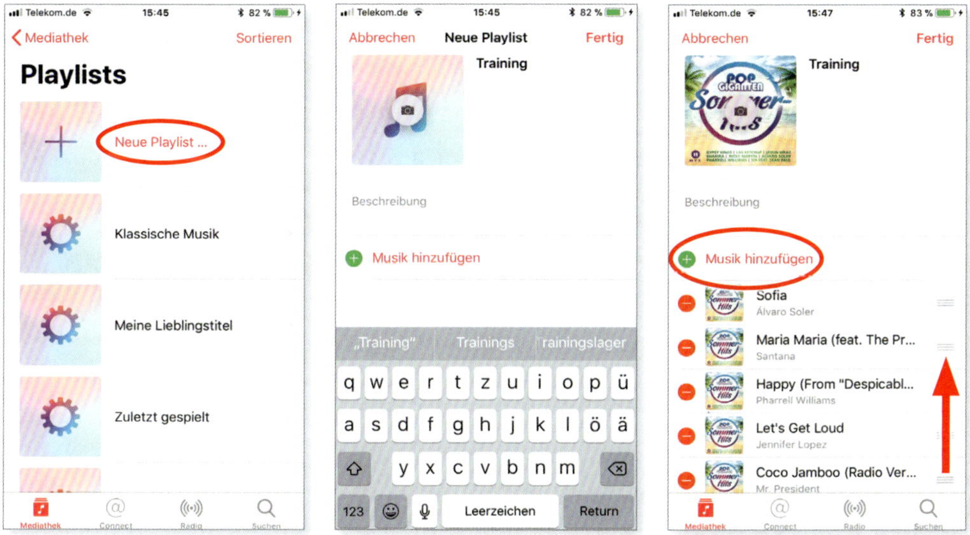

Neue Playlists können auch direkt auf dem iPhone angelegt werden.

Mit der Musik-App können Sie aber nicht nur neue Playlists anlegen, sondern auch die vorhandenen jederzeit ändern. Dafür müssen Sie die gewünschte Playlist öffnen und dann rechts oben auf *Bearbeiten* tippen – schon können Sie neue Titel hinzufügen bzw. die vorhandenen umsortieren und entfernen.

Musiktitel abspielen

Es ist ganz einfach, einen Musiktitel abzuspielen: Tippen Sie ihn an! Damit wird der Musiktitel gestartet und mit den Steuerelementen direkt über der Symbolleiste eingeblendet ❶. In der Titelliste wird beim aktuellen Musiktitel noch zusätzlich ein Klangdiagramm sichtbar ❷, als Kennzeichen dafür, dass dieser Titel gerade abgespielt wird.

> **!** Die Steuerleiste mit dem aktuellen Musiktitel ist permanent innerhalb der Musik-App sichtbar. Wenn Sie also zwischendrin in eine andere Kategorie springen, sehen Sie immer über der Symbolleiste die Steuerung des aktuellen Musiktitels.

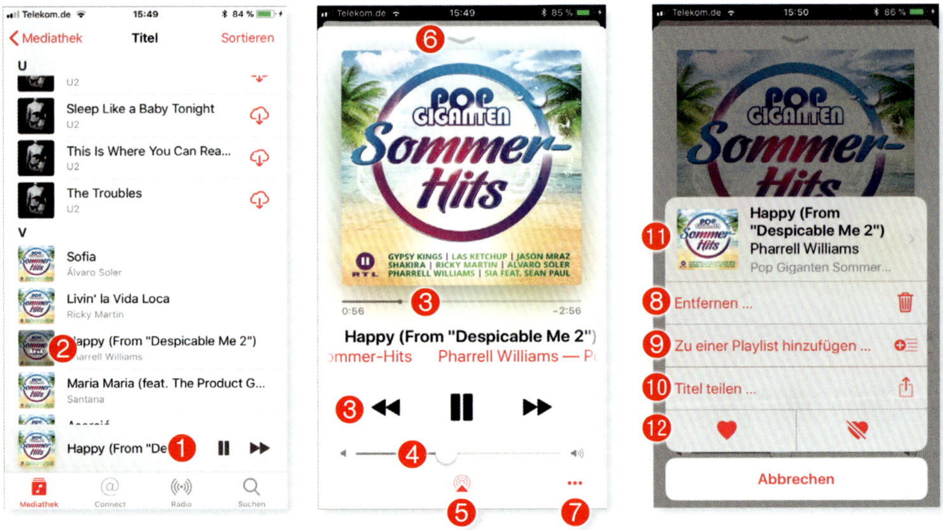

Bei der Musikwiedergabe gibt es viele zusätzliche Funktionen.

In der Steuerleiste ❶ verbergen sich aber noch weitere Funktionen, die Sie erhalten, wenn Sie sie antippen: Sie finden dort die üblichen Tasten zum Steuern der Musik ❸ sowie einen Lautstärkeregler ❹. Außerdem können Sie die Musikwiedergabe bei ❺ auf ein AirPlay-fähiges Gerät (z. B. einen externen Lautsprecher) umleiten. Die Steuerleiste können Sie wieder zuklappen, wenn Sie sie am oberen Pfeil ❻ antippen.

Hinter den drei kleinen Punkten rechts unten ❼ verbirgt sich ein Kontextmenü, das weitere Optionen für den aktuellen Titel enthält. So können Sie mit *Entfernen* ❽ den Musiktitel vom iPhone löschen. Er lässt sich aber auch mit *Zu einer Playlist hinzufügen* ❾ zusätzlich in eine andere Wiedergabeliste aufnehmen. Der Titel lässt sich sogar mit anderen Personen teilen ❿, allerdings geht das nur, wenn Sie ein Abo von Apple Music besitzen.

Wenn Sie auf das Cover des Titels tippen ⓫, können Sie die weiteren Musiktitel des Albums einsehen. Mit den Herzsymbolen ⓬ können Sie den Titel mit *Mag ich* bzw. *Mag ich nicht* kennzeichnen. Diese Funktion wird für Apple Music verwendet, um Ihnen eine optimierte Auswahl von Musiktiteln in der Kategorie *Für dich* anzuzeigen.

Die Steuerleiste für den aktuellen Musiktitel ist nur innerhalb der App *Musik* sichtbar. Kann man denn die Musik auch außerhalb der App steuern? Ja, das geht! Es gibt dafür zwei Wege. Der erste Weg führt zum *Kontrollzentrum*.

Dort finden Sie dann auch die Optionen zur Musiksteuerung. Wenn Sie etwas länger mit dem Finger darauf tippen, dann erhalten Sie eine erweiterte Steuerung.

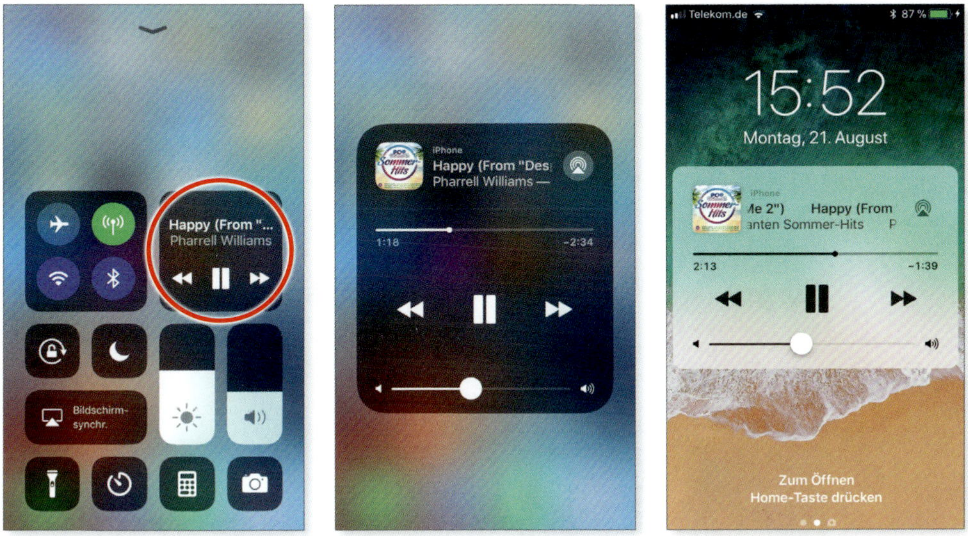

Verschiebt man das Kontrollzentrum nach links, wird die Abspielsteuerung sichtbar. Auch im Sperrbildschirm haben Sie Zugriff auf die Musiksteuerung (rechts).

Der zweite Weg zur Steuerung der Musik führt zum *Sperrbildschirm*. Wenn Ihr iPhone gesperrt ist, wird im Sperrbildschirm der aktuelle Musiktitel mit allen Steuerelementen eingeblendet. Sie müssen das iPhone also nicht entsperren, um z. B. den nächsten Titel abzuspielen oder den aktuellen pausieren zu lassen.

Die TV-App

Filme und TV-Sendungen werden mit der App *TV* abgespielt und verwaltet. Dort sind nicht nur die gekauften Filme aufgelistet, sondern auch die ausgeliehenen. Die App ist einfach aufgebaut und bietet Ihnen in der Symbolleiste einige Funktionen:

1. *Jetzt ansehen*: In diesem Bereich werden Ihnen Vorschläge für Filme und TV-Sendungen, basierend auf Ihren Sehgewohnheiten, angezeigt. Außerdem können Sie dort unterbrochene Filme und TV-Sendungen weiter ansehen.
2. *Mediathek*: Dieser Bereich enthält alle Filme und TV-Sendungen, die Sie gekauft oder ausgeliehen haben.
3. *Store*: Wie der Name bereits vermuten lässt, enthält dieser Bereich Filme und TV-Sendungen zum Kaufen oder Ausleihen.
4. *Suchen*: Damit können Sie nicht nur Ihre Mediathek sondern auch den gesamten iTunes Store nach Filmen oder TV-Sendungen durchsuchen lassen.

Wenn Sie einen Titel auswählen, wird dieser geöffnet und Sie können ihn anschließend abspielen ❺. Auf der rechten Seite erscheint das Wolken-Symbol ❻ zum Herunterladen des Films auf das iPhone. Links oben ❼ kommen Sie wieder zur jeweiligen Kategorie zurück.

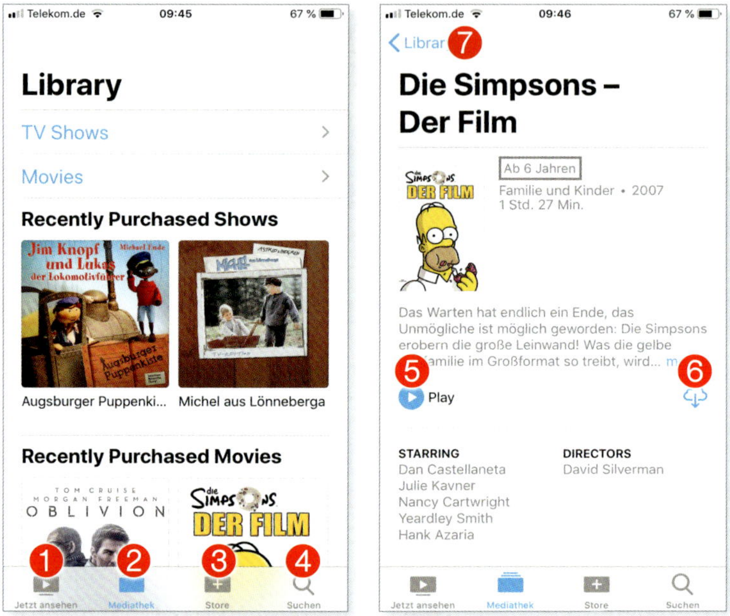

Die App „TV" ist für das Abspielen und Verwalten von Filmen und TV-Sendungen zuständig.

Während ein Titel abgespielt wird, haben Sie die üblichen Steuerelemente Ⓐ zur Verfügung. Links unten können Sie die Lautstärke Ⓑ regeln, und mit dem oberen Schieberegler Ⓒ springen Sie gezielt zu einer Stelle im Film. Bei Filmen gibt es sehr oft noch weitere Tonspuren für andere Sprachen. Die Sprache kann rechts unten Ⓓ gewechselt werden.

> **!** Bei TV-Sendungen ist es nicht üblich, dass eine weitere Tonspur für eine andere Sprache vorhanden ist.

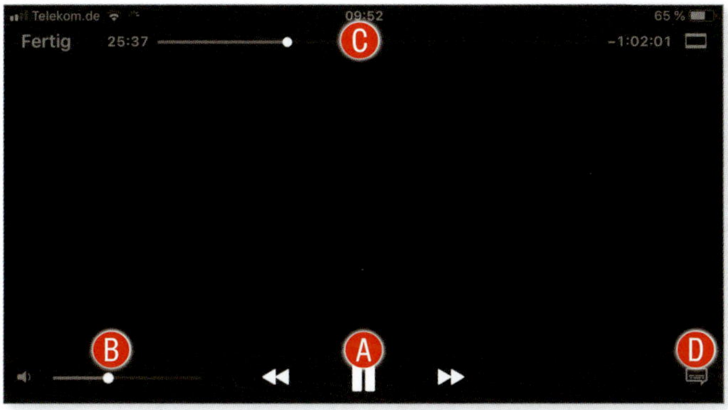

Die Abspielsteuerung eines Films …

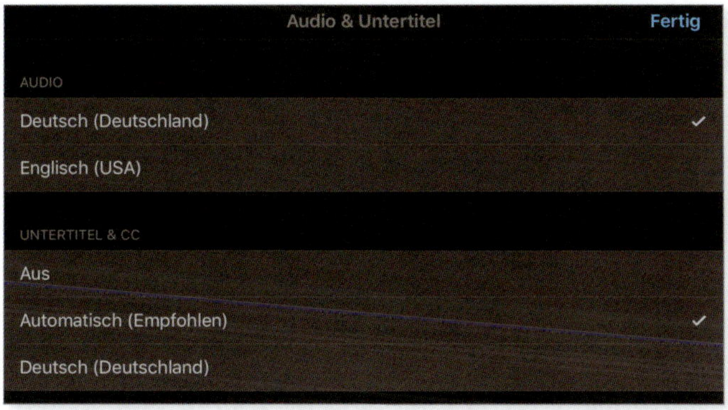

… mit unterschiedlichen Tonspuren.

Die Filme und TV-Sendungen können jederzeit vom iPhone gelöscht werden, um Speicherplatz frei zu machen. In der *Mediathek* öffnen Sie dafür zuerst den Bereich *Geladen*. Danach tippen Sie den jeweiligen Film bzw. die TV-Sendung an, die Sie vom iPhone löschen wollen. In den Infos für den Film- bzw. der TV-Sendung tippen Sie anschließend auf *Geladen*, um ein Kontextmenü zu öffnen. Dort finden Sie dann die Funktion Download entfernen.

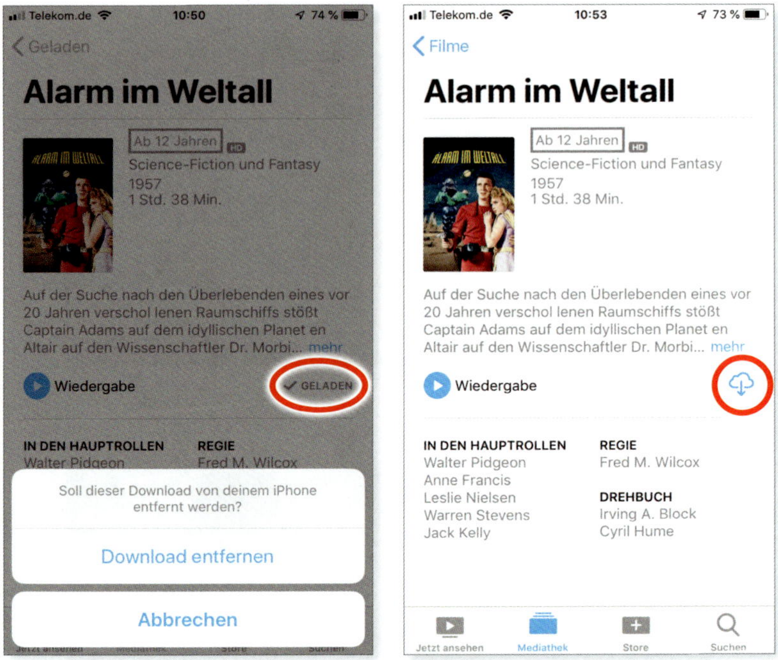

Geladene Filme und TV-Sendungen können jederzeit wieder vom iPhone entfernt werden (links) oder erneut heruntergeladen werden (rechts).

Der Titel ist dann zwar vom iPhone gelöscht, aber immer noch in der Übersicht aufgelistet. Wenn Sie genau hinsehen, können Sie ein kleines Wolkensymbol erkennen. Dieses Symbol bedeutet, dass der Titel mit Ihrer Apple-ID verknüpft ist und jederzeit wieder heruntergeladen bzw. angesehen werden kann. Wenn Sie das Wolkensymbol antippen, wird der Film wieder auf das iPhone geladen.

> **!** Sie können den Titel auch direkt abspielen, ohne ihn komplett herunterladen zu müssen. Tippen Sie nur auf den Abspielknopf, und der Titel wird via Streaming abgespielt. Streaming bedeutet, dass immer nur ein Teil des Films geladen und abgespielt wird. Nach dem Abspielen wird das Teilstück sofort wieder vom iPhone gelöscht. Auf diese Weise belasten Sie den Speicherplatz des iPhone nicht. Allerdings gestaltet sich das Vor- und Zurückspulen etwas behäbiger und Sie benötigen eine permanente Internetverbindung.

Apple Book Store

Der letzte Store, dem wir uns widmen, ist der Apple Book Store. Im Apple Book Store können Sie E-Books und Hörbücher erwerben. Der Apple Book Store ist an die App *Bücher* gekoppelt, deswegen müssen Sie die App Bücher starten, um an den Store zu kommen.

Wenn Sie die App geöffnet haben, finden Sie in der Symbolleiste am unteren Displayrand die verschiedenen Bereiche. Der Apple Book Store verbirgt sich hinter *Book Store* ❶ für E-Books und *Hörbücher* ❷ für Hörbücher. Außerdem können Sie noch die *Suche* ❸ verwenden, um im Apple Book Store zu stöbern. Im Bereich *Bibliothek* ❹ finden Sie alle E-Books und Hörbücher, die Sie auf Ihr iPhone geladen bzw. die Bücher, die Sie im Apple Book Store erworben haben.

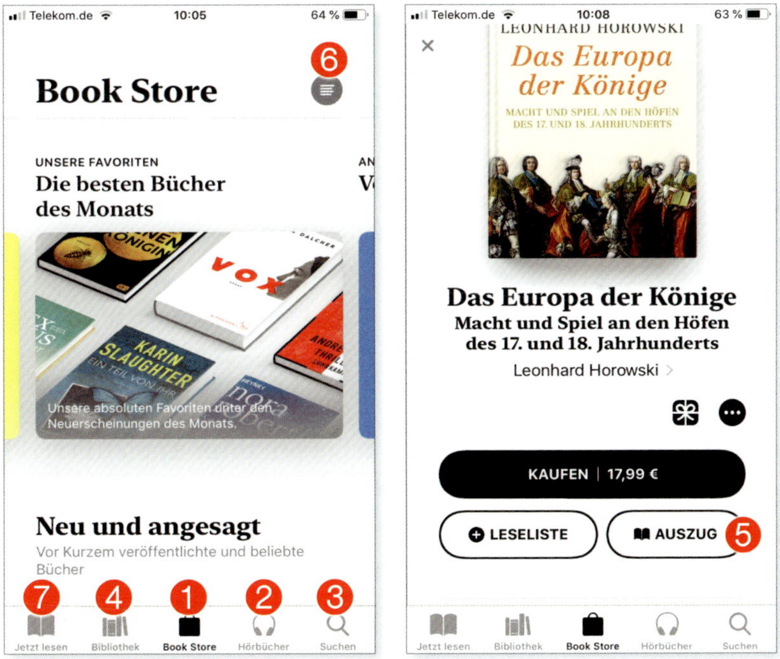

Der „Apple Book Store" ist Bestandteil von der App „Bücher".

Zu jedem Buch bzw. Hörbuch können Sie sich vor dem Kauf eine Leseprobe ❺ (*Auszug*) herunterladen, damit Sie nicht die Katze im Sack kaufen. Der Kaufvorgang funktioniert dann genauso wie im App Store und iTunes Store. Das gekaufte bzw. heruntergeladene Buch finden Sie dann im Bereich *Bibliothek* ❹. Im Book Store können Sie rechts oben ❻ noch zu den verschiedenen Kategorien innerhalb des Stores wechseln. Wenn Sie sich also z. B. für Reisen und Abenteuer interessieren, können Sie dort zu den Büchern für dieses Thema wechseln.

Der Bereich *Jetzt lesen* ❼ enthält nicht nur Empfehlungen zum Lesen, sondern Sie können dort auch das zuletzt geöffnete Buch weiterlesen. Die Empfehlungen werden von einer speziellen Redaktion bei Apple ausgesprochen und ändern sich täglich.

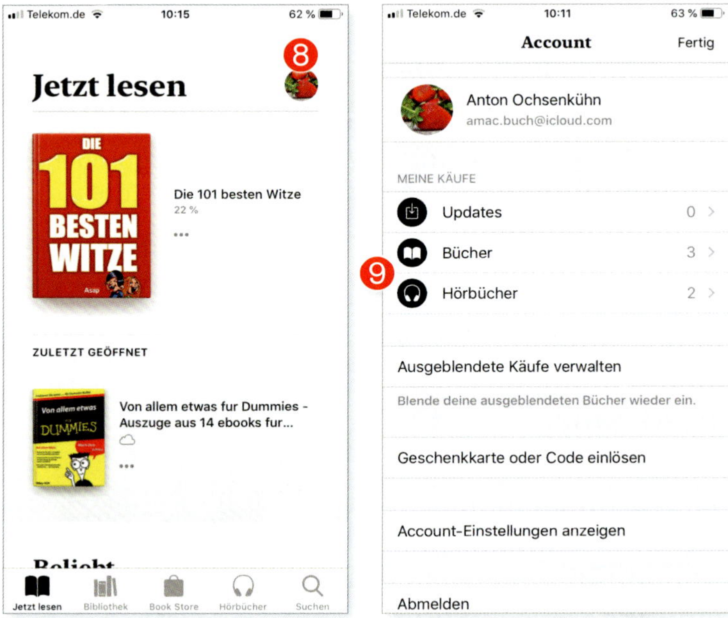

Gekaufte Bücher können jederzeit über den Bereich „Jetzt lesen" erneut auf das Gerät geladen werden.

Wie bei allen Stores werden auch die Bücher mit Ihrer Apple-ID verknüpft. Sie können also jederzeit die Bücher vom iPhone entfernen und zu einem späteren Zeitpunkt wieder herunterladen. Dazu wechseln Sie in den Bereich *Jetzt lesen* und tippen rechts oben auf das Symbol Ihrer Apple-ID ❽. Anschließend haben Sie Zugriff auf die gekauften Bücher und Hörbücher ❾ und können Sie erneut auf herunterladen.

> **!** Der Apple Book Store bietet auch kostenlose E-Books an. Diese finden Sie, wenn Sie im Bereich **Book Store** ganz nach unten scrollen. Dort gibt es dann den Punkt **Angebote und Gratisbücher**.

Bibliothek

Wenn Sie sehr viele Bücher haben, ist es wichtig, diese auch richtig zu organisieren. Der Bereich *Bibliothek* enthält einige Funktionen, die die Organisation von Büchern erleichtern.

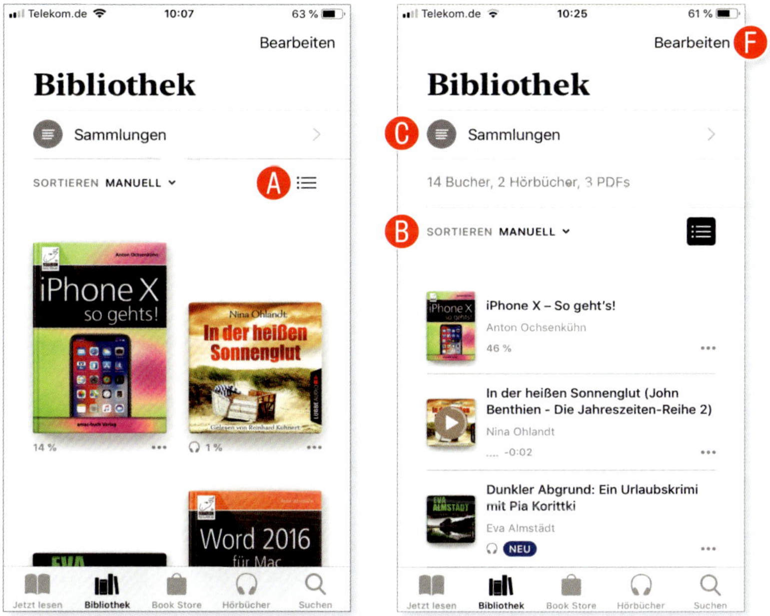

Die „Bibliothek" in der Symboldarstellung (links) und Listenansicht (rechts).

Die Bücher sind standardmäßig mit ihren Titelseiten in der Bibliothek aufgelistet. Sie können sie aber auch in einer Namensliste sortieren lassen. Dazu müssen Sie nur rechts oben Ⓐ auf das Symbol tippen. Wollen Sie die Sortierung der Bücher ändern, um z. B. die Titel alphabetisch aufgelistet zu erhalten, dann tippen Sie auf *Sortieren* Ⓑ und wählen die gewünschte Sortierart aus.

Es gibt noch eine andere Möglichkeit, die Bücher zu sortieren, und zwar mithilfe von Sammlungen. Eine Sammlung kann man mit einem Ordner vergleichen, in dem die Bücher nach eigenen Kriterien gesammelt werden. Die *Sammlungen* finden Sie im Kopfbereich Ⓒ. Dort sind bereits einige Sammlungen vorhanden, und Sie können mit *Neue Sammlung* Ⓓ eine eigene anlegen. Anschließend können Sie die Bücher in die Sammlung legen. Dazu müssen sie die Sammlungen wieder verlassen und zurück zur Bibliothek Ⓔ wechseln. Dort tippen Sie dann auf *Bearbeiten* Ⓕ, wählen die Bücher aus und tippen anschließend auf *Hinzufügen* Ⓖ. Nun müssen Sie nur noch die Sammlung bestimmen, in die die Bücher eingeordnet werden.

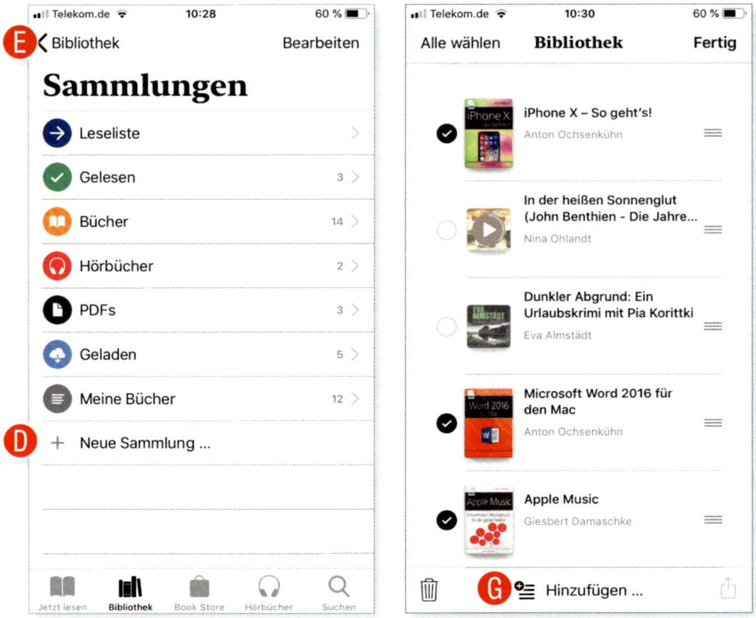

Sie können Ihre Bücher in eigene Sammlungen einordnen.

Wenn Sie nur ein einzelnes Buch einer Sammlung hinzufügen wollen, dann tippen Sie auf die drei kleinen Punkte **H**, um das Kontextmenü zu öffnen. Dort haben Sie dann nicht nur die Möglichkeit das Buch in eine Sammlung zu legen, sondern können es auch noch Umbenennen oder aus der Bibliothek entfernen.

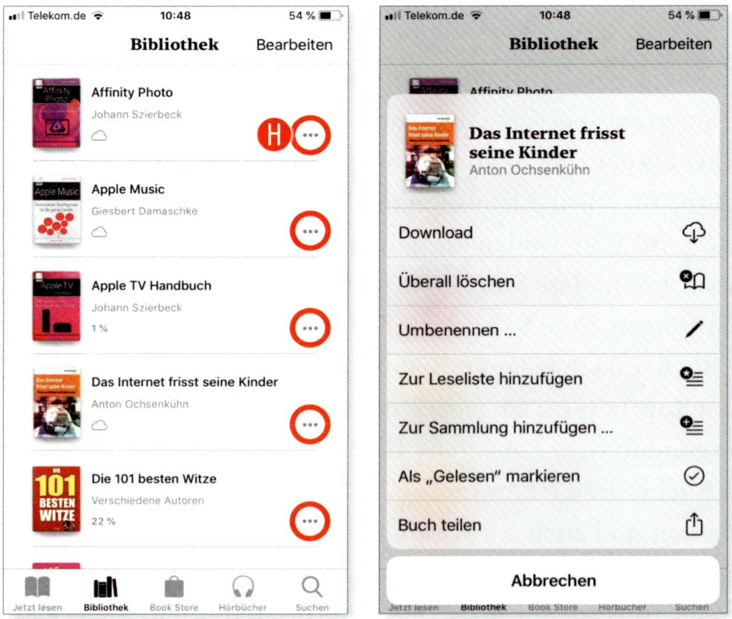

Über das Kontextmenü können Sie einzelne Bücher zu Sammlungen hinzufügen.

Bücher aus der Bibliothek entfernen

Damit der Speicher des iPhones nicht unnötig belastet wird, können Sie E-Books und Hörbücher auch wieder aus der Bibliothek entfernen. Dabei verbleiben gekaufte Bücher aus dem Apple Book Store und Bücher die mit iCloud synchronisiert sind, weiterhin als Vermerk in der Bibliothek. Auf diese Weise können Sie zu einem späteren Zeitpunkt erneut auf das iPhone geladen werden.

Um Bücher wieder aus der Bibliothek zu entfernen, gibt es zwei Wege:

1. In der Übersicht der Bibliothek tippen Sie rechts oben auf *Bearbeiten* und wählen anschließend das Buch bzw. die Bücher aus, die gelöscht werden sollen ❶. Danach tippen Sie links unten auf das Mülleimer-Symbol ❷.
2. Sie öffnen das Kontextmenü für ein Buch, indem Sie auf das Symbol mit den drei Punkten tippen ❸. Anschließend wählen Sie *Entfernen* ❹ aus.

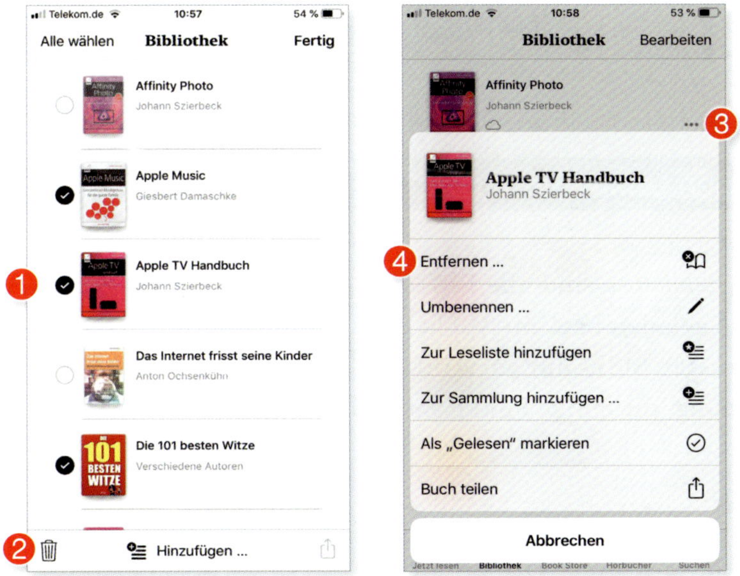

Mehrere oder einzelne Bücher lassen sich wieder aus der Bibliothek entfernen.

> ! Wenn Sie Ihre Bücher mit iCloud synchronisieren, dann erhalten Sie beim Entfernen die Auswahlmöglichkeit, die Bücher nur vom aktuellen Gerät oder komplett aus der iCloud zu löschen. Wenn Sie die Option **Überall löschen** wählen, dann wird das Buch nicht nur von Ihrem iPhone entferne, sondern von allen Geräten (iPad und Mac) die den gleichen iCloud-Account nutzen.

Beim Entfernen müssen Sie aufpassen, damit die Bücher nicht auch bei iCloud und somit auf jedem Gerät gelöscht werden.

Bücher lesen und anhören

Im Bereich *Bibliothek* sind alle E-Books und Hörbücher aufgelistet, die Sie auf dem iPhone geladen bzw. im Apple Book Store erworben haben. Um ein Buch zu lesen, müssen Sie es nur auswählen. Nach wenigen Sekunden öffnet sich die Leseumgebung, die einige Funktionen für das Lesen enthält.

E-Books

Zuerst sollten Sie wissen, dass Sie ein Buch im Hoch- oder Querformat lesen können. Wenn Sie das iPhone kippen, wird automatisch ins Querformat gewechselt und der Inhalt an das neue Format angepasst.

Beim Lesen eines E-Books können Sie jederzeit zwischen Hoch- und Querformat wechseln.

Umblättern können Sie das Buch, wenn Sie die Seite nach links (vorwärtsblättern) oder nach rechts (rückwärtsblättern) verschieben. Sie können aber auch den Schieberegler ❶ im unteren Bereich verwenden, um gezielt einen Abschnitt anzusteuern. Das Gute an E-Books ist, dass Sie viele Dinge an Ihre eigenen Lesegewohnheiten anpassen können. So können Sie bei ❷ die Helligkeit ❸, die Schriftgröße ❹ die Schriftart ❺ und die Hintergrundfarbe ❻ ändern.

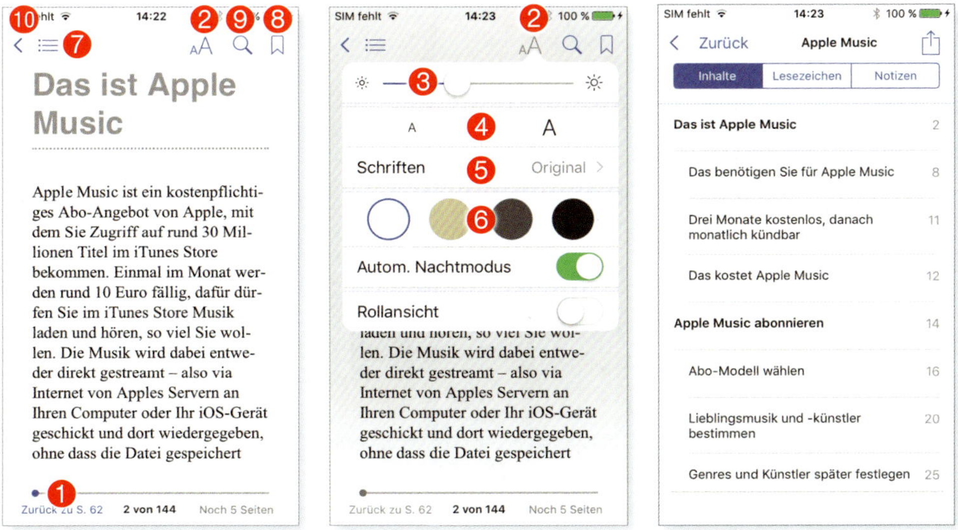

Für das Lesen von Büchern in iBooks stehen viele Funktionen zur Verfügung.

Jedes Buch hat ein *Inhaltsverzeichnis*, das Sie über ❼ einblenden können. Dort müssen Sie nur das gewünschte Kapitel antippen, um an dieser Stelle weiterzulesen. Außerdem können Sie noch *Lesezeichen* ❽ hinzufügen, mit denen Sie besondere Textstellen bzw. Seiten markieren können. Die Übersicht der Lesezeichen finden Sie im gleichen Bereich wie das Inhaltsverzeichnis. Ein weiterer großer Vorteil eines E-Books ist die Volltextsuche, die Sie mit dem Lupensymbol ❾ öffnen können. Die Volltextsuche übertrifft jedes Index- oder Stichwortverzeichnis. Tippen Sie nur den gewünschten Suchbegriff ein, und schon erhalten Sie alle Fundstellen innerhalb des Buchs. Die Leseumgebung können Sie übrigens wieder verlassen, wenn Sie auf den Pfeil links oben ❿ tippen. Damit wechseln Sie wieder zurück zum Bereich *Bibliothek*.

PDF

iBooks kann auch mit PDF-Dateien umgehen. Allerdings gestaltet sich das Lesen von PDF-Dateien etwas anders als das Lesen von normalen E-Books. Sie können z. B. keine Schriftart oder Schriftgröße einstellen, da ein PDF immer ein festes Layout hat. Wenn Sie den Text größer haben wollen, müssen Sie in die Seite hineinzoomen (Daumen und Zeigefinger auf dem Display auseinanderziehen). In der unteren Leiste Ⓐ sehen Sie die Seiten in Miniaturansicht, um schnell darin zu blättern. Es gibt auch ein *Inhaltsverzeichnis* Ⓑ, das entweder als Seitenminiaturen Ⓒ oder in Textform Ⓓ angezeigt werden kann.

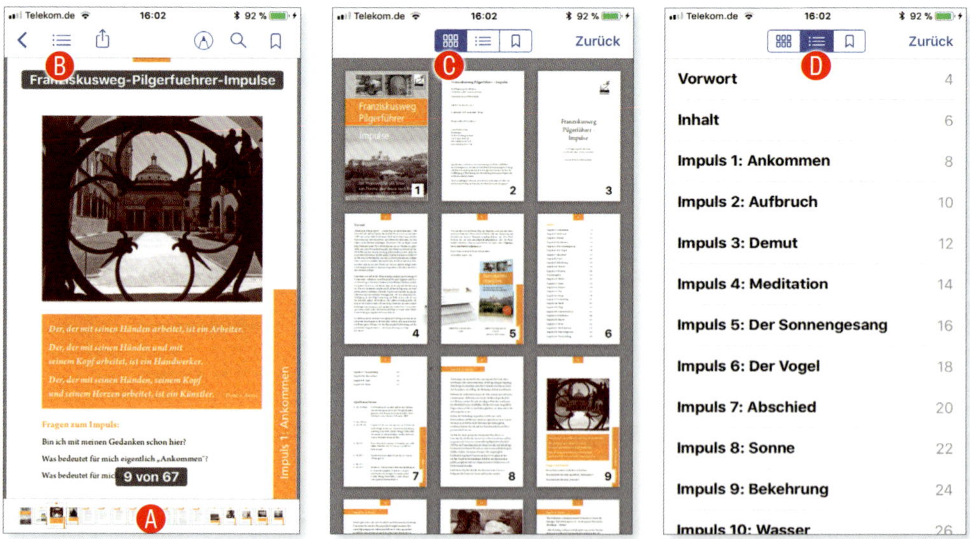

Für ein PDF stehen andere Funktionen beim Lesen zur Verfügung.

Hörbücher

Hörbücher werden natürlich nicht gelesen, sondern abgespielt. In der Abspielumgebung gibt es neben dem Starten und Stoppen ❶ auch noch andere Funktionen. Mit den beiden Symbolen ❷ können Sie das Hörbuch jeweils um 15 Sekunden vor- und zurückspulen. Wichtig ist natürlich die Lautstärke ❸. Die Abspiel- bzw. Lesegeschwindigkeit können Sie links unten ändern ❹. Direkt unter dem Buchcover gibt es einen weiteren Regler ❺, mit dem man gezielt zu einer Stelle springen kann. Es gibt sogar eine Schlummerfunktion ❻, bei der Sie einstellen können, nach wie vielen Minuten das Hörbuch automatisch stoppen soll. Umfangreiche Hörbücher bestehen sehr oft aus mehreren Teilen (Tracks). Diese können Sie rechts oben ❼ einsehen. Die Abspielumgebung können Sie links oben ❽ verlassen.

Die Oberfläche für Hörbücher bietet viele Funktionen, z. B. auch eine Schlummerfunktion (rechts).

Bücher aus anderen Quellen nutzen

Der Apple Book Store ist nicht die einzige Quelle, aus der Sie E-Books auf das iPhone übertragen und in iBooks lesen können. Grundsätzlich können Sie jedes E-Book im Format ePub in iBooks öffnen, egal woher es stammt. Aber wie kommen solche Bücher auf das iPhone? Dafür gibt es mehrere Möglichkeiten.

E-Mail

Die einfachste und schnellste Methode besteht darin, sich das E-Book als E-Mail-Anhang auf das iPhone zu schicken. Wenn Sie die E-Mail auf dem iPhone erhalten haben, müssen Sie nun nur auf das angehängte E-Book tippen. Anschließend wählen Sie im daraufhin geöffneten Menü die Option *In „Bücher" kopieren* aus. Fertig!

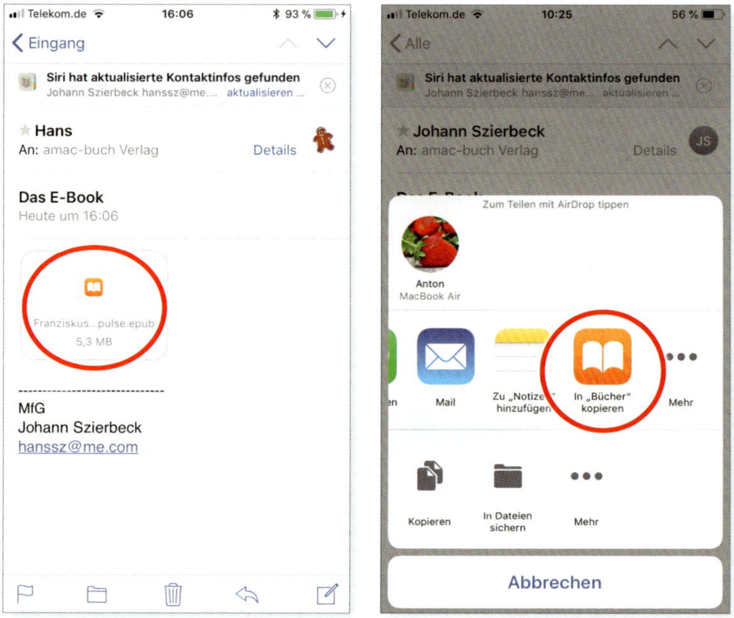

Wenn Sie sich das E-Book selbst per E-Mail schicken, genügt ein einfacher Fingertipp, um es in iBooks zu öffnen.

! Achten Sie bitte darauf, dass Sie das E-Book im Format **ePub** mit der Dateiendung **.epub** verschicken. Sie können keine komprimierten **ZIP**-Dateien oder E-Books mit dem Format **Mobipocket** (E-Books von Amazon) an iBooks übertragen.

Safari

Eine andere Möglichkeit ist der Download des E-Books direkt vom jeweiligen Online-Anbieter bzw. Shop. Wenn Sie ein Buch über einen Online-Shop erworben haben, dann tippen Sie auf den Download-Link. Im Hintergrund wird nun das E-Book auf das iPhone heruntergeladen. Wenn es vollständig von Safari geladen ist, erscheint die Option *In „Bücher" öffnen*. Das E-Book wird damit automatisch nach iBooks kopiert.

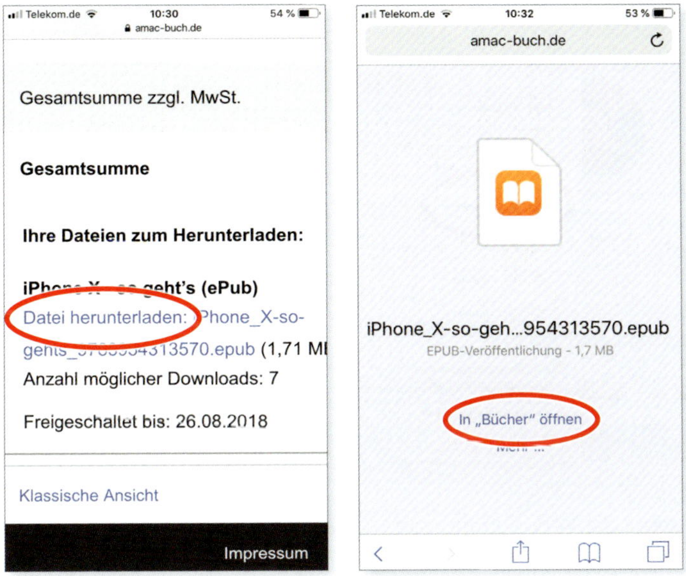

E-Books können direkt nach dem Einkauf in Safari heruntergeladen und zu iBooks übertragen werden.

iCloud Drive

Die Nutzung des *iCloud Drive* ist ein weiteres Verfahren, um E-Books auf das iPhone zu übertragen. Voraussetzung dafür ist ein iCloud-Account. Mit iCloud Drive können Sie auf dem Rechner das E-Book an iCloud übertragen, es dann auf dem iPhone mit der App *Dateien* herunterladen und in Bücher öffnen. Sie öffnen dazu *Dateien*, tippen auf das zuvor übertragene E-Book. Dieses wird nun heruntergeladen und automatisch in iBooks geöffnet.

Via iCloud synchronisieren

Die Übertragung eines E-Books auf das iPhone, die Sie mit der App *iCloud Drive* manuell durchführen, können Sie auch automatisieren. Mithilfe von iCloud können Sie die Bibliothek von *Bücher auf dem Mac* mit Bücher auf dem iPhone automatisch synchronisieren. Dadurch wird automatisch das E-Book, das Sie in Bücher auf dem Mac hinzugefügt haben, zu iCloud hochgeladen und sofort an Bücher auf dem iPhone übertragen. Das funktioniert natürlich auch in die andere Richtung.

Damit die Synchronisation funktioniert, müssen Sie auf dem Mac in Bücher die Verwendung von iCloud aktivieren. Öffnen Sie die *Symstemeinstellungen –> iCloud* und danach die *Optionen* von *iCloud Drive*. Dort aktivieren Sie anschließend *Bücher*. Damit werden nun die Bücher von der Bücher-Bibliothek zu iCloud hochgeladen.

Auf dem Mac muss die Verwendung von „iCloud Drive" für „Bücher" eingeschaltet werden.

Jetzt müssen Sie noch auf dem iPhone die Synchronisation einschalten. Öffnen Sie *Einstellungen –> Ihr Name (Apple-ID, iCloud, iTunes & App Store) –> iCloud*, und aktivieren Sie dort die Option *Bücher*. Wenn Sie nun die App Bücher starten, werden Sie sehen, dass plötzlich alle Bücher vom Mac aufgelistet sind. Sie sind aber noch nicht auf das iPhone heruntergeladen. An dem kleinen Wolkensymbol erkennen Sie, dass die Bücher bei iCloud gespeichert sind. Wenn Sie nun eines der Bücher öffnen, wird es heruntergeladen und Sie können es lesen.

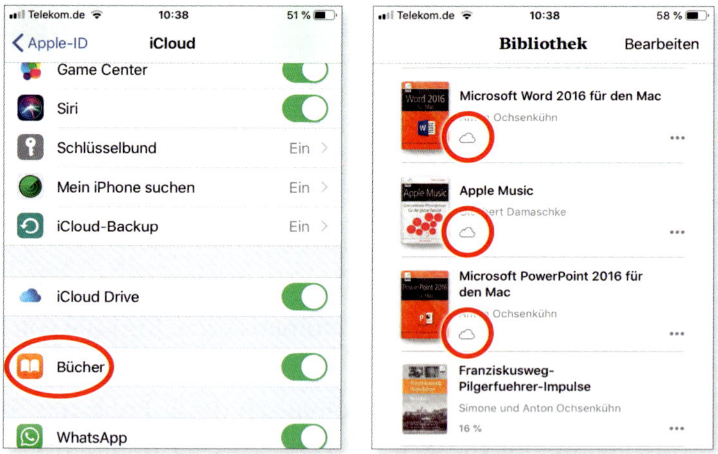

Alle E-Books, die bei iCloud gesichert sind, erscheinen nun auch auf dem iPhone.

> **!** Wenn Sie nur die Bücher sehen wollen, die auf dem iPhone geladen sind, dann tippen Sie in der **Bibliothek** auf **Sammlungen –> Geladen**.

Kapitel 8 Die Kamera

Da man das iPhone permanent mit sich trägt, eignet es sich auch sehr gut als Kamera, um Schnappschüsse zu machen. In Ihrem iPhone befinden sich zwei sehr gute Kameras, mit denen man ausgezeichnete Bilder oder Selfies schießen kann. Das trifft ebenfalls auf Aufnahmen von Videos zu. Die aktuellen iPhone-Modelle können Videos mit 4K-Auflösung (3840 x 2160 Pixel) aufnehmen.

Die aufgenommenen Fotos und Videos müssen verwaltet werden, da ansonsten ein heilloses Durcheinander auf dem iPhone entsteht. Dafür nutzen Sie die App *Fotos*. Mit ihrer Hilfe können Sie alle Aufnahmen organisieren.

In diesem Kapitel erfahren Sie, wie Sie die Kamera des iPhone bedienen und die Bilder mit der App *Fotos* verwalten.

Die Kamera

Das iPhone besitzt auf seiner Rück- und Vorderseite jeweils eine Kamera, die Modelle 7 Plus, 8 Plus und Xs haben zusätzlich noch eine zweite Linse. Dabei fungiert die eine Linse als Weitwinkel und die zweite als Teleobjektiv.

Die Kamera auf der Rückseite hat eine höhere Auflösung und wird deswegen zum Fotografieren verwendet. Die Kamera auf der Vorderseite hat eine niedrigere Auflösung und wird hauptsächlich für Selfies und Videochats per Facetime oder Skype eingesetzt. Aber egal welche Kamera Sie nutzen, beide werden mit der App *Kamera* gesteuert.

Die App kann auf drei verschiedene Weisen geöffnet werden:

1. auf dem Home-Bildschirm durch Antippen der Kamera-App
2. über das Kontrollzentrum mit dem Kamera-Symbol
3. im Sperrbildschirm durch Verschieben des Displays nach links bzw. beim iPhone direkt das Kamerasymbol antippen

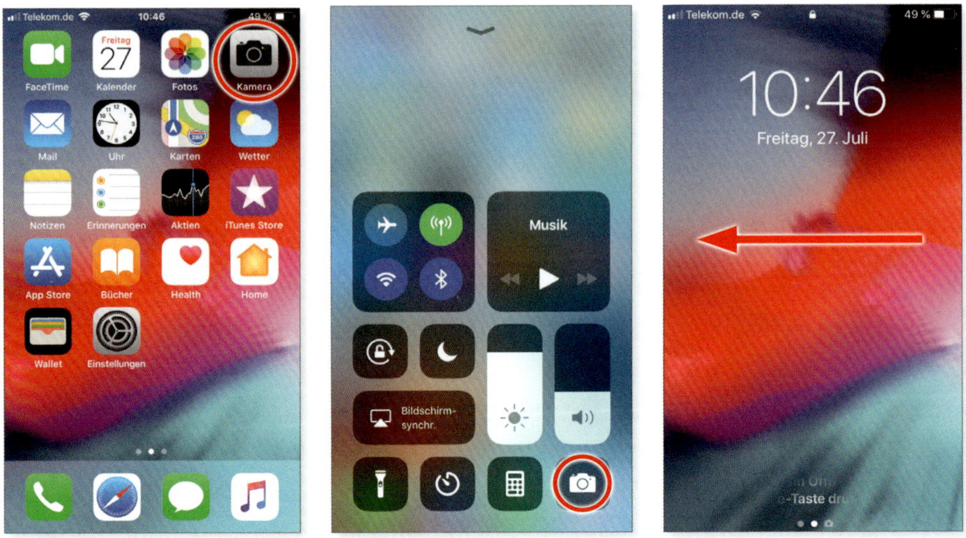

Die Kamera erreichen Sie auf drei Wegen: Home-Bildschirm (links), Kontrollzentrum (Mitte) und Sperrbildschirm (rechts). Bei den iPhone X-Modellen kann die Kamera direkt vom Sperrbildschirm aus angesteuert werden.

Die Bedienung

Die Kamera-App bietet verschiedene Funktionen zum Aufnehmen von Bildern und Videos. In der Mitte ❶ ist der Sucherbereich, und der große Knopf dient als Auslöser ❷. Alternativ dazu können Sie auch die *Lauter-* oder *Leiser-Taste* an der Seite des iPhone verwenden: Beide Tasten können als Auslöser genutzt werden.

Die Kamera-App mit allen Funktionen.

Bevor Sie eine Aufnahme machen, sollten Sie bei ❸ entscheiden, welche Art von Aufnahme Sie haben wollen. Einzelheiten zu den verschiedenen Aufnahmearten können Sie auf Seite 261 nachlesen. Mit dem Kamerasymbol ❹ können Sie zwischen der Kamera auf der Rück- und der Vorderseite hin- und herwechseln.

Beim iPhone 7 Plus, 8 Plus und iPhone X/Xs/XR können Sie mit zwei Fingern bis zum Faktor 10 zoomen und erhalten aufgrund der Kamera mit der Doppellinse extrem gute Fotos. Sofern Sie auf den Zoomfaktor im Kreis tippen geht es wieder zur „normalen" Darstellung zurück, ein erneutes Tippen bringt Sie zum zweifachen Zoom. Schieben Sie das kreisförmige Zoomsymbol ein wenig nach oben und stellen Sie den Zoom über den Regler ein. Die Zoomfunktion gibt es beim 7 Plus, 8 Plus und iPhone X/ Xs/XR übrigens auch bei Pano, Video etc.

Zudem gibt es exklusiv bei diesen Modellen noch den Modus *Porträt*, mit dem man fantastische Fotos mit Tiefeneffekt erzeugen kann. Hierfür stehen fünf Zusatzfilter zur Verfügung, um die Porträtaufnahmen individuell zu gestalten (*Natürliches Licht*, *Studiolicht*, *Konturenlicht*, *Bühnenlicht* und *Bühnenlicht Mono*). Beim iPhone XR fehlen die letzten beiden Filter. Dafür aber kann beim iPhone Xs sowie beim Xs nachträglich eine Tiefen-Kontrolle der Porträtfotos durchgeführt werden. Alle Filter sind auch in den Bildbearbeitungsfunktionen verfügbar und können also nachträglich zum Einsatz gebracht werden. Alle Bilder im Porträtmodus werden zudem in der Fotos-App (auch dem Mac) in dem Album *Portrait* zusammengefasst.

Der Porträtmodus (links) kann aktuell nur bei den iPhones mit Doppellinsen zum Einsatz kommen. Während der Aufnahme kann man direkt einen Filter auswählen. Die Tiefen-Kontrolle (rechts) kann zudem nachträglich angepasst werden

Bei schlechten Lichtverhältnissen können Sie den *Blitz* ❺ einschalten bzw. ihn auf Automatik stellen. Nur die Rückseite hat einen echten Blitz, während für die Frontkamera ein Blitz simuliert wird, indem der Sucherbereich ganz kurz eine weiße Fläche anzeigt, bevor das Foto gemacht wird. Besonders hilfreich bei der Aufnahme von Selfies.

Für besonders brillante Aufnahmen können Sie die *HDR*-Funktion ❻ einschalten. HDR steht für „High Dynamic Range", eine Technik, um besonders detailreiche Bilder zu erhalten. Dabei nimmt die Kamera eigentlich drei Fotos mit unterschiedlichen Belichtungen auf, die dann in der App kombiniert werden. Auf diese Weise entstehen Bilder mit besseren Kontrast.

Die neueren iPhone-Modelle können auch *Live Photos* ❼ erzeugen. Live Photos sind eine Mischung aus Video und Standbild. Bei der Aufnahme wird zum Foto noch eine kurze Videosequenz von 1,5 Sekunden aufgenommen. Aus beiden wird dann ein 3-Sekunden-Video generiert, das z. B. für den Sperrbildschirm als Hintergrund verwendet werden kann. Über die 3D-Touch-Funktion können die Live Photos dann abgespielt werden.

Die Kamera-App hat auch einen *Selbstauslöser* ❽, mit dem Sie ein Foto mit einer Zeitverzögerung von 3 oder 10 Sekunden aufnehmen können. Außerdem können Sie noch einen *Filter* ❾ für das Fotografieren verwenden. Hierbei stehen neun verschiedene Filter zur Auswahl: *Strahlend*, *Strahlen warm*, *Strahlend kalt*, *Dramatisch*, *Dramatisch warm*, *Dramatisch kalt*, *s/w hell*, *Silbertöne*, *s/w dunkel*. Diese Filter können aber auch nachträglich beim Bearbeiten in der Fotos-App zum Einsatz kommen.

> **!** Bitte beachten Sie, dass nicht jede Aufnahmeart auch alle Funktionen zur Verfügung hat. So können Sie z. B. bei der Aufnahme eines Videos keine Filter verwenden.

Die fertigen Aufnahmen können Sie bei ❿ betrachten, wo sie auch bearbeitet oder gelöscht werden können (siehe Seite 274).

Aufnahmearten

Mit der iPhone-Kamera können Sie die verschiedensten Arten von Aufnahmen machen. Neben normalen Fotos und Videos gibt es noch interessante andere Aufnahmemöglichkeiten:

- *Quadrat:* Das ist eigentlich nichts anderes als ein normales Foto im quadratischen Format, was man auch am veränderten Sucherbereich erkennen kann. Solche Fotos können Sie z. B. sehr gut als Profilfoto für Facebook oder WhatsApp verwenden.
- *Pano:* Das iPhone kann damit eine Panoramaaufnahme machen. Dazu müssen Sie das iPhone während der Aufnahme nur von links nach rechts bewegen. Im Sucher können Sie erkennen, wie das iPhone die Panoramaaufnahme zusammenstellt.

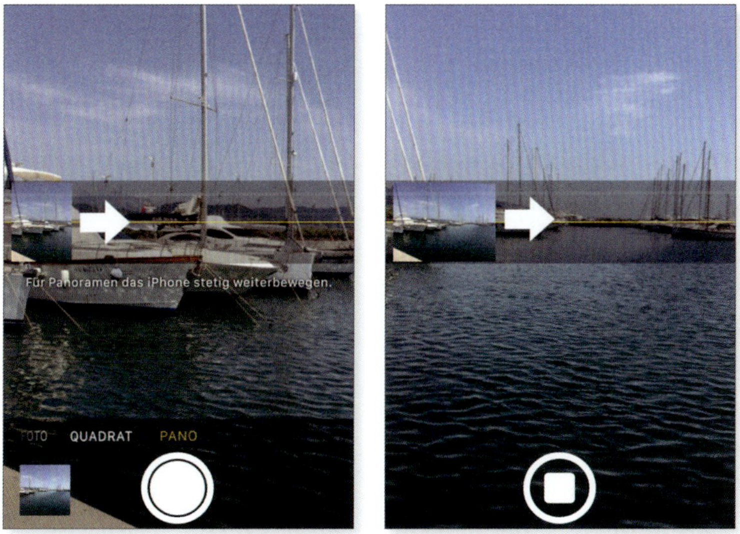

Panoramabilder sind sehr schnell und einfach erstellt.

- *Serienbilder:* Das iPhone verfügt auch über die Möglichkeit, Serienbilder aufzunehmen. Dabei werden je nach iPhone-Modell bis zu zehn Bilder pro Sekunde aufgenommen – eine ideale Funktion, um actionreiche Fotos zu machen. Für Serienbilder müssen Sie den Auslöser länger gedrückt halten. Solange Sie ihn halten, werden Fotos aufgenommen. Ein Zähler direkt über dem Auslöser zeigt Ihnen an, wie viele Fotos bereits gemacht wurden.

Serienbilder sind mit dem iPhone kein Problem. Während der Aufnahme können Sie verfolgen, wie viele Bilder gemacht werden.

- *Slo-Mo:* Diese Abkürzung steht für „Slow Motion". Damit lassen sich also Videos mit Zeitlupenaufnahmen machen. Je nach Voreinstellung der Kamera-App können damit Videoaufnahmen mit 120 oder 250 Bildern pro Sekunde angefertigt werden.
- *Zeitraffer:* Das genaue Gegenteil der Zeitlupe. Die Aufnahmen werden damit in einem höheren Tempo erstellt. Somit können langsame Bewegungen, die normalerweise mehrere Minuten dauern, zu wenigen Sekunden zusammengefasst werden.
- *Live Photo*: Mit dem iPhone können Sie Kurzfilme (Live Photos) inkl. Audio aufnehmen. Tippen Sie dazu auf das dazugehörige Symbol ◎. Natürlich können alle iPhone-Modelle erhaltene Live Photos per E-Mail, iMessage etc. wiedergeben.

Aufnahmen bearbeiten

Alle Aufnahmen können Sie direkt in der Kamera-App bearbeiten oder auch wieder löschen. Tippen Sie dazu links unten auf die kleine Miniatur der letzten Aufnahme. Nun wird die letzte Aufnahme eingeblendet. Sie können aber auch die älteren Aufnahmen einsehen, wenn Sie nach links bzw. rechts scrollen.

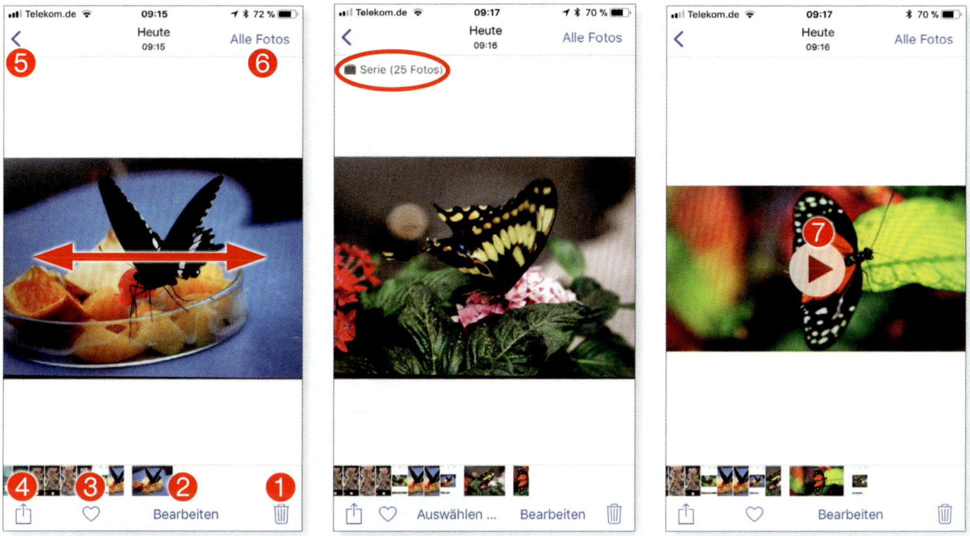

Die Aufnahmen können direkt in der Kamera-App nachbearbeitet oder gelöscht werden.

Um die aktuelle Aufnahme zu löschen, müssen Sie nur auf den Papierkorb ❶ tippen. Um eine Aufnahme zu bearbeiten, klicken Sie auf *Bearbeiten* ❷. Damit wechseln Sie in eine andere Umgebung, die je nach Art der Aufnahme verschiedene Werkzeuge enthält. Wie man Fotos und Videos nachbearbeitet, erfahren Sie ab Seite 274 bei „Fotos", da die *Kamera*-App und die *Fotos*-App dafür die gleichen Funktionen verwenden. Mit dem Herzsymbol ❸ wird das Fotos den Favoriten hinzugefügt.

Die Aufnahme lässt sich sogar direkt aus der Kamera-App mit der *Teilen*-Funktion ❹ an andere Apps übergeben oder per Nachricht oder Mail verschicken. Links oben ❺ verlassen Sie die Aufnahmen und kehren wieder zur Kamera zurück. Es gibt auch eine direkte Anbindung zur App *Fotos*, um z. B. die aktuelle Aufnahme dort zu bearbeiten oder zu versenden. Mit der Funktion *Alle Fotos* ❻ wechseln Sie zur App *Fotos*.

Wenn es sich bei der Aufnahme um ein Serienbild handelt, können Sie die Anzahl der Bilder direkt oberhalb der Aufnahme ablesen. Außerdem können Sie aufgenommene Videos direkt abspielen ❼.

Auch die Live Photos lassen sich bearbeiten. Dabei können Sie die Länge der Filmsequenz festlegen und das Schlüsselfoto definieren. Dazu wählen Sie mit dem Finger ein Bild innerhalb der Filmsequenz aus und tippen anschließend auf *Als Schlüsselfoto festlegen*. Ansonsten stehen Ihnen die gleichen Bearbeitungswerkzeuge wie bei normalen Fotos und Videos zur Verfügung.

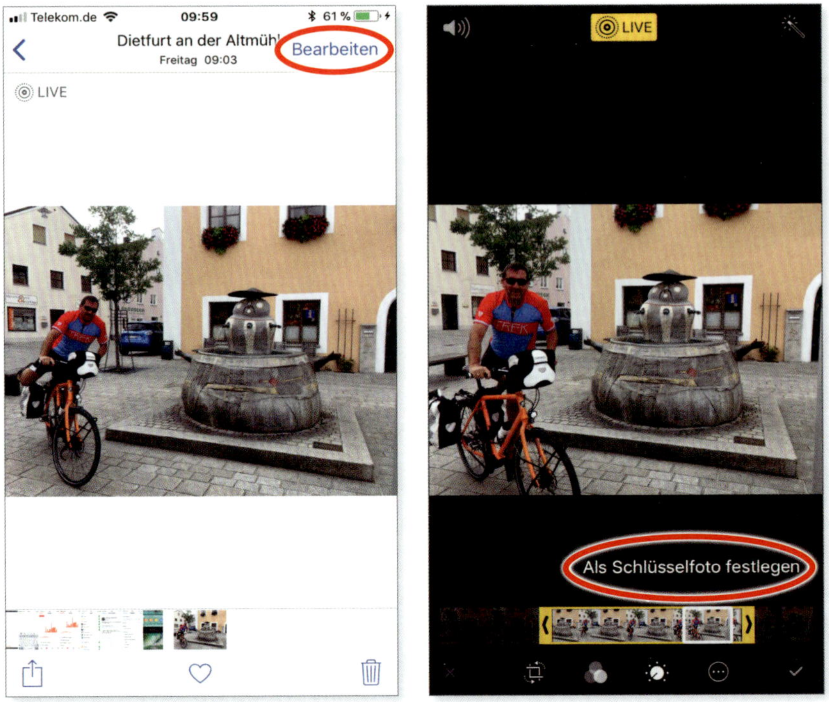

Live Photos lassen sich in der App „Fotos“ nachbearbeiten.

QR-Codes scannen

Die Kamera-App hat eine sehr hilfreiche Funktion. Sie kann QR-Codes erkennen und die dort hinterlegten Informationen auslesen. Sie halten die Kamera einfach auf den QR-Code, und sofort erscheint eine Mitteilung mit dem Inhalt des Codes. Wenn es sich dabei z. B. um eine Internetadresse handelt, können Sie diese direkt öffnen, wenn Sie auf die Mitteilung tippen.

Die App „Kamera“ erkennt auch QR-Codes.

> **!** Die automatische Erkennung von QR-Codes lässt sich unter **Einstellungen –> Kamera** mit der Option **QR-Codes scannen** ausschalten. Zudem kann das Einscannen von QR-Codes direkt als Icon ins Kontrollzentrum gelegt werden (**Einstellungen –> Kontrollzentrum –> Steuerelemente anpassen**).

Einstellungen für die Kamera

Es gibt für die Kamera-App noch ein paar Einstellungen, die Sie berücksichtigen bzw. kontrollieren sollten, besonders wenn Sie sehr viele Videos aufnehmen. Bei *Einstellungen –> Kamera* gibt es die Möglichkeit, die Auflösung der Videoaufnahmen zu ändern. In der Option *Video aufnehmen* **A** können Sie die Auflösung für alle zukünftigen Filme ändern. Je niedriger die Auflösung ist, desto weniger Speicherplatz benötigen die Filme. Welche Auflösungen Sie zur Verfügung haben, hängt vom iPhone-Modell ab. Die neueren Modelle (ab iPhone 6) können auch 4K-Videos aufnehmen.

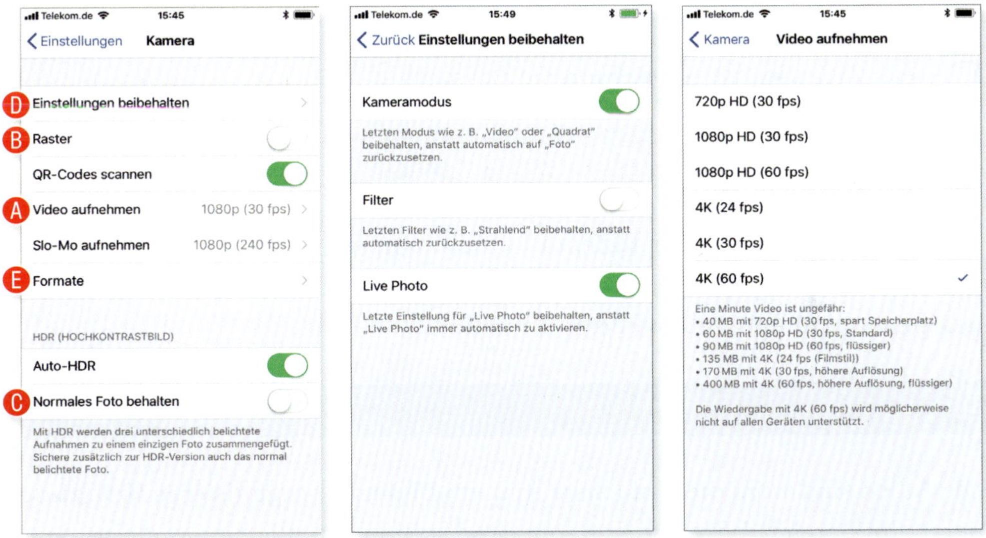

In den „Einstellungen" für die App „Kamera" können Sie unter anderem die Video- bzw. Slo-Mo-Aufnahmequalität einstellen. Besonders interessant sind die Dinge bei „Einstellungen behalten" **D**. *Dort könnten Sie den „Kameramodus" aktivieren. Damit wird stets der zuletzt verwendet Modus (z. B. Porträt oder Quadrat etc.) verwendet, sobald Sie die Kamera aufrufen. Soll statt dessen immer die Funktion „Foto" kommen, dann deaktivieren Sie „Kameramodus".*

Zum besseren Fotografieren können Sie in den Einstellungen ein *Raster* **B** einblenden lassen. Damit lässt sich das iPhone bzw. die Kamera besser gerade ausrichten. Um den Speicherplatz nicht zu belasten, können Sie auch die Option

Normales Foto behalten **C** für die HDR-Funktion (siehe weiter vorne) ausschalten. Für das iPhone 7/7 Plus und 8/8 Plus bzw. den X-Modellen gibt es noch eine interessante Einstellung, welche die Datengröße der aufgenommen Bilder reduziert und somit mehr Speicher auf dem iPhone schafft. Unter *Formate* **E** haben Sie die Möglichkeit auf das HEIF/HEVC-Format umzuschalten. HEIF steht für High-Efficiency-Format und reduziert die Datenmenge von Fotos wesentlich besser als das bekannte JPEG-Format. Allerdings wir das HEIF-Format nicht von jeder App unterstützt. Wenn Sie an die Weiterbearbeitung der Fotos in einer anderer App denken, sollten Sie auf das bekannte JPEG-Format umschalten (*Maximale Kompatibilität*).

! Das HEIF- bzw. HEVC-Format ist nicht bei allen iPhone-Modellen verfügbar. Sie benötigen mindestens ein iPhone 7 oder neuer um mit diesen Formaten zu arbeiten. Das iPhone SE ist davon leider ausgeschlossen.

Die App „Fotos"

Die Bilder, die Sie mit der Kamera aufnehmen, werden in der App *Fotos* verwaltet. In der App können Sie die Fotos in Alben zusammenfügen, löschen, bearbeiten und mit anderen Personen teilen.

Alben

Die Alben sind wohl die einfachste Art, um Bilder zur organisieren bzw. zu sortieren. Im Bereich *Alben* der App *Fotos* sind standardmäßig bereits einige Alben vorhanden, die auch nicht gelöscht werden können. Die Standardalben sortieren die vorhandenen Fotos nach ihrer Art, z. B. *Videos*, *Bildschirmfotos*, *Personen*, *Orte* oder *Selfies*. Auf diese Weise sind die Bilder schon vorsortiert. Wenn Sie ein Album öffnen, werden alle dazugehörigen Bilder aufgelistet.

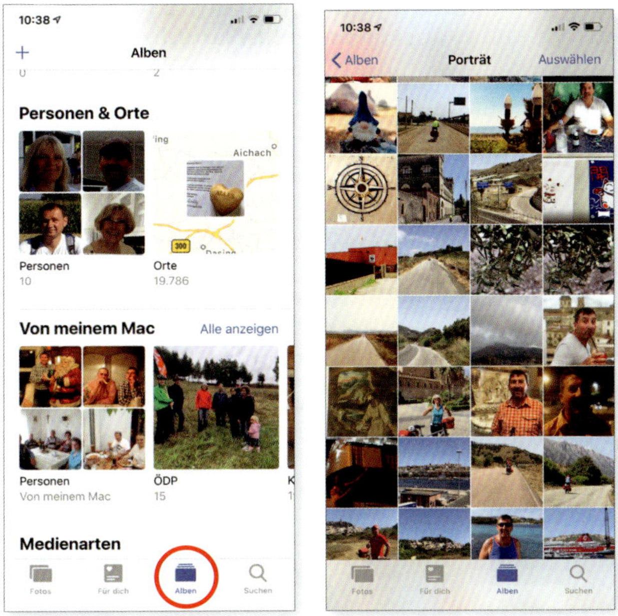

Die „Alben" helfen Ihnen beim Verwalten der Bilder.

Wenn Sie ein eigenes Album anlegen wollen, dann tippen Sie auf das Plussymbol links oben. Anschließend vergeben Sie einen Namen für das neue Album. Danach können Sie nun die Bilder und Videos auswählen, die in diesem Album gesammelt werden sollen. Natürlich können Bilder auch zu einem späteren Zeitpunkt zum Album hinzugefügt werden. Wenn Sie fertig sind, finden Sie das neue Album am Ende der Übersicht einsortiert.

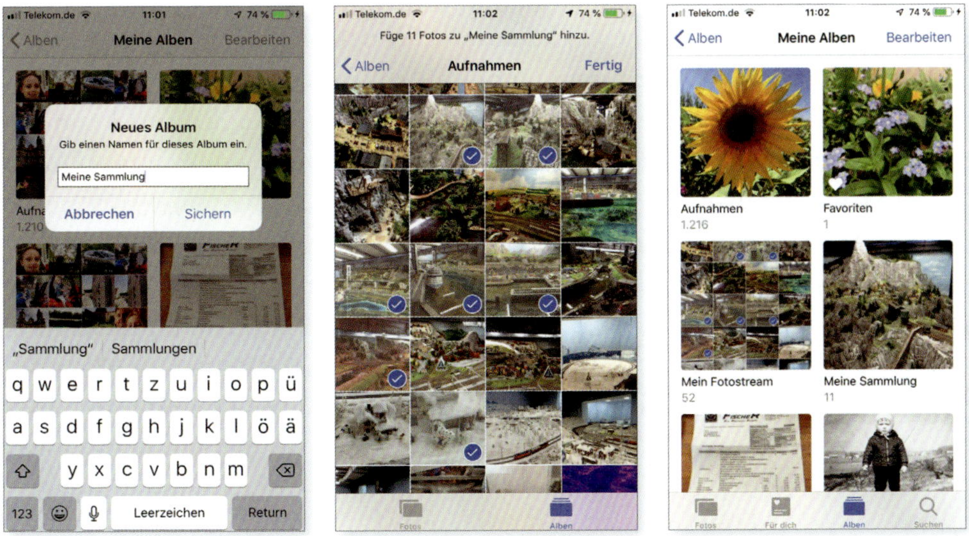

Ein neues Album ist schnell erstellt und gefüllt.

Es gibt noch einen anderen Weg, um ein Album zu erstellen oder die Bilder einem Album zuzuordnen. Wenn Sie z. B. das Album *Aufnahmen* öffnen, finden Sie rechts oben die Funktion *Auswählen* ❶. Damit können Sie nun die Bilder markieren ❷, die Sie in ein neues Album legen oder einem bereits vorhandenen hinzufügen wollen. Nach der Auswahl der Bilder tippen Sie unten auf *Hinzufügen* ❸ und bestimmen anschließend das Zielalbum bzw. legen ein neues Album an.

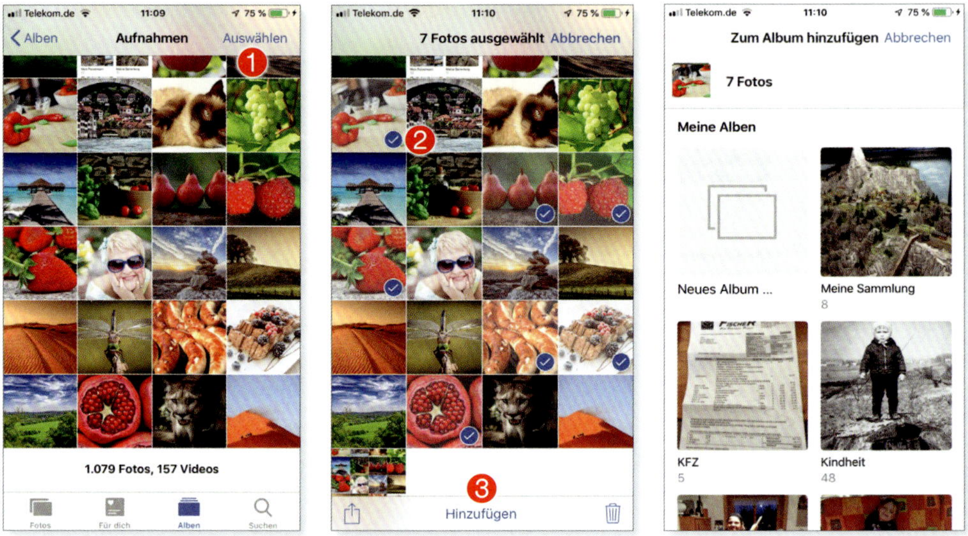

Bilder können auch nachträglich in ein anderes Album einsortiert werden.

Sortierung nach Datum und Ort

Die Fotos-App hat auch eine automatische Sortierung der Fotos nach Datum und Ort. Wenn Sie Bilder mit dem iPhone aufnehmen, werden automatisch das Datum und der Aufnahmeort ins Bild gesichert. Der Aufnahmeort kann aber nur mitgespeichert werden, wenn Sie die *Ortungsdienste* (*Einstellungen –> Datenschutz*) aktiviert haben.

Diese Art der Sortierung wird in Fotos in der Kategorie *Fotos* Ⓐ. Dort sehen Sie die Fotos chronologisch sortiert, und falls es Daten für den Aufnahmeort gibt, werden diese angezeigt Ⓑ. Wenn Sie auf ein Bild tippen Ⓒ, erhalten Sie eine Sortierung, in der die Bilder nach einzelnen Tagen und Orten geordnet sind. Nun können Sie auf ein einzelnes Bild Ⓓ tippen, um es zu öffnen.

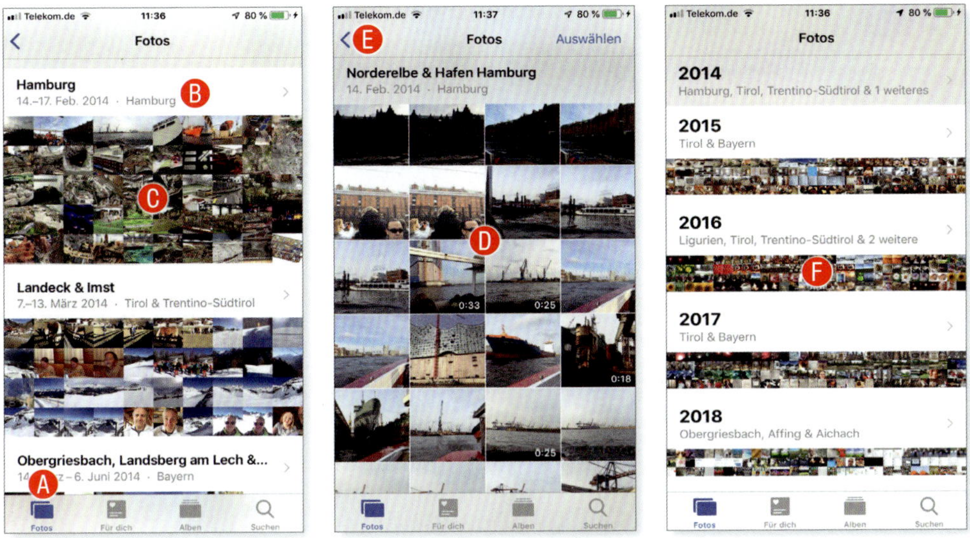

Im Bereich „Fotos" werden die Bilder chronologisch sortiert.

Es gibt auch noch eine Sortierung nach Jahren, die Sie erreichen, wenn Sie in links oben solange auf den Pfeil tippen E, bis die Jahresanzeige erreicht ist. Zu den Fotos kommen Sie von dort aus wieder zurück, wenn Sie in die gewünschte Bildleiste F tippen.

> ! Passen Sie bitte auf, wohin Sie tippen. Wenn Sie nämlich auf das Datum oder die Ortsangabe tippen, gelangen Sie zu den **Rückblicken**, die eine andere Art der Sortierung darstellen. Tippen Sie also immer auf eine der Miniaturansichten der Bilder.

Rückblicke

Der Bereich *Rückblicke* ist eine Funktion die es seit iOS 10 gibt. Dort werden Bilder und Videos automatisch nach Ereignissen zusammengefasst und ansprechend dargestellt. Aus den Rückblicken lassen sich automatisch tolle Videos generieren.

Neue Rückblicke erstellen

Als Erstes müssen Sie zum Bereich *Fotos* wechseln. Wenn Sie dort auf ein Datum oder eine Ortsangabe tippen A, werden die Bilder in der gleichen Darstellung wie bei den Rückblicken angezeigt. Eigentlich muss diese Darstellung nur noch in den Rückblicken gesichert werden. Scrollen Sie dazu ganz nach unten, bis Sie die Funktion *Zu Rückblicken* B sehen. Damit wird die Darstellung im Bereich *Für dich* C gesichert.

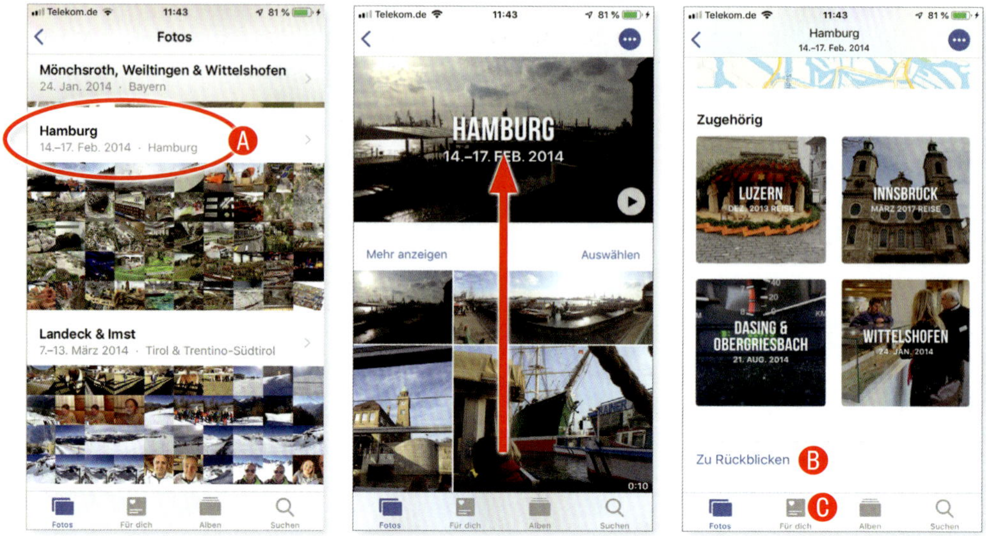

In den „Fotos" können Sie über das Datum einen neuen Rückblick anlegen.

Die Bilder werden also so ähnlich zusammengefasst wie bei den *Fotos*. Die Darstellung ist aber um einiges ansprechender.

Wenn Sie nun einen der Rückblicke öffnen, sehen Sie im oberen Bereich den Titel mit einer Schaltfläche ❶ zum Generieren eines Videos und darunter die einzelnen Fotos ❷, die zum Rückblick gehören. Wenn Sie weiter nach unten scrollen, finden Sie eine Karte mit den Aufnahmeorten der Bilder. Ganz am Ende haben Sie dann noch die Möglichkeit, den Rückblick zu löschen ❸ oder als Favorit zu sichern ❹.

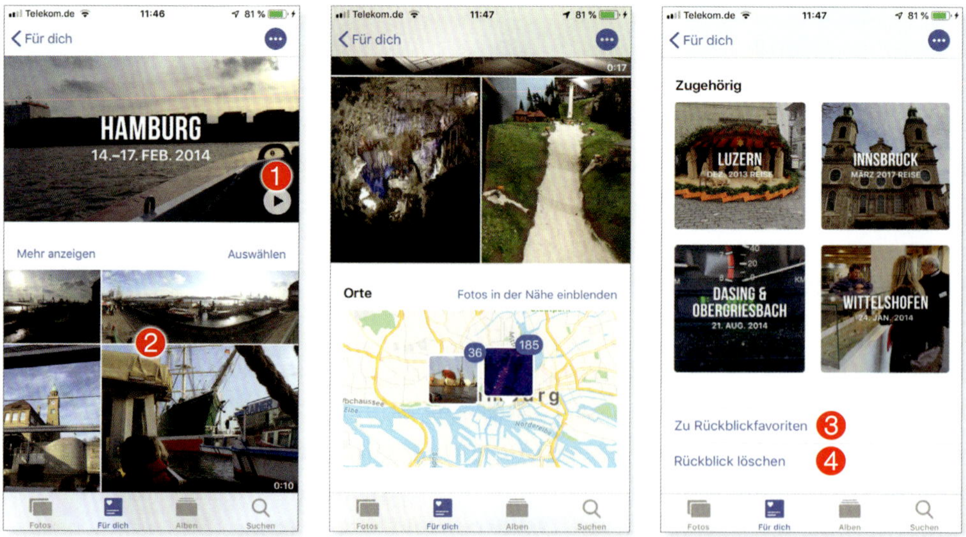

Ein Rückblick zeigt nicht nur die einzelnen Bilder an, sondern auch die Aufnahmeorte.

Im Bereich *Für dich* finden Sie neben den Rückblicken auch Fotos, die vom Datum oder Thema her zum heutigen Tag passen könnten. Und wenn Sie die Sparte *Vorschläge zum Teilen* ansteuern, können Sie Familie, Freunde und Bekannte einladen, Ihre Fotos anzusehen und weitere Bilder hochzuladen.

Videos erstellen

Die Rückblick-Funktion bietet auch die Möglichkeit, automatisch ein Video aus den vorhandenen Bildern und Filmen zu erstellen. Im Rückblick müssen Sie dazu nur auf den *Play*-Knopf ❶ tippen. Nach wenigen Sekunden ist das Video fertig und wird abgespielt. Die Länge, die Musik und die Titelschrift kann von Ihnen noch geändert werden, wenn Sie den Film antippen und anschließend stoppen.

Die zeitliche Dauer entscheidet übrigens darüber, wie viele und welche Objekte in diesen Rückblick-Film übernommen werden. Je länger die Dauer ist, desto mehr *Fotos & Videos* werden dem Rückblick hinzugefügt. Sie können aber auch auf *Fotos & Videos* ❿ tippen und anschließend das Plussymbol verwenden, um zu entscheiden, welche Bilder und Filme erscheinen sollen.

Tippen Sie während des Abspielens auf das Video, um die Optionen einzublenden. Sie können nun die Länge ❷ oder einen anderen Stil ❸ auswählen. Umfangreichere Einstellungen erhalten Sie rechts oben bei *Bearbeiten* ❹. Dort können Sie nicht nur den Text und das Aussehen für den Titel ändern ❺, sondern auch die Musik ❻ und die Dauer ❼.

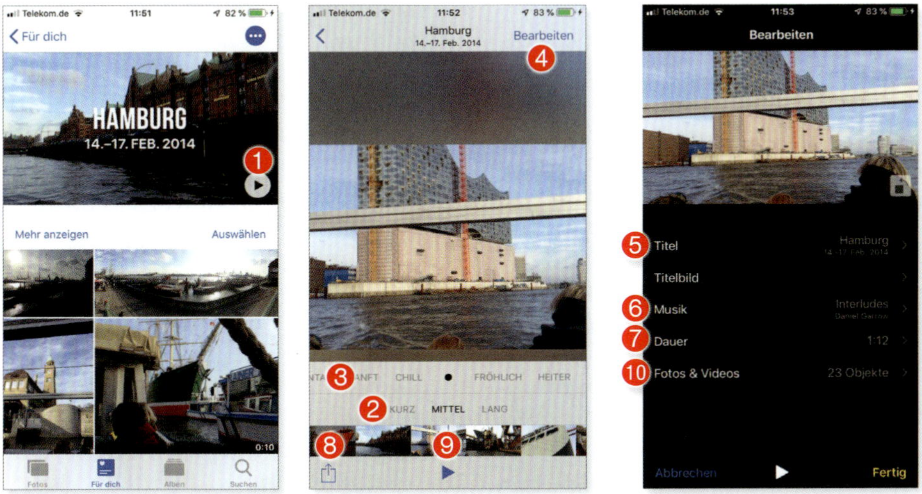

Einige Einstellungen des generierten Videos können Sie ändern.

Das geänderte Video können Sie jederzeit mit der Abspielsteuerung ❽ starten bzw. anhalten. Außerdem lässt es sich direkt mit der *Teilen*-Funktion ❾ verschicken oder als Video sichern. Sie können es damit sogar auf das *iCloud-Drive* speichern und dann auf dem Rechner weiterbearbeiten.

Fotostream

Wenn Sie einen iCloud-Account besitzen, können Sie die Bilder und Videos mit anderen Personen teilen. Dabei bestimmen Sie selbst, wer die Bilder und Videos sehen darf. Das Ganze wird als Fotostream bezeichnet.

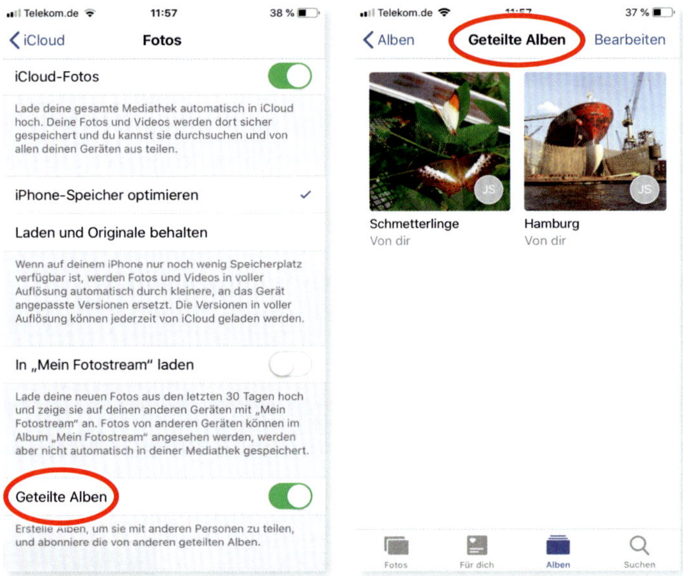

Sind die „Geteilten Alben“ aktiviert, können Sie Ihre Aufnahmen mit anderen teilen.

Um Fotostreams zu nutzen, müssen Sie erst in den *Einstellungen* bei *Ihr Name –> iCloud –> Fotos* die Option *Geteilte Alben* einschalten. Damit werden dann auch in der Kategorie *Alben* die *Geteilten Alben* in der Fotos-App sichtbar.

Wenn Sie nun die *Geteilten Alben* öffnen und auf *Bearbeiten* tippen, sehen Sie links oben ein Pluszeichen. Damit werden neue Fotostreams bzw. geteilte Alben erstellt. Tippen Sie es an, und vergeben Sie im nächsten Schritt einen Namen für den Fotostream. Ist dies geschehen, müssen Sie noch die Personen angeben, die diesen Fotostream abonnieren sollen. Die eingetragenen Personen erhalten nach Fertigstellung eine Einladung für den Fotostream.

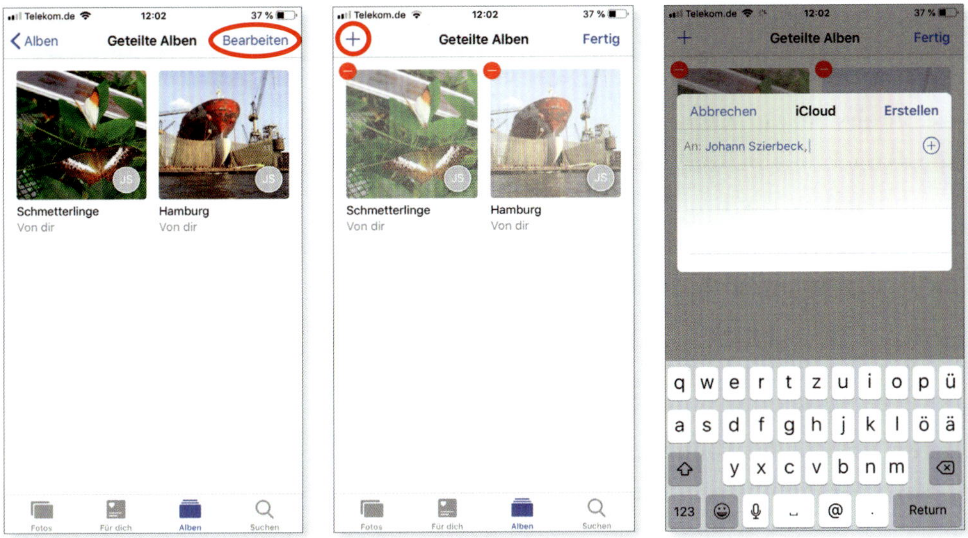

Ein neuer Fotostream entsteht.

Wenn der neue Fotostream angelegt ist, müssen Sie ihn noch befüllen. Öffnen Sie ihn, und tippen Sie anschließend links oben auf das blau-graue Pluszeichen. Danach wählen Sie die Bilder und Videos aus, die freigegeben werden sollen. Tippen Sie anschließend rechts oben auf *Fertig*. Als letzten Schritt müssen die ausgewählten Bilder dann hochgeladen werden. Dazu tippen Sie auf *Posten*.

Zur iCloud-Fotofreigabe gibt es noch viel mehr Dinge zu sagen, die aber den Rahmen dieses Buchs sprengen würden.

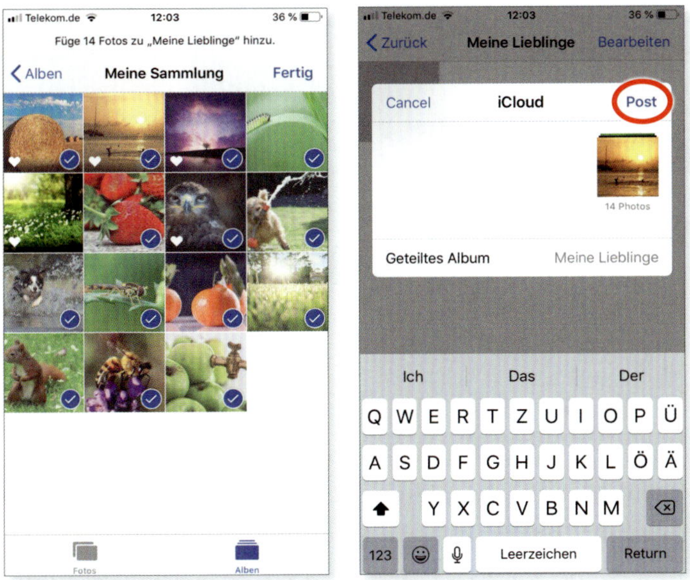

Die ausgewählten Bilder werden zum Fotostream hinzugefügt.

Bilder und Videos bearbeiten

Wie bereits bei der Kamera-App erwähnt, kann man in der *Fotos*-App Bilder und Videos nachbearbeiten. Mit ihr können Sie nachträglich einen Filter auf Bilder anwenden bzw. die Bilder drehen und beschneiden sowie Farbkorrekturen ausführen. Videos hingegen können gekürzt werden. Bei Slo-Mo-Videos können Sie den Zeitlupenbereich definieren.

Bilder

Um ein Bild zu bearbeiten, müssen Sie es zuerst in der Fotos-App öffnen. Dort tippen Sie dann das *Bearbeiten* ❶. In der Arbeitsumgebung sehen Sie im unteren Bereich die Funktionen zum *Drehen und Beschneiden* ❷, die neun *Filter* ❸ und die *Farbkorrekturen* ❹. Mit dem blauen x-Symbol ❺ können Sie die Bearbeitung wieder verlassen, ohne eine Änderung durchzuführen. Mit dem Häkchen ❻ dagegen wenden Sie die Bearbeitung auf das Bild an.

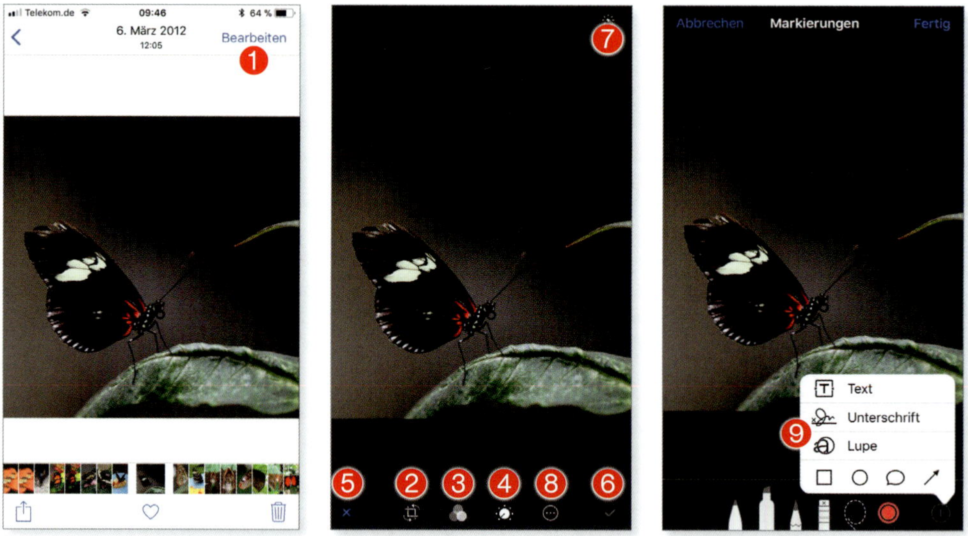

Für das Bearbeiten der Bilder gibt es eine eigene Umgebung.

Der Zauberstab rechts oben ❼ führt eine automatische Farb- und Helligkeitskorrektur durch. Falls Ihnen diese nicht gefällt, tippen Sie erneut auf das Symbol, um sie wieder auszuschalten. Rechts unten gibt es noch ein Menü ❽, in dem Sie die Markierungsfunktionen ❾ finden, die Sie vielleicht schon von den E-Mails kennen (siehe Kapitel 5 ab Seite 169). Außerdem enthält dieses Menü die Anbindung an andere installierte Apps, die ebenfalls eine Bildbearbeitung ermöglichen. Damit können Sie also das Bild an eine andere App weiterreichen.

Videos

Die nachträgliche Bearbeitung von Videos beschränkt sich auf das Kürzen. Um ein Video zu kürzen, müssen Sie wieder auf das *Bearbeiten*-Symbol tippen. Anschließend können Sie in der Leiste am unteren Displayrand den Film von vorne und von hinten kürzen. Dazu verschieben Sie die beiden Pfeil-Markierungen A, die am Beginn und Ende der Leiste stehen. Der gelbe Bereich B, der dadurch sichtbar wird, ist der Teil des Films, der abgespielt wird. Bei Slo-Mo-Videos gibt es noch eine zweite Leiste C. Damit kann der Zeitlupenbereich innerhalb des Films bestimmt werden. Sie können die beiden Striche am Beginn und Ende der Zeitlupe D beliebig verschieben.

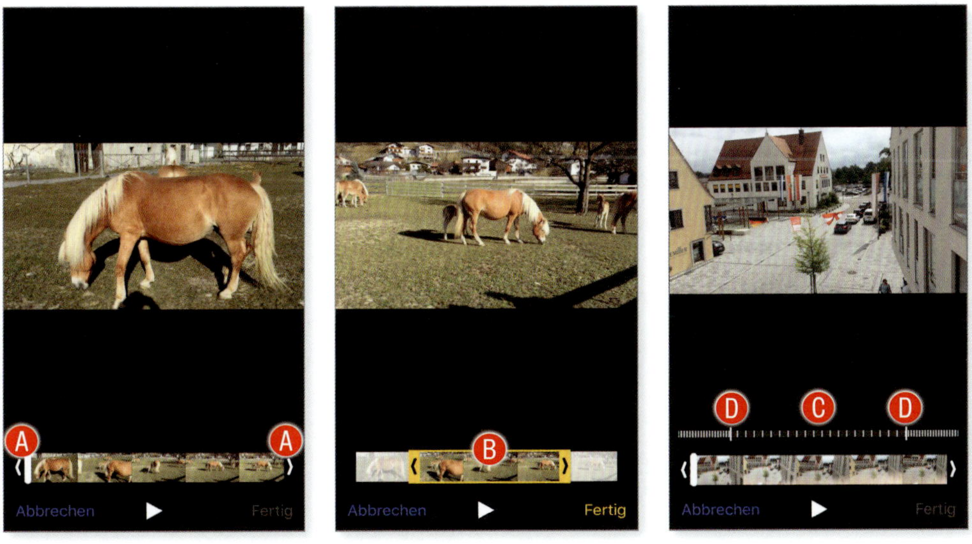

Videos können Sie kürzen (links und Mitte). Bei Slo-Mo-Filmen kann der Zeitlupenbereich geändert werden (rechts).

> ! Übrigens: Auch die sogenannten Live Photos können nun nachträglich bearbeitet werden. So ist es ein Leichtes, in einem Rutsch an allen Bildern eines Live Photos eine Farbkorrektur vorzunehmen.

Wenn Sie auf den Geschmack gekommen sind und noch mehr über die App *Fotos* wissen wollen, empfehle ich Ihnen das Buch „Fotos Handbuch für macOS & iOS“ vom amac-buch Verlag.

„Fotos Handbuch" (ISBN 978-3-95431-061-6), € 19,95, amac-buch Verlag

Kapitel 9 Das Allroundtalent

Was muss ein Smartphone wie das iPhone alles können? Auf verschiedene Arten kommunizieren? Ja, kann es! Im Internet surfen und E-Mails verwalten? Ja, kann das iPhone! Unterhaltung bieten? Kann das iPhone auch!

Für viele Nutzer wären diese Funktionen ausreichend, aber eben nicht für alle. Sehr viele Anwender wollen das iPhone für die Verwaltung des täglichen Lebens nutzen. Sie wollen z. B. an Termine oder Aufgaben erinnert werden, einen Kalender für die Wochenplanung haben oder ganz einfach die Aktienkurse einsehen. Und genau für solche Zwecke sind in das iPhone die entsprechenden Funktionen bzw. Apps integriert.

In diesem Kapitel lernen Sie die Apps und Funktionen kennen, die Ihnen bei der Organisation Ihres Lebens helfen sollen, damit Sie z. B. nie mehr einen Termin verpassen. Außerdem werden Sie Ihren persönlichen Assistenten kennenlernen, Siri.

Erinnerungen

Wie der Name bereits vermuten lässt, können Sie mit der App *Erinnerungen* eine Liste mit Aufgaben erstellen, an die das iPhone Sie dann erinnern kann. Dabei können die Aufgaben von einem Zeitpunkt oder einem Ort abhängen. Sie können sich z. B. daran erinnern lassen, die Mülltonnen herauszustellen, wenn Sie Ihr Zuhause verlassen.

Die Aufgaben bzw. Erinnerungen, die Sie mit der App erstellen, werden in Listen innerhalb der App verwaltet. Wenn Sie die App starten, sehen Sie möglicherweise einige Listen ❶, wie *Allgemeines* oder *Privat*. Hinter jeder Liste sehen Sie eine Ziffer ❷, die für alle noch nicht erledigten Aufgaben steht. Wenn Sie auf eine Liste tippen, können Sie deren Inhalt ❸ einsehen, die Aufgaben bzw. Erinnerungen. Einen neuen Eintrag können Sie der Liste mit dem Pluszeichen ❹ hinzufügen (siehe nächster Abschnitt). Wenn Sie wieder die Übersicht der Listen sehen wollen, tippen Sie entweder auf den Listennamen oder auf die Leiste am unteren Displayrand ❺.

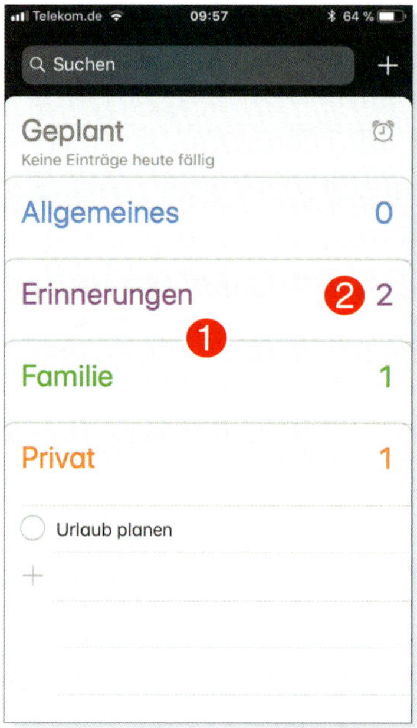

Das linke Bild zeigt die Listen, und rechts sehen Sie die Einträge einer Liste.

Aufgaben und Erinnerungen erstellen

Eine neue Aufgabe ist immer ein Bestandteil einer Liste. Sie müssen also zuerst eine Liste öffnen und dann dort auf das Plussymbol ❹ tippen. Als Erstes müssen Sie eine Beschreibung der Aufgabe eintippen Ⓐ. Wenn die Aufgabe nicht zeit- oder ortsgebunden sein soll, dann wäre es das schon gewesen. Sie können der Aufgabe aber auch einen Zeitpunkt oder Ort zuweisen. Dazu müssen Sie auf das blaue i-Symbol Ⓑ tippen. Im darauffolgenden Bildschirm können Sie dann den Schalter bei *Tagesabhängig* Ⓒ und/oder *Ortsabhängig* Ⓓ aktivieren und anschließend einen Zeitpunkt oder Ort für die Aufgabe bestimmen.

> **!** Für eine ortsabhängige Erinnerung müssen die **Ortungsdienste** unter **Einstellungen –> Datenschutz** aktiviert sein.

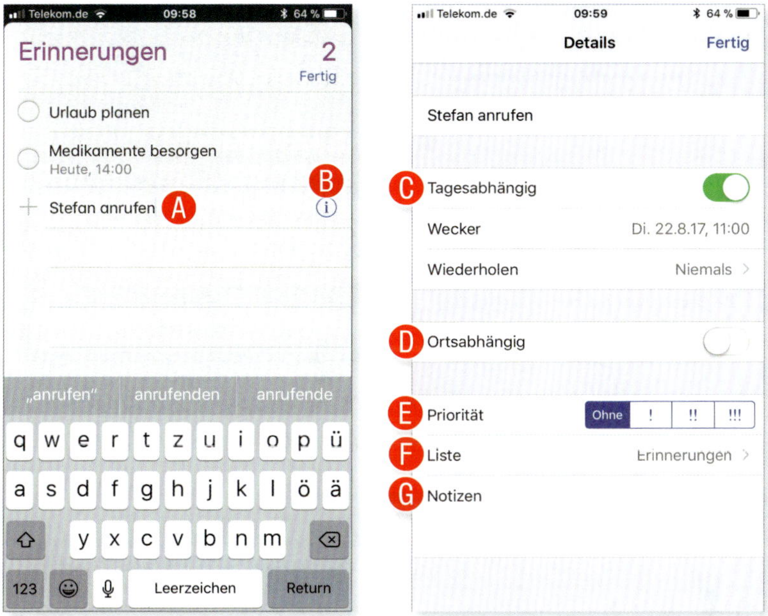

Eine neue Erinnerung entsteht.

Wenn es sich um eine sehr wichtige Aufgabe handelt, können Sie ihr noch eine *Priorität* E zuweisen. Diese dient ausschließlich Ihrer persönlichen Verwaltung und soll Sie nur daran erinnern, dass diese Aufgabe wichtiger als die anderen ist. Die Aufgabe kann bei *Liste* F noch verschoben werden, und außerdem können Sie bei *Notizen* G eine zusätzliche Erklärung zur Aufgabe eintippen. Mit *Fertig* rechts oben können Sie zur Liste zurückkehren.

> **!** Die Einstellungen für eine Aufgabe können auch nachträglich geändert werden. Sie müssen die jeweilige Aufgabe nur antippen, um dadurch das i-Symbol einzublenden.

Noch pfiffiger erstellt man Aufgaben via Siri. Ein Beispiel: Sie haben eine E-Mail geöffnet, wollen die dort gestellte Anfrage aber erst später beantworten und sich von der App *Erinnerungen* daran erinnern lassen. Dann gehen Sie wie folgt vor:

1. Blenden Sie die E-Mail-Nachricht ein.
2. Drücken Sie die Home-Taste, um Siri zu starten, und bei den iPhone X-Modellen die Seitentaste.
3. Sagen Sie z. B. „Erinnere mich an das“ oder „Erinnere mich an das 18 Uhr“, wenn Sie es sogleich zeitlich festlegen wollen.
4. Fertig. Den Rest erledigt Siri für Sie.

Mehr zu Siri gibt es ab Seite 330.

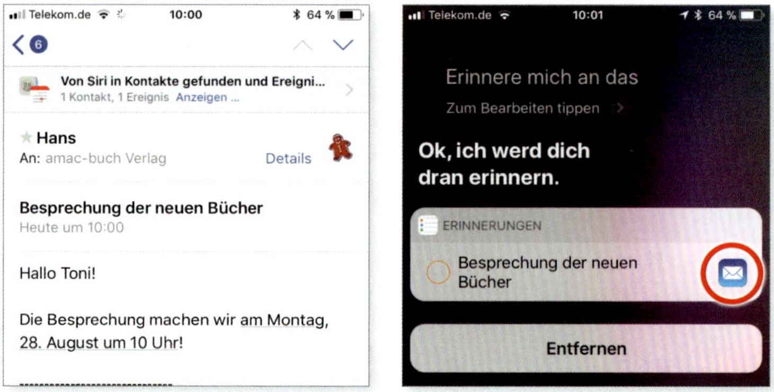

Über „Erinnere mich an das" können Sie aus Apps wie „Mail", „Notizen", „Safari", „Karten" etc. neue Erinnerungen mit Bezug auf andere Daten erstellen.

Aufgaben für heute

Wenn Sie Ihre Aufgaben in die diversen Listen eingetragen und mit einem Termin versehen haben, wird es etwas mühsam, alle Listen durchzusehen, um die aktuellen Aufgaben einzusehen und abzuhaken. Aus diesem Grund gibt es eine spezielle Liste, in der alle Aufgaben von allen Listen chronologisch sortiert sind. Die Liste heißt *Geplant* und steht in der Listenübersicht an erster Stelle.

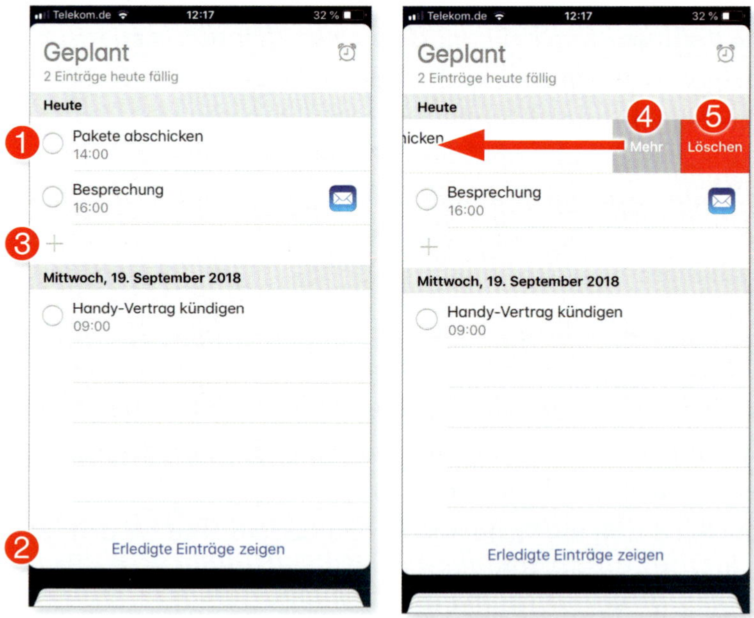

Die chronologische Sortierung der Aufgaben aller Listen nach Datum finden Sie unter „Geplant".

Wenn Sie die Liste öffnen, sehen Sie alle Aufgaben nach Datum sortiert. Hier können Sie nun die Aufgaben als erledigt markieren, indem Sie auf den Kreis ❶ vor der Aufgabe tippen. Außerdem können Sie noch alle bereits erledigten Aufgaben einblenden ❷, um zu kontrollieren, was bereits abgearbeitet wurde. Sie können auch direkt neue Aufgaben mit dem Plussymbol ❸ anlegen. Und wenn Sie eine Aufgabe nach links verschieben, können Sie mit *Mehr* ❹ die Einstellungen öffnen oder sie mit *Löschen* ❺ aus der Liste entfernen.

Listen erstellen, löschen und teilen

Natürlich müssen Sie nicht nur mit den Standardlisten arbeiten, sondern können jederzeit neue Listen anlegen. Dazu tippen Sie in der Listenübersicht rechts oben auf das Plussymbol Ⓐ. Sollte es nicht sichtbar sein, ziehen Sie die Übersicht ein Stückchen nach unten. Danach wählen Sie in dem aufgeklappten Menü den Eintrag *Liste* Ⓑ aus. Als Erstes müssen Sie einen Namen Ⓒ vergeben, und danach können Sie darunter die Farbe Ⓓ für die neue Liste auswählen. Beide Eigenschaften können auch nachträglich noch geändert werden. Tippen Sie rechts oben auf *Fertig* Ⓔ, um die Liste zu erstellen und sie anschließend mit Aufgaben zu füllen.

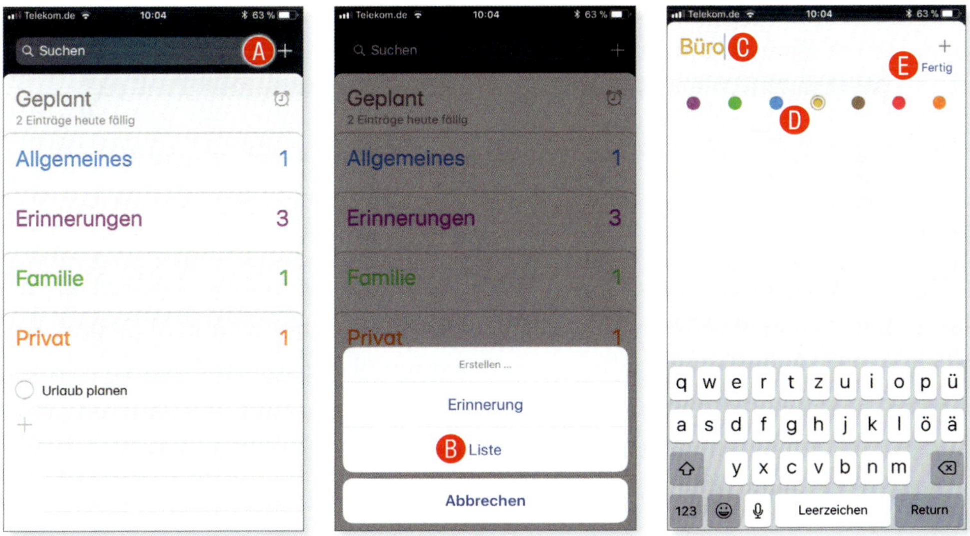

Eine neue Liste entsteht.

Eine Besonderheit bei den Listen ist die Möglichkeit, sie mit anderen Personen zu teilen. Auf diese Weise können z. B. die Aufgaben für den Haushalt von mehreren Personen eingesehen und geändert werden. Um eine Liste zu teilen, sind nur wenige Arbeitsschritte nötig.

Öffnen Sie als Erstes die Liste, die Sie mit anderen teilen wollen, und tippen Sie dort rechts oben auf *Bearbeiten* ❶. Dadurch wird die Funktion *Teilen* ❷ eingeblendet. An dieser Stelle können Sie übrigens auch nachträglich die *Farbe* ❸ oder den Namen ❹ der Liste ändern. Außerdem lässt sich die Liste hier auch wieder entfernen ❺.

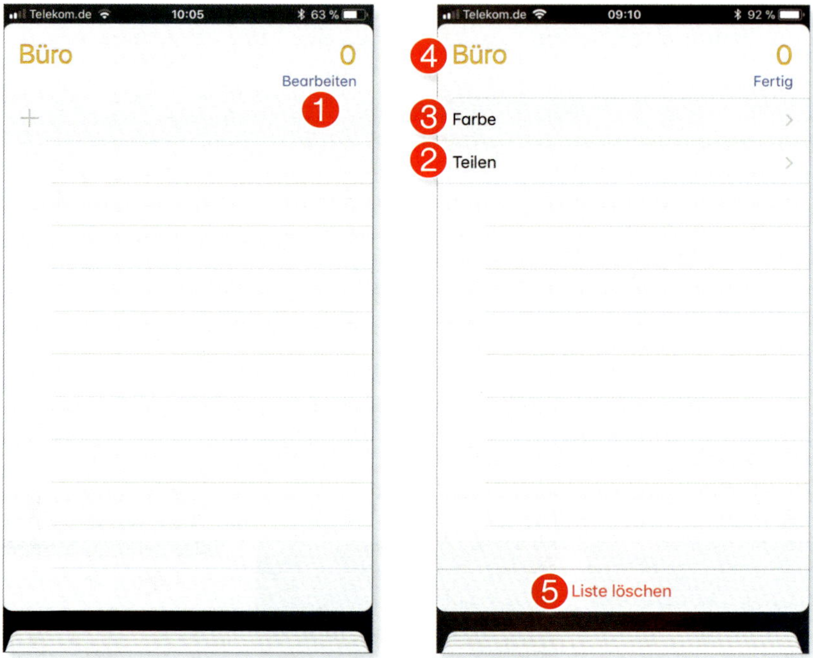

Die Eigenschaften einer Liste können nachträglich geändert werden, und sie lässt sich mit anderen Personen teilen.

Wenn Sie nun auf *Teilen* tippen, können Sie die Personen angeben ❻, mit denen Sie die Liste teilen wollen. Diese erhalten dann eine E-Mail und eine Benachrichtigung, in der sie der gemeinsamen Nutzung der Liste zustimmen müssen. Von nun an werden alle neuen Aufgaben sofort mit den anderen Personen geteilt. Diese können auch neue Aufgaben zu der geteilten Liste hinzufügen oder vorhandene Aufgaben als erledigt kennzeichnen.

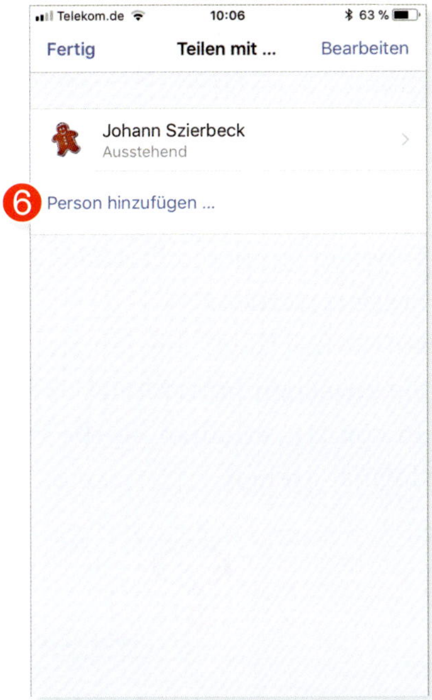

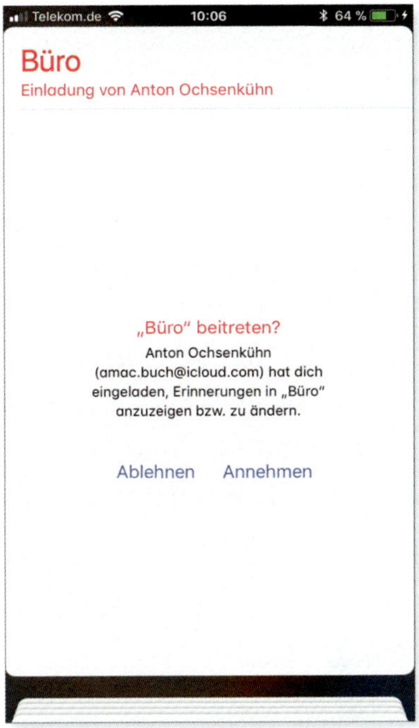

Die angegebenen Personen (links) erhalten eine Einladung, der „Liste" beizutreten (rechts).

Erinnerungen synchronisieren

Wenn Sie einen iCloud-Zugang besitzen, können Sie die Erinnerungslisten und Aufgaben zwischen Ihren verschiedenen Apple-Geräten (iPad, Mac, Apple Watch) automatisch synchronisieren lassen. Sobald Sie eine Aufgabe als erledigt kennzeichnen oder eine neue Aufgabe anlegen, werden die Änderungen automatisch an die anderen Geräte weitergeleitet. So sind Sie auf allen Geräten immer auf dem neuesten Stand.

Nachdem Sie einen iCloud-Zugang auf allen Geräten eingerichtet haben, müssen Sie nur noch kontrollieren, ob der automatische Abgleich für die Erinnerungen eingeschaltet ist. Auf dem iPhone öffnen Sie dafür *Einstellungen –> Ihr Name (Apple-ID, iCloud, iTunes & App Store) –> iCloud* und aktivieren dort *Erinnerungen*, falls diese App nicht schon eingeschaltet ist. Das war's! Dasselbe müssen Sie natürlich auf allen anderen Geräten auch tun.

Kalender

Der *Kalender* ist eine weitere App, mit der Sie Termine und Aufgaben verwalten können. Die Ereignisse bzw. Termine können mit anderen Personen geteilt und via iCloud mit anderen Geräten synchronisiert werden.

Der Kalender bietet vier verschiedene Ansichten: die Jahres-, Monats-, Wochen- und Tagesansicht. Während Sie zwischen Jahr, Monat und Tag sehr einfach links oben hin- und herwechseln können, erhalten Sie die Wochenansicht nur, wenn Sie das iPhone ins Querformat drehen.

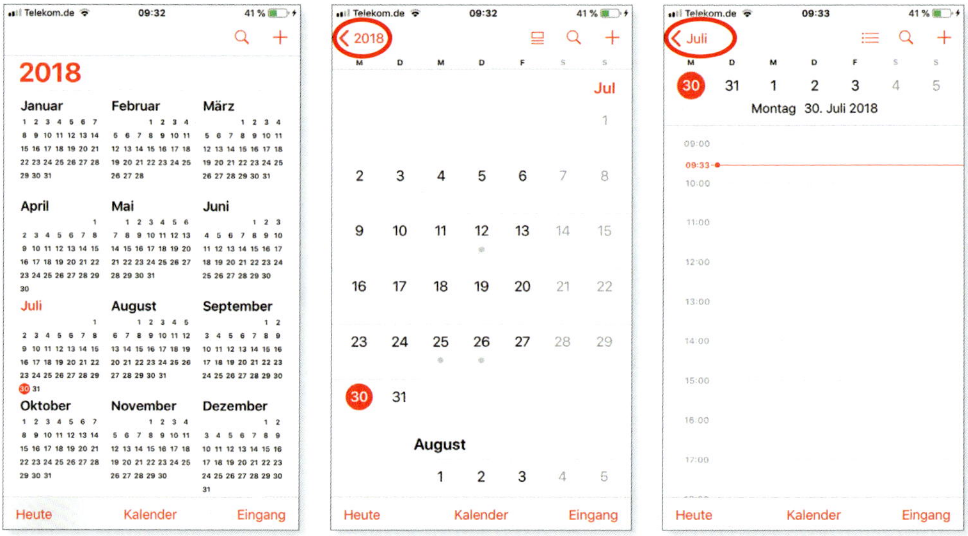

Zwischen der Jahresansicht (links), Monatsansicht (Mitte) und Tagesansicht (rechts) wechseln Sie durch einfaches Antippen des jeweiligen Datums, …

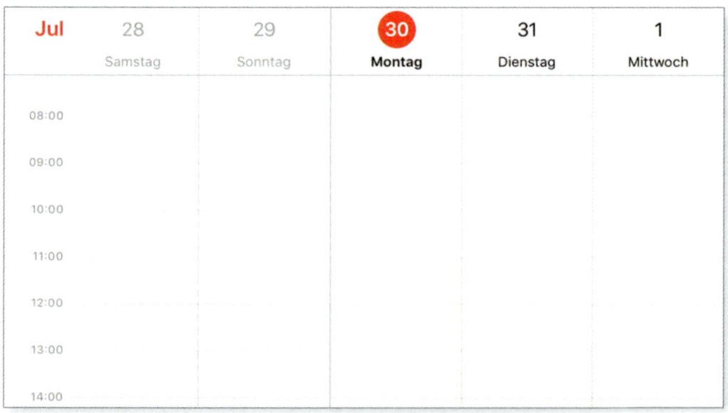

… während Sie die Wochenansicht nur erhalten, wenn Sie das iPhone drehen.

> **!** Wenn Sie im Kalender stöbern, um z. B. zukünftige Termine anzusehen, kommen Sie sehr schnell mit **Heute** (links unten) wieder zum aktuellen Tag zurück.

In der Monats- und Tagesansicht können Sie außerdem noch zusätzlich eine Liste mit den anstehenden Terminen einblenden. Dafür müssen Sie auf das Symbol neben der Lupe tippen. Die Liste wird in der Monatsansicht unterhalb eingeblendet, während sie in der Tagesansicht komplett den ganzen Bildschirm einnimmt.

> **!** Wenn Sie die Terminliste in der Monatsansicht eingeblendet haben, können Sie nicht zur Tagesansicht wechseln. Dazu müssen Sie die Liste wieder deaktivieren.

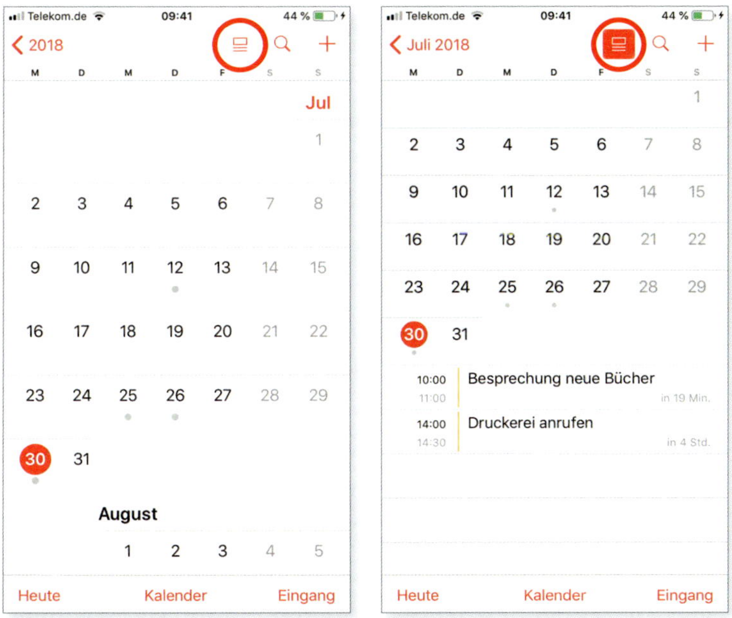

In der Monats- und Tagesansicht können die aktuellen Termine als Liste sichtbar gemacht werden.

Termine erstellen und bearbeiten

Ein neuer Termin ist sehr schnell erstellt. Tippen Sie rechts oben ❶ auf das Plussymbol, das in jeder Ansichtsart verfügbar ist. Anschließend können Sie die Daten für den Termin eingeben.

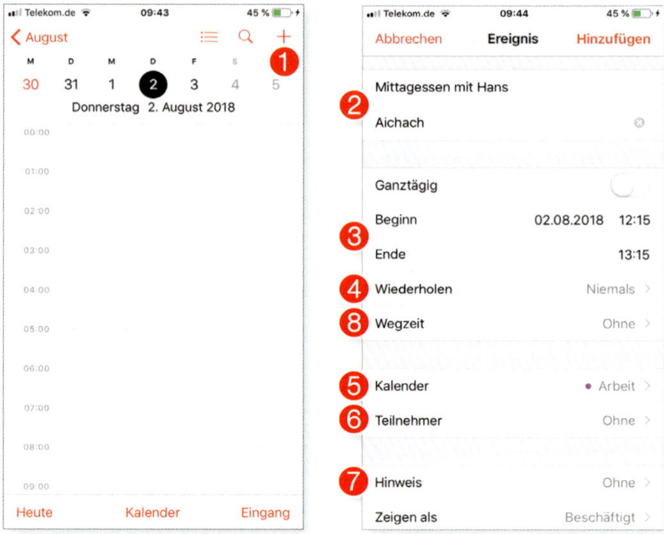

Ein neuer Termin wird erstellt.

Zuerst sollten Sie dem Termin einen Namen geben und einen Ort ❷ zuweisen. Die Ortsangabe ist nicht unbedingt nötig, kann Ihnen aber behilflich sein, wenn Sie eine *Wegzeit* ❽ berechnen lassen wollen. Das Wichtigste für einen Termin ist natürlich das Datum bzw. die Uhrzeit ❸. Wenn der Termin den ganzen Tag dauert, können Sie die Option *Ganztägig* einschalten. Handelt es sich um einen Termin, der regelmäßig stattfindet, können Sie bei *Wiederholen* ❹ ein Intervall einstellen, mit dem der Termin automatisch wiederholt wird.

Wenn Sie dann weiter nach unten scrollen, können Sie noch festlegen, zu welchem *Kalender* ❺ der Termin gehört. In der App können mehrere Kalender angelegt und verwaltet werden. Wenn es sich bei dem Termin um ein Treffen mit einer oder mehreren Personen handelt, dann können Sie diese Personen bei *Teilnehmer* ❻ zu dem Termin einladen. Die Betreffenden erhalten dadurch ihrerseits eine Mitteilung über die Einladung, die sie dann annehmen oder ablehnen können.

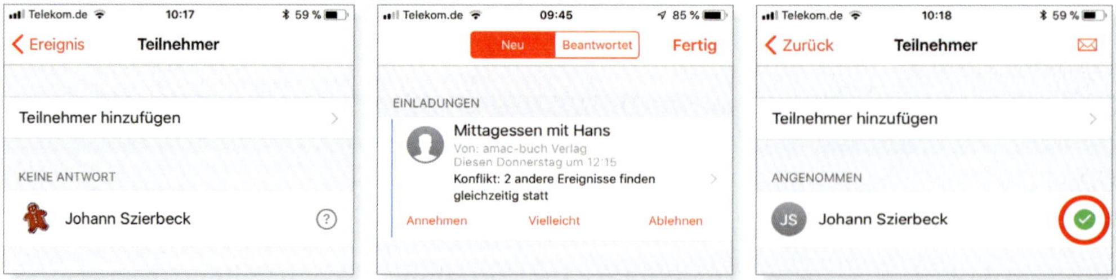

Wenn Sie eine Einladung zu einem Termin verschicken (links), muss diese vom Empfänger angenommen werden (Mitte). Wurde sie angenommen, erscheint ein grünes Häkchen neben dem Namen (rechts).

Damit Sie den Termin nicht verpassen, können Sie sich automatisch daran erinnern lassen, wenn Sie bei *Hinweis* ❼ eine Zeitangabe machen. Besonders wenn der Termin noch in ferner Zukunft liegt, können Sie auch mehrere Hinweise anlegen, wie z. B. eine Woche davor und zusätzlich einen Tag davor. Sind alle Einstellungen vorgenommen, dann tippen Sie rechts oben auf *Hinzufügen*. Der Termin ist damit eingetragen.

Ein Termin kann natürlich auch nachträglich geändert werden. Wenn Sie ihn z. B. auf einen anderen Zeitpunkt verlegen wollen, können Sie ihn in der Tagesansicht einfach nach oben oder unten verschieben Ⓐ. Falls für diesen Termin Personen eingeladen wurden, erhalten diese automatisch eine Mitteilung über die Änderung des Zeitpunkts. Um andere Daten des Termins zu ändern, müssen Sie ihn nur antippen. Dadurch erhalten Sie eine detaillierte Übersicht über die Daten und können mit *Bearbeiten* Ⓑ rechts oben diese auch verändern. Falls Sie den Termin entfernen wollen, tippen Sie ganz unten auf *Ereignis löschen* Ⓒ.

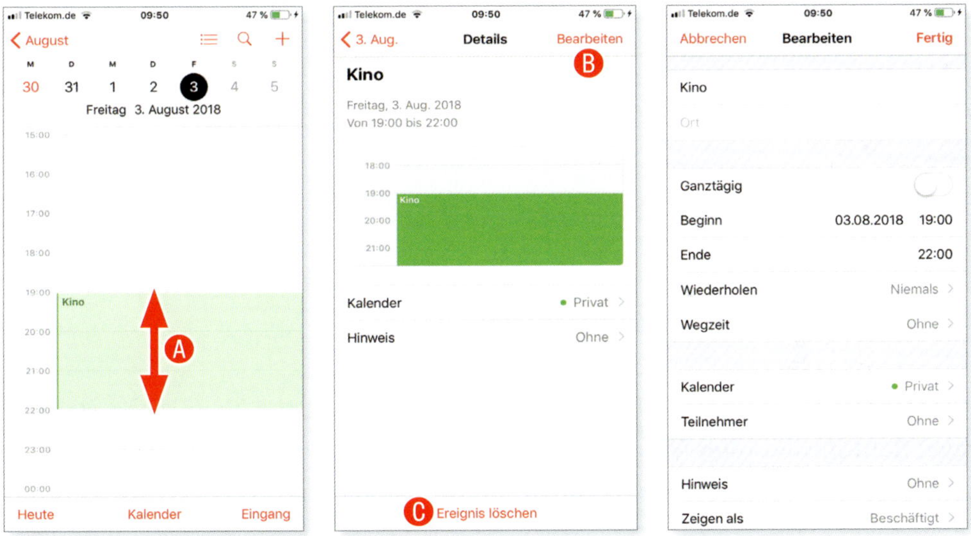

Ein Termin kann jederzeit nachbearbeitet oder gelöscht werden.

Kalender anlegen und teilen

Ähnlich wie bei den *Erinnerungen* mit den Listen können Sie in der App *Kalender* mehrere verschiedene Kalender anlegen, um so Ihre Termine besser verwalten zu können. Standardmäßig sind bereits einige Kalender vorhanden, die Sie beliebig erweitern können. Das Tolle daran ist, dass Sie einen Kalender auch mit anderen Personen teilen können, um so Ihre Termine bzw. Treffen besser zu koordinieren.

Eine Übersicht über die vorhandenen Kalender erhalten Sie, wenn Sie auf das Wort *Kalender* ❶ am unteren Rand tippen. Für einen neuen Kalender müssen Sie links unten auf *Hinzufügen* ❷ tippen. Ein Kalender hat nur zwei Eigenschaften, den Namen ❸ und die Farbe ❹, die von Ihnen noch festgelegt werden müssen. Mit *Fertig* ❺ wird der Kalender dann angelegt und kann bestückt werden.

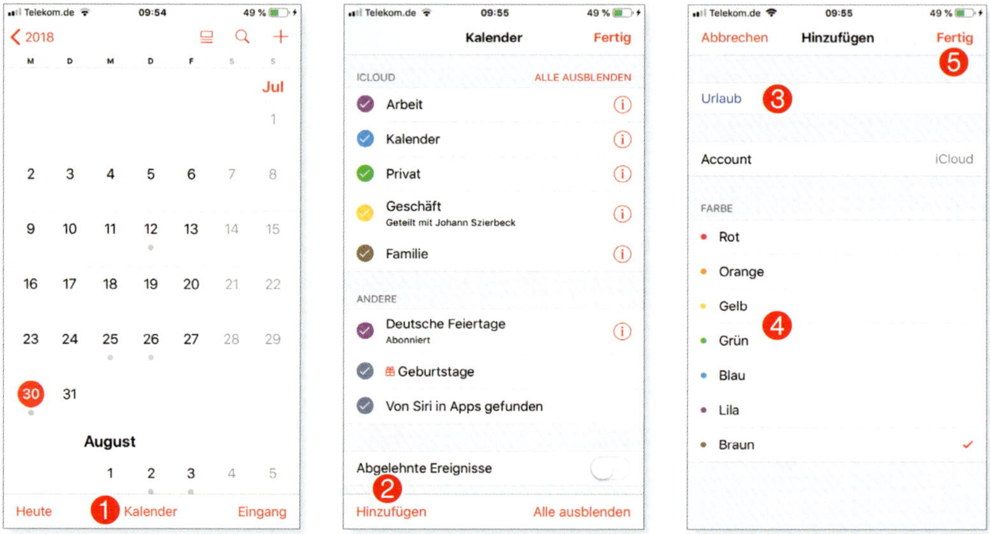

Für einen neuen Kalender müssen Sie nur den Namen und die Farbe bestimmen.

Kalenderabo und Kalender teilen

Kalender können aber auch abonniert werden. Nützliche Termine (z. B. Feiertage, Schulferien oder Vereinssitzungen) sind so topaktuell auf Ihrem iPhone vorhanden und immer verfügbar.

Im Internet finden Sie eine Fülle interessanter Kalenderabos.

Kalender können auch mit anderen Personen geteilt werden, genauso wie die Listen bei den Erinnerungen. Öffnen Sie dazu die Kalenderübersicht, und tippen Sie auf das rote i-Symbol A bei dem Kalender, den Sie teilen wollen. Anschließend öffnen Sie die Funktion *Neue Person* B und geben die Adressen der Personen an, die den Kalender erhalten sollen. Diese erhalten wieder eine Meldung bzw. Einladung, den Kalender zu abonnieren. Wird die Einladung angekommen, wird Ihnen dies entsprechend angezeigt.

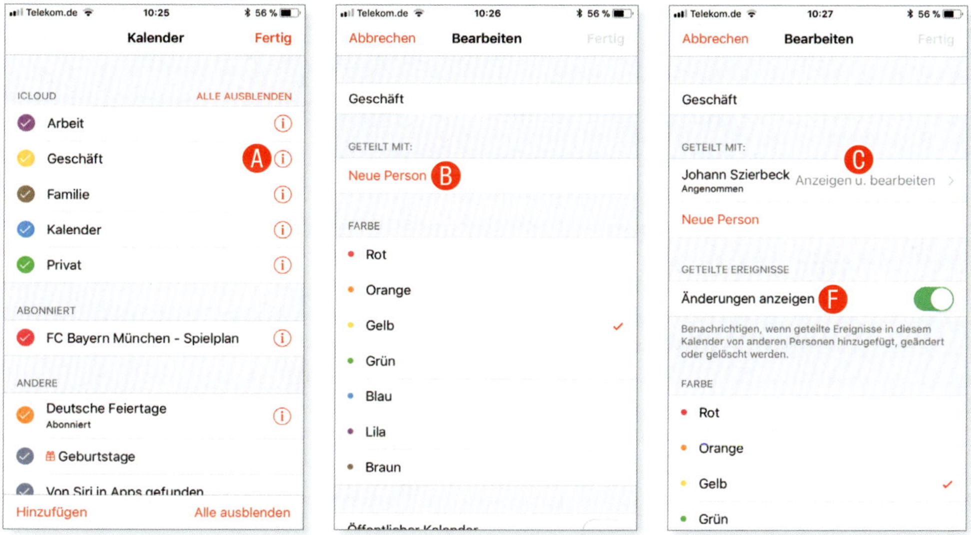

Ein Kalender kann mit anderen Personen geteilt werden.

Jetzt können Sie noch festlegen, ob die anderen Personen den Kalender nur lesen oder auch bearbeiten dürfen. Wenn Sie bei den Abonnenten auf *Anzeigen u. bearbeiten* C tippen, können Sie die Option *Bearbeitung zulassen* D ein- bzw. ausschalten. Außerdem können Sie dort auch die Person von dem Abo wieder ausschließen, indem Sie *Nicht mehr teilen* E wählen.

Wenn Sie den Kalender für die Bearbeitung durch andere Personen freigegeben haben, sollten Sie auch die Option *Änderungen anzeigen* F aktiviert haben. Dadurch erhalten Sie jedes Mal eine Nachricht, wenn ein anderer im Kalender etwas verändert hat.

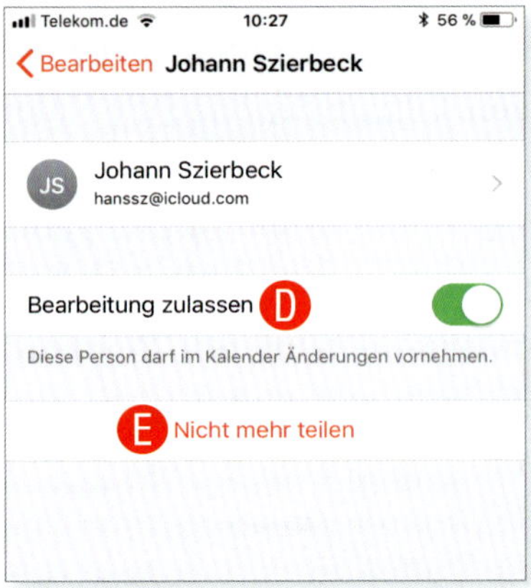

Die Änderung eines geteilten Kalenders durch die eingeladenen Personen kann ein- und ausgeschaltet werden.

Wenn Sie eine Einladung für einen Kalender erhalten, dann können Sie im Bereich **Eingang** diese Einladung annehmen oder ablehnen.

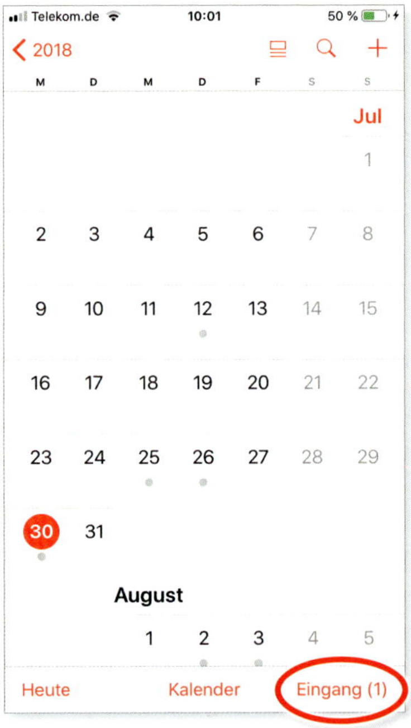

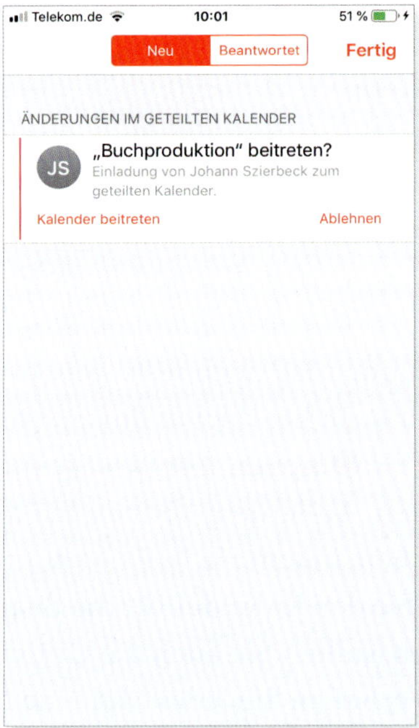

Unter „Eingang" können Sie alle Einladungen einsehen, die Sie erhalten haben.

Notizen

Die App *Notizen* ist eine weitere App, die Ihnen beim Organisieren des täglichen Lebens behilflich sein kann. Wie der Name schon ausdrückt, können Sie in dieser App Gedanken oder Ideen notieren. Die angelegten Notizen können dann via iCloud mit Ihren anderen Apple-Geräten synchronisiert werden. Und genauso wie bei den *Erinnerungen* oder im *Kalender* können Sie Notizen auch mit anderen Personen teilen. Eine Notiz kann übrigens nicht nur reinen Text beinhalten, sondern auch To-do-Listen, URLs sowie Fotos, und sogar selbst gezeichnete Scribbles sind möglich.

Notiz erstellen und bearbeiten

Eine neue Notiz ist schnell erstellt: Tippen Sie in der Übersicht auf das Symbol rechts unten in der Ecke ❶, um eine leere Notiz anzulegen. Sie können nun im Hauptbereich ❷ den Text eintippen oder diktieren (siehe Seite 333). Der Inhalt der Notiz kann noch formatiert und um andere Elemente erweitert werden. Dazu müssen Sie auf das runde Pluszeichen ❸ tippen, mit dem Sie die Werkzeugleiste einblenden.

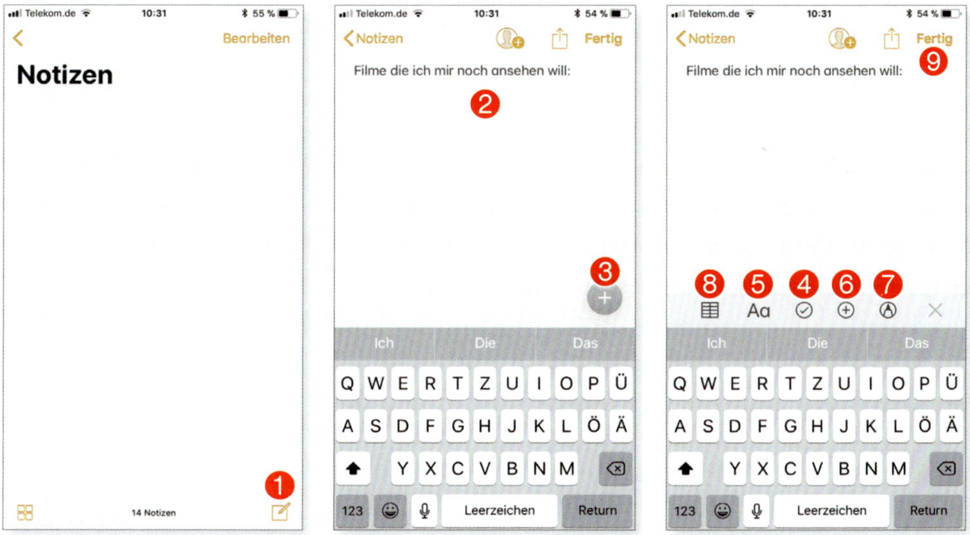

Eine neue Notiz wird erstellt.

Mithilfe der Werkzeugleiste lässt sich der Text, insbesondere Listen, mit einem Kontrollkästchen ❹ versehen. Auf diese Weise können Sie To-do-Listen anlegen und danach jeden Punkt abhaken, wenn er erledigt ist. Zusätzlich dazu können Sie den Text noch formatieren ❺. Dabei haben Sie die Wahl zwischen verschiedenen Titel- und Listenstilen.

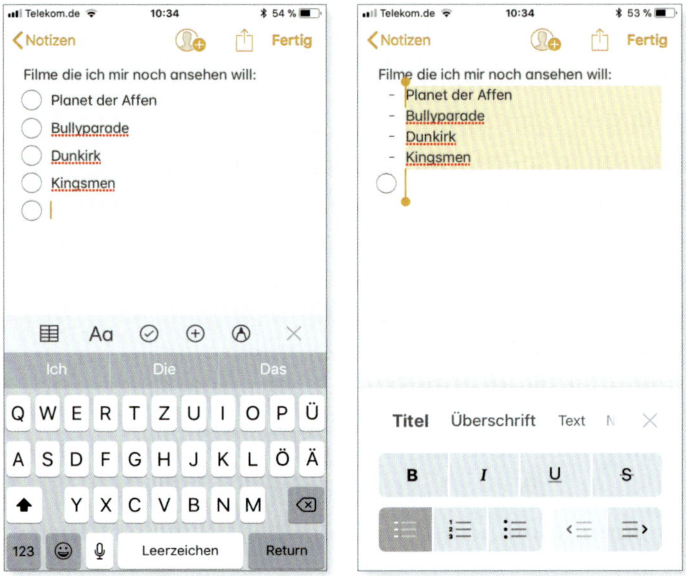

Der Text kann mit Kontrollkästchen (links) versehen und umformatiert werden (rechts).

Es lassen sich sogar Bilder und Videos ❻ in die Notiz einfügen. Dabei können Sie entweder aus den Bildern bzw. Videos der Fotomediathek wählen, oder Sie nehmen direkt mit der Kamera die Bilder bzw. Videos auf. Ganz besonders interessant ist die Möglichkeit, eigene Zeichnungen ❻ oder schnelle Skizzen ❼ und Tabellen ❽ zu erstellen und in die Notiz einzufügen. In der Zeichenumgebung stehen Ihnen verschiedene Stifte Ⓐ, Farben Ⓑ und ein Radiergummi Ⓒ fürs Malen zur Verfügung. Gezeichnet wird dabei mit dem Finger. Die obere Leiste enthält Funktionen zum Rückgängigmachen Ⓓ der Arbeitsschritte, zum Drehen der Zeichnung Ⓔ und zum Anlegen einer weiteren Seite Ⓕ. Mit *Fertig* Ⓖ verlassen Sie die Zeichenumgebung bzw. die Bearbeitung der Notiz ❾.

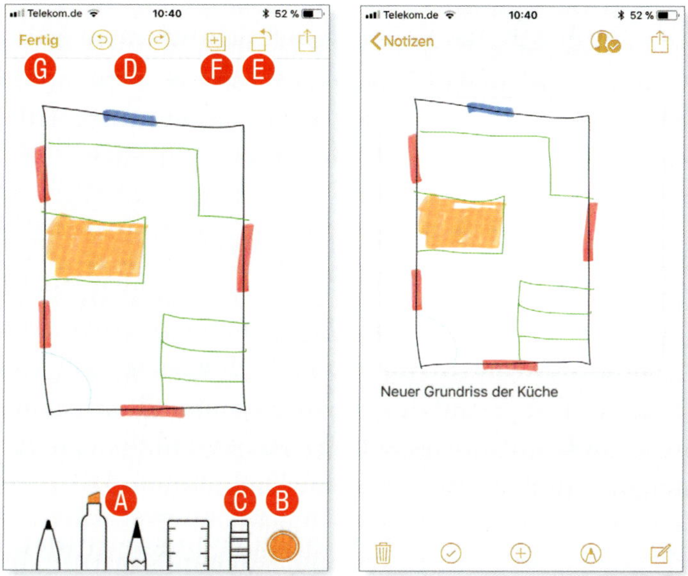

Einfache Skizzen lassen sich direkt in einer Notiz anlegen und hinzufügen.

Tabellen in Notizen

Seit iOS 11 gibt es auch Tabellen in *Notizen*. Mit nur wenigen Fingertipps lassen sich einfache Tabellen anfertigen. Um eine neue Tabelle einzufügen, müssen Sie nur auf das Tabellensymbol ❶ oberhalb der Tastatur tippen. Damit wird eine Standardtabelle mit zwei Spalten und zwei Zeilen erstellt.

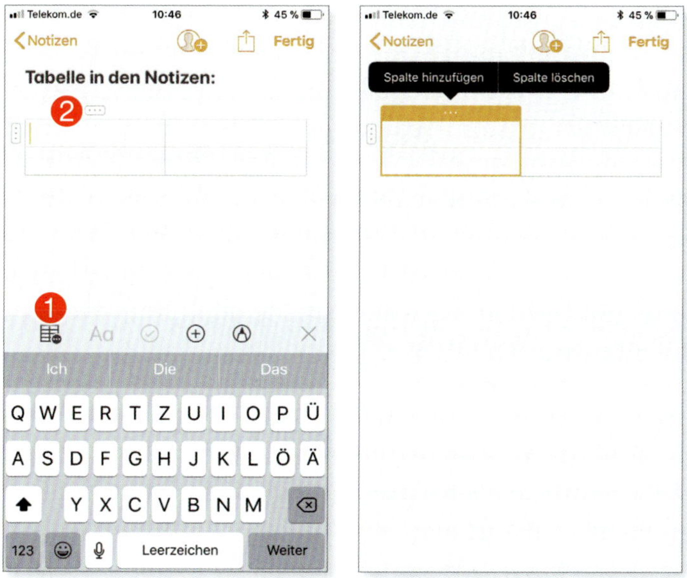

In einer Notiz können nun auch Tabellen angelegt werden.

Die Anzahl der Spalten und Zeilen kann natürlich noch geändert werden. Wenn Sie auf das Symbol mit den drei Punkten ❷ über einer Spalte bzw. neben einer Zeile tippen, öffnet sich ein Kontextmenü, in dem Sie nun die Möglichkeit haben, Zeilen bzw. Spalten hinzuzufügen oder zu entfernen.

Zeilen und Spalten lassen sich auch ganz einfach verschieben. Fassen Sie die Zeile bzw. Spalte nur an dem Symbol mit den drei Punkten ❷, und verschieben Sie sie an eine andere Position. Tabellen lassen sich zudem noch in normalen Text umwandeln und wieder löschen. Dazu müssen Sie zuerst den Textcursor innerhalb der Tabelle platzieren. Ein einfacher Fingertipp in die Tabelle reicht dazu aus. Danach tippen Sie auf das Tabellensymbol ❶ oberhalb der Tastatur. Nun wird wieder ein Kontextmenü geöffnet, das die Funktionen für das Umwandeln und Löschen enthält.

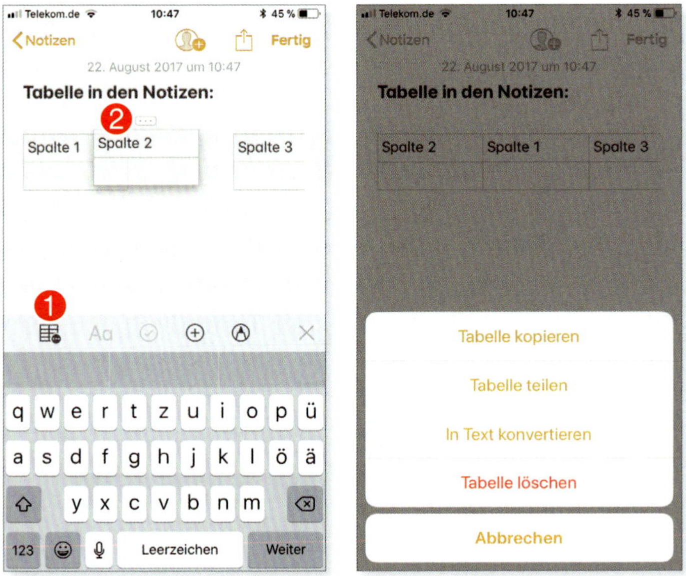

Die Zeilen und Spalten einer Tabelle können verschoben werden (links). Ebenso kann die ganze Tabelle gelöscht oder in normalen Text konvertiert werden (rechts).

Dokumente scannen

Neben den Tabellen haben Sie noch die Möglichkeit, Dokumente mithilfe der Kamera abzufotografieren und in die Notiz zu übernehmen. Dabei wird allerdings nicht einfach nur ein Foto gemacht, sondern das abfotografierte Dokument wird entzerrt, damit es flach liegt.

Um ein Dokument hinzuzufügen, tippen Sie als Erstes auf das Plussymbol ❶ oberhalb der Tastatur und wählen dann dort die Funktion *Dokumente scannen*

❷ aus. Damit wird die Kamera aktiviert, die Sie auf Ihr Dokument richten. Die Kamera tastet nun das aktuelle Bild ab, erkennt automatisch das Dokument ❸ und macht ein Foto davon.

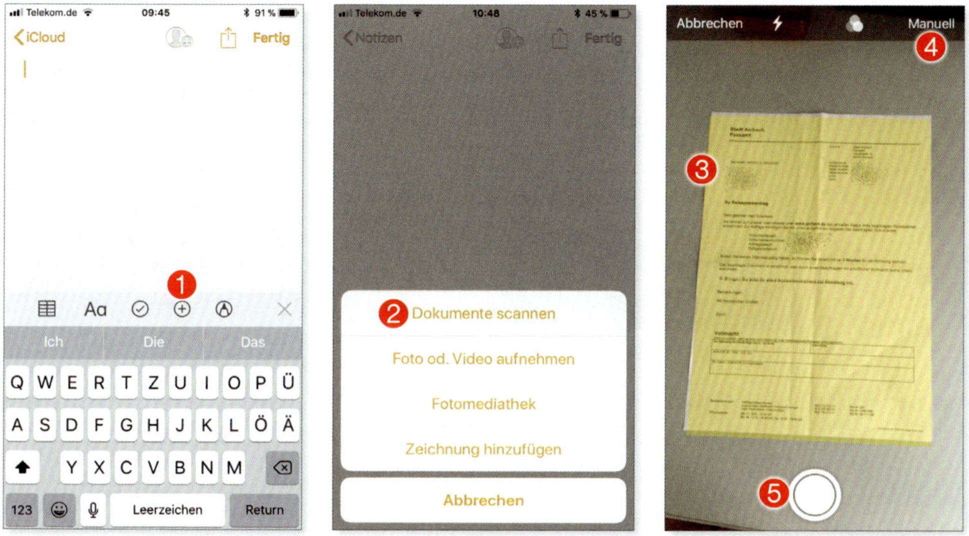

Dokumente werden von der Kamera automatisch erfasst.

> **!** Ein Dokument kann nicht nur aus einer Seite bestehen; Sie können beim Einscannen auch mehr als eine Seite erfassen. Fotografieren Sie einfach Seite für Seite nacheinander. Mit der automatischen Funktion geht das sehr schnell.

Wenn Sie allerdings die Option *Manuell* ❹ gewählt haben, dann müssen Sie das Foto manuell mit dem Auslöser ❺ schießen. Die Verzerrung, die durch das Fotografieren entsteht, wird bei der Auto-Funktion direkt korrigiert, während Sie beim manuellen Abfotografieren die Verzerrung auch manuell justieren können. Dazu müssen Sie die Eckpunkte ❻ genau auf das Dokument ausrichten. Ist dies bewerkstelligt, können Sie mit *Scan behalten* ❼ das Dokument sichern. Es erscheint dann anschließend in der Notiz.

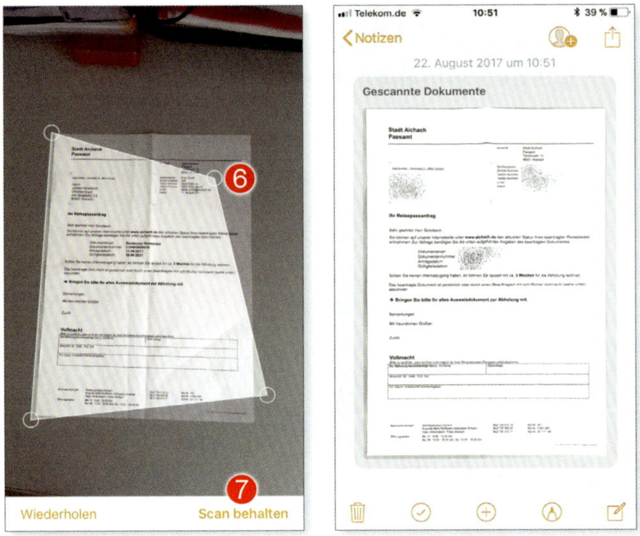

Die Verzerrung von manuell gescannten Dokumenten kann auch manuell korrigiert werden (links). Das fertige Dokument wird dann als Miniatur in der Notiz gespeichert (rechts).

Das gesicherte Dokument kann jederzeit geöffnet und geändert werden. Und falls es sich um ein Formular handelt, können Sie es sogar ausfüllen. Wenn Sie das Dokument antippen, wird es in einer eigenen Umgebung geöffnet.

Die Umgebung bietet einige Bearbeitungsmöglichkeiten. Bei A lässt sich nachträglich die Entzerrung bearbeiten. Mit der Funktion B können Sie festlegen, ob das Dokument farbig, in Graustufen, in Schwarz-Weiß oder im Original dargestellt werden soll. Wenn Sie das Dokument um 90 Grad drehen wollen, dann verwenden Sie die Funktion C. Über das *Teilen*-Symbol D haben Sie dann die Möglichkeit, das Dokument zu verschicken oder mit *Markierungen* E zu versehen. Durch die Markierungen haben Sie Zugriff auf die Mal- und Zeichenfunktionen und können dann z. B. ein Formular ausfüllen und speichern. Wenn Sie die Bearbeitung abgeschlossen haben, tippen Sie links oben auf *Fertig*.

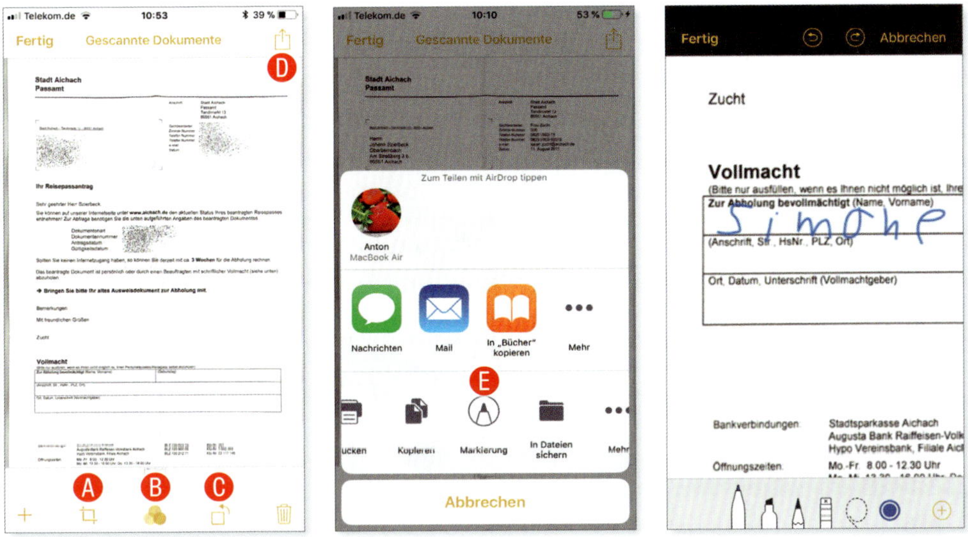

Dokumente können nachträglich bearbeitet werden (links), und mithilfe der Markierungen können Sie ein gescanntes Formular sogar ausfüllen (rechts).

Zusammenarbeit mit anderen Apps

Eine tolle Funktion der App *Notizen* ist die Möglichkeit, fast jede Art von Daten aus anderen Apps als Notiz zu speichern. So können Sie z. B. eine URL von *Safari* als Notiz speichern oder einen Standort von der App *Karten*. Sogar Sprachmemos können zu einer Notiz hinzugefügt werden. Für die Übergabe der jeweiligen Daten an die Notizen wird die *Teilen*-Funktion verwendet. Die *Teilen*-Funktion ist in vielen Apps verfügbar und kann ganz einfach durch das Symbol ⎙ aufgerufen werden.

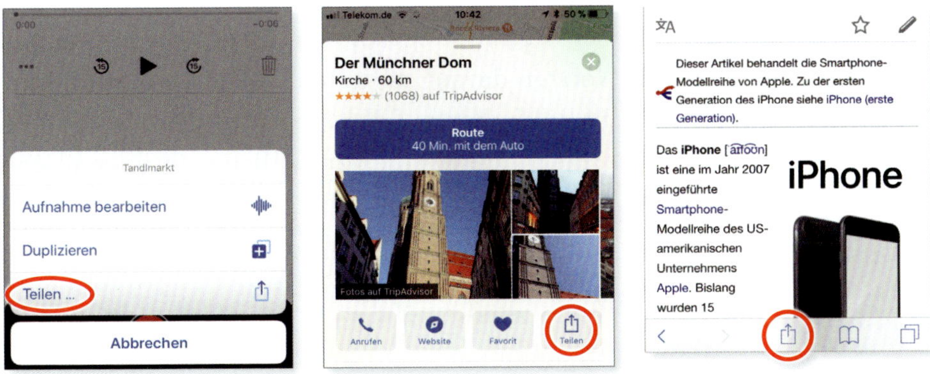

Das „Teilen"-Symbol gibt es in vielen Apps, z. B. in „Sprachmemos" (links), „Karten" (Mitte) und „Safari" (rechts).

Im *Teilen*-Menü befindet sich dann die Funktion *Zu „Notizen“ hinzufügen* ❶. Wenn Sie sie antippen, können Sie noch einen zusätzlichen Text ❷ zu den Daten hinzufügen. Außerdem müssen Sie festlegen, ob eine neue Notiz erstellt werden soll oder ob die Daten zu einer bereits vorhandenen Notiz hinzugefügt werden sollen ❸. Mit *Sichern* ❹ werden die Daten dann zu den Notizen übertragen. Wenn Sie dann später in der Notiz auf die eingefügten Elemente tippen, z. B. eine URL oder einen Standort, wird die dazugehörige App mit den Daten geöffnet.

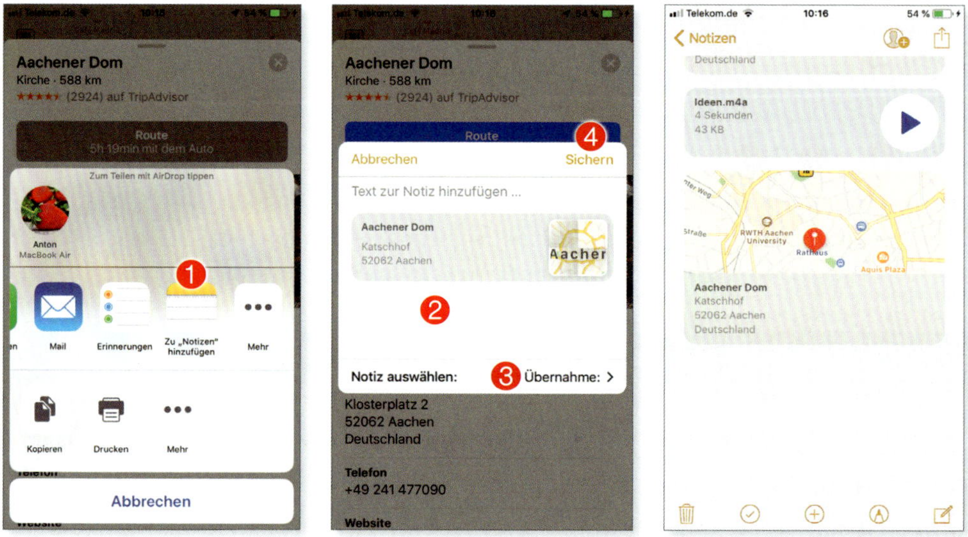

Im „Teilen“-Menü können die Daten an „Notizen“ übertragen werden (rechts).

Ordner für Notizen

Damit Sie Ihre Notizen besser organisieren können, gibt es die Möglichkeit, Ordner anzulegen und die Notizen darauf zu verteilen. Die Ordner erreichen Sie, wenn Sie in der Übersicht links oben auf den Pfeil Ⓐ tippen. Dort können Sie dann mit *Neuer Ordner* rechts unten Ⓑ einen zusätzlichen Ordner anlegen.

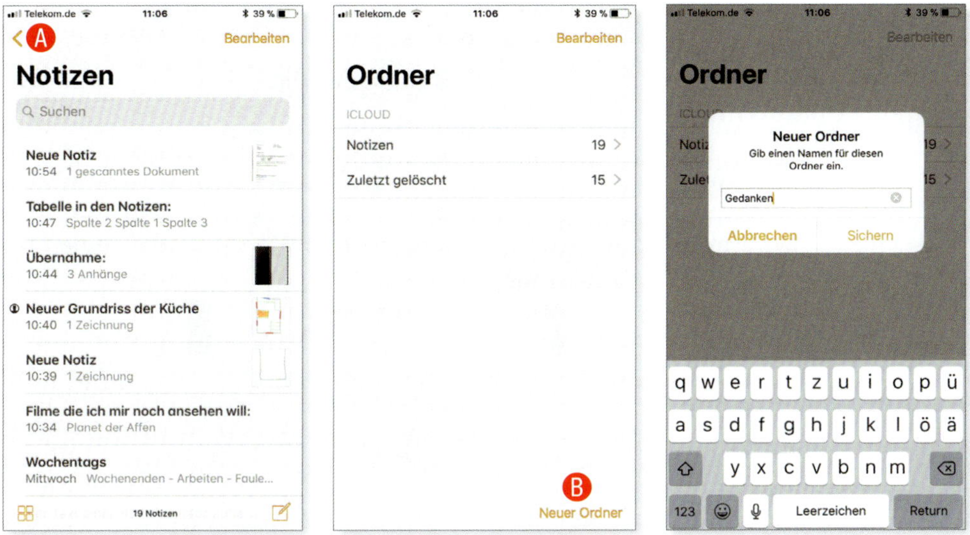

Ein neuer Ordner ist schnell erstellt.

> !
> Wenn Sie iCloud nutzen, werden die neuen Ordner sofort auf alle anderen Apple-Geräte übertragen (iPad, Mac). Umgekehrt ist es natürlich genauso: Wenn Sie auf dem Mac in den „Notizen" einen neuen Ordner oder eine neue Notiz anlegen, wird dieser bzw. diese sofort via iCloud mit dem iPhone und iPad synchronisiert. Wenn Sie das nicht wollen, dann müssen Sie auf dem iPhone in den **Einstellungen** bei **Ihr Name –> iCloud** die Option **Notizen** ausschalten.

Ab sofort können Sie in dem neuen Ordner Notizen anlegen oder vorhandene dorthin verschieben. Sie legen eine Notiz an anderer Stelle ab, indem Sie sie in der Übersicht nach links schieben und dann auf *Bewegen* ❶ tippen. Anschließend müssen Sie nur noch den Zielordner bestimmen. Um mehrere Notizen gleichzeitig zu verschieben oder zu entfernen, tippen Sie in der Übersicht rechts oben auf *Bearbeiten*, markieren die entsprechenden Notizen ❷ und wählen zum Schluss entweder *Bewegen* ❸ oder *Löschen* ❹ am unteren Rand aus.

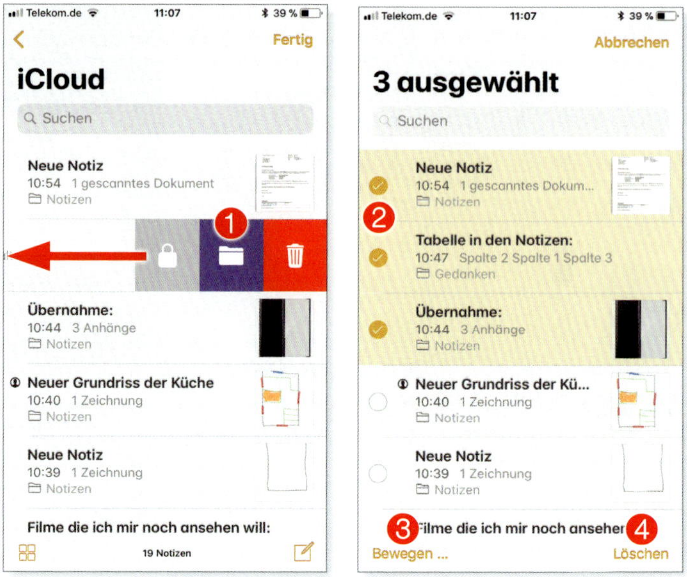

Notizen können einzeln (links) oder gemeinsam verschoben oder gelöscht werden (rechts).

Die Notiz-Ordner werden im Normalfall bei iCloud gesichert, wenn der iCloud-Zugang eingerichtet ist. Ansonsten sind die Ordner bzw. Notizen nur auf dem iPhone gesichert. Sie können aber auch andere Speicherorte verwenden. Viele E-Mail-Postfächer bieten auch die Möglichkeit, Notizen in ihnen zu speichern. Dazu müssen Sie nur in den *Einstellungen* bei *Passwörter & Accounts* den jeweiligen E-Mail-Account öffnen und die Option *Notizen* einschalten. Wenn Sie dann zu der *Notizen*-App zurückwechseln, werden Sie in der Ordnerübersicht das E-Mail-Postfach finden.

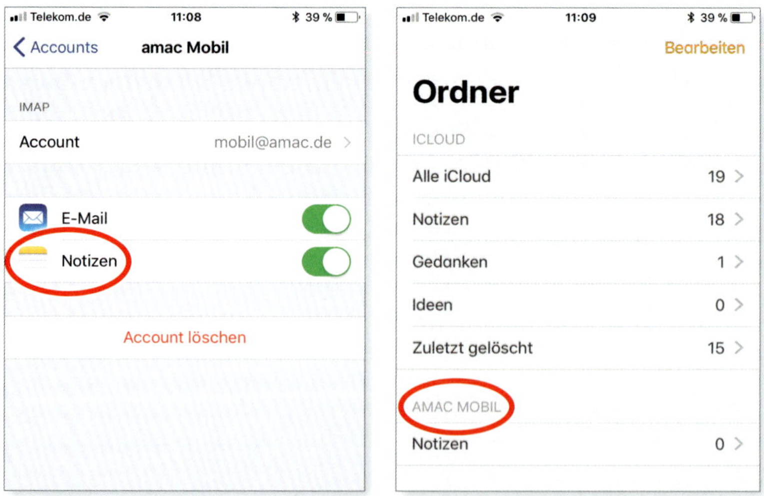

Die App „Notizen" kann auch die Notizen der E-Mail-Postfächer verwalten.

Notizen im Account „Auf meinem iPhone"

Normalerweise werden Notizen sofort zu iCloud hochgeladen, wenn Sie iCloud-aktiviert haben. Sie können aber die Notizen auch lokal auf dem iPhone abspeichern. Dazu müssen Sie den Account *Auf meinem iPhone* einschalten. Diesen finden Sie unter *Einstellungen –> Notizen*. Sobald er eingeschaltet ist, wird er der App Notizen im Bereich *Ordner* mit dem Namen *Auf meinem iPhone* eingeblendet. Alle Notizen, die dort erstellt bzw. abgelegt werden, existieren nur auf dem iPhone.

! Diese Funktion steht Ihnen nur zur Verfügung, wenn Sie in den Notizen mit einem Account (iCloud oder sonstige) arbeiten. Sobald Sie weder iCloud noch einen sonstigen Account für die Notizen verwenden, werden die Notizen automatisch nur auf dem iPhone gesichert.

Notizen anheften

Wenn Sie sehr viele Notizen haben, wird es manchmal schwierig, die wichtigsten zu finden. Sie könnten zwar die Suchfunktion verwenden, aber wesentlich einfacher ist es, die Notizen, die wichtig sind oder die Sie sehr oft benötigen, an den Beginn der Liste zu stellen. Dafür gibt es die Funktion *Anheften*.

Um eine Notiz an den Beginn der Liste anzuheften, müssen Sie sie nur nach rechts verschieben, damit die Stecknadel eingeblendet wird. Wenn Sie anschließend auf die Stecknadel tippen, wird die Notiz an den Beginn der Liste im Bereich *Angeheftet* verschoben.

Das Ganze kann auf dieselbe Weise wieder rückgängig gemacht werden: Schieben Sie die Notiz wieder nach rechts, und tippen Sie auf die durchgestrichene Stecknadel. Die Notiz wird wieder ganz normal in die Liste einsortiert.

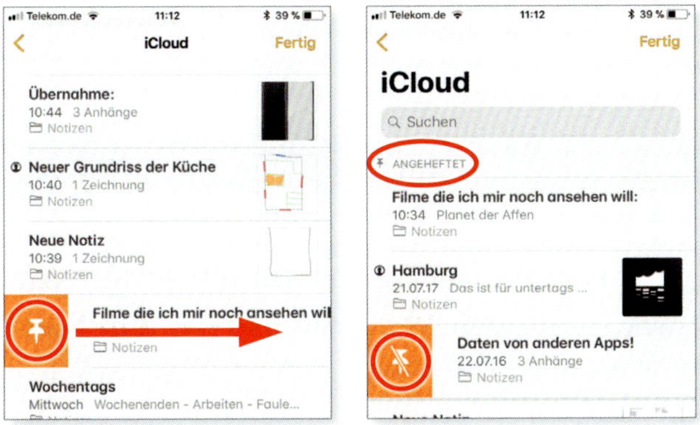

Wichtige und oft benötigte Notizen können angeheftet werden.

Notizen teilen

Wie bereits am Anfang erwähnt, können Sie einzelne Notizen mit anderen Personen teilen, genauso wie im *Kalender* oder in den *Erinnerungen*. Wenn Sie eine einzelne Notiz öffnen, finden Sie die Funktion zum Teilen rechts oben. Tippen Sie sie an, und entscheiden Sie dann anschließend, auf welchem Weg die Einladung zur gemeinsamen Nutzung der Notiz zum Empfänger geschickt werden soll. Wenn Sie eine Methode ausgewählt haben, geben Sie anschließend die Zielperson an. Diese erhält dann eine Nachricht, Mail etc. mit einem Link, den sie aufrufen muss, um die Notiz in die eigene Verwaltung aufzunehmen. Sie können noch weitere Personen zur Notiz einladen, wenn Sie erneut auf das Teilen-Symbol tippen und dann *Personen hinzufügen* auswählen.

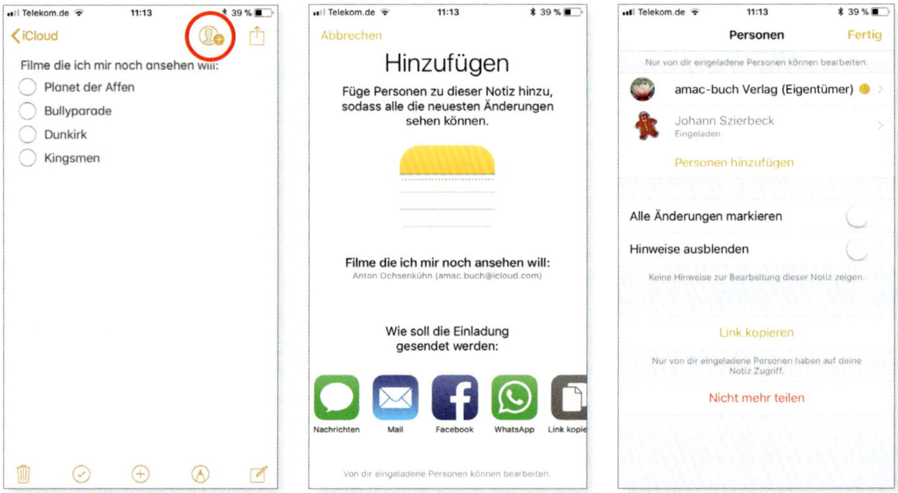

Notizen können mit anderen Personen, die auch ein Apple-Gerät besitzen, geteilt werden.

> **!** Das Teilen einer Notiz funktioniert in beiden Richtungen. Die Notiz kann sowohl von Ihnen als auch von allen eingeladenen Personen gelesen und verändert werden.

Notizen sperren

Die Notizen-App hält noch ein weiteres Feature bereit: die Möglichkeit, einzelne Notizen mit Passwort zu sperren. Wenn Sie also z. B. eine Notiz haben, die Ihre Zugangsdaten für diverse Internetportale oder Geräte enthält, können Sie diese mit einem eigenen Passwort versehen. Nur wer das Passwort hat, kann den Inhalt der Notiz einsehen und bearbeiten.

> **!** Sie können eine Notiz nur dann sperren, wenn sie keine Video-, Audio-, PDF- oder Dateianhänge enthält.

Die Sperrfunktion finden Sie im *Teilen*-Menü ❶ rechts oben. Wenn Sie eine Notiz geöffnet haben und dann auf das Symbol klicken, wählen Sie die Funktion *Notiz sperren* ❷ aus. Anschließend definieren Sie entweder ein Passwort zum Schutz der Notiz oder verwenden Touch ID, also Ihren Fingerabdruck, zum Sperren. Voraussetzung dafür ist natürlich die aktivierte Touch ID-Funktion (siehe Kapitel 2 ab Seite 38).

> **!** Das Passwort, das Sie definieren, wird für alle gesperrten Notizen verwendet. Sie können keine individuellen Passwörter für die einzelnen Notizen festlegen.

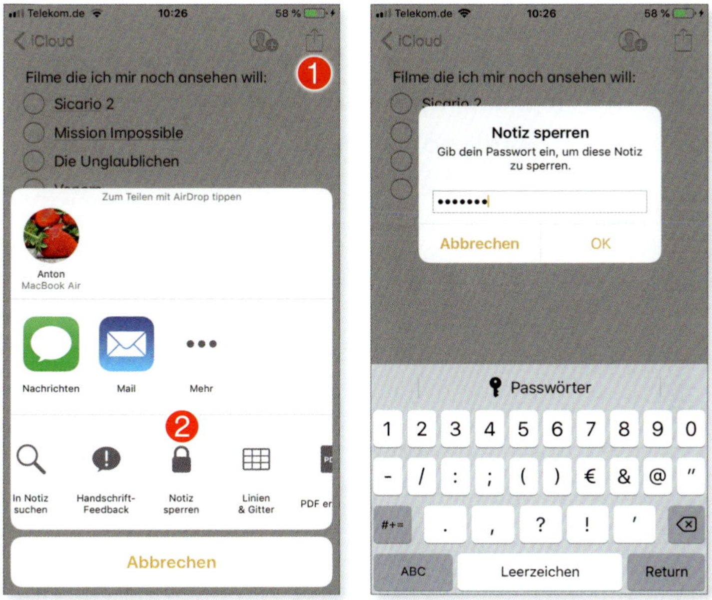

Für das Sperren von Notizen muss entweder ein Passwort definiert werden, oder Sie verwenden Touch ID.

Nachdem Sie das Passwort festgelegt haben, können Sie die Notiz endgültig sperren. Dazu müssen Sie das Symbol für die Sperrfunktion rechts oben antippen ❸. Der Inhalt der gesperrten Notiz ist damit nicht mehr einsehbar. Erst wenn Sie auf das Sperrsymbol tippen oder auf *Notiz anzeigen* ❹, wird der Inhalt wieder sichtbar.

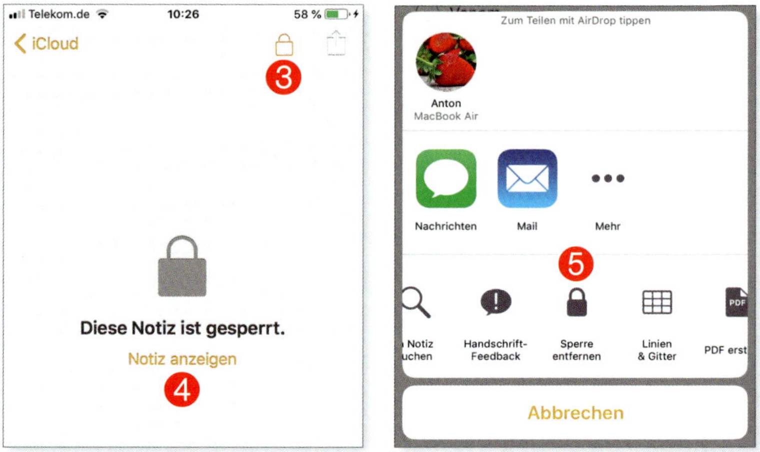

Die Notiz ist nun gesperrt und kann nur mit dem Passwort bzw. Fingerabdruck wieder geöffnet werden.

Die Sperrung kann auch wieder entfernt werden. Dazu öffnen Sie zuerst den Inhalt der gesperrten Notiz und tippen anschließend rechts oben auf das *Teilen*-Symbol. Im *Teilen*-Menü wählen Sie dann die Funktion *Sperre entfernen* ❺ aus.

> ! Gesperrte Notizen lassen sich nicht mit anderen Personen teilen.

Wallet

Die App Wallet sammelt schlichtweg Tickets, die Sie in anderen Apps erworben haben. Durch die Übernahme in die Wallet-App haben Sie somit eine zentrale Anlaufstelle, um alle Tickets übersichtlich zusammengestellt vorzufinden. Verfügen Sie zudem über eine Apple Watch, dann haben Sie diese Daten an Ihrem Handgelenk verfügbar. Nutzen Sie das, um beispielsweise am Flughafen-Gate eingelassen zu werden oder zeigen Sie dem Zugbegleiter in der Bahn Ihr digitales Ticket.

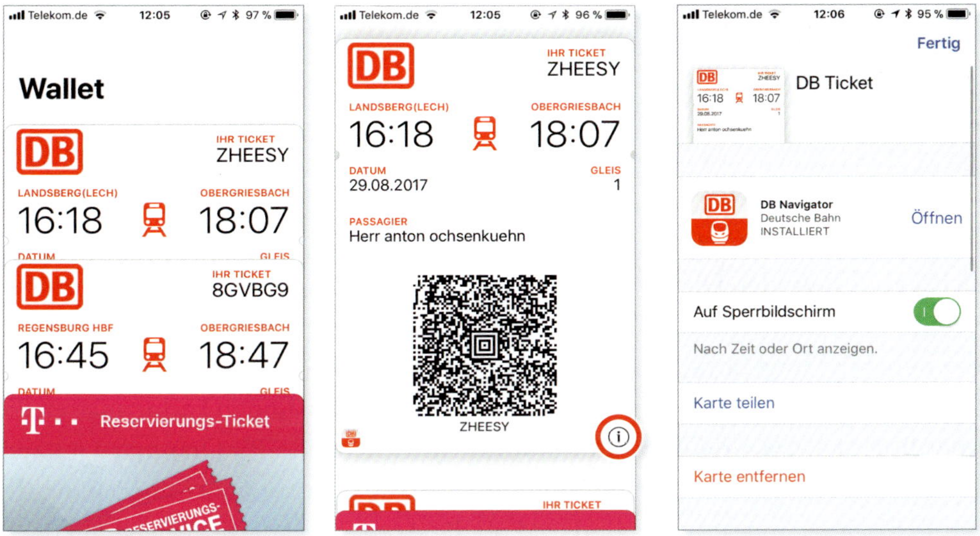

Die App „Wallet" kümmert sich um Ihre Tickets. Klicken Sie eines an, um Details wie den Barcode zu sehen. Tippen Sie auf das „i", um das Ticket zu entfernen oder weitere Informationen in der Ursprungs-App zu erhalten.

Wie aber kommen Tickets in die Wallet-App? Nun, das ist von App zu App ganz unterschiedlich. Tickets können beispielsweise per E-Mail zu Ihnen kommen, bevor diese mit wenigen Fingertipps in die App Wallet weitergeleitet werden. Viele Apps fragen nach erfolgter Buchung gleich direkt an, ob das Ticket in die Wallet-App übernommen werden soll.

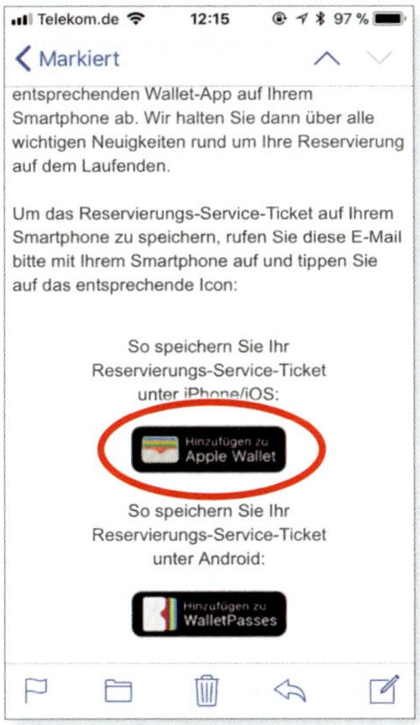

In diesem Fall ist das Ticket per E-Mail zugestellt worden und kann von dort aus zu Wallet weitergereicht werden.

Karten

Wissen Sie, wo Sie sich gerade befinden? Nein, dann fragen Sie doch Ihr iPhone! Durch die integrierte GPS-Ortung weiß das iPhone immer ganz genau, wo es sich gerade befindet. Die Standortbestimmung können Sie dazu nutzen, um sich vom iPhone zu bestimmten Orten navigieren zu lassen oder bestimmte Orte in der näheren Umgebung zu suchen. Dafür benötigen Sie die App *Karten*.

Damit die Karten-App den aktuellen Standort herausfinden kann, müssen Sie allerdings der App erlauben, die *Ortungsdienste*, also die GPS-Ortung zu nutzen. In den *Einstellungen* bei *Datenschutz* sollten Sie also zuerst kontrollieren, ob die *Ortungsdienste* eingeschaltet sind und ob die App *Karten* diese verwenden darf.

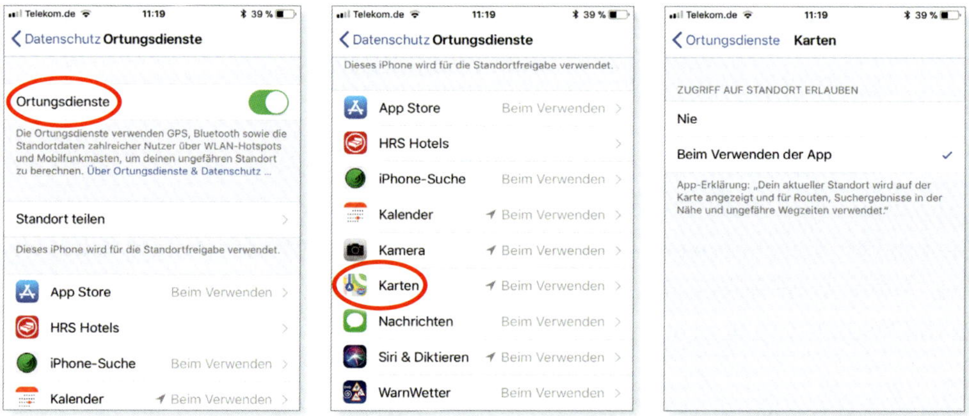

In den „Ortungsdiensten" können Sie genau festlegen, welche Apps die Standortbestimmung nutzen dürfen.

Standort zeigen

Haben Sie die Ortungsdienste eingeschaltet, dann können Sie die Karten-App öffnen. Um den eigenen Standort auf der Karte zu sehen, tippen Sie auf den blauen Pfeil ❶ zur Standortbestimmung. Damit wird sofort auf Ihren aktuellen Standort gezoomt, den Sie an einem pulsierenden blauen Punkt erkennen können ❷. Falls Sie auch noch die Himmelsrichtung wissen wollen, in die Sie gerade blicken, tippen Sie erneut auf den blauen Pfeil. Dadurch wird nicht nur ein kleiner Kompass ❸ eingeblendet, sondern auch ein „Blickkegel" für die Blickrichtung ❹.

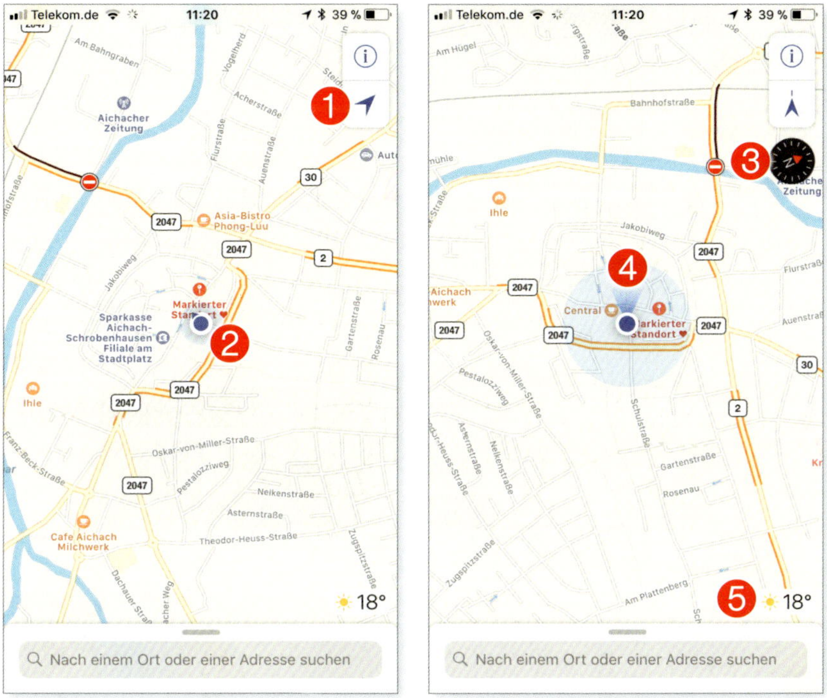

Der eigene Standort ist schnell ermittelt.

> **!** Wenn Sie genau hinsehen, entdecken Sie rechts unten 5 einen Hinweis auf das aktuelle Wetter des derzeitigen Kartenausschnitts. Wenn Sie den Kartenausschnitt verschieben, ändert sich auch die Wetteranzeige. Falls sie nicht sichtbar ist, müssen Sie etwas größer in die Karte hineinzoomen.

Orte suchen und Route planen

Mit der Karten-App können Sie auch nach Orten suchen und bei Bedarf eine Route dorthin planen. Dabei wird die Karten-App zu einem Navigationssystem, das Sie sicher zum Zielort leitet.

In der Eingabezeile A müssen Sie natürlich zuerst den Ort eingeben, den Sie ansteuern wollen. Sie können entweder nur den Ort eingeben oder zusätzlich noch eine Straße und eine Hausnummer. Wenn Sie den Straßennamen nicht kennen, reicht sehr oft auch eine Angabe des Gebäudes, z. B. „Rathaus Augsburg“ oder „Krankenhaus Augsburg“. In der Ergebnisliste B werden Ihnen dann die möglichen Treffer angezeigt. Wenn Sie einen der Treffer antippen, wird der Kartenausschnitt C sofort auf diesen Ort zentriert. Außerdem wird auch sofort eine Route zum Zielort berechnet D.

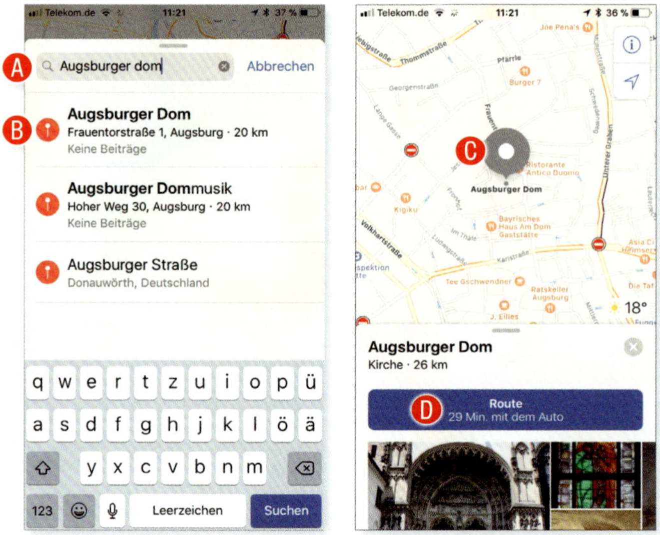

Die Suche nach einem bestimmten Ort liefert sehr schnell Ergebnisse. Wenn Sie auf der Kartendarstellung doppelt tippen, dann wird herangezoomt und weitere Details kommen zum Vorschein. Tippen Sie nochmals doppelt, um noch näher heranzukommen.

Wenn Sie auf die blaue Schaltfläche mit der Routenangabe D tippen, erhalten Sie mehrere Routen zur Auswahl. Meistens handelt es sich um die schnellste, die kürzeste und noch eine weitere alternative Route E. Wenn Sie eine Route berechnet haben, dann können Sie für die Berechnung noch zusätzlich festlegen, ob Mautstraßen oder Autobahnen erlaubt sind. In den *Fahroptionen* I lassen sich die beiden Optionen festlegen. Die Fahroptionen finden Sie am Ende der möglichen Routen, wenn Sie nach unten scrollen.

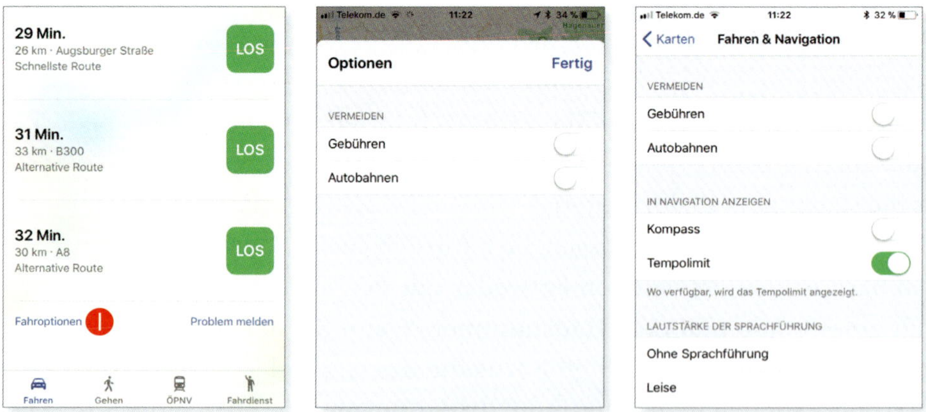

In den „Fahroptionen“ können Sie festlegen, ob Sie auch auf gebührenpflichtigen Straßen und/oder auf Autobahnen unterwegs sein wollen. Dies lässt sich zudem in „Einstellungen –> Karten –> Fahren & Navigation“ (rechts) vorab schon definieren.

Sie müssen nur eine der angezeigten Routen auswählen und anschließend auf die grüne Schaltfläche *Los* **F** tippen. Damit wird sofort die Navigation gestartet, und die App führt Sie Schritt für Schritt ans Ziel. Während der Routenführung können Sie im unteren Bereich **G** die ungefähre Ankunftszeit, die Fahrtzeit und die Entfernung zum Ziel ablesen.

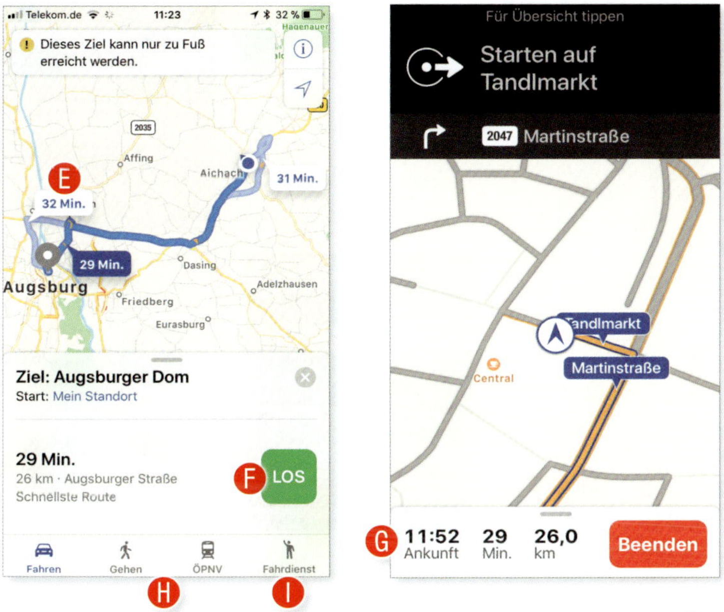

Die App „Karten" kann auch als Navi verwendet werden.

Standardmäßig wird die Route für die Fahrt mit einem Auto berechnet. Wenn Sie aber in einer fremden Stadt zu Fuß unterwegs sind, nützt Ihnen diese Routenfunktion nichts. Deswegen können Sie beim Auswählen der Route auch die Option *Zu Fuß* oder *ÖPNV* verwenden **H**. ÖPNV steht für „öffentlicher Personennahverkehr" und beinhaltet Bus-, Tram- und Bahnverbindungen. Die Karten-App zeigt Ihnen mit dieser Option alle Verbindungen und Umsteigestellen an, die Sie nehmen müssen, um das Ziel zu erreichen.

> **!** Der Dienst **ÖPNV** ist zurzeit nur für Berlin verfügbar. Apple baut diesen Service allerdings kontinuierlich aus.

Es gibt sogar eineAnbindung von Fahrdienst-Apps unter *Fahrdienst* **I**. Damit können Sie direkt zu einer Ihrer installierten Apps (z. B. *Uber*) wechseln, um ein Fahrzeug für die Fahrt zum Zielort zu bestellen.

Und es gibt noch ein tolles Feature: Wenn Sie eine Routenführung starten – besonders eine zu Fuß –, dann können Sie die Routenführung auch auf Ihrer Apple Watch ablesen. Sie müssen also nicht das iPhone in der Hand halten, um die Route zu verfolgen.

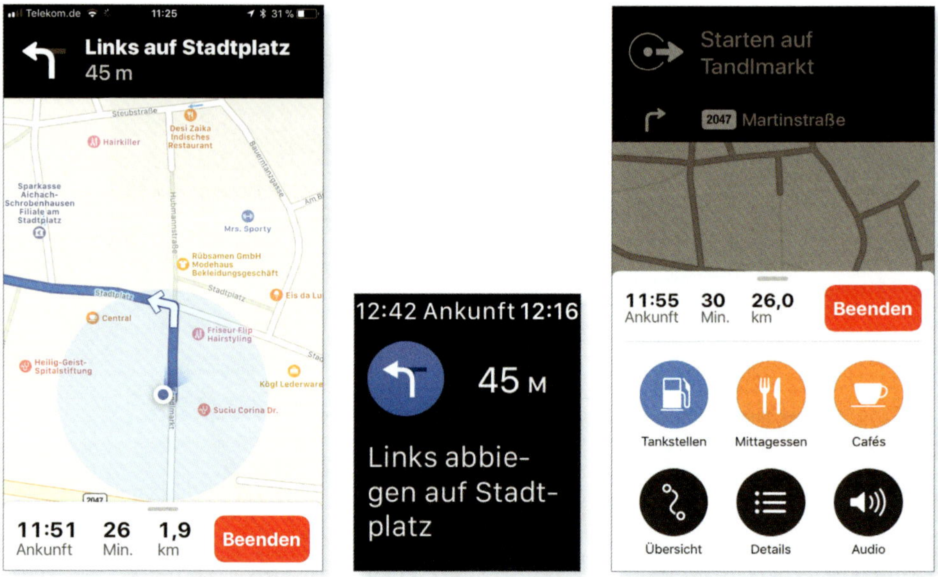

Die Routenführung (links) wird auch auf der Apple Watch (Mitte) angezeigt. Im Rahmen der Routenführung stehen noch zahlreiche Optionen zur Verfügung (rechts).

Während der Routenführung lassen sich noch zusätzliche Optionen einblenden, wenn Sie den Bereich mit den Zeit- und Entfernungsangaben nach oben verschieben. Sie können damit nicht nur eine Routenübersicht oder die Details zur Route einblenden, sondern haben auch Zugriff auf POI (Points of Interest) entlang der Strecke. So können Sie z. B. sehr schnell eine Tankstelle in der Nähe ansteuern.

Parkplatzmarkierung

Ein weiteres Feature der Karten-App ist die automatische Markierung des Standorts, an dem Sie Ihr Auto geparkt haben. Falls Sie das iPhone via Bluetooth mit Ihrem Auto verbunden haben oder Sie ein Auto mit CarPlay besitzen, merkt sich das iPhone automatisch den Standort, wenn Sie das Auto verlassen. Der Standort wird dann in der Karten-App markiert. Auf diese Weise können Sie Ihr geparktes Auto sehr leicht finden.

Wenn Sie auf das Autosymbol in der Karten-App tippen, können Sie nicht nur ablesen, wann Sie das Auto verlassen haben, sondern auch mit *Standort bearbei-*

ten den Standort noch genauer festlegen. Das ist interessant, wenn die aktuelle GPS-Ortung nur einen sehr ungenauen Standort ergeben hat.

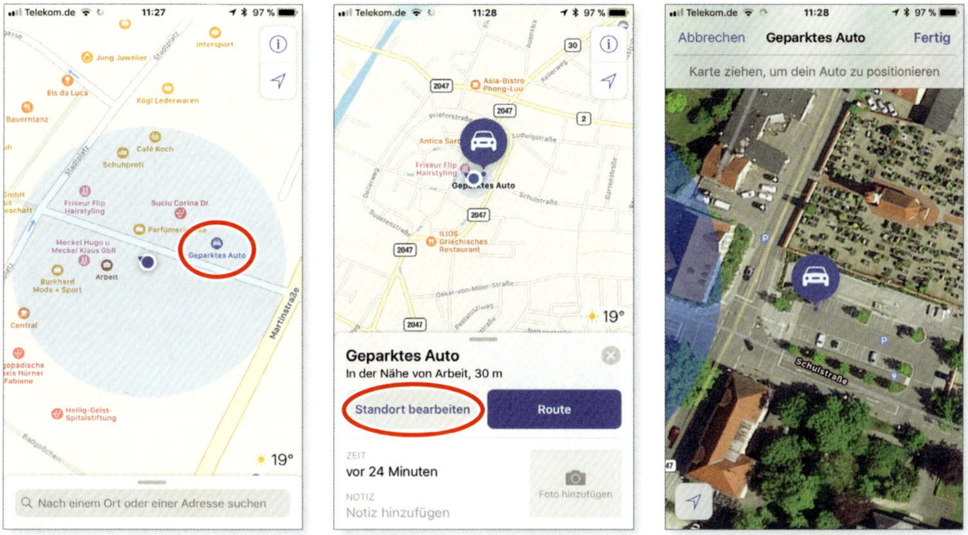

Das geparkte Auto kann mit der Karten-App sehr leicht wiedergefunden werden.

> **!** Falls Sie diese Funktion nicht nutzen wollen, können Sie in den **Einstellungen** bei **Karten** die Option **Standort des geparkten Autos** ausschalten.

Kartenansicht ändern

Die Standardansicht von *Karten* gleicht einer normalen Straßenkarte mit Linien und Beschriftungen. Es gibt aber auch noch eine Satellitenansicht mit Luftaufnahmen, die es manchmal leichter machen, einen bestimmten Ort zu finden. Die Satellitenansicht erhalten Sie, wenn Sie rechts oben auf das Info-Symbol ❶ tippen. Schalten Sie in dem Fenster, das damit geöffnet wird, von *Karte* ❸ auf *Satellit* ❷ um. Damit Sie nicht in einen Verkehrsstau geraten, können Sie noch zusätzlich mit *Verkehr* ❹ die Strecken markieren lassen, auf denen die Verkehrslage aktuell ungünstig ist. Mit der Option *Etiketten* ❺, die es nur bei der Satellitenansicht gibt, können Sie die Straßen und Bezeichnungen aus- bzw. einblenden. Die Option *ÖPNV* ❻ ist aktuell nur für Berlin verfügbar und blendet das Streckennetz der öffentlichen Nahverkehrsmittel ein.

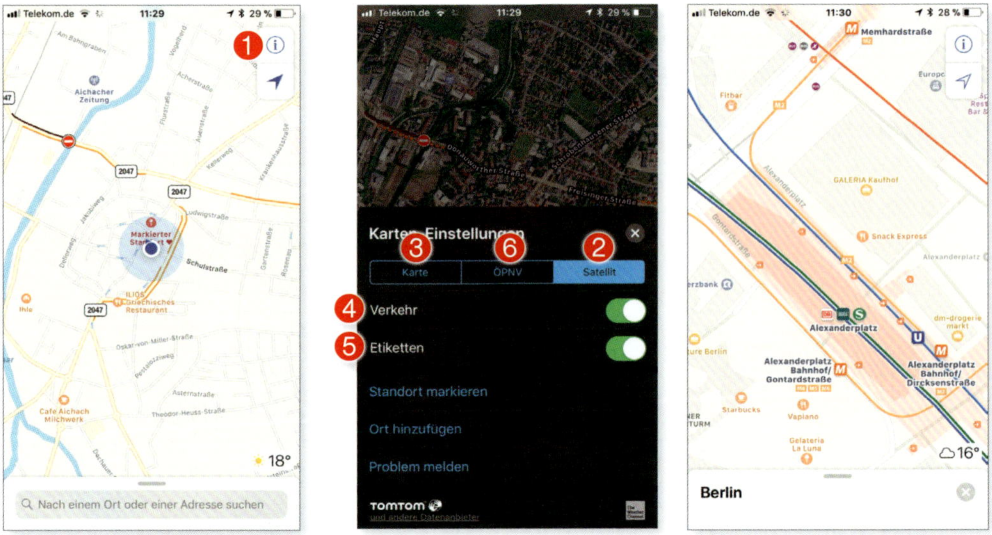

Die Kartenansicht kann man wechseln. Für Berlin kann sogar das Streckennetz des öffentlichen Nahverkehrs eingeblendet werden (rechts).

Es gibt noch eine weitere Ansichtsart, die 3D-Ansicht. Diese ist nur für größere Städte verfügbar und bietet eine Gebäudeansicht sowohl in der normalen Karten- als auch in der Satellitenansicht. Die 3D-Ansicht erhalten Sie, wenn Sie mit zwei Fingern nach oben streichen und sozusagen die Ansicht „kippen". Zur 2D-Ansicht können Sie wieder rechts oben zurückkehren.

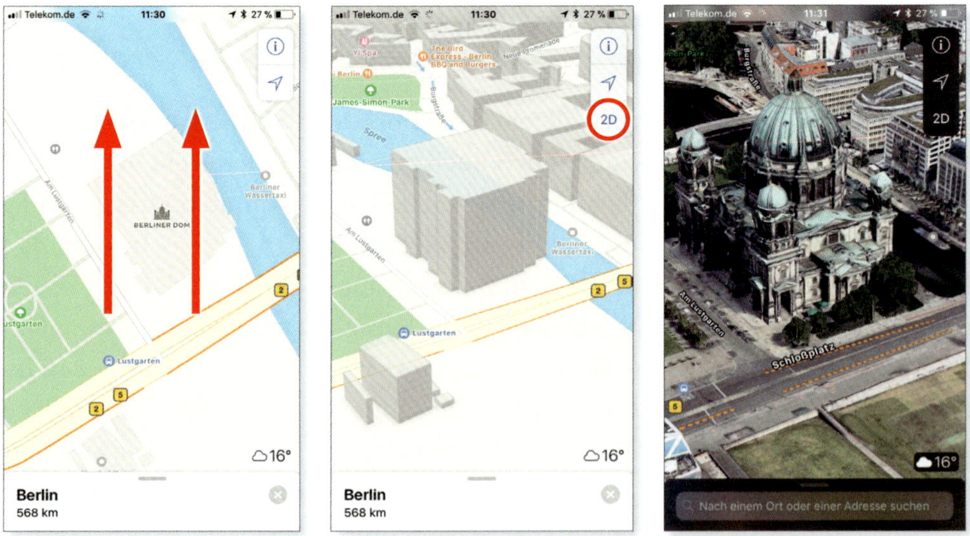

Die 3D-Ansicht der Karten-App.

Zusätzliche Informationen

Wenn Sie einen Ort in die Suchmaske der Karten-App eingeben, erhalten Sie nicht nur die Möglichkeit, eine Route dorthin zu planen, sondern noch weitere interessante Dinge. Schieben Sie das Ergebnisfenster einfach etwas weiter nach oben. Sehr oft gibt es einige Fotos für den Zielort, die vom Internetdienst *TripAdvisor* kommen. Wenn der Zielort ein Gebäude oder eine Einrichtung ist, werden sogar die Telefonnummer und die Adresse eingeblendet, die Sie gleich weiternutzen können, um z. B. dort anzurufen. Und sogar Wikipedia-Informationen sind vorhanden, die Sie auch direkt öffnen können.

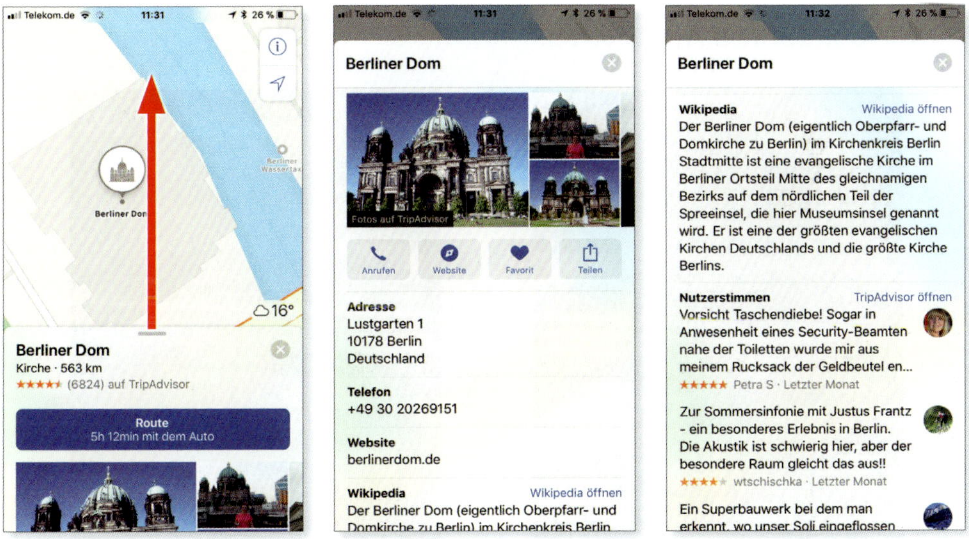

Über den Zielort gibt es eine ganze Menge zusätzlicher Informationen.

Aktien

Mit der Aktien-App haben Sie immer einen Überblick über Ihre Aktien in der Tasche. Die App zeigt die aktuellen Kurse von ausgewählten Aktien an. Dabei bleibt es nicht nur beim aktuellen Kurs, sondern Sie können sich auch ein Chart mit der Kursentwicklung anzeigen lassen. Mit iOS 12 hat Apple die Aktien-App grundlegend überarbeitet. Die App hat nicht nur eine neue Benutzeroberfläche, sondern auch die Einstellungen dafür werden mit Hilfe von iCloud mit dem Mac synchronisiert. Seit macOS Mojave gibt es auch für den Mac eine Aktien-App, die synchron zur iOS-App arbeitet.

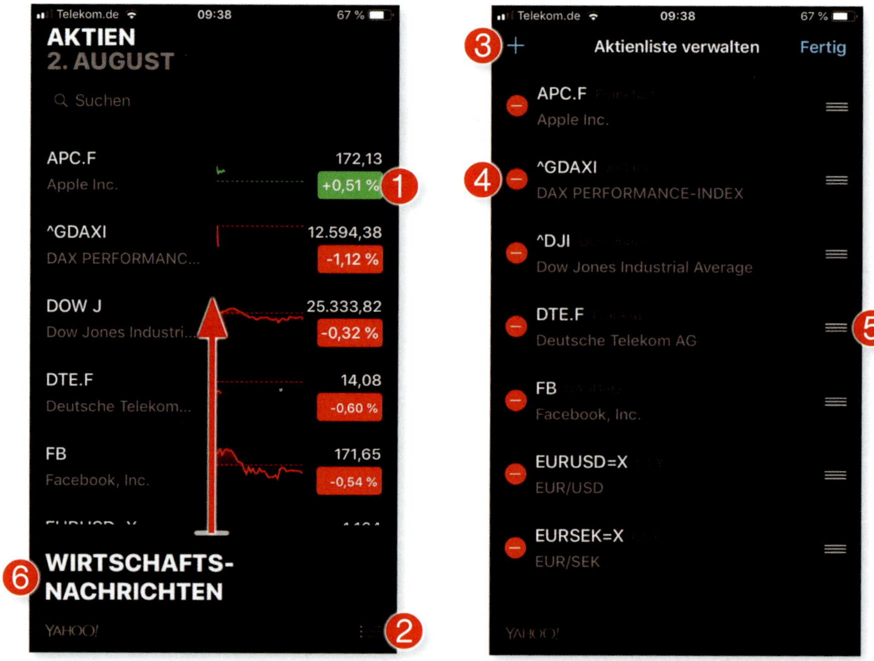

Mit der App „Aktien" haben Sie die Kurse von ausgewählten Aktien im Blick.

Die Aktien-App enthält bereits einige Aktien bzw. Indexe. Die Liste kann natürlich angepasst werden. Neben den Aktien sehen Sie in grünen bzw. roten Feldern die Kursentwicklung. Wenn Sie eines der Felder antippen ❶, können Sie die Anzeige zwischen prozentualer Änderung, Kursänderung und Marktkapitalisierung wechseln. Um die Liste zu bearbeiten, müssen Sie rechts unten auf das Symbol ❷ tippen. Wenn Sie eine zusätzliche Aktie in der Liste haben wollen, dann tippen Sie auf das blaue Plussymbol ❸ links oben. Mit den weiß-roten Minuszeichen ❹ können Sie einen Eintrag wieder entfernen. Die Reihenfolge der Aktien in der Liste wird mit den drei Strichen ❺ auf der rechten Seite geändert. Fassen Sie einen Eintrag an diesen drei Strichen, und verschieben Sie ihn nach oben bzw. unten.

In der Übersicht sehen Sie im unteren Bereich ❻ die *Wirtschaftsnachrichten*. Wenn Sie diesen Bereich nach oben verschieben erhalten Sie aktuelle Nachrichten zu den Aktien, die in Ihrer Liste enthalten sind. Wenn Sie gezielt zusätzliche Informationen und Nachrichten zu einer Ihrer Aktien haben wollen, dann müssen Sie diese nur antippen. Die Aktie wird dann mit allen Details geöffnet.

Wenn man eine Aktie antippt erhält man detaillierte Informationen und Charts. Mit zwei Fingern kann die Kursentwicklung über einen bestimmten Zeitraum einblenden.

Im oberen Bereich können Sie den Zeitraum ❼ für das Chart ändern und somit die Kursentwicklung über einen bestimmten Zeitraum abbilden. Größere Zeiträume erhalten Sie, wenn Sie die Zeitleiste nach links verschieben, dann können Sie auch den 5-Jahres- und 10-Jahres-Zeitraum einblenden. Um noch bessere Informationen über die Entwicklung innerhalb eines Zeitraums zu erhalten, legen Sie jeweils einen Finger an den Beginn und das Ende des gewünschten Zeitraums ❽. Die App zeigt Ihnen dann die prozentuale und reelle Kursentwicklung an ❾.

Wecker und Timer

Zwei Funktionen, die Ihr tägliches Leben erleichtern können, sind der Wecker und der Timer, die Bestandteil der App *Uhr* sind. Mit dem Wecker und dem Timer können Sie sich an ausgewählte Uhrzeiten erinnern lassen. Im Gegensatz zu der App *Erinnerungen* ertönt das Wecker- bzw. Timersignal so lange, bis Sie es ausschalten. Bei einer Erinnerung erhalten Sie nur einmal einen Signalton, der dann sehr leicht überhört werden kann.

Wenn Sie die App *Uhr* starten, finden Sie in der unteren Symbolleiste den *Wecker* ❶ und den *Timer* ❷. Außerdem enthält die App unter *Weltuhr* ❸ noch eine Anzeige mit verschiedenen Uhrzeiten von Orten auf der Welt und eine *Stoppuhr* ❹.

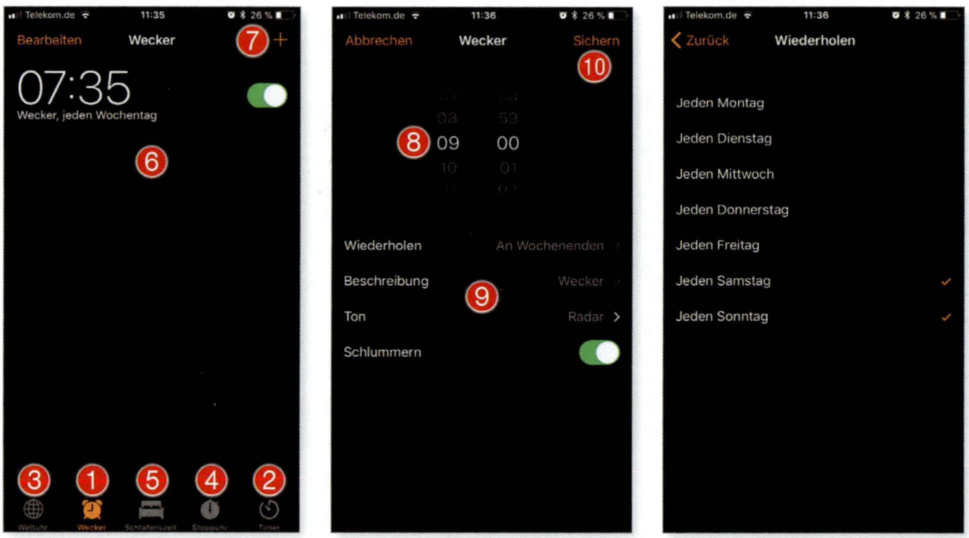

Die App „Uhr" ist für den „Wecker" und den „Timer" zuständig.

Wenn Sie eine Weckzeit einstellen wollen, blenden Sie den Bereich *Wecker* ❻ ein und tippen dort rechts oben auf das Plussymbol ❼. Anschließend bestimmen Sie die Weckzeit ❽ und die Optionen ❾ für den Wecker. In den Optionen können Sie bei *Wiederholen* den Wecker automatisch an ausgewählten Tagen läuten lassen. Mit *Sichern* ❿ nehmen Sie den Wecker in die Liste auf. Er ist dann sofort aktiv. Sie können noch weitere Weckzeiten für verschiedene Zwecke hinzufügen.

> **!** Ein aktiver Wecker wird durch ein kleines Symbol in der Statusleiste des iPhone angezeigt.

Dieses Symbol zeigt einen aktiven Wecker an.

Schlafenszeit

Parallel zum Wecker gibt es auch eine *Schlafenszeit* ❺. Diese Funktion soll Ihnen dabei helfen, regelmäßig zu einer vernünftigen Zeit ins Bett zu gehen und damit gesünder zu schlafen. Wenn Sie diese Funktion nutzen wollen, müssen Sie zuerst einige Fragen beantworten, z. B. „Wie lange wollen Sie schlafen?“ oder „Wann stehen Sie auf?“. Sind diese Fragen beantwortet, erinnert die Uhr Sie daran, wann Sie ins Bett gehen müssen, damit Sie einen gesunden Schlaf bekommen.

> **!** Die Schlafenszeit wird auch von der App **Health** genutzt bzw. an diese weitergeleitet, um Ihren Schlaf zu analysieren.

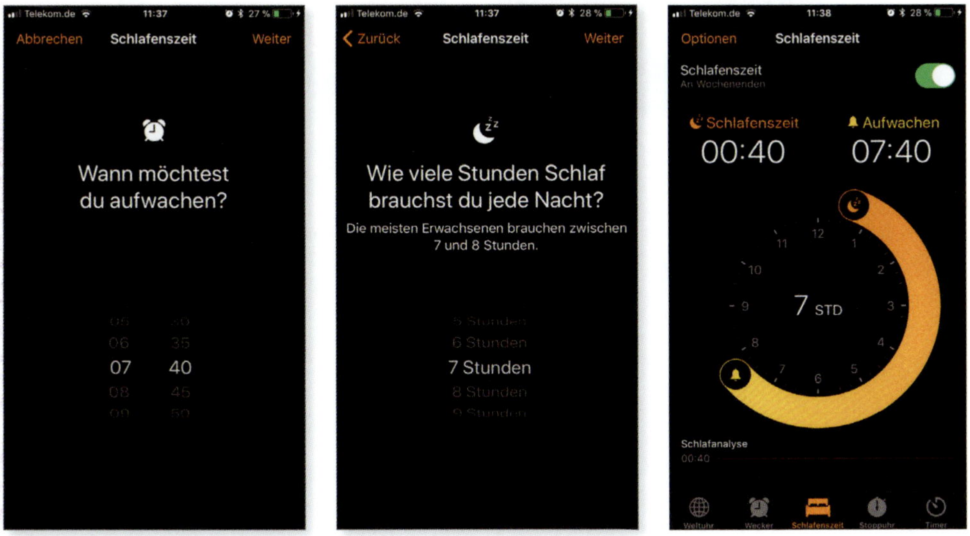

Die „Schlafenszeit“ soll Sie daran erinnern, wann es Zeit ist, ins Bett zu gehen, um eine regelmäßige Schlafzeit einzuhalten.

Timer

Der *Timer* in der Uhr-App kann Ihnen dabei helfen, festgelegte Zeitabschnitte einzuhalten, z. B. um die Parkzeit nicht zu überschreiten. Der Timer ist sehr einfach gestrickt: Sie müssen als Erstes den Zeitraum **A** für den Timer festlegen. Bei *Timer-Ende* **B** wird der Signalton eingestellt, der nach Ablauf der Zeit erklingen soll. Mit *Start* **C** wird der Timer in Gang gesetzt. Falls Sie den Timer sehr oft benötigen, können Sie ihn direkt aus dem *Kontrollzentrum* heraus öffnen **D**. So sparen Sie sich den Umweg über das Öffnen der App *Uhr*.

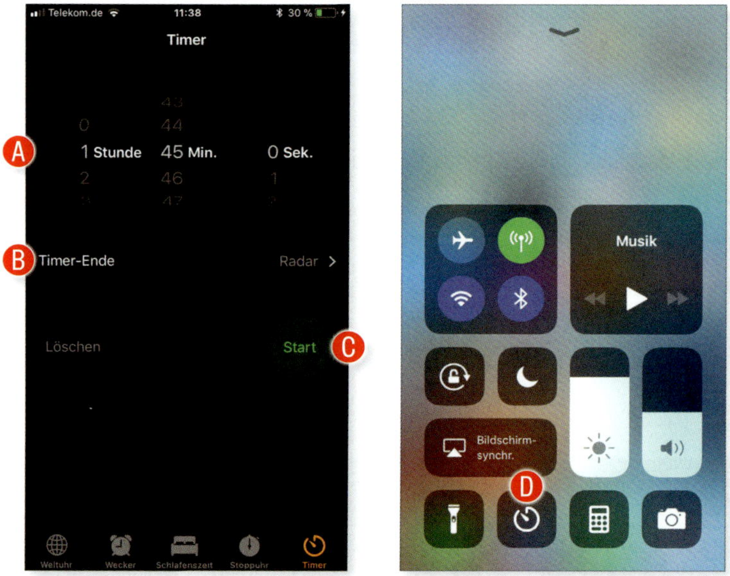

Der „Timer" kann direkt im Kontrollzentrum geöffnet werden.

> **!** Am schnellsten geht es aber mit Siri: „Stelle den Timer auf 90 Minuten". Siri erledigt den Rest.

Sprachmemos

Die App *Sprachmemos* gibt es schon seit längerem für das iPhone. Mit iOS 12 hat Apple einige Neuerungen dafür eingeführt. Zum Einem wurde die Benutzeroberfläche neu gestaltet ,und zum Anderen gibt es die App nun auch für das iPad. Das bedeutet, Sie können Sprachaufnahmen mit Hilfe von iCloud mit dem iPad synchronisieren.

Die Bedienung der App ist ganz einfach. Wenn Sie sie starten, müssen Sie nur einmal auf den Aufnahmeknopf ❶ tippen und Ihre Memo aufzeichnen. Nach der Aufnahme wird das Sprachmemo in die Liste einsortiert und kann abgespielt werden ❸. Mit zwei Buttons ❹ können Sie die Aufzeichnung jeweils 15 Sekunden vor- oder zurückspulen. Falls Sie die Ortungsdienste für die App aktiviert haben, wird automatisch der aktuelle Standort als Name für das Memo verwendet ❷ (*Einstellungen –> Sprachmemos –> Ortsabhängige Benennung*; dort kann zudem die Audioqualität noch justiert werden)

Wollen Sie den Namen ändern, tippen Sie zweimal kurz hintereinander auf den vorhandenen Namen.

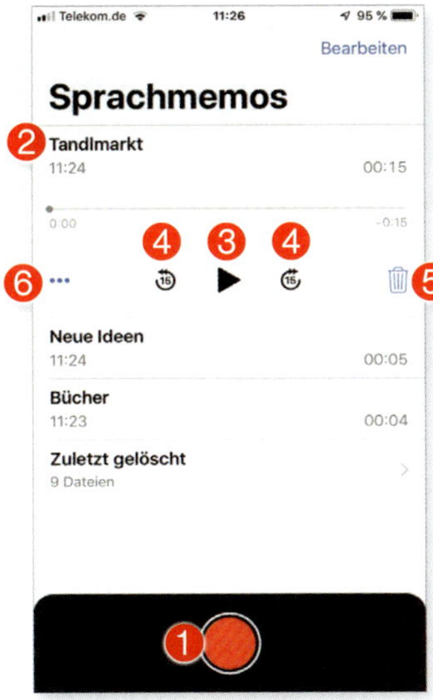

Die App „Sprachmemos" zeichnet Ihre gesprochenen Gedanken auf.

Um eine Aufzeichnung zu löschen, tippen Sie auf das Mülleimersymbol ❺. Für die Nachbearbeitung müssen Sie das Kontextmenü ❻ öffnen. Dort lässt sich die Aufnahme kürzen, duplizieren oder weiterleiten.

Aufnahmen kürzen

Wenn Sie eine Sprachmemo aufzeichnen, dann kann es schon mal passieren, dass Sie am Beginn oder am Ende störende Geräusche aufgezeichnet haben. Diese lassen sich aus der Sprachmemo sehr leicht entfernen, da Sie jede Aufzeichnung auch kürzen können. Dazu wählen Sie zuerst die Aufnahme aus und tippen auf die drei Punkte A direkt darunter und anschließend auf *Aufnahme bearbeiten* B. Danach tippen Sie auf das Symbol fürs *Kürzen* C. Mit den gelben Linien am Anfang und Ende der Aufzeichnung D können Sie die Aufnahme von vorne bzw. hinten kürzen. Sobald Sie dann auf *Kürzen* E tippen wird die Aufnahme beschnitten. Zum Abschluss tippen Sie rechts oben auf *Sichern*.

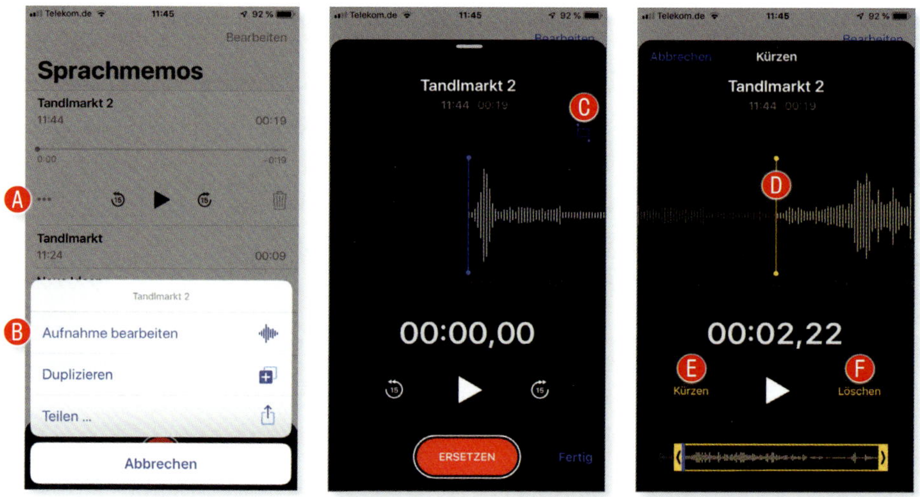

Aufgezeichnete Memos lassen sich auch nachträglich kürzen.

Teilbereiche löschen

Neben dem Kürzen können Sie auch Teile einer Aufnahme entfernen. Dazu müssen Sie genauso vorgehen wie beim Kürzen (siehe vorherigen Abschnitt). Der Unterschied besteht nur darin, dass Sie mit den beiden gelben Linien den Bereich eingrenzen, der entfernt werden soll. Wenn dies geschehen ist, dann tippen Sie auf *Löschen* F und der Bereich zwischen den beiden gelben Linien wird aus der Aufnahme entfernt.

Die Aufnahme überschreiben oder fortführen

Teilbereiche einer vorhandenen Sprachmemo können jederzeit überschrieben oder fortgeführt werden. Dazu müssen Sie zuerst in den *Bearbeiten*-Modus. Wählen Sie die Aufnahme aus und tippen anschließend auf die drei Punkte und danach auf *Aufnahme bearbeiten*. Nun platzieren Sie die blaue Linie (Abspielkopf) an die Stelle die überschrieben bzw. an der die Aufnahme fortgesetzt werden soll. Jetzt müssen Sie nur noch auf *Ersetzen* tippen und die Aufzeichnung wird gestartet. Dabei werden die vorhandenen Bereiche überschrieben.

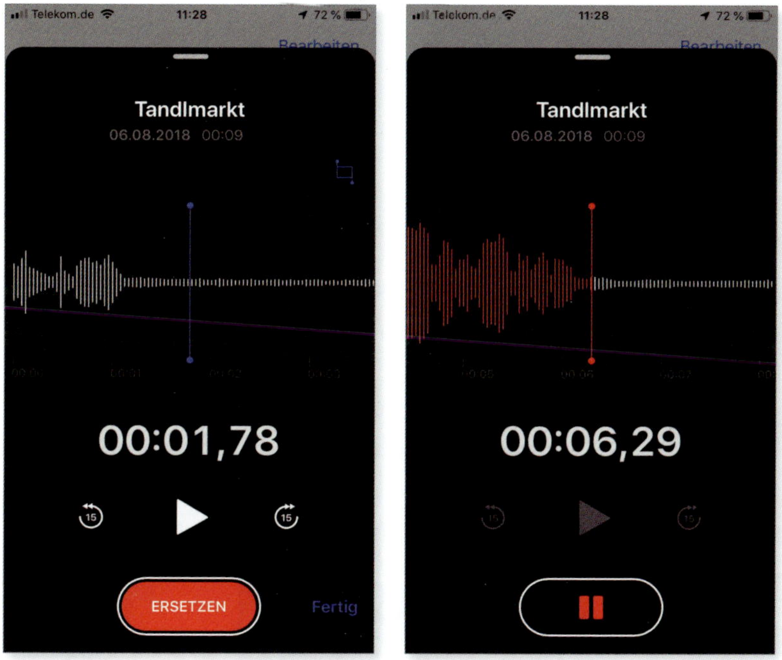

Die rote Markierung zeigt an, dass die aktuelle Aufnahme überschrieben wird.

Mit iCloud und anderen Geräten synchronisieren

Seit iOS 12 gibt es die Möglichkeit, die aufgezeichneten Sprachmemos via iCloud mit anderen Geräten zu synchronisieren. Das betrifft nicht nur die Synchronisation zwischen iPhones, sondern auch iPads. Natürlich werden die Sprachmemos nur zwischen den Geräten synchronisiert, die unter Ihrer Apple-ID bei iCloud registriert sind. Falls Sie diese Synchronisation nicht haben wollen, dann öffnen Sie *Einstellungen –> Ihr Name (Apple-ID, iCloud, iTunes & App Store) –> iCloud* und deaktivieren den Schalter bei *Sprachmemos*.

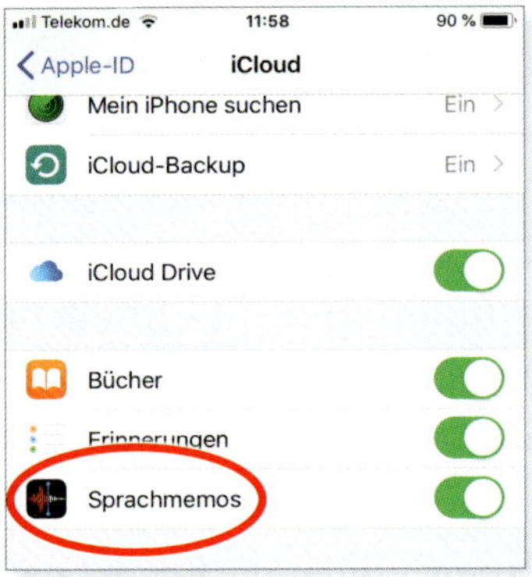

Die iCloud-Synchronisation für die Sprachmemos kann auch deaktiviert werden.

Maßband

Unglaublich, aber wahr: mit dem iPhone können Sie mithilfe der App *Maßband* Dinge ausmessen. Möglich macht es die AR-Software (Argumented Reality), die Bestandteil von iOS ist.

Sobald die App gestartet und die nunmehr geöffnete Kamera ein Objekt erkannt hat, können Sie loslegen. Tippen Sie auf das Plus-Symbol und bewegen die Kamera am Objekt entlang. Ein erneutes tippen auf das Plus-Symbol beendet die Messung und zeigt mit einer gestrichelten Linie die Bemaßung an.

Über die Maßband-App ist es ein Leichtes, Längen auszumessen.

Aber damit nicht genug. Die App kann ebenso zweidimensionale Objekte bzw. Flächen in einem Arbeitsschritt vermessen. Die Objekte werden automatisch erkannt und eben in beiden Dimensionen ausgemessen. Weiterhin kann die App noch als *Wasserwaage* dienen, die Sie in der unten rechts aktivieren können.

Auch 2D-Objekte und Flächen können in einem Schritt vermessen werden.

Health

Die App *Health* ist zur Verbesserung Ihrer Gesundheit gedacht. Die App analysiert und protokolliert einige relevante Daten, z. B. Blutdruck, Puls, Gewicht, Aktivität, Ernährung oder Schlaf. Jetzt fragen Sie sich bestimmt, woher die App denn diese Daten hat. Nun, einige der Daten stammen direkt vom iPhone. Das iPhone kann z. B. Ihre Schritte aufzeichnen, die Sie im Laufe des Tages gemacht haben. Andere Daten, wie Blutdruck oder Puls, können von anderen Apps und Geräten kommen. Es gibt z. B. eine Anzahl von Blutdruckmessgeräten, die mit dem iPhone zusammenarbeiten. Jedes Mal, wenn Sie mit dem iPhone Ihren Blutdruck messen, kann die App Health ihn protokollieren. Auch die Apple Watch ist eine Quelle für Health. Mit der Apple Watch können der Puls und die Aktivität (Schrittzahl, Training) aufgezeichnet und an Health weitergeleitet werden. Die

App Health ist somit eine zentrale Schnittstelle für alle Gesundheitsdaten, die von anderen Geräten oder Apps kommen.

Haben Sie nun Angst, dass Sie zu einer „gläsernen" Person werden? Diese Angst müssen Sie nicht haben, denn nur Sie allein legen fest, was bei Health dokumentiert wird bzw. welche Apps und Geräte ihre Daten an Health übertragen dürfen.

> **!** Die Daten von **Health** können auf Wunsch auch mit **iCloud** synchronisiert werden, um diese z. B. auf ein neues bzw. anderes Gerät zu übertragen. Wenn Sie dies nicht wollen, dann schalten Sie unter **Einstellungen –> Ihr Name –> iCloud** die Funktion **Health** aus.

> **!** Damit Sie Ihre Gesundheitsdaten noch sicherer sind, sollten Sie die **Codesperre** bzw. **Touch ID/Face ID** verwenden (siehe Kapitel 2 ab Seite 38), um Ihr iPhone vor unbefugter Nutzung zu schützen.

Die App „Health" sammelt Ihre Gesundheitsdaten.

Wenn Sie die App Health das erste Mal starten, müssen Sie einige Angaben zu Ihrer Person machen. Je mehr Angaben Sie machen und je genauer diese sind, desto besser kann die App Ihre Daten analysieren. Die Angaben zu Ihrer Person können Sie nachträglich jederzeit noch bei ❼ ändern. Nach dem Einrichten gelangen Sie zur Übersicht. Im oberen Bereich sehen Sie eine Einteilung in die vier Hauptgruppen ❶ *Aktivität*, *Achtsamkeit*, *Ernährung* und *Schlaf*. Direkt darunter sind weitere Datengruppen ❷ aufgelistet. In der Symbolleiste können Sie zwischen den verschiedenen Kategorien wechseln. Bei *Daten* ❸ sind alle Daten von allen Tagen einsehbar, während bei *Heute* ❹ nur die Daten des heutigen Tages aufgelistet sind, z. B. die Schrittzahl. In der Kategorie *Quellen* ❺ sind alle Apps und Geräte aufgelistet, die Sie installiert haben bzw. nutzen und die ihre Daten an Health weiterreichen. Die Weitergabe der Daten an Health kann hier auch ausgeschaltet werden. Sie müssen nur die aufgelistete App antippen und dann die entsprechende Option ausschalten.

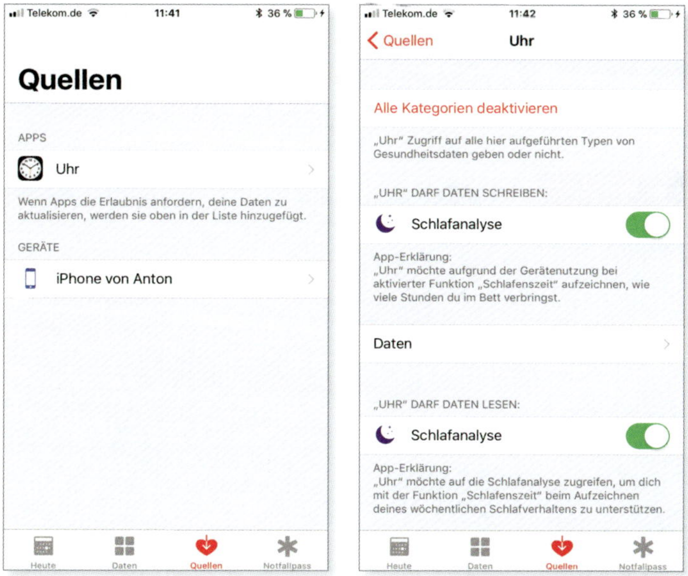

Die Weitergabe der Daten an „Health“ kann bei „Quellen“ deaktiviert werden.

Notfallpass

Als letzte Kategorie gibt es noch den *Notfallpass* ❻. Im Notfallpass können Sie wichtige Daten zu Ihrer Person eintragen, z. B. Allergien oder vergangene Operationen. Der Notfallpass kann dann von Ärzten und Sanitätern genutzt werden, um Ihnen besser beizustehen, falls Sie mal einen Unfall haben. Dazu müssen Sie allerdings erst einen Notfallpass anlegen. Für den Notfallpass werden automatisch Ihre Standardangaben wie Alter, Größe und Gewicht herangezogen. Sie können dann noch zusätzliche Informationen angeben, wie Erkrankungen oder Allergien. Je mehr Daten Sie eintragen, umso besser kann ein Arzt Sie im Notfall behandeln.

> **!** Aktivieren Sie die Option **Im Sperrzustand anzeigen**, damit auch bei einem gesperrten iPhone die Notfallhelfer Ihren Notfallpass einsehen können.

Wenn Sie weiter nach unten scrollen, können Sie auch noch einen *Notfallkontakt* angeben, also eine Person, die bei einem Unfall kontaktiert werden soll. Haben Sie alle Einträge gemacht, tippen Sie rechts oben auf *Fertig*, und Sie können Ihren Notfallpass einsehen.

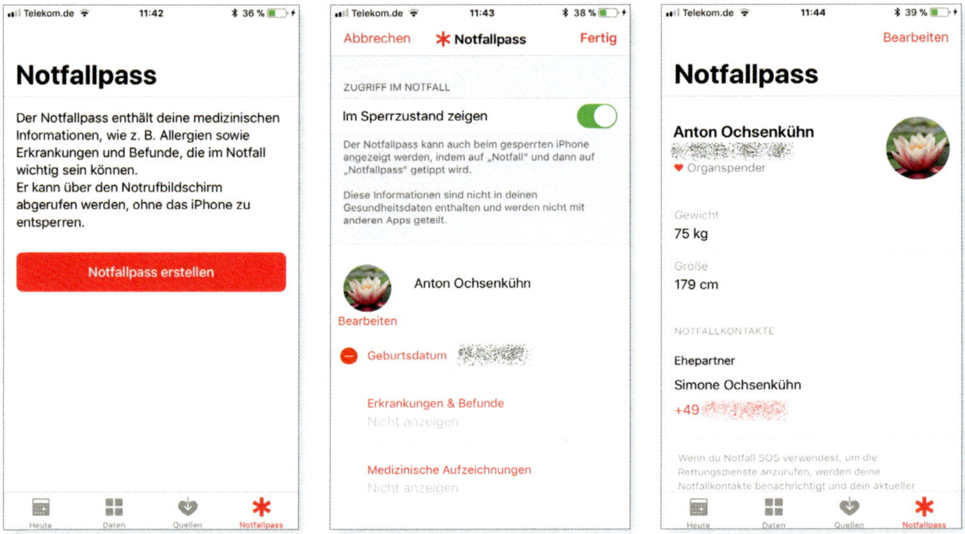

Der Notfallpass wird erstellt.

> **!** Die Daten des Notfallpasses können jederzeit geändert bzw. aktualisiert werden. Tippen Sie dazu auf **Bearbeiten**, und ändern Sie anschließend die Angaben des Notfallpasses. Diese Informationen können übrigens auf der gekoppelten Apple Watch eingesehen werden.

Der Notfallpass kann vom Arzt oder Ersthelfern über den Sperrbildschirm aufgerufen werden, sogar wenn Sie eine Codesperre oder Touch ID eingerichtet haben. Sobald eine andere Person versucht Ihr iPhone zu entsperren, wird die Codeeingabe verlangt. Dort wird links unten *Notfall* eingeblendet. Tippt man darauf, kann man den Notruf wählen oder mit *Notfallpass* den Notfallpass einblenden.

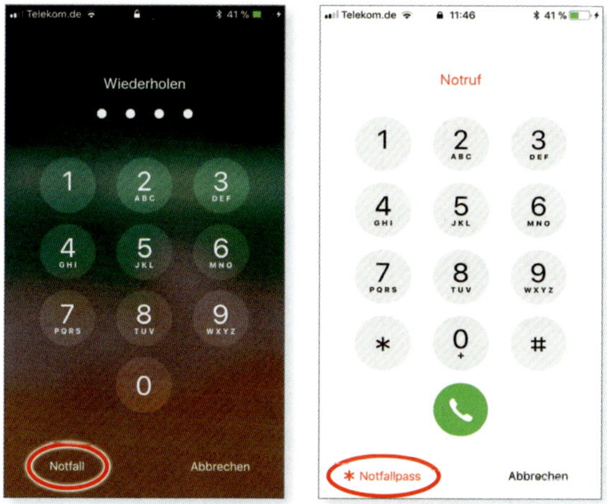

Der Notfallpass kann auch bei gesperrten iPhone aufgerufen werden.

Es gibt noch eine Möglichkeit den Notfallpass aufzurufen oder einen Notruf abzusetzen. Wenn Sie fünfmal kurz hintereinander die Seitentaste drücken, dann wird auf dem Display sofort der Notruf bzw. der Notfallpass eingeblendet. Auf dem iPhone 8/8 Plus und den X-Modellen kann das fünfmalige Drücken der Seitentaste auch ausgeschaltet werden (*Einstellungen –> Notruf SOS –> Mit Seitentaste anrufen*).

Der Notruf kann auch automatisch durchgeführt werden,. Dazu müssen Sie in den *Einstellungen –> Notruf SOS* die Option *Automatischer Anruf* aktivieren. Dabei werden der für diesen Standort zuständige Rettungsdienst und die Notfallkontakte automatich angerufen. Zudem werden die Standortdaten versendet und das iPhone zeigt den Notfallpass an.

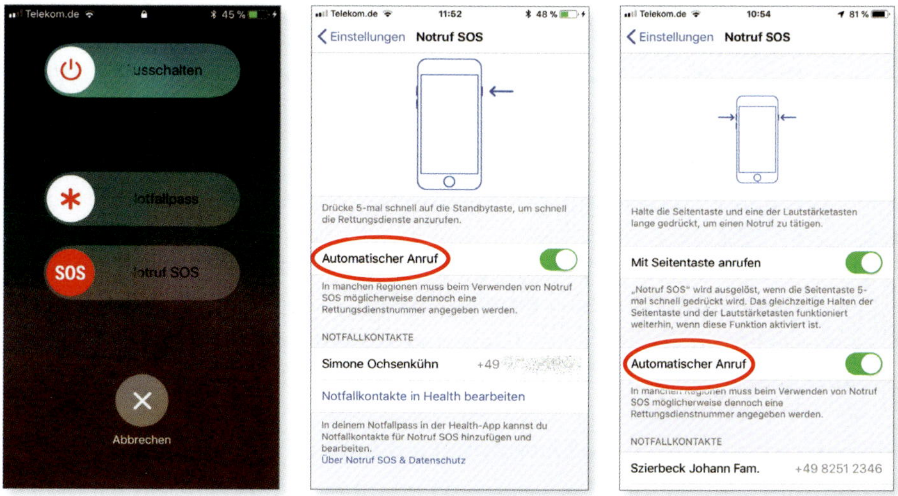

Mit der Seitentaste kann ein Notruf durchgeführt werden (links). Beim iPhone 8/8 Plus und den X-Modellen wird der Notruf via Seitentaste und einer der Lautstärketasten ausgelöst (rechts).

Daten einsehen und verändern

Um sich die Daten der verschiedenen Bereiche anzusehen, müssen Sie in der Kategorie *Daten* oder *Heute* nur auf die gewünschte Datengruppe tippen, z. B. auf *Aktivität*. Dort werden dann die einzelnen Sparten der jeweiligen Gruppe aufgelistet, z. B. *Schritte*. Wenn Sie dann wiederum darauf tippen, erhalten Sie eine detaillierte Übersicht über die bisherigen Aufzeichnungen.

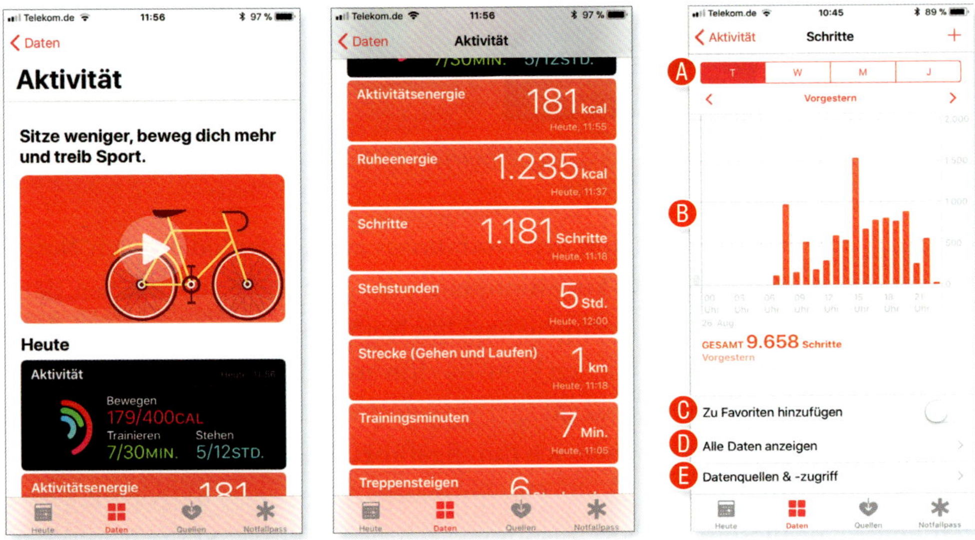

Die einzelnen Daten können ganz genau eingesehen werden.

In den Aufzeichnungen können Sie bei **A** das Diagramm **B** für verschiedene Zeiträume einblenden lassen. Die Option *Zu Favoriten hinzufügen* **C** legt den jeweiligen Datensatz als Favoriten innerhalb der Datengruppe ab. Wenn Sie eine Liste mit den aufgezeichneten Daten sehen wollen, tippen Sie auf *Alle Daten anzeigen* **D**. Außerdem können Sie bei *Datenquellen & -zugriff* **E** noch feststellen, welche Apps den Datensatz nutzen bzw. erstellen.

> **!** Der Schrittzähler lässt sich übrigens ausschalten: **Einstellungen –> Datenschutz –> Bewegung & Fitness –> Fitnessprotokoll.** Sie können ebenfalls bereits aufgezeichneten Daten entfernen (**Daten –> Aktivität –> Schritte –> Alle Daten anzeigen**).

Normalerweise werden die Daten von Geräten und Apps geliefert. Sie können die Daten aber auch manuell eingeben. Das ist besonders interessant bei Daten, für die Sie keine App oder kein Gerät besitzen. Wenn Sie also z. B. für die Blutdruckmessung ein Gerät ohne iPhone-Anbindung verwenden, dann können Sie die gemessenen Werte auch manuell eintragen. In der Datenübersicht tippen Sie dazu rechts oben auf das Plussymbol **F**. Anschließend geben Sie die Daten ein und tippen auf *Hinzufügen* **G**. Das war's schon!

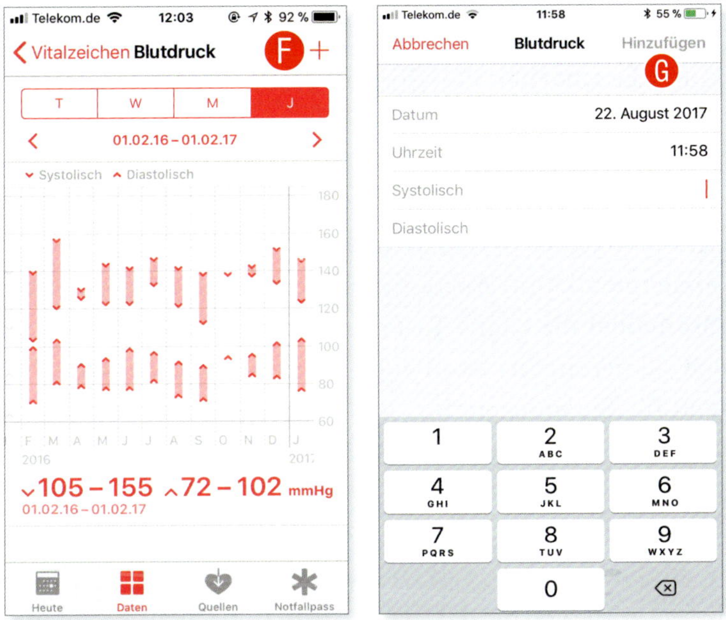

Gesundheitsdaten wie den Blutdruck können Sie auch manuell eingeben.

iCloud

Seit iOS 11 kann die Health-App die Daten bei iCloud ablegen. Diese Funktion ist nützlich, wenn Sie Ihre Gesundheitsdaten auf ein neues iPhone übernehmen wollen oder wenn das iPhone gelöscht und neu installiert wird. Mit Hilfe von iCloud lassen sich die Gesundheitsdaten wieder auf das iPhone zurück übertragen.

Da Gesundheitsdaten sehr sensibel sind, können Sie die automatische Speicherung bei iCloud auch ausschalten. Dazu öffnen Sie *Einstellungen –> Ihr Name (Apple-ID, iCloud, iTunes & App Store) –> iCloud* und deaktivieren dort die Health-App.

Siri – alles noch einfacher

Die vielen Apps und Funktionen des iPhone sind meistens sehr benutzerfreundlich und intuitiv. Es gibt aber Situationen, in denen ein Assistent ganz gut wäre, der Ihnen die Arbeit abnimmt, z. B. das Tippen einer E-Mail oder die Suche im Internet. So einen Assistenten haben Sie bereits auf dem iPhone, und sein Name ist Siri.

Siri ist ein intelligenter Sprachassistent, der Ihnen die unterschiedlichsten Aufgaben abnehmen kann. Anstatt z. B. einen Text für eine Nachricht oder E-Mail mühsam über die kleine Tastatur einzutippen, können Sie ihn mithilfe von Siri auch diktieren. Siri kann auch neue Kalendereinträge, Notizen oder Erinnerungen für Sie anlegen. Siri ist fest in das Betriebssystem des iPhone integriert und kann deswegen sehr viele Aufgaben erledigen. Sogar wenn Ihnen langweilig ist und Sie ein bisschen Unterhaltung brauchen, können Sie mit Siri ein „Gespräch“ führen.

Bevor Sie mit Siri arbeiten, sollten Sie sicherstellen, dass Siri auch aktiviert ist. Normalerweise können Sie das bereits beim Einrichten des iPhone erledigen. Falls dies nicht geschehen ist, dann öffnen Sie die *Einstellungen* und danach *Siri & Suchen*. Dort finden Sie den Schalter *Für Siri Home-Taste drücken*, um Siri zu aktivieren. Beim iPhone X/Xs/Xʀ ist hierfür die Seitentaste vorgesehen.

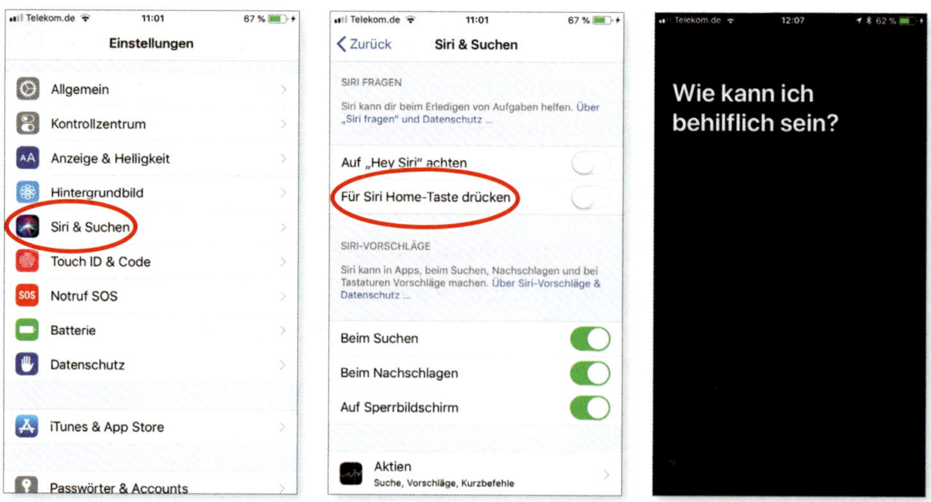

Siri muss zuerst aktiviert werden.

Wenn Siri eingeschaltet ist, können Sie den Assistenten aufrufen, indem Sie etwas länger die *Home-Taste* des iPhone drücken. Anschließend können Sie Ihre Anweisungen geben.

Schreiben statt sprechen

Normalerweise kommunizieren Sie mit Siri per Sprache. Es gibt aber Situationen, in denen man nicht sprechen kann oder will. In solchen Situationen können Sie Ihre Anweisungen für Siri auch eintippen. Um dies zu tun, müssen Sie allerdings unter *Einstellungen –> Bedienungshilfen –> Siri* die Option *Siri schreiben* aktivieren. Sobald Sie diese Option eingeschaltet haben, werden beim Aufruf von Siri die Tastatur und ein Eingabefeld eingeblendet. In das Feld müssen Sie Ihre Frage bzw. Anweisung für Siri nun eintippen.

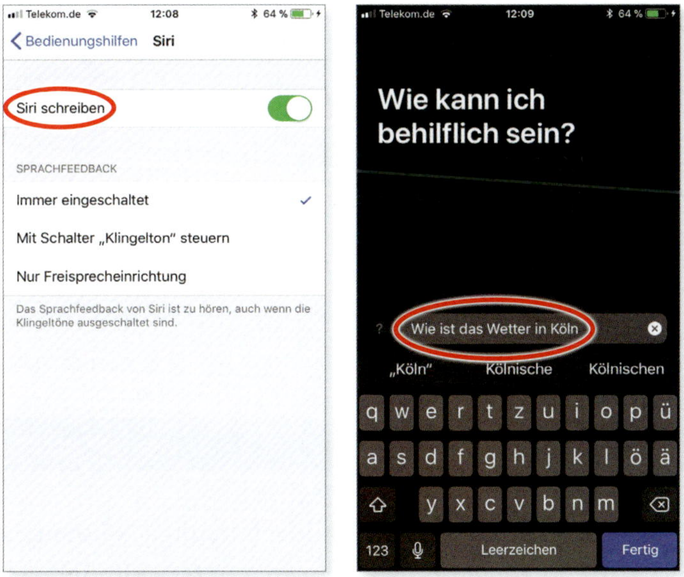

Die Anweisungen für Siri können auch eingetippt werden.

Siri und die Apps

Seit iOS 11 ist Siri auch für die Nutzung durch andere Apps freigegeben. Wenn Sie also z. B. eine Suche mit Siri durchführen, werden nicht nur die Apps von Apple durchsucht, sondern auch Apps von anderen Entwicklern. Das Gleiche trifft auch auf Anweisungen zu, die es erfordern, eine fremde App zu starten oder zu verwenden.

Ob eine App mit Siri zusammenarbeitet, hängt von zwei Dingen ab. Zum einen muss die App eine Schnittstelle zu Siri besitzen, was der App-Entwickler steuert. Zum anderen müssen Sie auf Ihrem iPhone der App erlauben, Siri zu nutzen. Dies machen Sie unter *Einstellungen –> Siri & Suchen*. Dort sind alle Apps aufgelistet, die mit Siri zusammenarbeiten. Öffnen Sie die gewünschte App, und aktivieren bzw. deaktivieren Sie die Option *Suchen, Vorschläge, Kurzbefehle*. Nur wenn diese Option eingeschaltet ist, kann Siri auf die Informationen der jeweiligen App zugreifen.

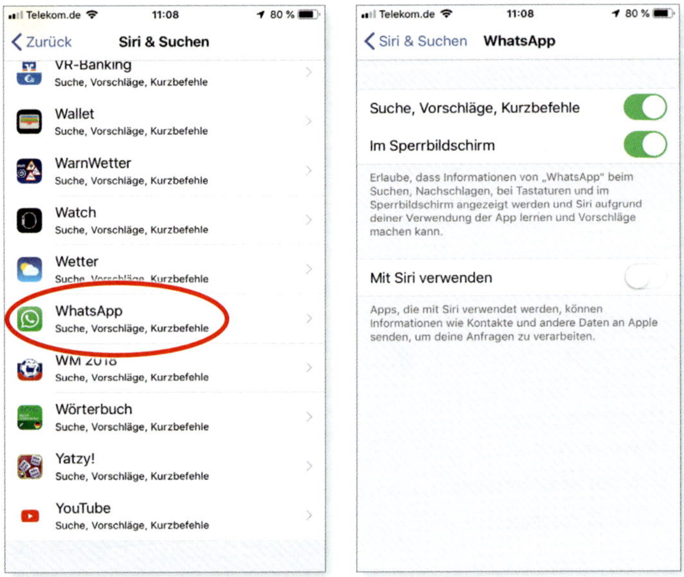

Die Siri-Unterstützung kann für die einzelnen Apps ein- bzw. ausgeschaltet werden.

Siri und iCloud

Siri ist ein lernender Assistent und wird durch häufige Nutzung immer intelligenter. Siri lernt Ihre Anfragen, Anweisungen und Gewohnheiten besser zu verstehen und kann dadurch effektiver arbeiten. Bisher war der Lernprozess immer auf ein einzelnes Gerät beschränkt: Dinge, die Siri auf Ihrem iPhone gelernt hat, konnten auf Ihrem iPad nicht genutzt werden. Dies hat sich seit iOS 11 geändert. Mithilfe von iCloud können Sie Siri zwischen Ihren Geräten abgleichen. Das, was Siri auf dem iPhone gelernt hat, kann somit ganz leicht auch für den Mac oder dem iPad genutzt werden.

Damit Siri mit iCloud zusammenarbeitet, müssen Sie allerdings eine spezielle Funktion aktivieren. Dazu müssen Sie in den *Einstellungen* ganz oben auf Ihre *Apple-ID* tippen und dann *iCloud* auswählen. Dort finden Sie die Funktion *Siri*, die Sie einschalten müssen. Fertig!

Diktierfunktion

Ein Bestandteil von Siri ist die Diktierfunktion. Diese ist grundsätzlich bei allen Eingaben verfügbar (*Einstellungen –> Allgemein –> Tastatur –> Diktierfunktion aktivieren*), für die eine Tastatur benötigt wird. Wenn Sie also z. B. den Text für eine E-Mail schreiben, können Sie ihn optional auch diktieren.

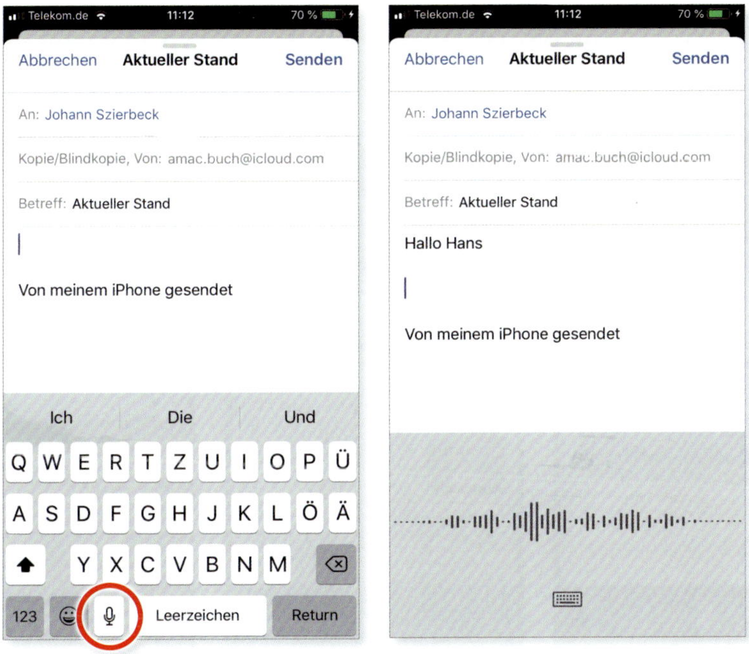

Text kann nicht nur geschrieben, sondern auch diktiert werden.

Wenn Sie einen Text diktieren wollen, dann tippen Sie auf das Mikrofonsymbol in der Bildschirmtastatur. Anschließend müssen Sie den Text nur sprechen; die Sprache wird sofort in geschriebenen Text umgewandelt. Je deutlicher Sie sprechen, desto besser ist das Ergebnis. Sie können auch Satzzeichen wie „Punkt", „Komma" oder „Fragezeichen" sprechen, genauso wie die Anweisungen „Neue Zeile" oder „Neuer Absatz". Ebenso erkennt Siri Zahlen, auch wenn diese komplexer sein sollten, wie beispielsweise „eintausendvierhundertdreiundneunzig". Probieren Sie es einfach mal aus. Ein Tippen auf das Tastatursymbol stoppt die Aufnahme.

> **!** Wenn Sie z. B. von der deutschen auf die englische Tastatur wechseln, dann können Sie sofort in englischer Sprache diktieren.

Fragen Sie Siri

Wie bereits erwähnt, ist Siri Ihr Assistent. Und am besten können Sie ihn nutzen, wenn Sie ihm Fragen stellen. Dabei müssen Sie keine künstlichen Sätze formulieren, sondern Sie fragen Siri genau so, als hätten Sie eine reale Person vor sich. Siri kennt auf fast alles die Antworten, da es auch eine Internetsuche startet, um die Antwort zu finden. Wenn Sie also Siri aufrufen, können Sie Dinge fragen wie: „Wo ist die nächste Eisdiele?", „Wann habe ich das Treffen mit XYZ?", „Wo ist meine Frau?", „Wie viele Dollar sind 3 Euro?" etc.

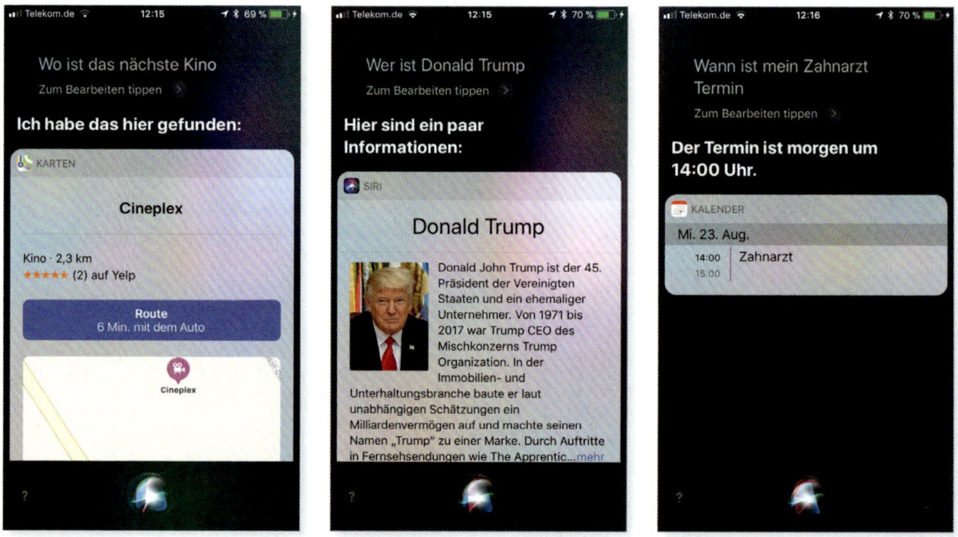

Siri kennt die Antwort!

Dinge erledigen

Ein Assistent ist nicht nur zum Beantworten von Fragen da, sondern vor allen Dingen, um Sachen zu erledigen. Auch das kann Siri! Siri kann neue Termine anlegen, Notizen erstellen, Nachrichten verschicken und für Sie bei einer Person anrufen. Dazu müssen Sie Siri nur den entsprechenden Befehl geben, z. B. „Neue Nachricht an XYZ" oder „Neuer Termin für Freitag von 19 bis 22 Uhr".

> **!** Apple hat Siri für Programmierer geöffnet. Sollten Sie also z. B. WhatsApp nutzen, dann können Sie über das Sprachkommando „Rufe via WhatsApp bei Martin an" dies initialisieren. Das Ganze funktioniert aber nur dann, wenn Sie WhatsApp für Siri aktiviert haben: **Einstellungen –> WhatsApp –> Siri & Suchen**. Dort finden Sie dann die Option **Mit Siri verwenden**.

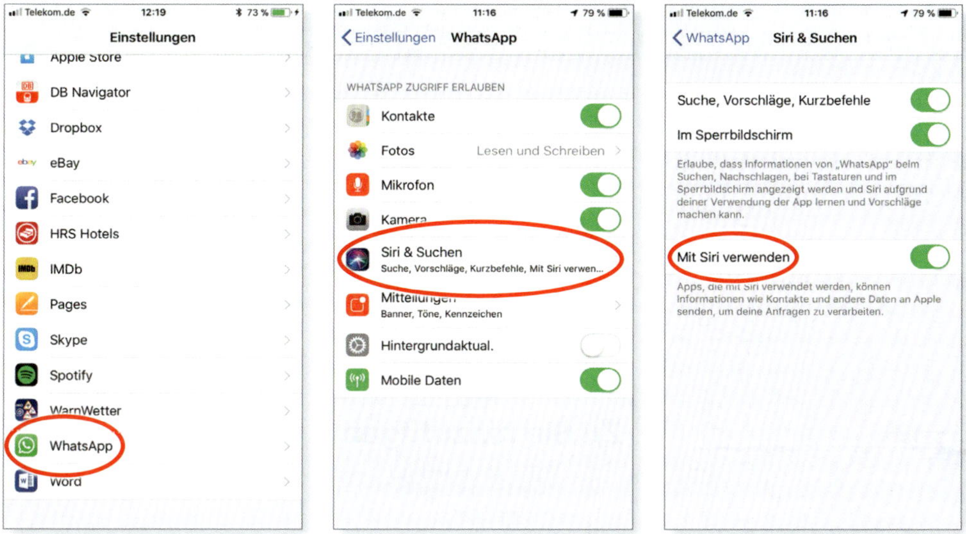

Weitere Apps können nun für die Verwendung von Siri sich zur Verfügung stellen. Dabei werden Daten an Apple gesendet, worauf Sie aber auch hingewiesen werden.

Sie können Siri auch dazu nutzen, um Apps zu steuern bzw. zu starten. Wenn Sie z. B. einen neuen Timer oder Wecker benötigen, sagen Sie einfach: „Stelle den Timer auf 45 Minuten“ oder „Stelle den Wecker für morgen auf 7.45 Uhr“. So einfach kann der Umgang mit Siri sein.

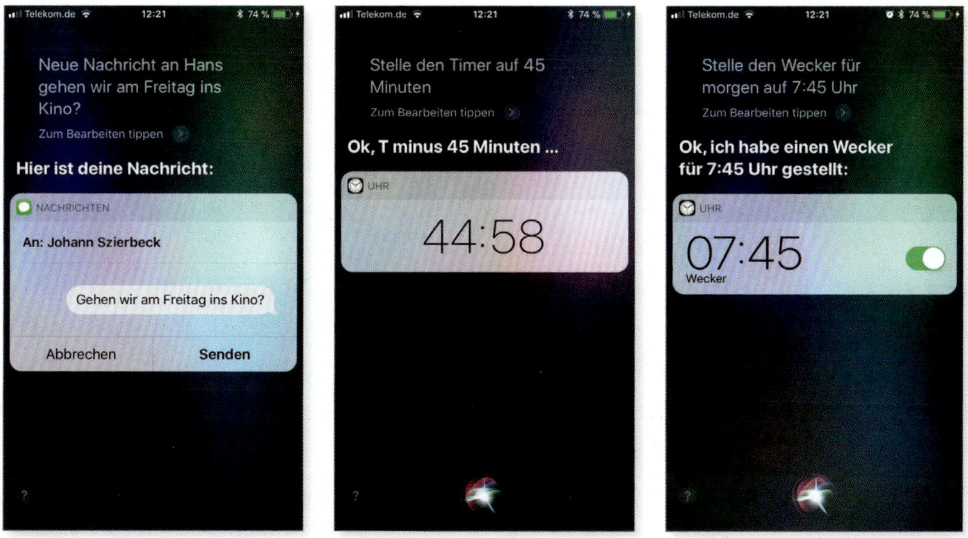

Siri erledigt Aufgaben für Sie.

Siri Kurzbefehle

Über die *Siri-Kurzbefehle* können Sie häufig benötigte Funktionen noch schneller aufrufen. Navigieren Sie beispielsweise zu *Einstellungen –> Siri & Suchen -> Alle Kurzbefehle -> Wetter am aktuellen Standort*.

Sprechen Sie einen Text (z. B. „aktuelles Wetter") ein, um über Siri in Zukunft das Wetter am aktuellen Standort noch schneller abrufen zu können.

So können Sie also nach und nach alle häufig eingesetzten Funktionen durch ein Sprachkommando noch zügiger aufrufen. Alle neuen Kurzbefehle können Sie auf einen Blick unter *Einstellungen -> Siri & Suchen -> Siri-Kurzbefehle* einsehen. Nicht mehr benötigte können mit einer Wischgeste (von rechts nach links) ebenfalls entfernt werden.

Nochmals zurück zum Erstellen von Kurzbefehlen. Ihr iOS-Gerät erkennt aufgrund der Dinge, die Sie mit ihm anstellen, welche Kurzbefehle nützlich für Sie wären. Diese werden Ihnen entsprechend auch vorgeschlagen (Vorgeschlagene Kurzbefehle bzw. Alle Kurzbefehle) und können somit konfiguriert werden.

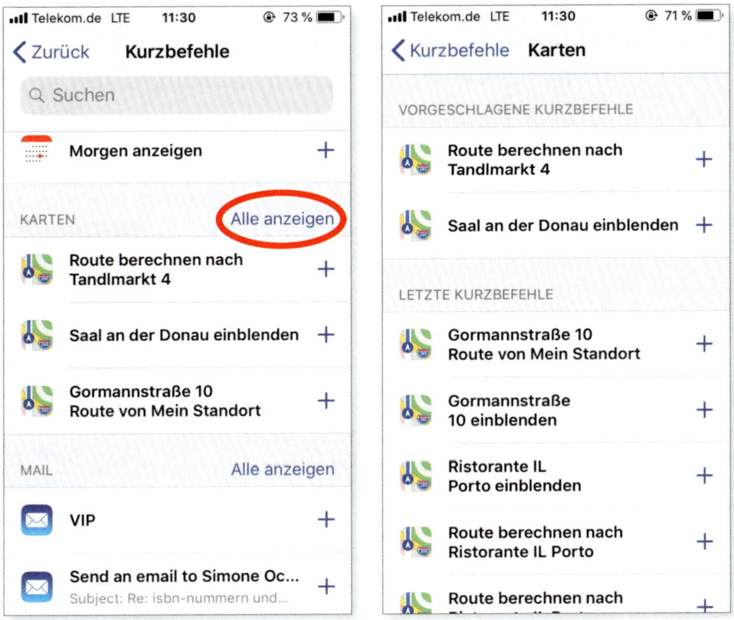

iOS analysiert permanent, was Sie an dem Gerät tun und erstellt deshalb entsprechende Kurzbefehle. Klappen Sie in der jeweiligen Kategorie „Alle anzeigen" (links) auf, um weitere Optionen (rechts) einsehen zu können.

Diese Siri-Kurzbefehle sind also dann via Siri aufrufbar. Bisweilen werden Sie zudem merken, dass einige Kurzbefehle sich sowohl im Sperrbildschirm sowie in der Spotlight-Suche einklinken und mit einem Fingertipp direkt aufgerufen werden können.

> ! Kurzbefehle können zudem in diversen Einstellungen wie z. B. Kalender, Sprachmemos, Mail, etc. erstellt werden. Über die optionale und kostenfreie App **Kurzbefehle** aus dem App Store können Sie noch deutlich komplexere Siri-Kurzbefehle erstellen. Hierbei ist es möglich, eine Befehlskette zu einem Siri-Kurzbefehl zusammen zu fassen und mit einem Sprachkommando dann zu starten.

Hey Siri

Normalerweise wird Siri durch ein längeres Drücken der *Home-Taste* aufgerufen. Es kann aber auch auf das Kommando „Hey Siri" hören. Dazu müssen Sie zuerst die Funktion *Hey Siri* einrichten bzw. einschalten. Öffnen Sie die *Einstellungen*, und wechseln Sie dann zu *Siri & Suchen*. Dort finden Sie die Option *Auf „Hey Siri" achten*. Wenn Sie die Option aktivieren, müssen Sie anschließend die Funktion in mehreren Schritten konfigurieren. Dabei müssen Sie mehrmals „Hey Siri" in das Mikrofon des iPhone sprechen, damit Siri später nur mit Ihrer Stimme gestartet werden kann. Ist alles eingerichtet, können Sie Siri nun mit dem Ausruf „Hey Siri" öffnen.

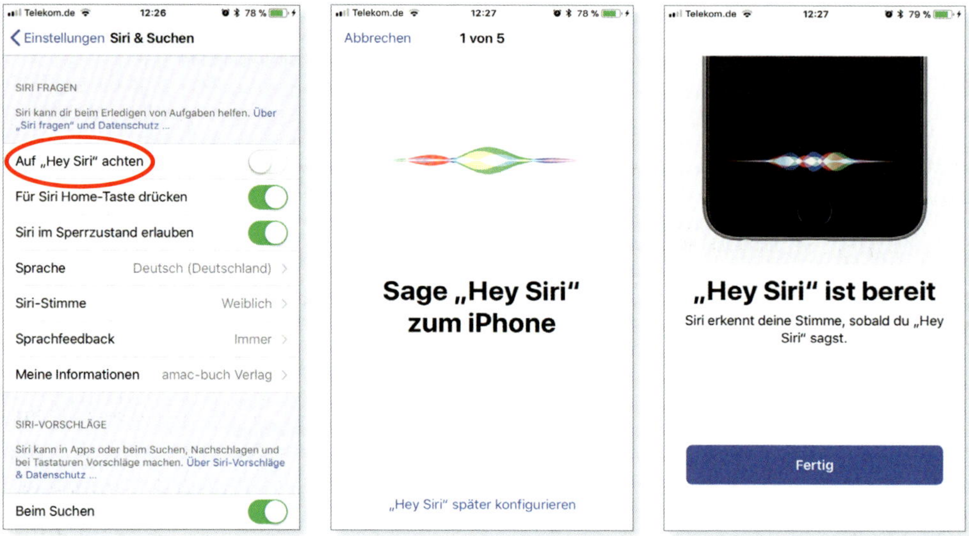

„Hey Siri" muss vor der ersten Benutzung erst eingerichtet werden.

Der Sprachassistent Siri hat einen dermaßen großen Funktionsumfang, dass er in diesem Buch gar nicht beschrieben werden kann. Aber es gibt ein anderes Buch, das genau das leistet. Das „Siri Handbuch" erhalten Sie beim amac-buch Verlag. Es erläutert den Sprachassistenten sehr detailliert. Dabei wird nicht nur die Nutzung auf dem iPhone beschrieben, sondern auch auf dem iPad, der Apple Watch und dem Apple TV.

In diesem Buch finden Sie alles zum Thema „Siri" (ISBN 978-3-95431-050-0).

Kontakte

Wie der Name bereits sagt, können Sie in der App *Kontakte* die Namen und Adressen von Personen speichern. Die Kontakte können bei einem aktiven iCloud-Zugang dann automatisch auf Ihre anderen Geräte übertragen bzw. mit ihnen synchronisiert werden. Wenn Sie also z. B. in Outlook unter Windows einen neuen Kontakt anlegen, wird dieser via iCloud sofort mit dem iPhone synchronisiert, umgekehrt natürlich genauso.

Neuen Kontakt anlegen

Wenn Sie die *Kontakte*-App öffnen, sehen Sie zuerst die Liste mit allen bereits vorhandenen Kontakten. Rechts oben gibt es ein Plussymbol ❶, mit dem Sie einen neuen Kontakt anlegen können. Zuerst sollten Sie natürlich den Namen ❷ eingeben. Danach können Sie noch ein Foto für den Kontakt auswählen ❸. Dabei können Sie entweder direkt ein Foto aufnehmen oder eines aus Ihrer Fotomediathek wählen. Als Nächstes ist die Telefonnummer ❹ an der Reihe. Diese muss aber nicht nur auf eine Nummer beschränkt sein, Sie können auch mehrere Telefonnummern hinterlegen. Um welche Art von Telefonnummer (*Privat*, *Arbeit*, *iPhone*, *Mobil* etc.) es sich handelt, lässt sich auch noch bestimmen. Sie müssen dazu nur auf den Begriff vor der Telefonnummer tippen ❺.

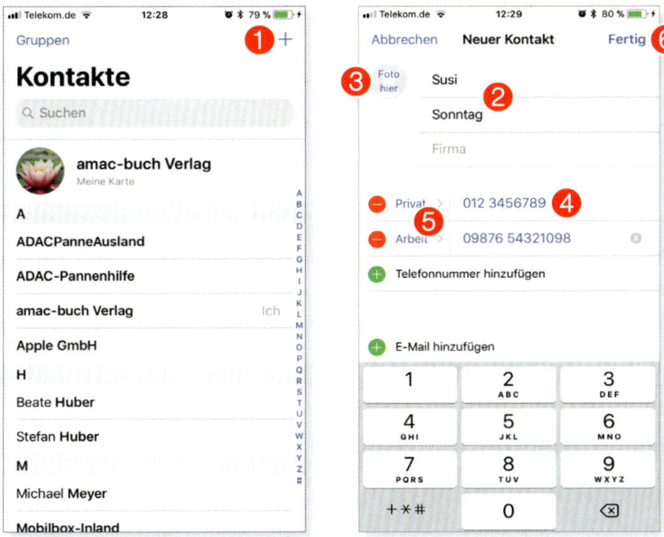

Ein neuer Kontakt wird angelegt.

Ist die Telefonnummer angegeben, können Sie weiter nach unten scrollen und weitere Informationen angeben, wie E-Mail-Adresse, Adresse, Geburtstag, URL. Am unteren Ende gibt es dann noch die Funktion *Feld hinzufügen*, mit der Sie zusätzliche Felder, wie z. B. *Spitzname* oder *Geburtsname*, in den Kontakt aufnehmen können.

Wenn Sie alle Angaben gemacht haben, tippen Sie rechts oben auf *Fertig* ❻, damit der Kontakt gesichert wird. Wollen Sie die Kontaktdaten nachträglich ändern, tippen Sie auf *Bearbeiten* ❼, und Sie können die vorhandenen Daten bearbeiten und ergänzen. Ansonsten können Sie links oben ❽ zur Kontaktliste zurückkehren.

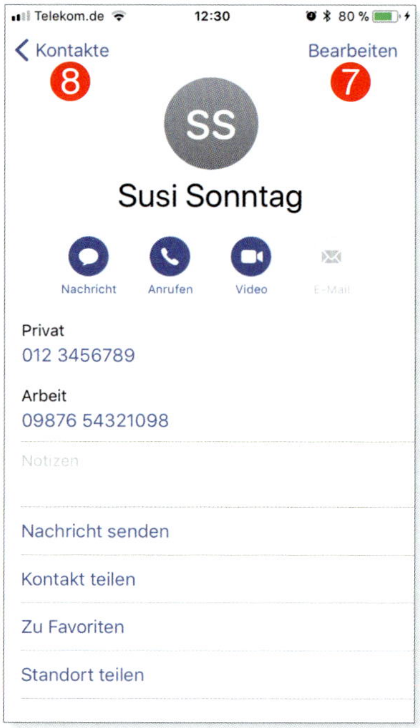

Der neue Kontakt ist angelegt und kann bei Bedarf ergänzt bzw. geändert werden.

Gruppen

Die Kontakte-App bietet auch die Anzeige von Kontaktgruppen. Damit können Sie nur ganz bestimmte Personen in der App anzeigen lassen. Leider kann man auf dem iPhone keine neuen Kontaktgruppen erstellen bzw. eine Person einer Gruppe zuweisen. Dies geht nur auf einem Computer. Auf dem Mac können Sie im Programm *Kontakte* neue Gruppen anlegen und die Kontaktdaten entsprechend auf die Gruppen verteilen. Via iCloud werden die Gruppen dann mit Ihrem iPhone synchronisiert.

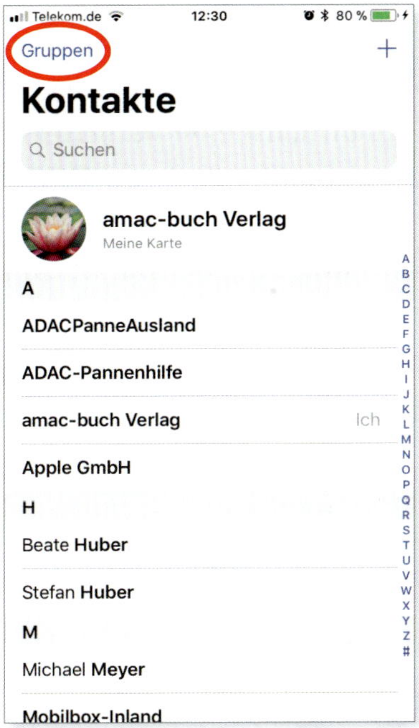

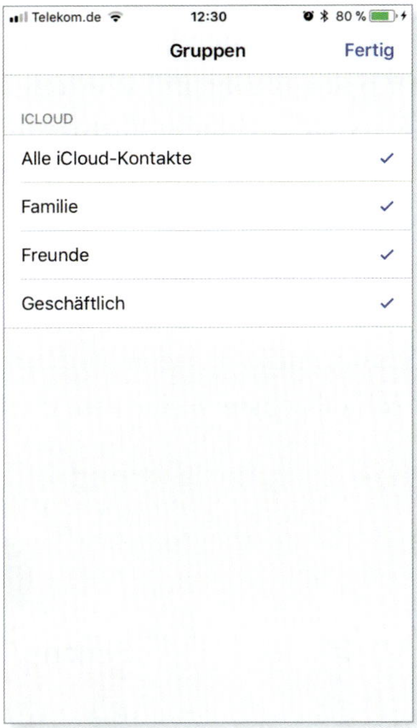

Die „Kontakte"-App zeigt auch die Kontaktgruppen von iCloud oder anderen Diensten an.

Kontakt löschen

Die Kontaktdaten einer Person sind schnell gelöscht. Zuerst müssen Sie die Kontaktdaten öffnen, danach tippen Sie rechts oben auf *Bearbeiten*. Nun scrollen Sie ganz nach unten, bis Sie die Option *Kontakt löschen* sehen. Tippen Sie die Option an, um die Kontaktdaten von Ihrem iPhone zu entfernen.

> **!** Beachten Sie bitte, dass bei der Verwendung von iCloud der Kontakt nicht nur auf dem iPhone gelöscht wird, sondern auch auf allen anderen Geräten, bei denen Sie iCloud verwenden.

Kontakte verwenden

Die Kontakte-App bietet viele Möglichkeiten, die Daten auf unterschiedlichste Weise zu verwenden. Wenn Sie einen Kontakt geöffnet haben, können Sie direkt aus der App heraus eine Nachricht versenden ❶, die Person anrufen ❷, einen FaceTime-Anruf tätigen ❸ oder eine E-Mail senden ❹. Voraussetzung dafür ist natürlich, dass Sie die entsprechenden Daten beim Kontakt hinterlegt haben.

Für diese Funktionen können Sie entweder einen der Buttons verwenden, oder Sie tippen direkt auf die Telefonnummer, E-Mail-Adresse, URL usw. Jeder Eintrag, der in blauer Farbe angezeigt wird, hat eine Verknüpfung zu den anderen Apps auf Ihrem iPhone. Wenn Sie also z. B. auf eine URL tippen, wird sofort Safari gestartet und die entsprechende Internetseite aufgerufen. Sogar mit Adressen können Sie sofort eine Routenführung in der Karten-App starten. Dazu müssen Sie nur auf die Miniaturkarte ❺ tippen. Man kann die Kontakte-App als Kommunikationszentrale betrachten, da man von hier aus eine Person auf unterschiedlichste Weise erreichen kann.

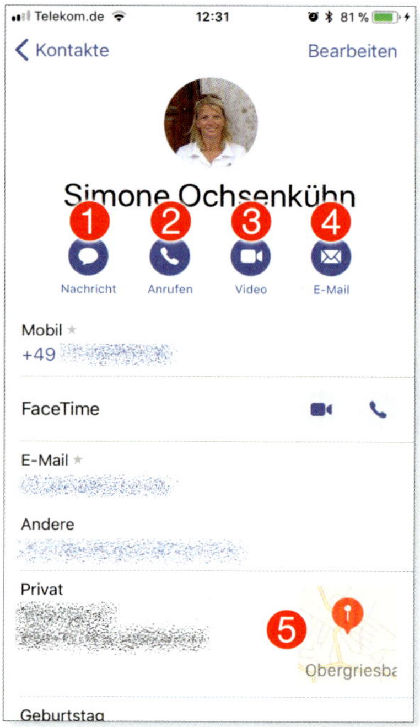

Mithilfe der Kontaktdaten können Sie direkt mit einer Person kommunizieren.

Einstellungen

Für die Kontakte-App gibt es noch eine Handvoll Einstellungen, die Sie kontrollieren bzw. ändern sollten. Öffnen Sie dazu die *Einstellungen –> Passörter & Accounts*. Bei *Accounts* Ⓐ können Sie festlegen, von welchen E-Mail-Accounts Sie die Kontakte verwalten, übernehmen und synchronisieren wollen. Falls Sie z. B. die Kontakte von einem Google-Konto nicht auf dem iPhone haben wollen, können Sie sie hier deaktivieren Ⓑ.

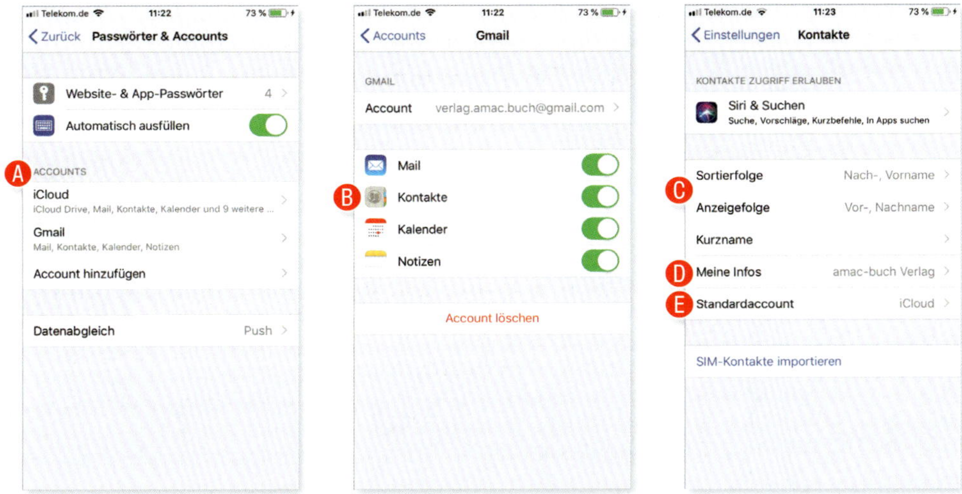

Die Einstellungen für die App „Kontakte".

Falls Ihnen die Sortierung der Namen in der Kontaktliste nicht gefällt, dann können Sie bei *Einstellungen –> Kontakte* die *Sortierfolge* und *Anzeigefolge* C ändern. Die Sortierfolge ist für die Sortierung in der Übersicht zuständig, während die Anzeigefolge z. B. beim Eingang eines Anrufs interessant ist.

Die „Anzeigefolge" bestimmt, wie der Name eines Kontakts z. B. bei einem eingehenden Anruf angezeigt wird.

Bei der Option *Meine Infos* D legen Sie Ihre eigenen Kontaktdaten fest. Und dann sollten Sie noch den *Standardaccount* E definieren. Er wird für das Anlegen von neuen Kontakten gebraucht. Immer wenn Sie einen neuen Kontakt anlegen, wird dieser dann in den Standardaccount gespeichert.

Kapitel 10 Datenaustausch

Auf den ersten Blick bietet das iPhone keinerlei Anschlüsse, um z. B. einen USB-Stick einzustecken und die Fotografien zu sichern. Man bekommt den Eindruck, dass mit dem iPhone keinerlei Datenaustausch mit anderen Geräten möglich ist. Das ist allerdings ein Irrtum! Es gibt sogar mehrere Methoden, um Dateien vom und zum iPhone zu übertragen.

AirDrop

Die einfachste und schnellste Möglichkeit, um Daten auszutauschen, ist *AirDrop*. Mit dieser Technologie können Sie Daten zwischen Apple-Geräten (iPhone, iPad, Mac) austauschen, die sich in unmittelbarer Umgebung befinden. Da AirDrop via Bluetooth und WLAN mit den anderen Geräten kommuniziert, funktioniert es nur mit Geräten, die in Reichweite dieser Dienste sind.

AirDrop funktioniert sehr einfach. Zuerst müssen Sie es einschalten. Das passiert im *Kontrollzentrum*. Dort müssen Sie zuerst etwas länger auf die Gruppe mit den Verbindungen (WLAN, Bluetooth etc.) tippen und dann bei *AirDrop* den Empfang von Daten aktivieren. Sie können AirDrop beschränken, so dass nur Personen aus Ihrem Adressbuch (*Nur Kontakte*) Ihnen etwas per AirDrop schicken können.

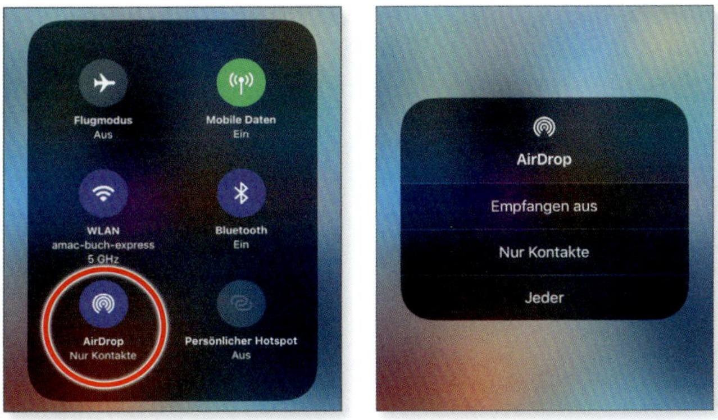

AirDrop kann auf Personen Ihres Adressbuchs beschränkt werden.

Wenn Ihnen nun jemand etwas per AirDrop schicken will, erhalten Sie auf dem Display eine Meldung. In der Meldung können Sie die gesendeten Daten *Annehmen* oder *Ablehnen*. Bei einer Annahme werden die Dateien (z. B. Bilder) automatisch der jeweiligen App zugeordnet.

Jemand will Ihnen etwas via AirDrop geben.

Falls Sie selbst etwas per AirDrop verschicken wollen, müssen Sie folgendermaßen vorgehen:

1. Zuerst öffnen Sie das Dokument, das Sie weitergeben wollen, z. B. ein Foto, eine Notiz oder eine Internetseite.
2. Danach tippen Sie auf das *Teilen*-Symbol.
3. Im oberen Bereich des *Teilen*-Menüs sind nun alle Geräte bzw. Personen aufgelistet, die via AirDop erreichbar sind. Tippen Sie auf einen entsprechenden Kontakt, damit der Empfänger eine Meldung erhält.
4. Wenn der Empfänger die Daten annimmt, läuft die Übertragung. Das war es auch schon!

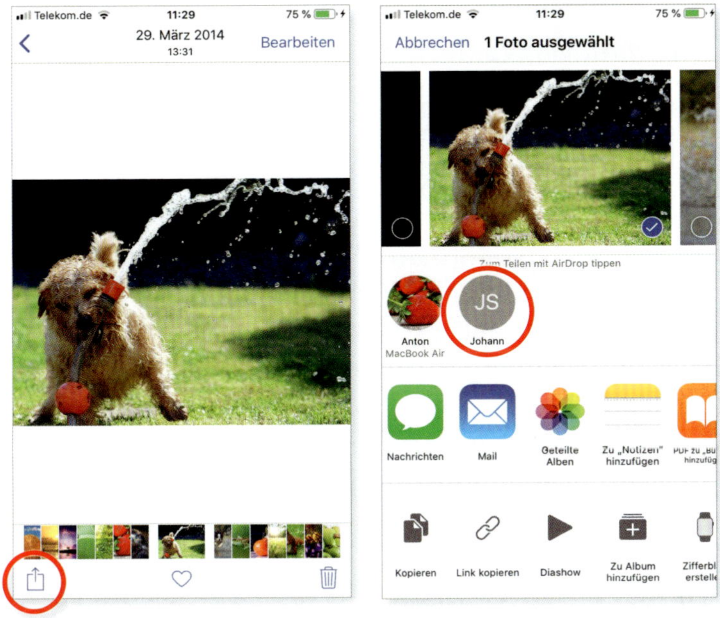

Über das „Teilen"-Menü können Sie Dateien und Dokumente per AirDrop verschicken.

Auf diese Weise können Sie Dokumente bzw. Daten aus den unterschiedlichsten Apps übertragen. Grundsätzlich kann jede App, die das Teilen-Symbol enthält, ihre Daten via AirDrop übertragen.

> **!** Die Übertragung via AirDrop funktioniert auch vom iPhone zum Mac und umgekehrt. Auf dem Mac müssen Sie dazu in der Seitenleiste **AirDrop** öffnen. Dann werden alle erreichbaren Geräte bzw. Kontakte eingeblendet. Per Drag-and-Drop können Sie dann z. B. ein E-Book aufs iPhone übertragen.

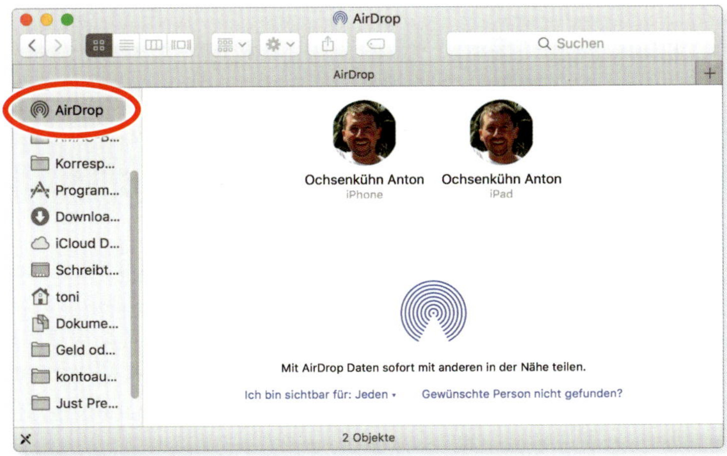

AirDrop gibt es auch auf dem Mac.

AirPlay

AirPlay ist sozusagen ein Verwandter von AirDrop. Es wird verwendet, um Filme und Musik des iPhones auf anderen Geräten abzuspielen. Zusätzlich kann damit auch der Bildschirminhalt übertragen werden. Mit AirPlay können Sie z. B. die Musik auf einem externen Lautsprechersystem abspielen oder einen Film mithilfe von Apple TV auf einem HD-Fernseher.

AirPlay befindet sich im *Kontrollzentrum*. Wenn Sie auf *AirPlay* tippen, erhalten Sie eine Liste mit allen verfügbaren Geräten im WLAN, die AirPlay-fähig sind. Dort wählen Sie das gewünschte Gerät aus. Damit wird das Display des iPhones auf das AirPlay-Gerät gespiegelt.

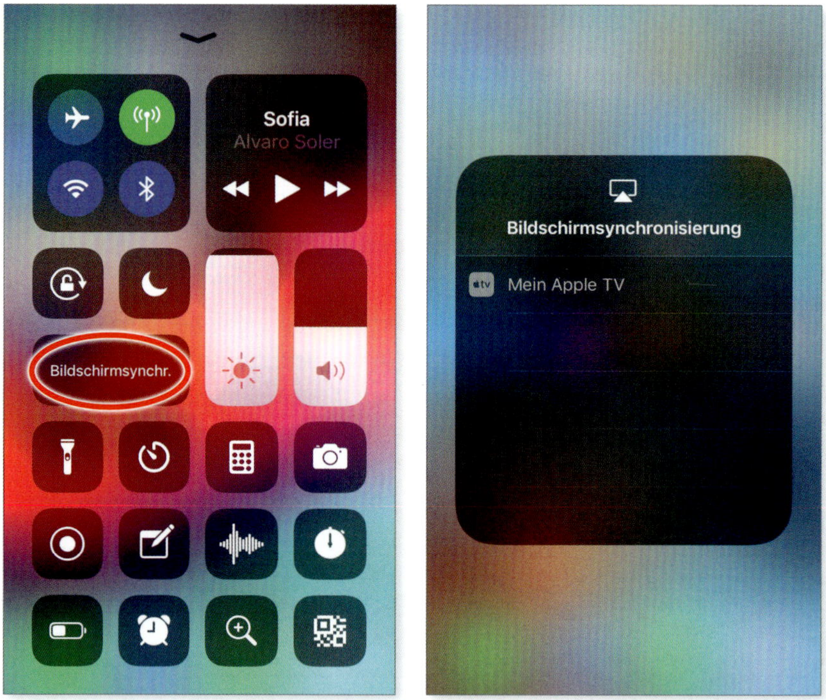

Der Bildschirm des iPhone kann via AirPlay auf ein anderes Gerät (z.B. auf ein HDTV oder einen Beamer via Apple TV) übertragen werden.

Um die Audioausgabe via AirPlay auf einem anderen Gerät auszuführen, müssen Sie im Kontrollzentrum die erweiterte Musiksteuerung öffnen, indem Sie etwas länger auf die Steuerung tippen. Dort finden Sie ein AirPlay-Symbol. Wenn Sie es antippen erhalten Sie eine Liste von allen Geräten, die eine Audiowiedergabe via AirPlay unterstützen. Die Musik bzw. die Filme oder das Display werden nur auf dem ausgewählten Gerät wiedergegeben.

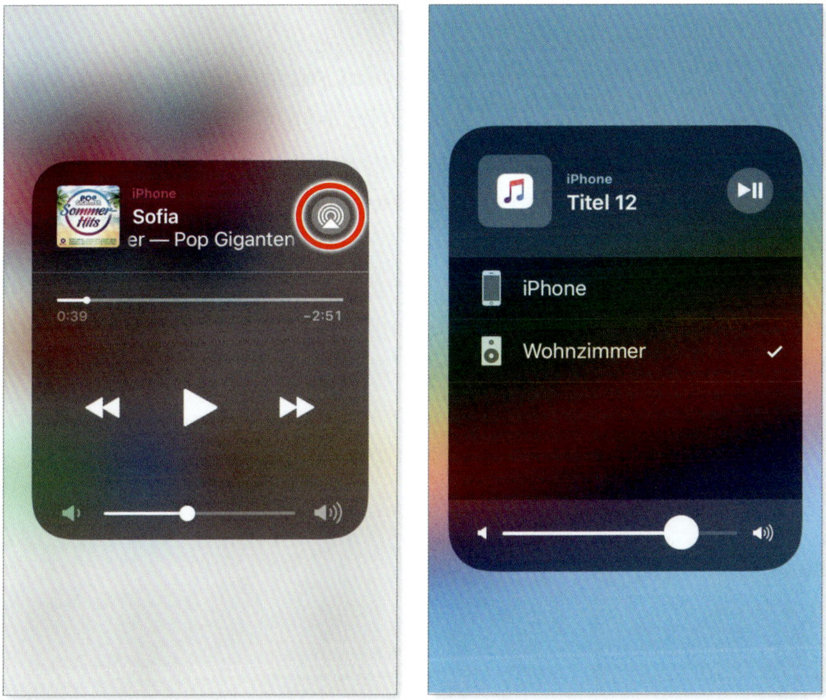

„AirPlay" für die Audioausgabe wird im Kontrollzentrum bei der Musiksteuerung konfiguriert.

> **!** Wenn Sie AirPlay wieder deaktivieren wollen, öffnen Sie erneut die Liste mit den AirPlay-Geräten und wählen **Synchronisierung stoppen** bzw. die internen Lautsprecher des iPhones aus. Damit wird AirPlay ausgeschaltet.

AirPrint

Das iPhone besitzt auch eine Funktion zum Ausdrucken. Sie heißt AirPrint. Voraussetzung für das Drucken mit AirPrint ist ein WLAN-Drucker, der diese Funktion beherrscht. Unter der Adresse *https://support.apple.com/de-de/HT201311* erhalten Sie eine Liste mit allen Druckern, die über AirPrint verfügen.

Wenn Sie z. B. eine Internetseite aus Safari oder Notizen ausdrucken wollen, müssen Sie zuerst das *Teilen*-Menü öffnen. Dort finden Sie dann die Funktion *Drucken* ❶. In der Druckfunktion müssen Sie dann einen Drucker ❷ angeben. Erst danach können Sie mit *Drucken* ❸ das aktuelle Dokument ausdrucken.

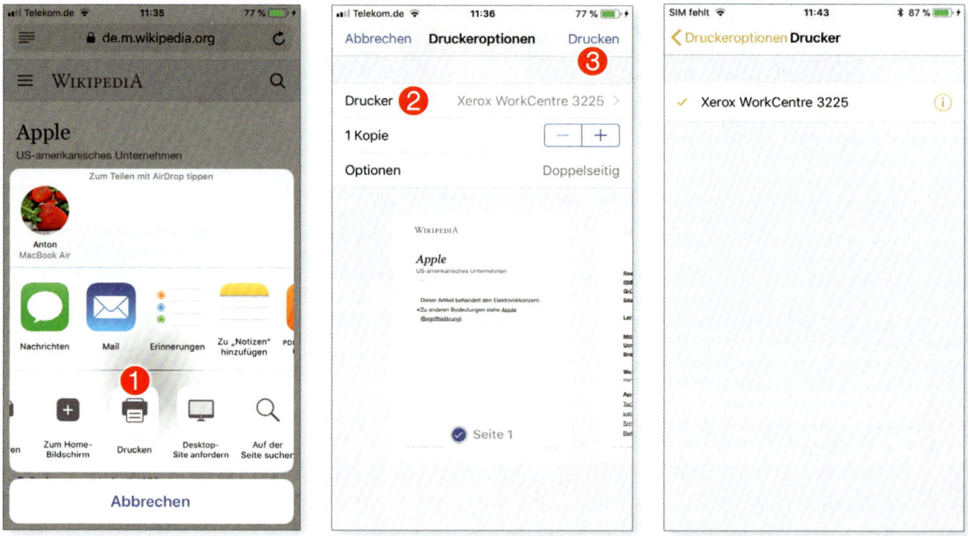

Mit „AirPrint" können Sie vom iPhone aus einen Drucker ansteuern.

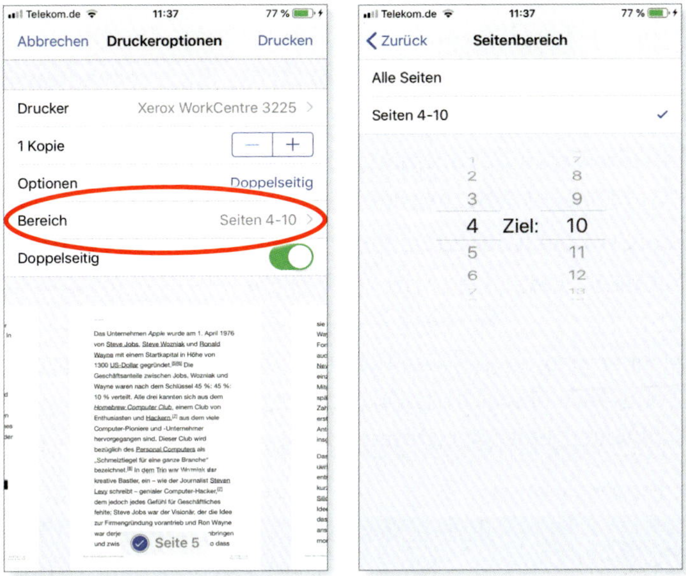

Selbst das doppelseitige Drucken gelingt, sofern es der Drucker auch zur Verfügung stellt. Darüber hinaus kann auch der Druckbereich eingestellt werden: Wählen Sie bei „Bereich" die Seiten aus oder tippen Sie einfach darunter die Miniaturseiten an.

Die App „Dateien"

Wenn Sie einen iCloud-Zugang besitzen, können Sie auch die App *Dateien* für den Datenaustausch verwenden. Mithilfe dieser App können Sie problemlos jegliche Art von Daten bzw. Dokumenten zwischen dem iPhone, dem iPad und dem Mac austauschen. Mit einfachem Drag-and-Drop laden Sie Daten auf dem Mac zum iCloud Drive hoch und anschließend auf das iPhone herunter.

> **!** Viele Apps, nicht nur die von Apple, können das iCloud Drive nutzen, um Daten dort abzulegen bzw. zu synchronisieren. Eine Liste dieser Apps finden Sie unter **Einstellungen –> Ihr Name (Apple-ID, iCloud, iTunes & App Store) –> iCloud**. Dort können Sie das **iCloud Drive** auch ein- und ausschalten.

Eine Beschreibung, wie Sie z. B. ein E-Book mithilfe von iCloud Drive auf das iPhone bekommen, finden Sie in Kapitel 7 ab Seite 255.

Bisher gab es auf dem iPhone keine zentrale App, die die Dateien von allen Cloud-Speichern (iCloud, Dropbox, OneDrive etc.) verwalten konnte. Man musste immer die jeweilige App des Anbieters öffnen, um Zugriff auf die dort gespeicherten Dateien zu bekommen. Seit iOS 11 hat sich das geändert: Es gibt nämlich die App *Dateien*. Mit ihrer Hilfe können Sie nicht nur alle Cloud-Speicher ansprechen, sondern auch Dateien für andere Anwender freigeben und mit Tags kennzeichnen.

> **!** Das Freigeben und das Zuweisen von Tags funktioniert nur mit Dateien, die auf dem iCloud Drive gespeichert sind. Andere Dienste, z. B. Dropbox, unterstützen diese Funktionen in der App **Dateien** nicht.

Oberfläche

Wenn Sie die App Dateien öffnen, sehen Sie als Erstes den Inhalt des iCloud Drive, das standardmäßig ausgewählt ist. Wenn Sie andere Cloud-Speicher sehen wollen, dann tippen Sie links oben auf *Speicherorte* ❶. Am unteren Rand können Sie die Ansicht von *Durchsuchen* ❸ in *Verlauf* ❷ ändern. Dort sind die Dateien dann chronologisch und nach Tags angeordnet.

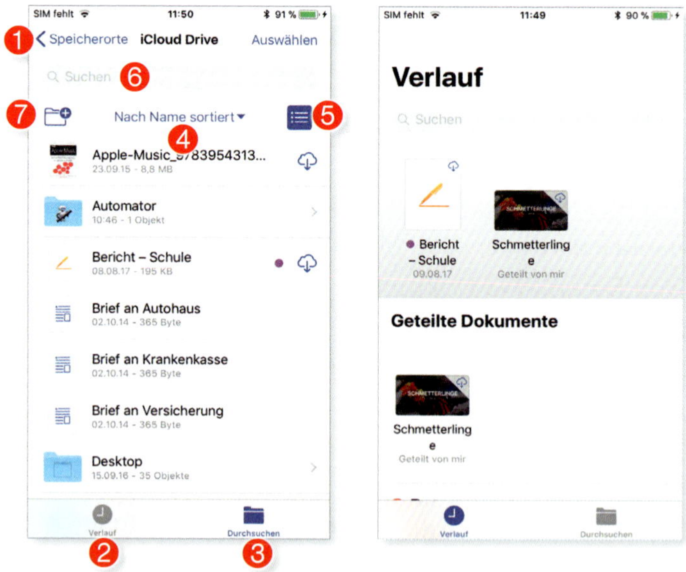

Die Oberfläche der App „Dateien“.

Die Darstellung *Durchsuchen* bietet allerdings etwas mehr Sortiermöglichkeiten. Über ein Menü erhalten Sie die Möglichkeit, die Dateien nach *Name,*

Datum, *Größe* oder *Tags* ❹ zu sortieren. Außerdem können Sie noch zwischen Symbol- und Listendarstellung wechseln ❺ und es gibt eine Suche ❻. Um einen neuen Ordner bei iCloud Drive anzulegen, können Sie das Symbol ❼ links oben verwenden.

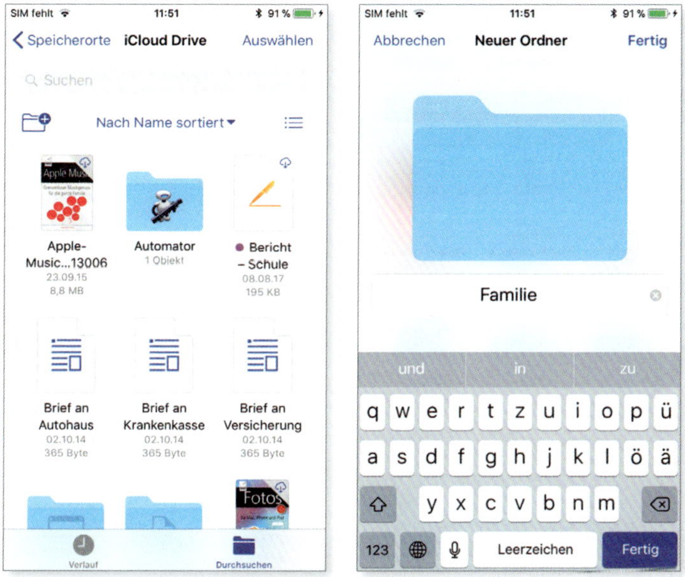

Die App hat auch eine Symbolansicht (links), und man kann auf iCloud Drive neue Ordner anlegen (rechts).

Dateiverwaltung mit iCloud Drive

Die Dateien, die auf dem iCloud Drive liegen, können in der App verwaltet werden. Das bedeutet, Sie können sie löschen, umbenennen, verschieben, freigeben oder mit Tags versehen.

Um einzelne Dateien zu organisieren bzw. zu verwalten, können Sie das Kontextmenü verwenden. Dazu müssen Sie Ihren Finger nur etwas länger auf die Datei halten. Im Kontextmenü finden Sie dann alle benötigten Funktionen Ⓐ. Wollen Sie allerdings mehr als eine Datei löschen oder verschieben, dann müssen Sie zuerst rechts oben auf *Auswählen* Ⓑ tippen. Anschließend markieren Sie die Dateien Ⓒ, die bearbeitet werden sollen, und wählen am unteren Bildschirmrand Ⓓ die gewünschte Funktion aus. Wenn Sie die Auswahlumgebung wieder verlassen wollen, ohne eine Aktion auszuführen, tippen Sie rechts oben auf *Fertig* Ⓔ.

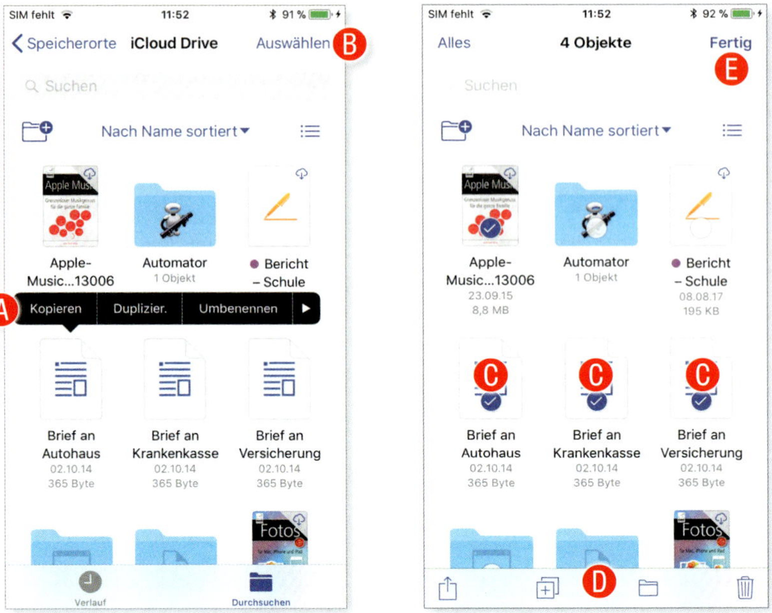

Einzelne Dateien können Sie über das Kontextmenü bearbeiten (links). Falls Sie mehrere Dateien bearbeiten wollen, müssen Sie diese zuerst auswählen (rechts).

Dateien teilen

Die Daten, die auf dem iCloud Drive liegen, können Sie anderen Personen zugänglich machen und so gemeinsam an Dateien arbeiten. Voraussetzung dafür ist, dass die Empfänger der Dateien über einen iCloud-Zugang verfügen.

Um eine Datei freizugeben, öffnen Sie zuerst durch längeres Fingerauflegen das Kontextmenü und wählen dort die Funktion *Teilen* aus. Tippen Sie nun auf *Personen hinzufügen*. Danach müssen Sie noch bestimmen, auf welche Weise die Datei an den oder die Empfänger verschickt werden soll, z. B. per E-Mail. Der oder die Empfänger erhalten dann eine E-Mail mit der Datei und können diese in ihr eigenes iCloud Drive übernehmen. Vergessen Sie zudem nicht, unter *Freigabeoptionen* ganz unten noch zu definieren, ob die eingeladenen Personen die Daten *Nur ansehen* oder auch bearbeiten dürfen (*Bearbeitung erlauben* – ist standardmässig eingestellt).

> **!** Wichtig ist noch, dass der oder die Empfänger die die jeweilige App besitzen, um die Dateien zu bearbeiten. Wenn Sie z. B. ein Pages-Dokument teilen, sollte der Empfänger auch die App Pages installiert haben.

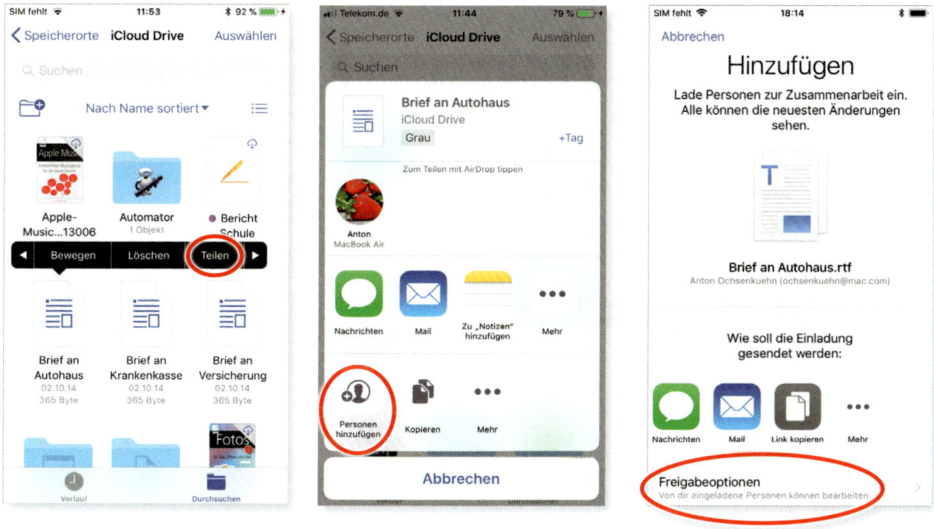

Dateien können an andere Personen verschickt und so gemeinsam bearbeitet werden.

Mit Tags arbeiten

Die Tags sind eine andere Möglichkeit, um die Dateien auf dem iCloud Drive zu organisieren. Jede Datei kann mit einem Tag (Etikett) gekennzeichnet werden, z. B. mit „Wichtig" oder „Familie". Wenn Sie Dateien mit einem Tag gekennzeichnet haben, können Sie sich dann in der Liste nur die Dateien anzeigen lassen, die ein bestimmtes Tag besitzen. Dadurch können Sie viel schneller die jeweiligen Dateien finden.

Ein Tag weisen Sie über das Kontextmenü zu. Wenn Sie dort auf die Funktion *Tags* tippen, werden in einem kleinen Fenster alle verfügbaren Tags aufgelistet. Sie müssen dann nur noch das gewünschte Tag antippen. Eine Datei kann auch mehr als ein Tag besitzen. Tippen Sie einfach auf ein weiteres Tag, das zugewiesen werden soll. Wenn Sie außerhalb des Fensters tippen, wird es geschlossen.

> ! Sie können in dem Fenster auch ein neues Tag anlegen. Tippen Sie dazu in das Feld **Neues Tag hinzufügen** im oberen Bereich des Fensters.

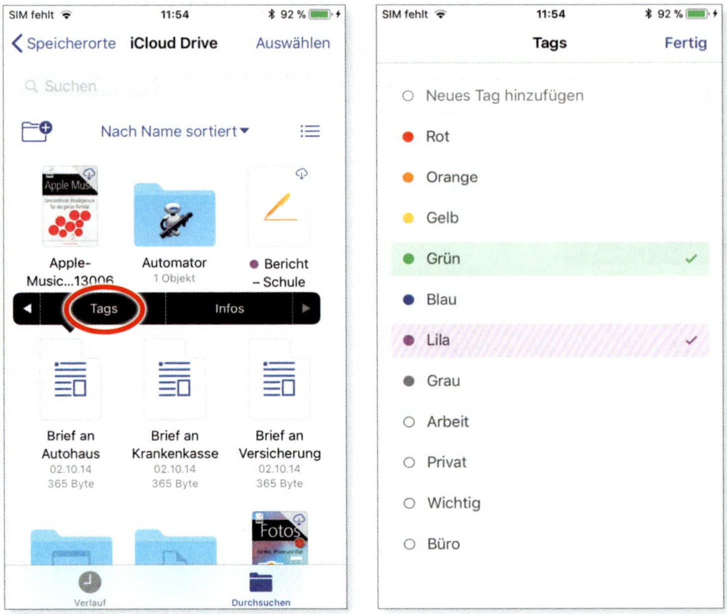

Tags können jeder Datei und jedem Ordner auf dem iCloud Drive zugewiesen werden.

Um nun z. B. nur die Dateien aufzulisten, die ein lila Tag haben, müssen Sie die *Speicherorte* links oben einblenden. Dort können Sie dann im Bereich *Tags* auswählen, welche Dateien angezeigt werden sollen.

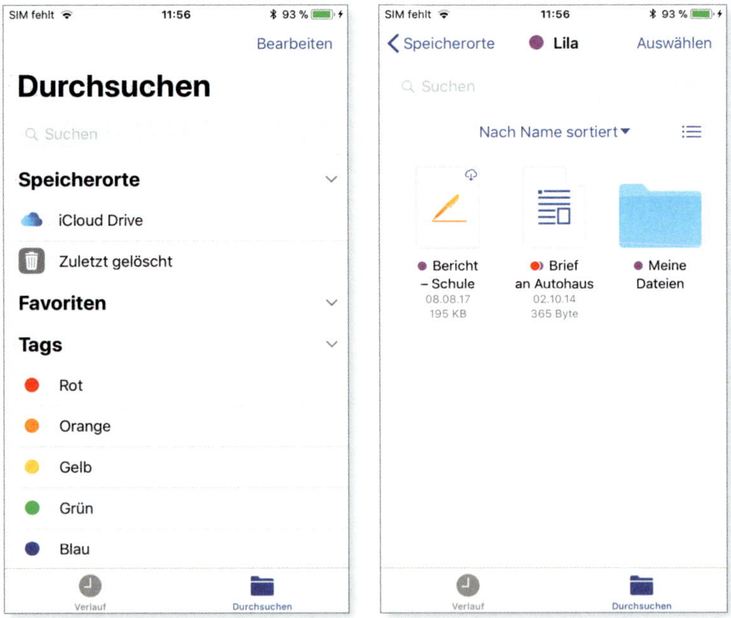

Nur die Dateien, die das Tag „Lila" besitzen, werden angezeigt.

! Wollen Sie wieder alle Dateien sichtbar machen, dann tippen Sie auf **iCloud Drive**.

Sie können die Tags in der Liste auch entfernen und umbenennen, denn die Bezeichnungen „Rot“, „Orange“, „Gelb“ usw. sind nicht sehr aussagekräftig. Um die Tags zu editieren, tippen Sie auf *Bearbeiten* ❶ im oberen Bereich der Seitenleiste. Anschließend können Sie ein Tag entfernen, wenn Sie auf das Minussymbol ❷ tippen. Zum Umbenennen tippen Sie auf den Namen ❸. Um die Reihenfolge zu ändern, verwenden Sie das Symbol mit den drei Strichen ❹. Mit *Fertig* ❺ können Sie die Tag-Bearbeitung wieder verlassen.

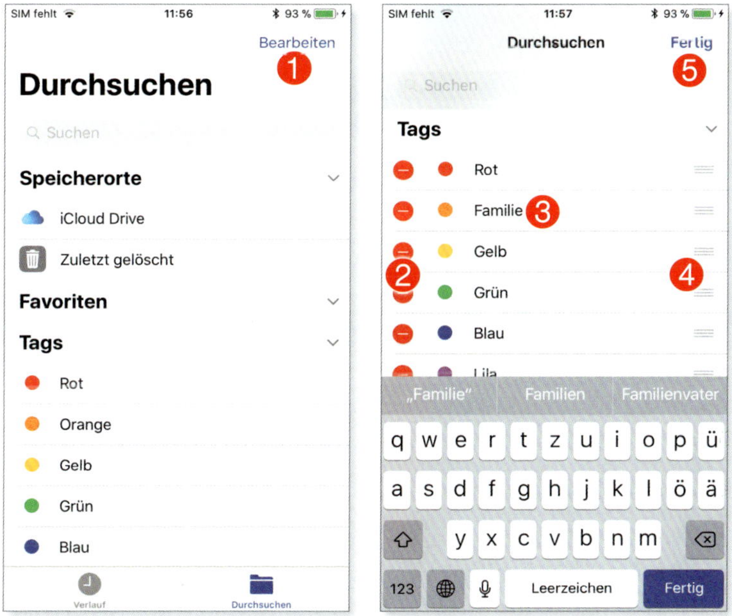

Die Tags lassen sich löschen und umbenennen.

Favoriten

Ordner können übrigens ganz einfach zu den Favoriten hinzugefügt werden. Nutzen Sie dazu erneut das Kontextmenü.

Wollen Sie zu einem späteren Zeitpunkt einen Eintrag aus den Favoriten erneut entfernen, so wischen Sie einfach von rechts nach links und verwenden Sie *Entfernen*.

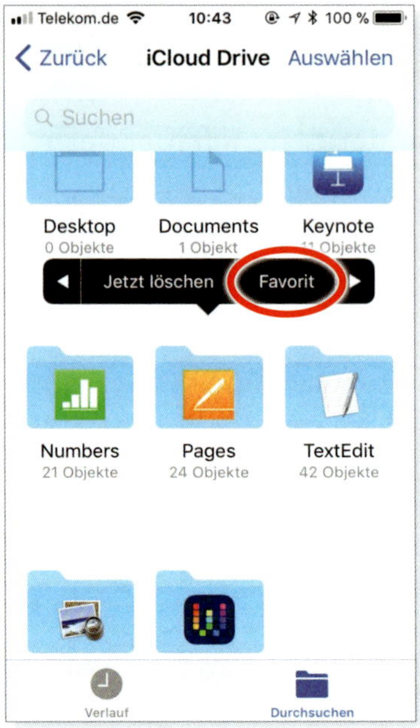

Ordner sind als Favoriten nochmals schneller im Zugriff.

Andere Cloud-Dienste nutzen

Die App *Dateien* kann auch auf die Dateien von anderen Cloud-Diensten (Dropbox, OneDrive, HiDrive etc.) zugreifen. Somit haben Sie eine zentrale App, in der Sie alle Ihre Cloud-Dienste vereinigt haben. Damit Sie andere Cloud-Dienste nutzen können, müssen Sie zuerst die jeweiligen Apps der Dienste auf Ihr iPhone installieren und dort Ihre Zugangsdaten eingeben.

Sobald die Apps installiert sind, klinken sie sich in die App Dateien ein. Dort müssen Sie dann nur noch den Zugriff auf die Cloud-Dienste aktivieren. Tippen Sie dazu bei den Speicherorten im oberen Bereich auf *Bearbeiten*. Anschließend schalten Sie die gewünschten Dienste ein und tippen anschließend auf *Fertig*.

Wenn Sie nun einen der Cloud-Dienste aufrufen wollen, tippen Sie ihn an. In einem eigenen Fenster werden dann die Inhalte des jeweiligen Speicherorts angezeigt.

! Die App **Dateien** kann zwar den Inhalt der Cloud-Dienste anzeigen, aber Sie können mit ihr nur wenige Aktionen ausführen, z B. Dateien öffnen oder im iCloud-Drive speichern. Sonstige Aktionen müssen Sie in der jeweiligen App des Cloud-Anbieters durchführen.

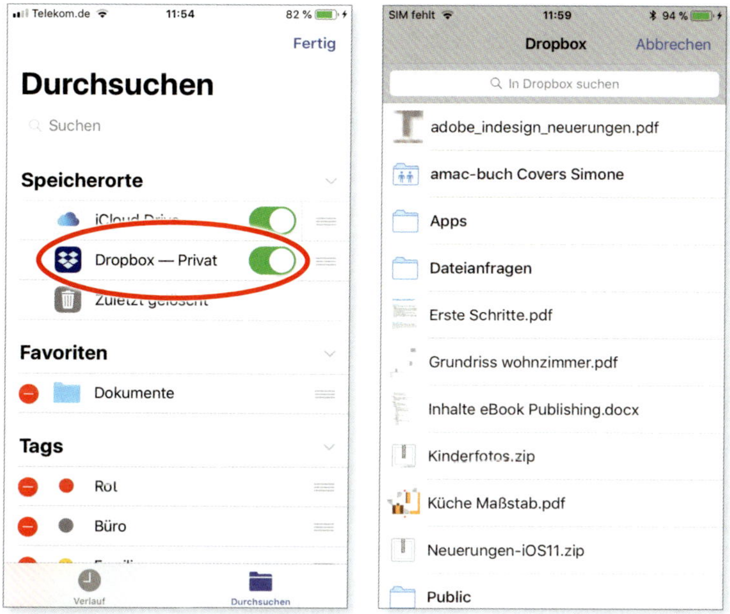

Die App „Dateien“ kann auch auf die Inhalte von anderen Cloud-Diensten wie Dropbox oder OneDrive zugreifen.

Handoff

Es gibt noch eine pfiffige Technik, mit deren Hilfe Sie Daten zwischen den Apple-Geräten austauschen können. Die Technik *Handoff* ist zwar nicht für den eigentlichen Datenaustausch gedacht, sondern vielmehr für das nahtlose Weiterarbeiten beim Wechseln des Geräts. Stellen Sie sich vor, Sie sitzen am Mac und erstellen gerade einige Notizen. Wenn Sie den Arbeitsplatz verlassen, können Sie mithilfe von Handoff die Notizen am iPhone weiterbearbeiten. Das funktioniert z. B. auch mit dem *Kalender* oder mit *Safari* und geht in beide Richtungen. Wenn Sie also auf dem iPhone in den *Erinnerungen* arbeiten, können Sie damit nahtlos auf dem Mac weitermachen.

Die Voraussetzungen für Handoff sind nur ein aktiviertes Bluetooth und die Verwendung der gleichen Apple-ID auf den diversen Geräten. Außerdem müssen Sie auf dem iPhone in den *Einstellungen* bei *Allgemein –> Handoff* die Funktion eingeschaltet haben. Handoff können Sie auf dem iPhone im *Multitasking*-Menü sehen (drücken Sie zweimal kurz hintereinander die *Home-Taste* bzw. ziehen Sie am iPhone X/Xs/XR die untere Linie in die Mitte des Bildschirms). Im unteren Bereich wird die App angezeigt, die Sie gerade auf dem anderen Gerät genutzt haben. Sie müssen nur darauf tippen, um die jeweilige App auf dem iPhone zu öffnen und das entsprechende Dokument weiterzubearbeiten.

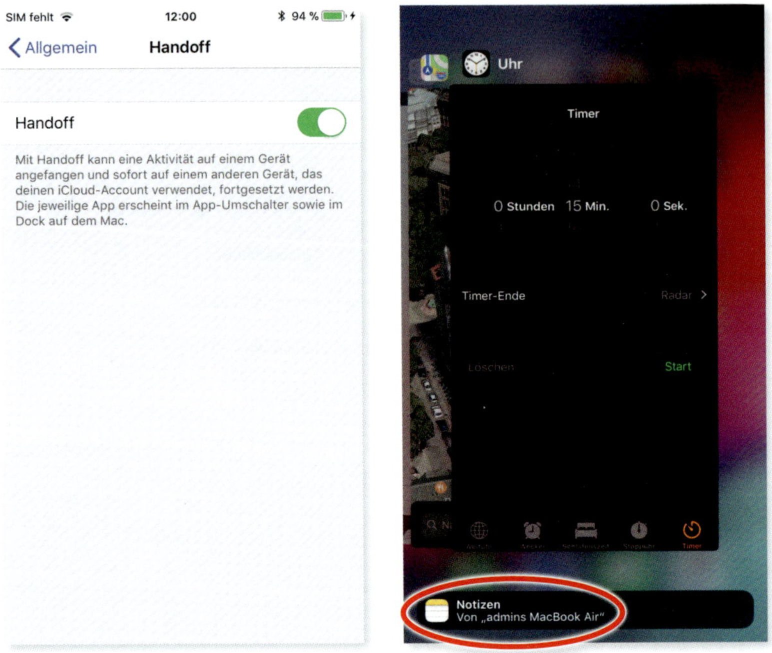

Wenn Handoff eingeschaltet ist, wird es auf dem iPhone im Multitasking-Menü eingeblendet, …

… während es auf dem Mac im Dock und im Programmmenü auftaucht.

Sonstige Apps

Es gibt noch andere Apps, mit denen es möglich ist, Daten zwischen Geräten auszutauschen. Fast alle nutzen einen Cloud-Speicher, um die Daten zuerst in der Cloud abzulegen und sie dann später von dort aus auf ein anderes Gerät zu übertragen.

Zwei Vertreter dieser Art von Apps sind *Dropbox* und *OneDrive* von Microsoft. Bei Dropbox und OneDrive können Sie einen kostenlosen Cloud-Speicher erwerben und ihn dann für den Datenaustausch nutzen. Beide Dienste gibt es sowohl für iOS, Android, MacOS als auch für Windows. Sie können damit also jede gängige Plattform erreichen.

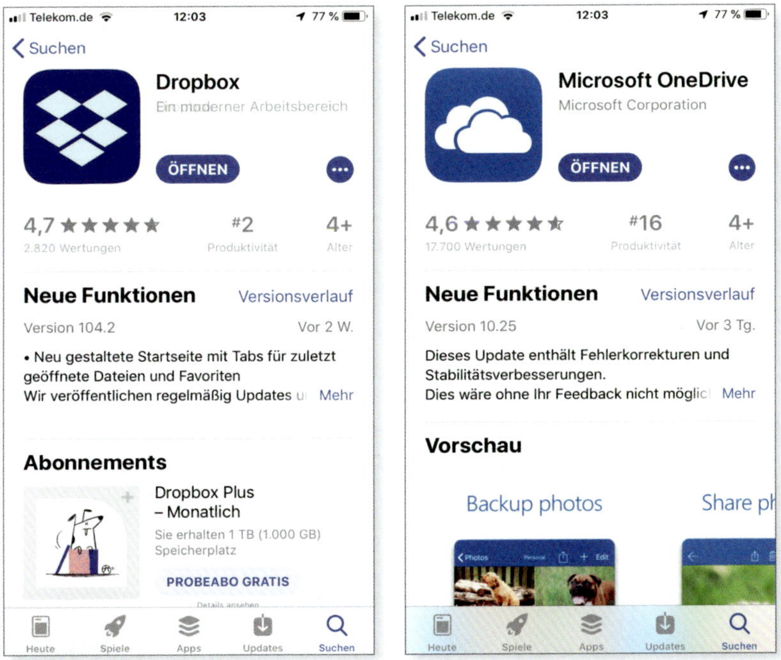

Die App und der Cloud-Speicher sind bei „Dropbox" kostenlos, genauso wie bei „OneDrive" von Microsoft.

Datenaustausch via iTunes

Eine andere Möglichkeit, Daten und Dokumente mit dem iPhone auszutauschen, ist das Programm *iTunes* auf dem Computer. Viele Apps unterstützen die *Dateifreigabe* von iTunes, z. B. die Office-Apps von Microsoft. Wenn Sie ein Word-Dokument auf das iPhone übertragen wollen, dann können Sie dies mit iTunes tun.

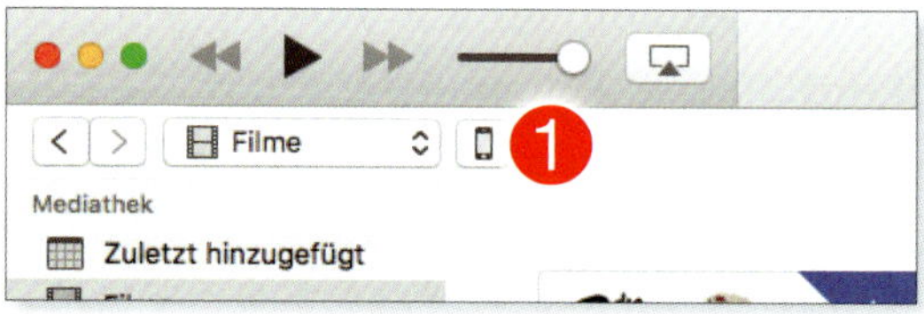

Das iPhone muss entweder über ein WLAN oder ein USB-Kabel mit dem Rechner verbunden sein.

Dort wählen Sie links oben das iPhone aus ❶ und klicken anschließend in der Seitenleiste auf *Dateifreigabe* ❷.

Dieser Bereich hat zwei Spalten. In der linken Spalte ❸ sind alle Apps auflistet, die die Dateifreigabe unterstützen. In der rechten Spalte ❹ werden die Dokumente bzw. Dateien eingeblendet, die bei den jeweiligen Apps auf dem iPhone gespeichert sind.

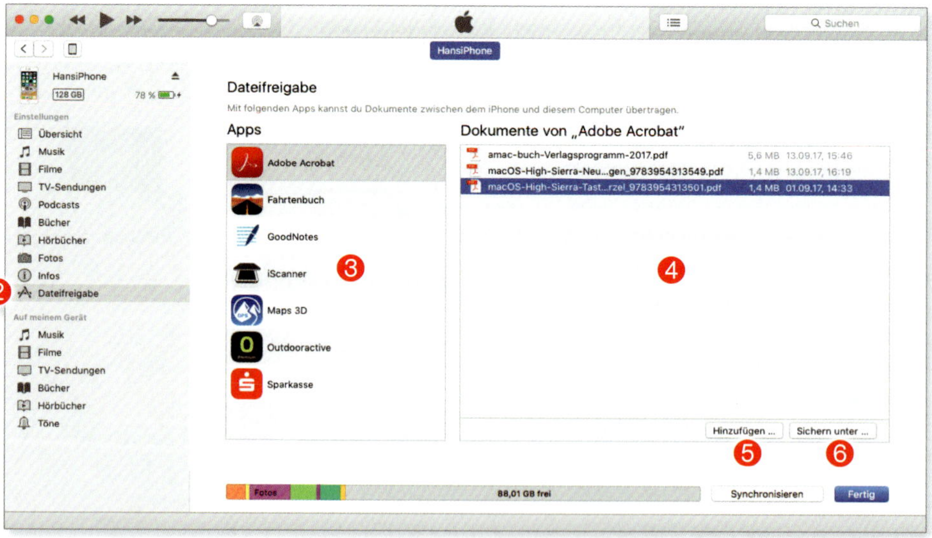

Mit iTunes können Sie Dateien auf das iPhone übertragen und vom iPhone herunterladen.

Um eine Datei vom Rechner zum iPhone zu übertragen, klicken Sie am Ende der Dokumentenliste auf *Hinzufügen* ❺ und wählen anschließend die Datei aus. Natürlich muss es eine Datei sein, die von der jeweiligen App unterstützt wird. Alternativ dazu können Sie die Datei auch per Drag-and-Drop in die Spalte ziehen.

Sie können aber auch die Dateien vom iPhone auf den Rechner übertragen. Dazu wählen Sie die gewünschte Datei in der rechten Spalte aus und klicken anschließend auf *Sichern unter* ❻. Als Alternative können Sie die Datei auch per Drag-and-Drop von der Spalte auf Ihren Rechner ziehen.

Kapitel 11 Sicherheit

Auf dem iPhone sind Sicherheit und Datenschutz sehr wichtig. Nicht nur die Standard-Apps wie *Safari*, *Karten* oder der *App Store* verwenden Passwörter und Standortbestimmungen, sondern auch sehr viele Apps, die nicht von Apple sind. Damit Ihre Zugangsdaten und Ihre Privatsphäre geschützt werden, bedarf es einiger Einstellungen auf dem iPhone.

Code, Touch ID und Face ID

Eine der wichtigsten Schutzfunktionen auf dem iPhone ist der Code bzw. die Touch ID. Mithilfe dieser beiden Funktionen können Sie Ihr iPhone sehr gut schützen. Der Code wird nicht nur zum Entsperren des iPhone genutzt, sondern auch, um alle Sicherheitsfunktionen des iPhone zu ändern. Wenn Sie einen sehr einfachen Code oder vielleicht gar keinen verwenden, machen Sie es Dieben sehr einfach, die Daten auf Ihrem iPhone einzusehen.

! Der Code sollte nicht aus einer vierstelligen Nummer bestehen, sondern mindestens aus einer sechsstelligen. Noch besser sollte ein alphanumerischer Code verwendet werden.

Der Code kann in den *Einstellungen* bei *Touch ID & Code* bzw. *Face ID & Code* geändert werden. Dort sollten Sie bei *Code ändern* in den *Codeoptionen* einen längeren und damit sichereren Code vergeben.

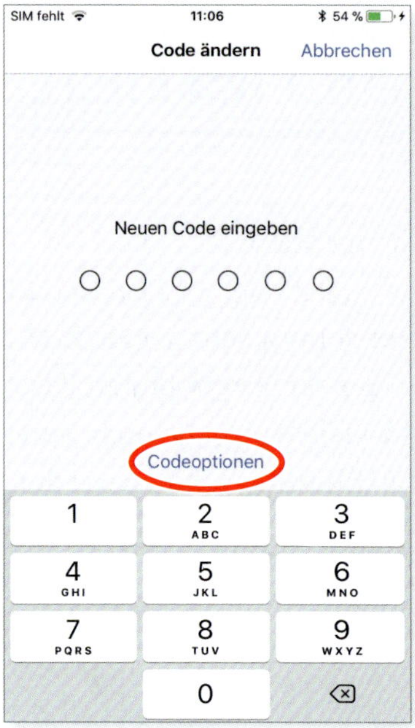

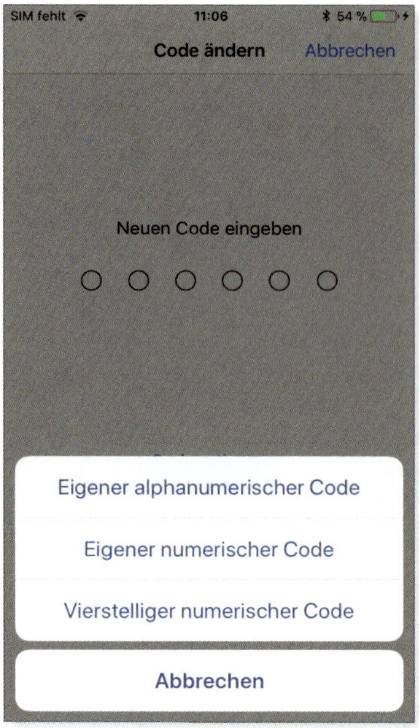

In den „Codeoptionen" können Sie einen sichereren Code definieren.

Da ein längerer Code beim Entsperren des iPhone auch etwas mehr Zeit benötigt und auf die Dauer lästig sein kann, sollten Sie unbedingt noch zusätzlich eine Touch ID oder Face ID einrichten. Damit kann das iPhone sehr schnell via Fingerabdruck entsperrt werden. Touch ID ist für alle iPhones ab dem iPhone 5s verfügbar. Außerdem können Sie die Touch ID noch zusätzlich für den Einkauf in den Stores auf dem iPhone verwenden. Somit entfällt die Eingabe der Apple-ID beim Einkaufen. Bei den iPhone X-Modellen kann statt der Touch ID die Face ID die gleichen Aufgaben übernehmen.

Wie man einen Code und die Touch ID einrichtet und nutzt, wurde bereits in Kapitel 2 ab Seite 38 beschrieben. Dort erhalten Sie weitere Informationen über den Code und Touch ID bzw. Face ID.

Safari

Auch für das Surfen im Internet sollten Sie die Sicherheit bzw. den Datenschutz nicht vernachlässigen. Schließlich können Internetseiten eine Tür zu den Daten auf Ihrem iPhone sein. Aus diesem Grund sollten Sie in den *Einstellungen* bei *Safari* einige Änderungen zum Schutz Ihrer Daten vornehmen. In Kapitel 6 ab Seite 213 erfahren Sie mehr darüber, wie Sie den Schutz von Safari nutzen können. Außer über die Einstellungen erfahren Sie dort auch etwas über das Surfen im *Privat-Modus* und über die Sicherung von Zugangsdaten für Internetportale.

Zwei-Faktor-Authentifizierung für die Apple-ID

Die Apple-ID ist der wichtigste Pass für die Nutzung des iPhone, der Stores und der iCloud-Dienste. Dementsprechend sollte sie auch ganz besonders gesichert werden. Die Apple-ID ist normalerweise durch ein Kennwort geschützt. Das Kennwort selbst muss zwingend mindestens eine Ziffer und einen Großbuchstaben enthalten. Dadurch wird es schon ziemlich sicher. Allerdings kann es doch passieren, dass böse Menschen Ihr Kennwort herausfinden und dann damit uneingeschränkt Zugang zu Ihrem iCloud-Account haben und sogar in den diversen Stores einkaufen können.

Apple stellt aus diesem Grund eine Zwei-Faktor-Authentifizierung, kurz 2FA, für die Apple-ID zur Verfügung. Diese ist aber standardmäßig ausgeschaltet und muss von Ihnen zuerst noch konfiguriert werden.

Wenn Sie die 2FA einrichten, registrieren Sie ein oder mehrere vertrauenswürdige Geräte. Ein vertrauenswürdiges Gerät ist ein von Ihnen verwendetes Gerät, das vierstellige Bestätigungscodes über den Dienst *Mein iPhone suchen* oder per SMS empfangen kann. Allerdings muss mindestens eine SMS-fähige Rufnummer angegeben werden.

Sobald die 2FA aktiv ist, müssen Sie immer, wenn Sie sich anmelden, um Ihre Apple-ID zu verwalten, oder wenn Sie von einem neuen Gerät aus einen Einkauf im iTunes Store, App Store oder iBooks Store tätigen, zur Bestätigung Ihrer Identität sowohl Ihr Kennwort als auch einen sechsstelligen Bestätigungscode eingeben, der an das vertrauenswürdige Gerät geschickt wird.

> ! Die 2FA wird übrigens auch benötigt, wenn Sie mit einer Apple Watch Ihren Mac entsperren wollen.

Die 2FA können Sie auf dem iPhone aktivieren. Öffnen Sie dazu *Einstellungen –> Ihr Name (Apple-ID, iCloud, iTunes & App Store)* und tippen auf *Passwort & Sicherheit*. Tippen Sie dort bei *Zwei-Faktor-Authentifizierung* auf *Aktivieren*.

> ! Sollten Sie in der Vergangenheit die alte Zweistufige-Bestätigung für Ihre Apple-ID eingerichtet haben, dann müssen Sie diese zuerst deaktivieren, bevor Sie die 2FA nutzen können. Öffnen Sie das Internetportal **appleid.apple.com** und loggen sich ein. Anschließend klicken Sie im Bereich **Sicherheit** auf **Bearbeiten** und dekativieren die Zweistufige-Bestätigung.

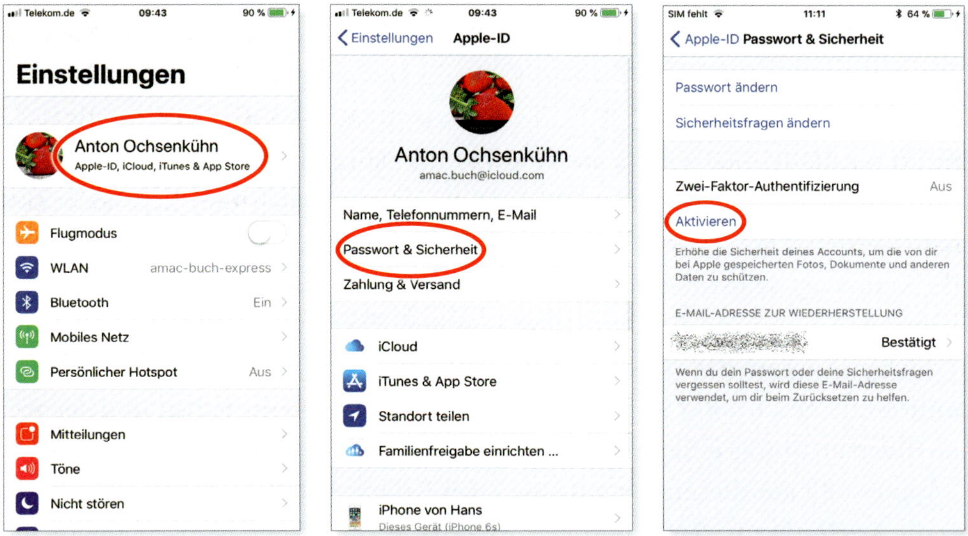

Die „Zwei-Faktor-Authenifizierung" wird in den iCloud-Einstellungen eingerichtet.

Mit einer Schritt-für-Schritt-Anleitung werden Sie durch das Einrichten der 2FA geführt. Halten Sie dafür die Telefonnummer für ein Gerät bereit, dass SMS-Nachrichten empfangen kann. Im Laufe der Installation erhalten Sie einen Zahlencode per SMS, der als Bestätigung eingegeben werden muss.

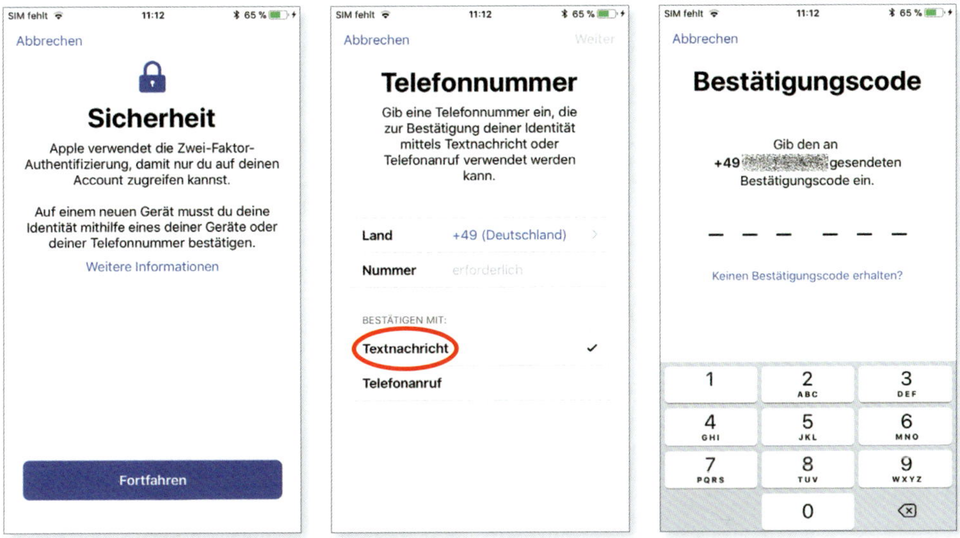

Im Lauf der Einrichtung müssen Sie eine Telefonnummer für den Empfang von Textnachrichten angeben.

Haben Sie alle Schritt durchgeführt und den Bestätigungscode eingegeben, ist die Zwei-Faktor-Authenfifizierung aktiviert. Ab sofort können Sie also Änderungen an Ihrem Account oder Einkäufe mit einem neuen Gerät (iPhone, iPad, Mac, Windows) nur unter Verwendung der Zwei-Faktor-Authentifizierung tätigen. Sie benötigen dazu in Zukunft also das Passwort Ihrer Apple-ID und den 6stelligen zugesendeten Code, den Sie jedes Mal neu erhalten. Damit ist ein sehr guter Schutz Ihres Accounts bzw. Ihrer Apple-ID gewährleistet.

Wollen Sie die Daten Ihrer Apple-ID einsehen oder ändern, benötigen Sie den 6stelligen Code …

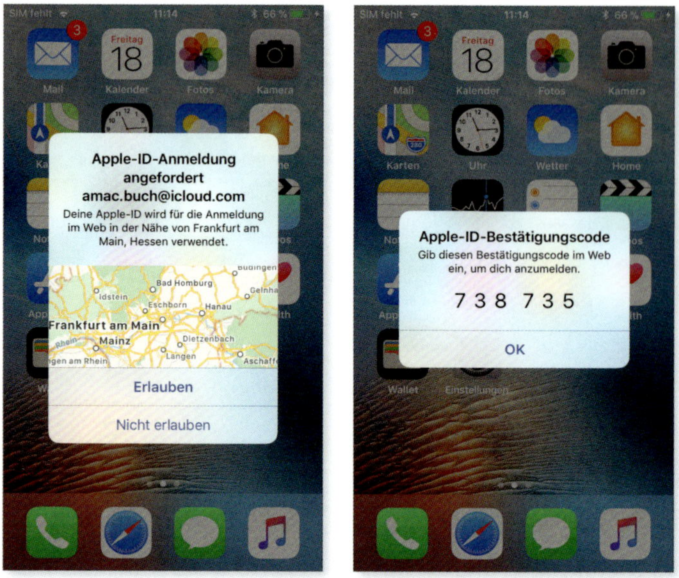

… der per Textnachricht an Ihr vertrauenswürdiges Gerät geschickt wird.

Ortungsdienste

In den anderen Kapiteln wurden bereits sehr oft die Ortungsdienste erwähnt. Die Ortungsdienste werden für die Standortbestimmung verwendet. Wenn eine App also den aktuellen Standort benötigt, werden die Ortungsdienste dafür herangezogen. Die Ortungsdienste verwenden die eingebaute GPS-Ortung, das Mobilfunknetz und WLAN-Netze, um den genauen Standort des iPhone zu ermitteln.

Wenn Sie keine Standortbestimmung auf Ihrem iPhone haben wollen, dann können Sie die Ortungsdienste ausschalten. Sie können aber auch ganz individuell einstellen, welche Apps die Ortungsdienste nutzen dürfen.

Unter *Einstellungen –> Datenschutz –> Ortungsdienste* finden Sie den Schalter ❶, um die Ortung zu deaktivieren. Dort sind auch alle Apps aufgelistet, die die Standortfreigabe nutzen können ❷. Wenn Sie auf eine der Apps tippen, können Sie die Freigabe der App ausschalten ❸.

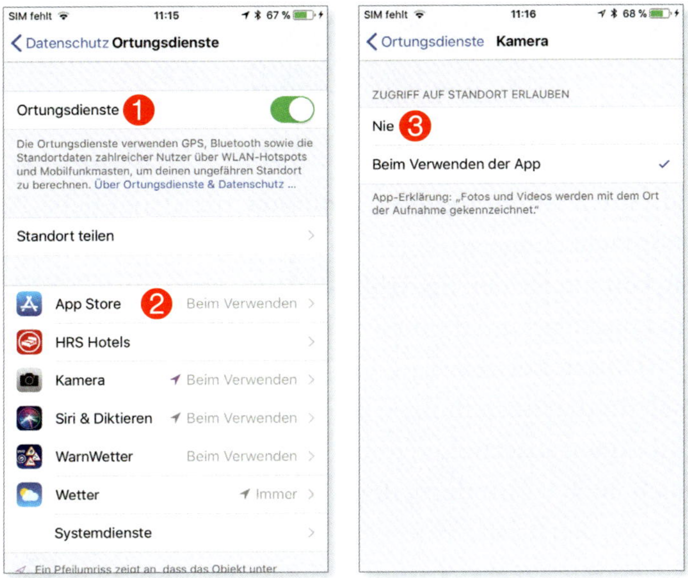

Die „Ortungsdienste" können für alle Apps ausgeschaltet werden (links) oder nur für spezielle Apps (rechts).

Wenn Sie etwas weiter nach unten scrollen, finden Sie den Punkt *Systemdienste* ❹. Dahinter verbergen sich die Funktionen von iOS, die die Ortungsdienste nutzen. Sie können dort gezielt verhindern, dass bestimmte iOS-Funktionen die Standortbestimmung nutzen, wie z. B. *Ortsabhängige Hinweise*, die in der Karten-App genutzt werden.

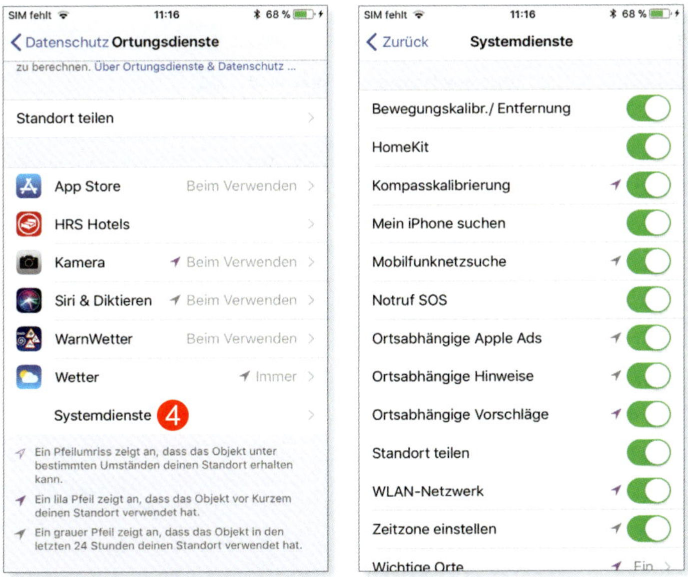

Die „Systemdienste" enthalten die Funktionen des iOS, die eine Standortbestimmung nutzen.

Sperrbildschirm

Der Sperrbildschirm ist ein weiteres Einfalltor für Datendiebe. Er kann standardmäßig sehr viele Dinge anzeigen und öffnen. Um noch mehr Sicherheit zu gewährleisten, können Sie den Sperrbildschirm so konfigurieren, dass bestimmte Dinge nicht angezeigt und damit auch nicht direkt geöffnet werden können.

In den *Einstellungen* bei *Touch ID & Code* bzw. *Face ID & Code* gibt es einen eigenen Bereich für die Einstellungen des Sperrbildschirms. Dort können Sie die einzelnen Funktionen ausschalten und somit die Sicherheit erhöhen. Zusätzlich können Sie auch noch verhindern, dass das *Kontrollzentrum* auf dem Sperrbildschirm genutzt werden kann.

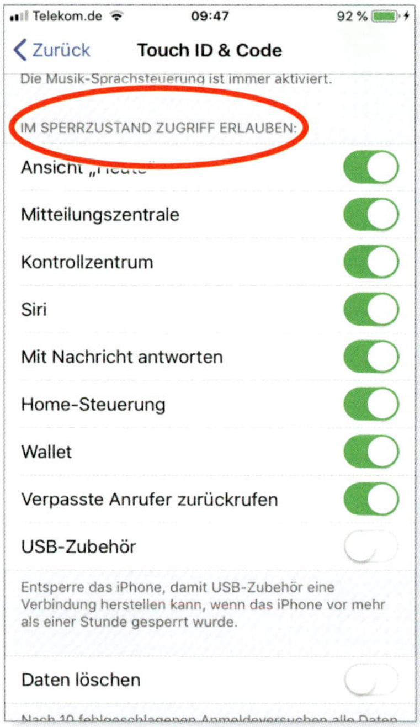

Die Funktionen im „Sperrbildschirm" können eingeschränkt werden.

Sonstiger Datenschutz

Neben den bereits erwähnten Funktionen und Einstellungen für den Datenschutz gibt es noch weitere Einstellungen, die Sie vornehmen können. Zum Beispiel können Sie die Nutzung der iPhone-Kamera oder des Mikrofons oder der Kontakte durch fremde Apps einschränken bzw. nicht erlauben.

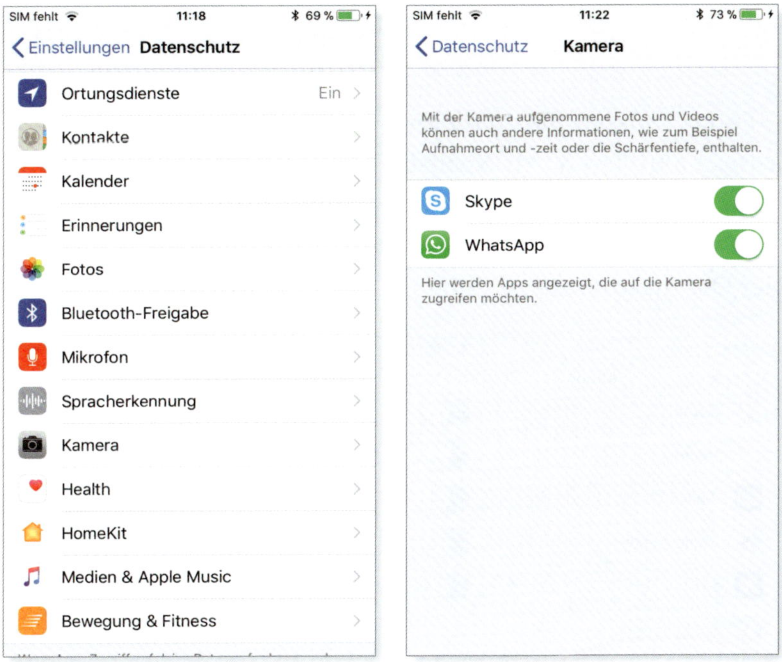

Die Nutzung der diversen iPhone-Komponenten und Funktionen durch andere Apps kann eingeschränkt werden.

Unter *Einstellungen –> Datenschutz* sind die Funktionen aufgelistet, deren Nutzung Sie einschränken können. Wenn Sie z. B. auf *Kamera* tippen, sehen Sie alle Apps, die die Kamera nutzen. Wollen Sie das verhindern, deaktivieren Sie diese Funktion für die entsprechende App.

Mein iPhone suchen

Ein besonderes Highlight in Zusammenhang mit iCloud ist das Auffinden von vergessenen, verlorenen oder gestohlenen iPhones. Zum Auffinden der Geräte werden beim iPhone GPS, das Mobilfunknetz und registrierte WLAN-Hotspots verwendet. Allerdings müssen die Geräte richtig vorbereitet sein, damit man sie finden kann.

Vorbereitungen für das iPhone

Auf dem iPhone müssen Sie zuallererst die *Ortungsdienste* in den *Einstellungen* bei *Datenschutz* aktivieren. Als Nächstes aktivieren Sie noch die Funktion *Mein iPhone suchen* unter *Einstellungen –> Ihr Name (Apple-ID, iCloud, iTunes & App Store) –> iCloud*. Damit erlauben Sie der Web-Applikation von iCloud, das Gerät anhand der Ortungsdienste zu finden.

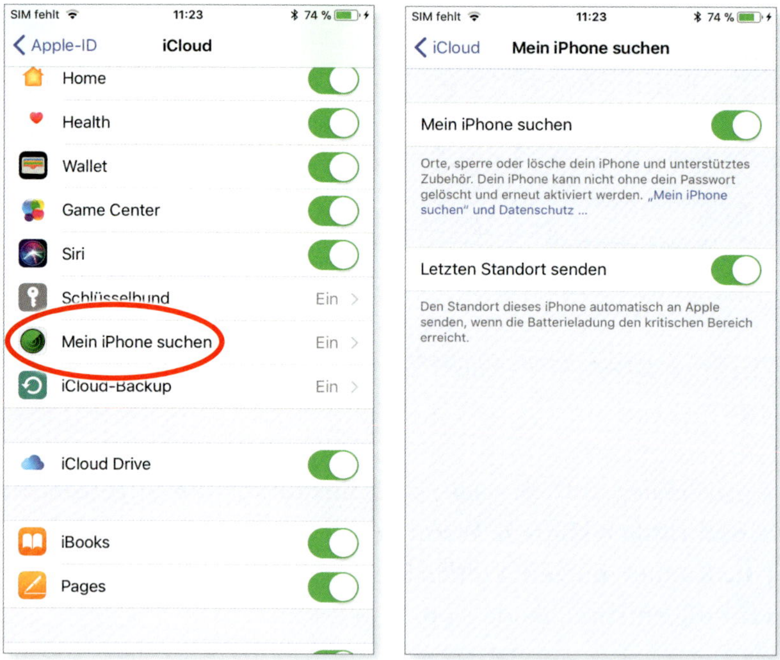

In den iCloud-Einstellungen muss die Option „Mein iPhone suchen" aktiviert werden. Zudem ist die Einstellung „Letzten Standort senden" empfehlenswert.

Jetzt müssen Sie noch kontrollieren, ob die *Push*-Funktion bei *Einstellungen –> Passwörter & Accoounts –> Datenabgleich* für iCloud aktiviert wurde. Ist dies der

Fall, steht dem Auffinden des iPhone bzw. iPad über die Web-Applikation von iCloud nichts mehr im Wege.

Das iPhone mit der Web-Applikation suchen

Wenn nun der Fall eingetreten ist, dass Sie Ihr iPhone wiederfinden müssen, loggen Sie sich mit Ihrer Apple-ID ins Internetportal *www.icloud.com* ein. Nach dem Einloggen stehen Ihnen verschiedene Web-Applikationen zur Verfügung, unter anderem auch *iPhone-Suche*.

Die Web-Applikationen von „www.icloud.com".

Sobald Sie die Web-Applikation *iPhone-Suche* öffnen, beginnt die Suche nach Ihren Geräten. Diese kann unter Umständen einige Zeit dauern.

> **!** Die Web-Applikation heißt zwar „iPhone-Suche", aber mit ihr werden auch iPads, Macs und Apple Watches lokalisiert. Wenn die Familienfreigabe aktiviert ist, werden auch die Geräte der Familienmitglieder aufgelistet.

Das iPhone wurde lokalisiert.

Oben in der Mitte werden bei *Alle Geräte* ❶ die Geräte aufgelistet, die mit Ihrer Apple-ID registriert wurden. Um eines davon auf der Karte zu sehen, müssen Sie es nur anklicken. Ein grüner Punkt auf der Karte ❷ zeigt den Standort an, und wenn Sie auf das Info-Symbol ❸ klicken, werden auf der rechten Seite die Optionen dafür eingeblendet.

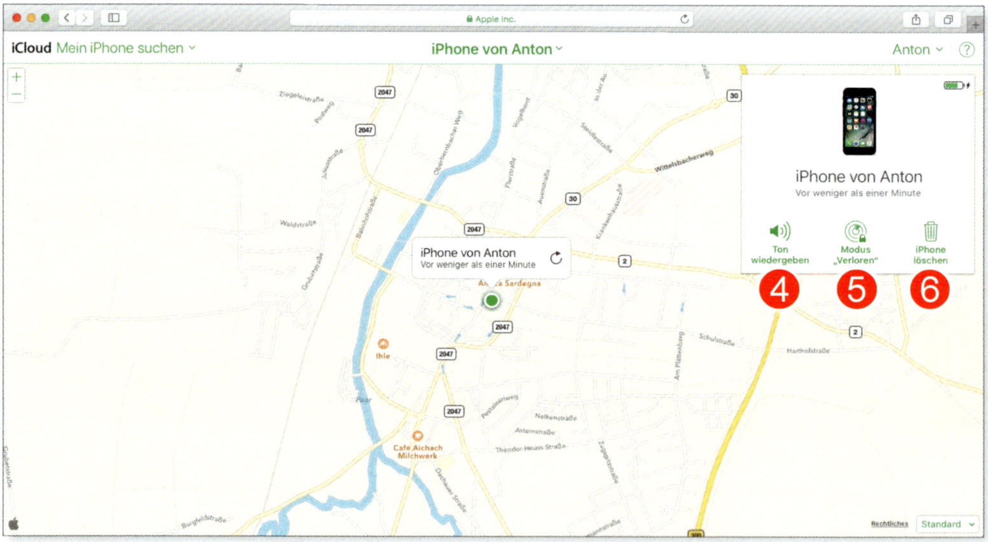

Weitere Funktionen für das gefundene Gerät.

Im Infobereich des Geräts können Sie die folgenden drei Funktionen ausführen:

> ! Für alle drei Funktionen erhalten Sie nach erfolgreicher Ausführung immer eine E-Mail an Ihre Apple-ID.

- *Ton wiedergeben* ❹: Damit können Sie auf dem Gerät einen Alarmton abspielen. Der Alarmton ist sinnvoll, wenn Sie z. B. das iPhone im Haus verlegt haben.
- *Modus „Verloren“* ❺: Damit können Sie das Gerät sperren. Es kann dann nur durch einen vierstelligen Code wieder entsperrt werden, den Sie direkt in der Web-Applikation eingeben müssen. Zusätzlich können Sie noch eine Nachricht auf dem iOS-Gerät anzeigen lassen, in der Sie z. B. den ehrlichen Finder bitten, eine zuvor eingegebene Telefonnummer anzurufen, unter der Sie erreichbar sind. Falls Sie auf Ihrem Gerät bereits eine Code-Sperre eingerichtet haben (*Einstellungen –> Allgemein –> Touch ID & Code* bzw. *Face ID & Code*), wird zum Entsperren der dort angegebene Code verwendet.
- *iPhone löschen* ❻: Damit werden die Daten auf Ihrem Gerät gelöscht. Dabei wird der gesamte Inhalt entfernt, und das Gerät kann nicht mehr verwendet werden. Zum Löschen müssen Sie allerdings zuerst Ihre Apple-ID eingeben. Dies ist eine hilfreiche Funktion, wenn Ihr Gerät gestohlen wurde.

Insgesamt gesehen ist *iPhone-Suche* eine hervorragende Funktion, um verlorene, vergessene oder gestohlene Geräte wiederzufinden oder vor unerlaubtem Zugriff auf Ihre Daten zu schützen.

> ! Seit iOS 7 ist es für Diebe wesentlich schwerer geworden, ein gesperrtes bzw. gelöschtes iPhone weiterzuverwenden. Man benötigt nämlich unbedingt die Apple-ID und das Passwort, mit denen das iPhone registriert ist. Nur wer diese Informationen besitzt, kann ein gestohlenes bzw. gefundenes iPhone entsperren und weiterverwenden. Wenn Sie auch noch die Zwei-Faktor-Authentifizierung verwenden (siehe Seite 367), ist das iPhone für fremde Personen vollkommen nutzlos.

Übrigens gibt es sowohl für das iPhone als auch für das iPad eine App namens *Mein iPhone suchen*, mit der ebenfalls die oben genannten Funktionen ausgeführt werden können.

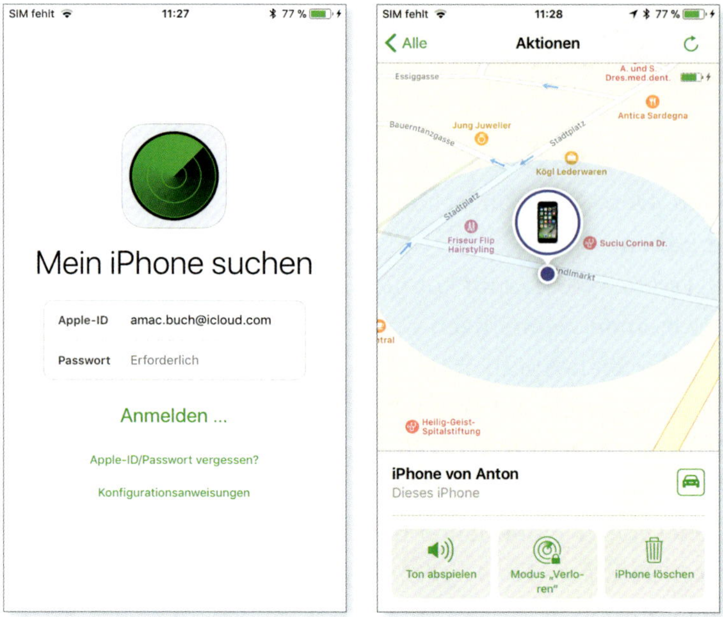

Die App „Mein iPhone" kann ebenfalls auf entfernte Geräte zugreifen.

Kapitel 12 Energie/Probleme

Strom sparen

Es gibt einige Maßnahmen, die Sie ergreifen können, um die Akkulaufzeit Ihres iPhone zu verlängern und somit den Akku optimal zu nutzen. Die erste wäre, den *Stromsparmodus* zu aktivieren. Damit wird automatisch der Stromverbrauch reduziert, wenn die Akkuleistung unter zehn Prozent sinkt. Dabei werden Aktivitäten, die im Hintergrund laufen (z. B. die Ortungsdienste oder das automatische Abrufen von E-Mails) ausgeschaltet, um Strom zu sparen. Der *Stromsparmodus* kann in den *Einstellungen* bei *Batterie* aktiviert werden. Bei aktiviertem Stromsparmodus wird das Akkusymbol rechts oben von Grün auf Gelb umgestellt.

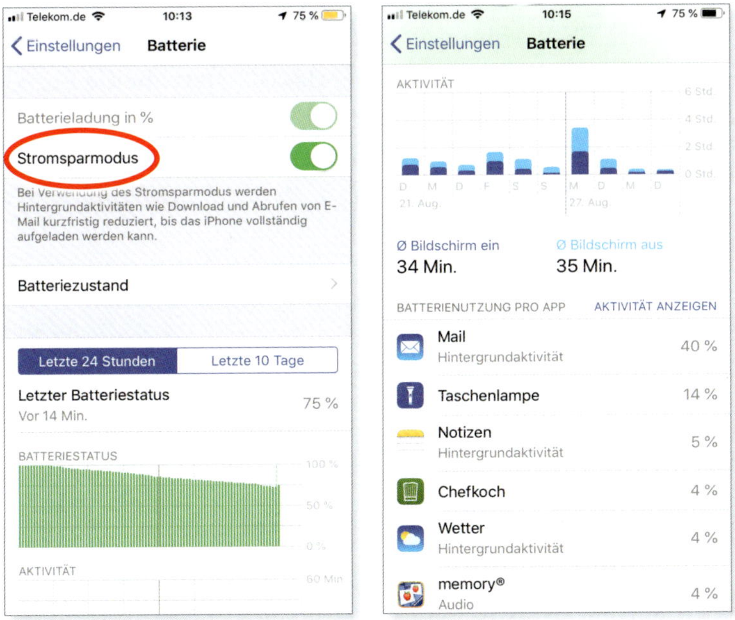

Der „Stromsparmodus" kann Ihnen helfen, das iPhone so lange wie möglich zu nutzen. Im Bereich „Batterienutzung pro App" finden Sie die am häufigsten verwendeten Apps und deren Energiebedarf. Tippen Sie auf das „Aktivität anzeigen", um die Detailinformationen einzusehen.

Während der Stromsparmodus erst eingreift, wenn die Akkuleistung unter zehn Prozent sinkt, gibt es Maßnahmen, die aktiv die Akkuleistung verlängern. Dazu gehören vor allen Dingen jegliche Kommunikationsarten des iPhone mit der Außenwelt. Wenn Sie z. B. keine externen Bluetooth-Geräte mit dem iPhone ansteuern, dann ist es sinnvoll, diesen Dienst auszuschalten. Das Gleiche gilt z. B. für das WLAN. Wenn Sie unterwegs sind und kein WLAN benötigen, dann schalten Sie diese Funktion aus. Auf diese Weise wird die Akkulaufzeit verlängert.

Folgende Funktionen bzw. Dienste können Sie deaktivieren, damit der Akku des iPhone länger durchhält:

- Bluetooth und WLAN über die App *Einstellungen*
- Ortungsdienste
- kürzeres Zeitintervall für die automatische Sperre verwenden (*Einstellungen –> Anzeige & Helligkeit*)
- Push-Funktion für E-Mail-Postfächer (*Einstellungen –> Passwörter & Accounts –> Datenabgleich*)
- *Mobile Daten und LTE:* Wenn Sie unterwegs keine Internetverbindung benötigen, dann können Sie diesen Dienst ausschalten. Das iPhone nutzt dann das mobile Netz nur noch zum Telefonieren. Zusätzlich können Sie auch noch die LTE-Verbindung deaktivieren. Diese benötigt mehr Akkuleistung als die Kommunikation über das 3G-Netz. Beide Funktionen können Sie unter *Einstellungen –> Mobiles Netz* ändern. Dort finden Sie einen Schalter für *Mobile Daten* ❶, und bei *Datenoptionen* ❷ können Sie unter *LTE aktivieren* ❸ das LTE-Netz ausschalten ❹ oder LTE nicht mehr für Telefonate verwenden ❺.

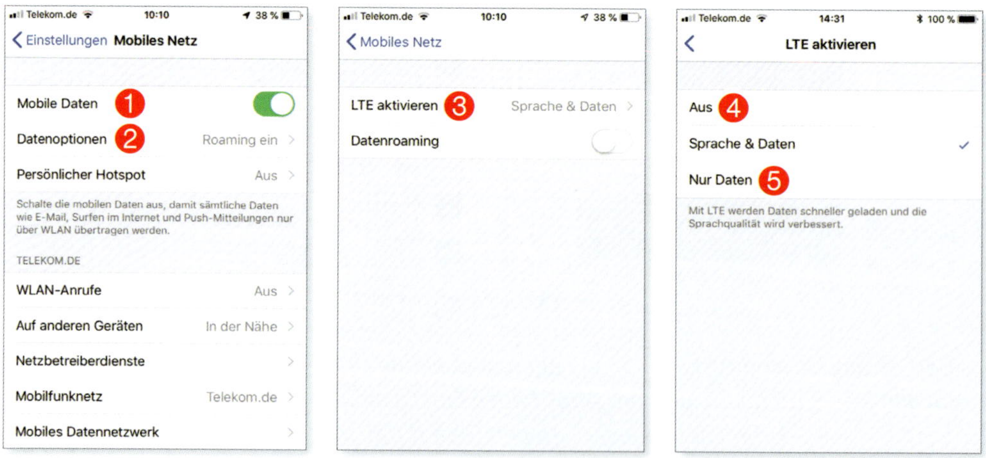

Diese Einstellungen für das „Mobile Netz" können die Akkulaufzeit erhöhen.

- *Persönlicher Hotspot:* Die Funktion *Persönlicher Hotspot* (*Einstellungen –> Persönlicher Hotspot*) macht das iPhone zu einem WLAN-Router. Das iPhone generiert damit ein eigenes WLAN, in dem sich andere Geräte (z. B. das iPad oder ein Laptop) anmelden und den Internetzugang nutzen können. Die Aufrechterhaltung eines WLAN nimmt sehr viel Akkuleistung in Anspruch. Aus diesem Grund sollten Sie diese Funktion nicht permanent aktiviert lassen.
- *Flugmodus einschalten:* Wenn Sie den *Flugmodus* über das Kontrollzentrum einschalten, wird jegliche Kommunikation blockiert. WLAN, Bluetooth und das Mobilnetz sind damit mit einem Rutsch ausgeschaltet. Wenn Sie also z. B. mit dem Zug oder dem Auto unterwegs sind und das iPhone nicht benötigen, dann können Sie den Flugmodus aktivieren, um Strom zu sparen.
- *Parallaxeffekt und Animationen:* Weiterere Stromfresser sind der Parallaxeffekt (die 3D-Darstellung des Home-Bildschirms) und die Animationen, die beim Öffnen und Wechseln von Apps ausgeführt werden bzw. die Effekte, die die Nachrichten-App senden und empfangen kann. Diese beiden Funktionen können Sie also auch deaktivieren, um Akkuleistung zu sparen. Unter *Einstellungen –> Allgemein –> Bedienungshilfen* müssen Sie dazu die Option *Bewegung reduzieren* einschalten.
- *Displayhelligkeit:* Auch die Helligkeit des iPhone-Displays hat Einfluss auf die Akkuleistung. Wenn Sie sie also über das *Kontrollzentrum* reduzieren, können Sie einiges an Strom sparen.
- *Hintergrundaktualisierung:* Eine weitere Funktion, die die Akkuleistung beeinflusst, ist die *Hintergrundaktualisierung* unter *Einstellungen –> Allgemein*. Ist diese Funktion aktiviert, können die Apps selbstständig im Hintergrund Inhalte bzw. Daten herunterladen. Das beste Beispiel dafür sind Nachrichten-Apps. Und da jede Nutzung des mobilen Netzes ein Stromfresser ist, können Sie auch diese Funktion ausschalten.

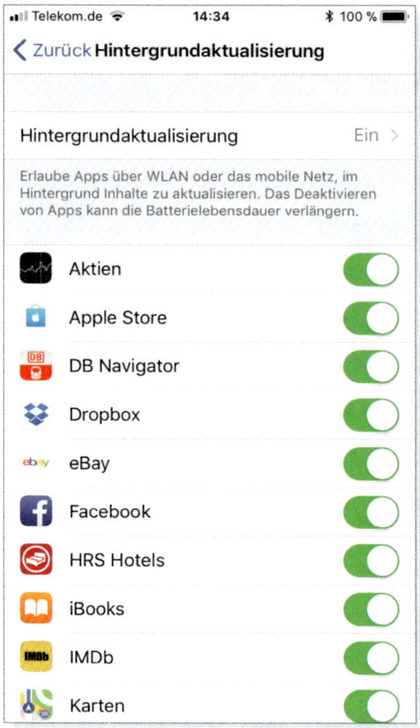

Die „Hintergrundaktualisierung“ kann ebenso ausgeschaltet werden.

Wie Sie sehen, gibt es eine ganze Menge Möglichkeiten, die Akkulaufzeit des iPhone zu erhöhen. Was natürlich am besten funktioniert, ist das Ausschalten des iPhone. Denn ein abgeschaltetes iPhone verbraucht gar keinen Strom.

iPhone aufladen

Ist dann der Strom zu Ende, dann muß das iPhone an die Steckdose. Standardmässig liefert Apple ein 5 Watt-Netzteil beim Kauf eines iPhones mit aus. Damit benötigt das iPhone ziemlich lange, um wieder vollständig geladen zu sein.

! Apple bietet aber auch stärkere USB Netzteile mit 29 Watt und mehr an. Damit lädt das iPhone deutlich schneller. Überdies können diese Netzteile ebenso für Ihr iPad verwendet werden.

Werden die Modelle iPhone 8/8 Plus oder X/Xs/Xr mit diesen kraftvolleren Netzteilen betankt, dann schaltet sich die Schnellladung hinzu: So erreichen Sie in 30 Minuten ca. 50 % Ladekapazität.

Ebenso ist für die Modelle ab dem Jahre 2017 das drahtlose Laden möglich. Notwendig hierfür sind Ladestationen, die den Qi-Standard verwenden. Derartige Geräte gibt es bereits im Handel. Einfach das iPhone auflegen und schon wird es mit frischer Energie betankt.

Das induktive Laden der iPhone-Modelle 8/8 Plus und X mit Qi-kompatiblen Geräten bringt ca. 30 % Akkulaufzeit zusätzlich je Ladestunde.

Troubleshooting

Das iPhone läuft zwar recht stabil, aber trotzdem kann es einmal vorkommen, dass eine App das System beeinflusst und es einfriert oder abstürzen lässt. In einem solchen Fall sollten Sie wissen, wie man das iPhone neu startet bzw. eine App beendet. Außerdem ist es wichtig zu wissen, wie man das iPhone komplett löscht, wenn Sie es z. B. verkaufen oder komplett neu installieren wollen.

Neustart erzwingen, wenn das iPhone nicht mehr reagiert

Falls Ihr iPhone einfriert, also auf keine der Eingaben reagiert, dann müssen Sie einen Neustart durchführen. Meistens ist es die Schuld einer App, wenn das iPhone einfriert. Kommt es öfters dazu, sollten Sie die installierten Apps überprüfen und bei Bedarf vom iPhone löschen (siehe Kapitel 7 ab Seite 226).

Einen erzwungenen Neustart können Sie durchführen, wenn Sie die *Home-* und *Seitentaste* gleichzeitig einige Sekunden gedrückt halten, bis das Display dunkel wird und das Apple-Logo eingeblendet ist. Bei einem iPhone 7 oder iPhone 7 Plus erzwingen Sie den Neustart, in dem Sie die Seitentaste und die Leiser-Taste gleichzeitig gedrückt halten. Dann können Sie die Tasten wieder loslassen. Das iPhone führt nun einen Neustart durch. Beim iPhone 8/8 Plus und den X-Modellen erreichen Sie den erzwungenen Neustart wie folgt: Drücken Sie kurz die *Lauter-*, dann die *Leisertaste*. Halten Sie nun die *Seitentaste* bis der Bildschirm schwarz wird.

Wenn Sie die *Home-* und *Seitentaste* noch länger gedrückt halten, dann verlangt Ihr iPhone nach iTunes, denn es befindet sich im *Wiederherstellungsmodus* (auch DFU-Modus genannt). Nun kann das iPhone wiederhergestellt oder auch aktualisiert werden. Bei letzterem wird versucht iOS neu auf das iPhone zu übertragen. Dabei bleiben alle Daten und Einstellungen erhalten.

Bei den Modellen 7/8 und allen X-Varianten erreichen Sie den *Wiederherstellungsmodus*, wenn Sie so wie eben besprochen den Neustart erzwingen und dann die *Seiten-* und *Leisertaste* für zehn Sekunden halten und anschließend nur noch die *Leisertaste* drücken, bis das iTunes-Symbol auf dem Bildschirm erscheint.

Eine App beenden

Wenn eine App nicht mehr reagiert, dann sollten Sie versuchen, die App gewaltsam zu schließen und danach wieder zu öffnen. Apps können jederzeit im *Multitaskingmenü* des iPhone geschlossen werden. Das Multitaskingmenü erhalten Sie, wenn Sie zweimal kurz hintereinander auf die *Home-Taste* drücken. Bei den iPhone X-Modellen ziehen Sie die Linie vom unteren Bildschirmrand nach oben und halten Sie kurz fest. Suchen Sie die App, die ein Problem hat, und schieben Sie sie nach oben aus dem Menü. Dadurch wird die App geschlossen. Drücken Sie nun einmal auf die *Home-Taste*, um zum Hauptbildschirm zurückzukehren, und starten Sie die App noch mal.

Über das „Multitaskingmenü" kann eine App komplett beendet werden.

> **!** Falls Sie das Gefühl haben, dass der Akku Ihres iPhone sehr schnell leer wird, sollten Sie über das Multitaskingmenü die Apps beenden. Viele Apps verrichten im Hintergrund einige Tätigkeiten, z. B. nehmen sie eine Standortbestimmung vor. Diese Tätigkeiten verbrauchen Akkuleistung. Genauso verbrauchen Apps, die noch nicht an das aktuelle iOS angepasst sind, unter Umständen auch mehr Energie. Wenn Sie die Apps also beenden, können Sie dem Energieverbrauch einen Riegel vorschieben.

Das iPhone löschen

Wenn Sie Ihr iPhone verkaufen oder es komplett neu einrichten bzw. installieren wollen, sollten Sie alle Daten auf dem Gerät löschen. In den *Einstellungen* bei *Allgemein* finden Sie am Ende der Liste die Funktion *Zurücksetzen*. Dort gibt es mehrere Möglichkeiten, das iPhone zu löschen:

- *Alle Einstellungen zurücksetzen:* Damit wird die komplette Konfiguration, die Sie in der App *Einstellungen* vorgenommen haben, gelöscht und auf den Werkszustand zurückgesetzt. Die Apps und Daten, die Sie auf dem iPhone installiert haben, bleiben dabei erhalten.
- *Alle Inhalte & Einstellungen löschen:* Mit dieser Funktion wird das komplette iPhone gelöscht – nicht nur die Einstellungen, sondern auch alle Apps, Fotos, Fingerabdrücke der Touch ID und sonstige Daten, die auf dem iPhone gespeichert sind. Das iPhone wird praktisch in den Lieferzustand zurückversetzt. Diese Funktion sollten Sie verwenden, wenn Sie das iPhone verkaufen oder neu einrichten wollen.
- *Netzwerkeinstellungen:* Falls Sie Probleme haben, sich bei einem WLAN anzumelden, sollten Sie die Netzwerkeinstellungen löschen. Damit wird nicht nur die Liste mit den bekannten WLANs entfernt, sondern werden auch alle Zugangsdaten zu den Netzen gelöscht.
- *Tastaturwörterbuch:* Damit lassen sich alle Wörter löschen, die Sie bei der Eingabe über die Tastatur für die Rechtschreibprüfung erstellt haben.
- *Home-Bildschirm:* Mit dieser Option wird der *Home-Bildschirm* in den Lieferzustand zurückversetzt. Dabei werden Apps, die nicht zum Home-Bildschirm gehören, auf eine andere Bildschirmseite verschoben und die Standard-Apps (*Mail*, *Safari*, *Nachrichten*, *Kalender* etc.) neu angeordnet.
- *Standort & Datenschutz:* Hiermit können Sie alle Einstellungen löschen, die die Standortbestimmung und den Datenschutz betreffen.

Bildschirmfoto und Bildschirmaufnahme

Eine wichtige Hilfe bei Problemen auf dem iPhone, kann die Weitergabe von Bildschirmfotos an den Support sein. Der Support kann dann das Problem auf dem iPhone wesentlich besser eingrenzen.

Auf dem iPhone gibt es seit iOS 11 zwei Möglichkeiten, um die aktuelle Darstellung auf dem Display zu sichern: Sie können entweder ein Bildschirmfoto machen oder die Tätigkeiten am iPhone als Video aufzeichnen. Egal welche Art von Aufnahme Sie erstellen, das Bildschirmfoto oder das Video wird immer in der App *Fotos* im Album *Aufnahmen* gespeichert.

Das Bildschirmfoto gibt es schon sehr lange. Wenn Sie die *Home*-Taste und den *Ein-/Ausschalter* gleichzeitig drücken, wird die aktuelle Darstellung abfotografiert. Bei den iPhone X-Modellen drücken Sie die *Lauter- und Seitentaste* gleichzeitig. Sie können das Bildschirmfoto nach der Aufnahme sofort mit Markierungen versehen und sogar verschicken. Sobald Sie ein Bildschirmfoto gemacht haben, wird es links unten auf dem Display als Miniatur angezeigt ❶. Wenn Sie diese Miniatur antippen, wird sie in einer eigenen Umgebung geöffnet. In dieser Umgebung können Sie anschließend das Bildschirmfoto mit Markierungen versehen ❷. Mit den Anfassern an den Ecken und Seiten ❸ kann das Bild zugeschnitten werden. Wenn Sie es dann verschicken wollen, verwenden Sie dazu die *Teilen*-Funktion ❹. Ihre Arbeitsschritte können Sie links unten auch wieder rückgängig machen ❺. Wenn Sie die Bearbeitung abgeschlossen haben, tippen Sie links oben auf *Fertig* ❻ und speichern das Bild in der App Fotos.

Bildschirmfotos können direkt nach der Aufnahme mit Markierungen belegt werden.

> **!** Wenn Sie einem Bildschirmfoto keine Markierungen zuordnen wollen, dann verschieben Sie die Miniatur ❶ einfach nach links oder warten einige Sekunden, bis sie von selbst verschwindet.

Eine andere Möglichkeit, um den aktuellen Inhalt des Bildschirms zu speichern, ist die Aufnahme eines Videos. Seit iOS 11 können Sie Ihre Tätigkeiten am Bildschirm aufzeichnen. Dazu müssen Sie allerdings zuerst die Funktion *Bildschirmaufnahme* im *Kontrollzentrum* ausführen. Wie man diese Funktion dem Kontrollzentrum hinzufügt, können Sie in Kapitel 2 ab Seite 61 nachlesen.

Wenn Sie das Symbol für die Bildschirmaufnahme **A** etwas länger drücken, öffnen sich die erweiterten Einstellungen, von wo aus Sie die Aufnahme starten **B** und das Mikrofon ein- und ausschalten **C** können. Nach einem Countdown von drei Sekunden werden die Tätigkeiten auf dem iPhone aufgezeichnet.

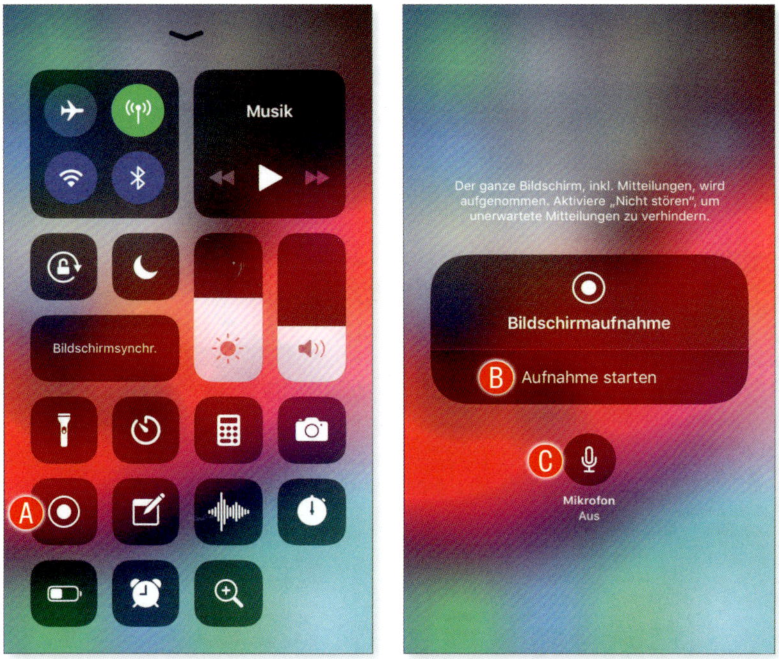

Über das Kontrollzentrum kann eine Bildschirmaufnahme gestartet werden.

Während der Aufzeichnung sehen Sie am oberen Bildschirmrand einen roten Balken **D**. Wenn Sie ihn antippen, können Sie die Aufzeichnung stoppen und das Video speichern. Den Film finden Sie dann im Album *Videos* in der App *Fotos*.

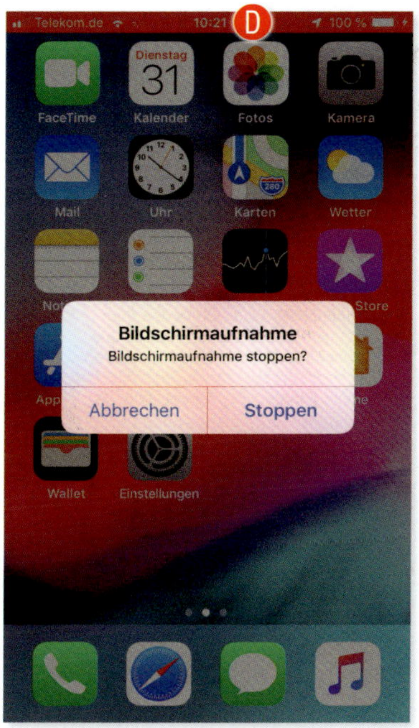

Der rote Balken steht für eine laufende Aufzeichnung. Über ihn kann die Aufzeichnung gestoppt werden.

System aktualisieren

Apple entwickelt das iOS permanent weiter und bereinigt Fehler oder fügt neue Funktionen hinzu. Damit Sie immer auf dem aktuellen Stand sind, sollten Sie ab und zu überprüfen, ob es ein Systemupdate für iOS gibt, und dieses gegebenenfalls installieren. In den *Einstellungen* bei *Allgemein* gibt es den Eintrag *Softwareupdate*. Wenn Sie diese Funktion öffnen, überprüft das iPhone, ob es ein neues Update gibt. Wenn das der Fall ist, wird es angezeigt und kann sofort installiert werden.

> **!** Mit einem Systemupdate werden keinerlei Einstellungen oder Apps vom iPhone gelöscht. Sie müssen also nachträglich keine Apps erneut installieren oder irgendwelche Einstellungen kontrollieren.

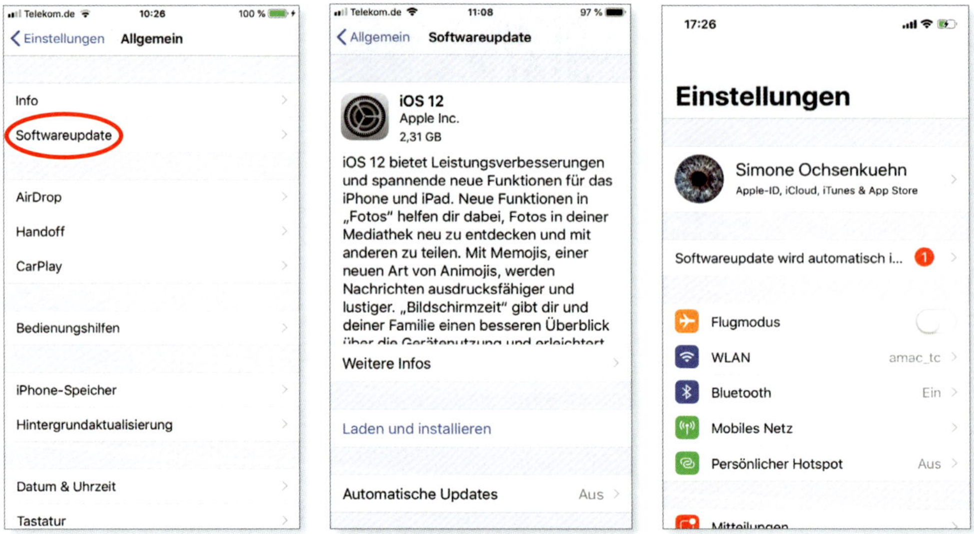

Ein Update für iOS kann direkt auf dem iPhone installiert werden. Diese Vorgehensweise nennt man OTA („over the air"). Sie können das Einspielen eines Updates aber auch automatisch stattfinden lassen.

Seit iOS 12 können Sie Systemupdates auch automatisch installieren lassen. Dazu müssen Sie bei *Automatische Updates* die Funktion einschalten. Systemupdates werden dann über Nacht automatisch geladen. Die Installation müssen Sie allerdings manuell anstoßen.

Es gibt noch einen zweiten Weg, um ein Systemupdate durchzuführen, und zwar mithilfe von iTunes. Wenn Sie iTunes auf Ihrem Rechner öffnen und das iPhone per USB-Kabel anschließen, sollten Sie die *Übersicht* öffnen. Dort finden Sie auf der rechten Seite die Funktion *Nach Update suchen* für das Systemupdate. Falls es ein Update gibt, können Sie es direkt in iTunes herunterladen und auf das iPhone übertragen.

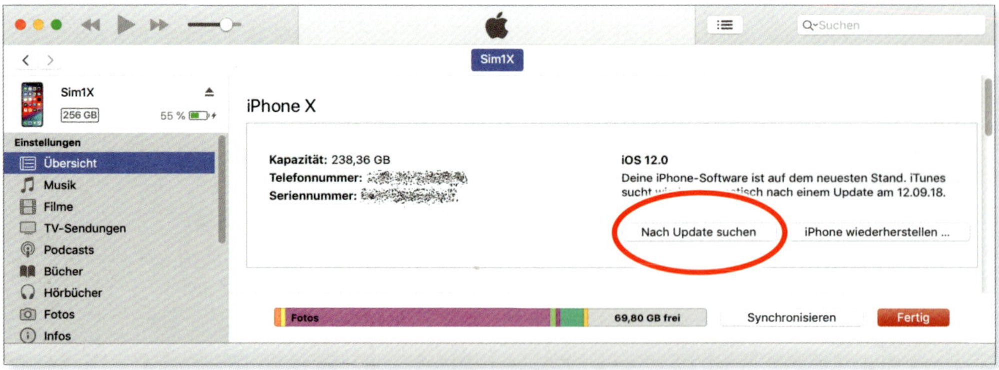

Auch mit iTunes können Updates für das iPhone aufgespielt werden.

Index

S

T